Ihr Vorteil als Käufer dieses Buches

Auf der Bonus-Webseite zu diesem Buch finden Sie zusätzliche Informationen und Services. Dazu gehört auch ein kostenloser **Testzugang** zur Online-Fassung Ihres Buches. Und der besondere Vorteil: Wenn Sie Ihr **Online-Buch** auch weiterhin nutzen wollen, erhalten Sie den vollen Zugang zum **Vorzugspreis**.

So nutzen Sie Ihren Vorteil

Halten Sie den unten abgedruckten Zugangscode bereit und gehen Sie auf **www.galileodesign.de**. Dort finden Sie den Kasten **Die Bonus-Seite für Buchkäufer**. Klicken Sie auf **Zur Bonus-Seite/Buch registrieren**, und geben Sie Ihren **Zugangscode** ein. Schon stehen Ihnen die Bonus-Angebote zur Verfügung.

Ihr persönlicher **Zugangscode**

nhzg-badk-r95w-j6pm

Hussein Morsy

Adobe Dreamweaver CS6

Der praktische Einstieg

Liebe Leserin, lieber Leser,

wer zum ersten Mal eine eigene Website mit Dreamweaver erstellen will, hat viele Fragen: »Wie lege ich meine Website überhaupt an, wie sieht eine sinnvolle Navigationsstruktur aus und wie bringe ich meine Site ins Internet?«

Alle Ihre Fragen beantwortet Hussein Morsy in diesem Buch. Sie werden sehen: Schon bald ist Ihre erste Website erstellt und im Internet veröffentlicht. Und damit Sie nicht mit trockener Theorie konfrontiert werden, entwickelt der Autor mit Ihnen gemeinsam eine Beispielwebsite, und zwar von der Erstellung der Site bis zur Realisierung der Inhalte. Alle Beispieldateien dafür stehen unter *www.dreamweaver-buch.de* zum Download für Sie bereit.

Wollen Sie Ihre Website dann professioneller gestalten, so erhalten Sie Einführungen in fortgeschrittene Themen wie die Arbeit mit CSS, die Interaktivität mit JavaScript, Formulare sowie Informationen zum Bloggen, zur Suchmaschinen-Optimierung und zur Integration mit YouTube, Twitter und Google Maps.

Neu in Dreamweaver CS6 ist, dass Sie Ihre Website auch für Smartphones und Tablets anpassen können. Ein wichtiges Schlagwort hier ist »Responsive Webdesign«: mit dieser Lösung wird eine universelle Website erstellt, die sich automatisch den verschiedenen Gerätegrößen anpasst. Das ist mit der neuen Dreamweaver-Funktion »Fließendes Rasterlayout« ohne Probleme möglich. Sie können natürlich auch eine separate Version Ihrer Website speziell für mobile Geräte erstellen, wobei dann die Inhalte und das Design speziell für Geräte mit Touch-Bildschirmen angepasst werden – Sie erfahren in Kapitel 18, wie das in Dreamweaver funktioniert.

Wenn Sie Fragen, Kritik oder Anregungen zum Buch haben, wenden Sie sich bitte an mich. Hussein Morsy und ich sind gespannt auf Ihre Meinung.

Jetzt aber viel Spaß beim Erstellen Ihrer Websites wünscht

Ruth Lahres
Lektorat Galileo Design
ruth.lahres@galileo-press.de

www.galileodesign.de
Galileo Press • Rheinwerkallee 4 • 53227 Bonn

Auf einen Blick

Teil I Einführung

Teil II Ein Websiteprojekt

Teil III Dreamweaver im Detail

Teil IV Über Dreamweaver hinaus ...

Der Name Galileo Press geht auf den italienischen Mathematiker und Philosophen Galileo Galilei (1564–1642) zurück. Er gilt als Gründungsfigur der neuzeitlichen Wissenschaft und wurde berühmt als Verfechter des modernen, heliozentrischen Weltbilds. Legendär ist sein Ausspruch *Eppur si muove* (Und sie bewegt sich doch). Das Emblem von Galileo Press ist der Jupiter, umkreist von den vier Galileischen Monden. Galilei entdeckte die nach ihm benannten Monde 1610.

Lektorat Ruth Lahres
Korrektorat Petra Biedermann, Reken
Herstellung Katrin Müller
Einbandgestaltung Janina Conrady
Coverfotos istockphoto: AVTG 12902027; Cristian Baitg 16764141
Satz SatzPro, Krefeld
Druck Beltz Druckpartner, Hemsbach

Dieses Buch wurde gesetzt aus der Linotype Syntax (9,25 pt/13 pt) in Adobe InDesign CS5.5.

Gerne stehen wir Ihnen mit Rat und Tat zur Seite:
ruth.lahres@galileo-press.de
bei Fragen und Anmerkungen zum Inhalt des Buches

service@galileo-press.de
für versandkostenfreie Bestellungen und Reklamationen

julia.mueller@galileo-press.de
für Rezensions- und Schulungsexemplare

Bibliografische Information der Deutschen Nationalbibliothek
Die Deutsche Nationalbibliothek verzeichnet diese Publikation in der Deutschen Nationalbibliografie; detaillierte bibliografische Daten sind im Internet über *http://dnb.d-nb.de* abrufbar.

ISBN 978-3-8362-1890-0

1. Auflage 2012

Inhalt

10 Websites testen, veröffentlichen und verwalten

Teil III Dreamweaver im Detail

11 Texte eingeben und strukturieren

12 Arbeiten mit CSS

13 Bilder einfügen

14 Tabellen erstellen

15 Hyperlinks einsetzen

16 Interaktivität mit JavaScript

17 Formulare erstellen

18 Mobiles Web

Teil IV Über Dreamweaver hinaus

19 Dreamweaver und die Creative Suite

20 Bloggen mit WordPress

21 Gesucht und gefunden bei Google

22 Mashups – YouTube, GoogleMaps und Twitter integrieren

Workshops

Dreamweaver CS6 – los geht's

Eine neue Website

Eine Vorlage anlegen

Seiten mit Inhalten füllen

Erstellen einer Navigation

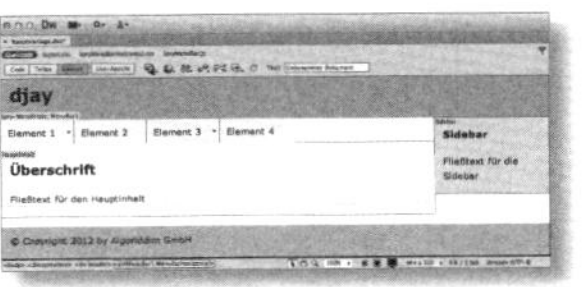

Das Design festlegen

Websites testen, veröffentlichen und verwalten

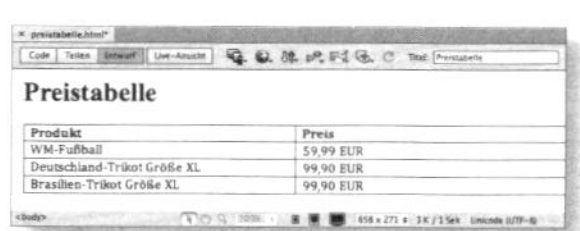

Texte eingeben und strukturieren

Arbeiten mit CSS

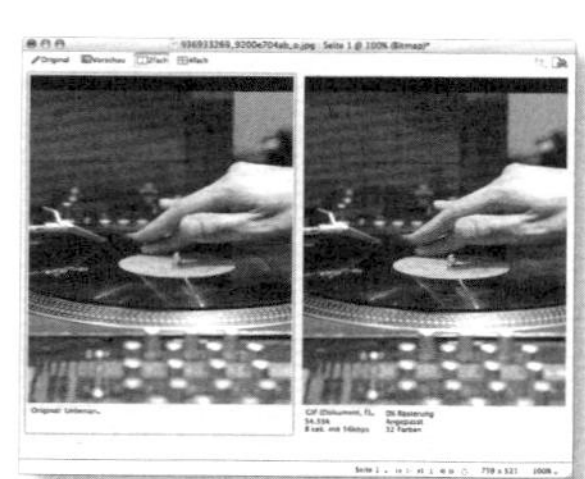

Bilder einfügen

Tabellen erstellen

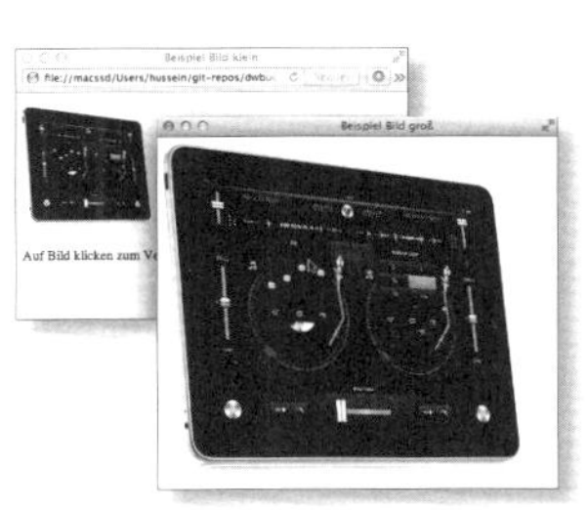

Hyperlinks einsetzen

Interaktivität mit JavaScript

Formulare erstellen

Mobiles Web

Dreamweaver und die Creative Suite

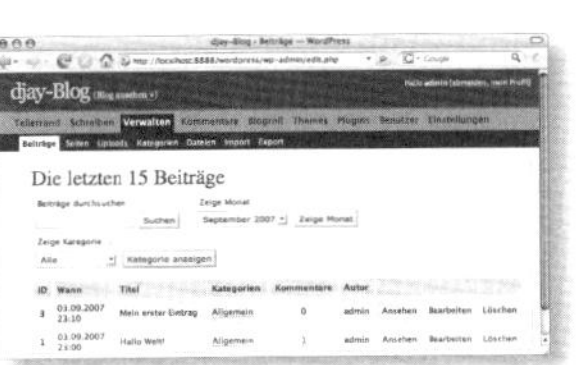

Bloggen mit WordPress

Gesucht und gefunden bei Google

Mashups – YouTube, GoogleMaps und Twitter integrieren

Vorwort

Steve Jobs löste 2007 mit der Vorstellung des iPhones eine Revolution aus. Erst mit dem iPhone und später auch mit Android und anderen Systemen war es komfortabel möglich, Websites mobil zu betrachten. Doch die Websites sehen aufgrund der geringen Displaygröße nicht immer ansprechend aus.

Die große Herausforderung für einen Webdesigner ist es, eine Website zu erstellen, die nicht nur auf Notebooks und Desktoprechnern gut aussieht, sondern auch auf mobilen Endgeräten wie Smartphones und Tablet-Rechnern, z. B. dem iPad.

Die neuste Version Dreamweaver CS6 (Version 12) bietet zahlreiche Funktionen, um mobile Websites zu erstellen (Kapitel 18).

In 16 Jahren Entwicklungszeit (seit 1997) ist der Funktionsumfang von Dreamweaver natürlich enorm gestiegen. Besonders der Einsteiger sieht schnell den Wald vor lauter Bäumen nicht. Ziel dieses Buches ist es daher, Sie als angehenden Webdesigner an die Hand zu nehmen und sicher durch den Dschungel der Funktionen zu führen. Im ersten Teil, »Einführung«, lernen Sie nicht nur die vollständige Arbeitsumgebung von Dreamweaver genau kennen, Sie erfahren auch, welche Vorbereitungen Sie treffen sollten, um Ihre erste eigene Website ins Internet zu bringen.

Im zweiten Teil, »Ein Websiteprojekt«, lernen Sie, wie Sie mit Dreamweaver CS6 eine erste eigene Site aufbauen und im WWW veröffentlichen. Sie werden dabei erfahren, wie Sie mit Vorlagen arbeiten und darin eine komplette Navigation integrieren, die aussieht, als hätte sie ein Profi programmiert. Im dritten Teil, »Dreamweaver im Detail«, werden wir uns das Einfügen und Bearbeiten der wichtigsten Elemente in einer Website mit Dreamweaver CS6 genauer anschauen. Die Kapitel sind hier weitgehend unabhängig voneinander aufgebaut. Sie müssen diesen Teil daher nicht von vorn bis hinten durchlesen, sondern können auch einfach einzelne Themen nachschlagen.

Einige Bonbons finden Sie im vierten Teil, »Über Dreamweaver hinaus ...«. Dort erfahren Sie, wie Sie ganz leicht einen eigenen Weblog erstellen, ohne auch nur eine Codezeile dafür programmieren zu müssen, und wie Sie Ihre Website über Google bekanntmachen. Dazu gehört nicht nur die Optimierung Ihrer Website für die Suchfunktion, sondern auch das Analysieren der Besucherströme und das Schalten von Werbung. Die Integration von YouTube, Google Maps und Twitter in Ihre Website behandeln wir im letzten Kapitel.

Am Ende werden Sie Dreamweaver CS6 rundum bedienen können, die wichtigsten Technologien im Web kennengelernt haben und vor einer ersten eigenen Website stehen, die sogar professionellen Ansprüchen genügt.

In der Marginalspalte des Buches finden Sie Zusatzinformationen, Denkanstöße oder weiterführende Hinweise.

Ich hoffe, dass Sie aus diesem Buch viel für Ihre eigenen Projekte mitnehmen können und Spaß damit haben!

Hussein Morsy
twitter.com/HusseinMorsy

Teil I
Einführung

Kapitel 1

Ein Platz im Internet

So veröffentlichen Sie Ihre Website im Internet

- Wie erhalte ich Webspace?
- Wie bekomme ich eine eigene Webadresse?
- Was ist eigentlich eine Domain?
- Wie finde ich den richtigen Provider?

1 Ein Platz im Internet

Genauso, wie ein Haus ein Grundstück und eine Hausnummer benötigt, braucht Ihre Website Platz und eine Adresse im Internet. In diesem Kapitel erfahren Sie, wie Sie eine Parzelle auf einem Webserver und eine passende Internetadresse anmieten können.

1.1 Wie kommt meine Site ins Internet?

Dieses Buch handelt davon, wie Sie mit den faszinierenden Möglichkeiten des Webpublishing-Tools Dreamweaver CS6 Websites erstellen. Auf der einen Seite werden Sie lernen, wie Sie Dreamweaver bedienen. Auf der anderen Seite lernen Sie aber auch alle Elemente und Technologien kennen, die eine gute Website ausmachen. Am Ende werden Sie einen eigenen Internetauftritt erstellt haben und alle wichtigen Funktionen von Dreamweaver beherrschen.

Bevor Sie sich aber an Dreamweaver und eine erste eigene Website heranwagen, sollten Sie sich erst einmal anschauen, was eine Website überhaupt ist und was man erledigen sollte, bevor man sie zusammenbaut.

Was ist eine Website?

Eine Website ist einfach ein Zusammenschluss aus mehreren Webseiten. Diese Webseiten sind über Hyperlinks miteinander verknüpft. Klickt man auf einen Link, gelangt man auf eine neue Webseite. Jede einzelne Webseite besteht aus einer einzelnen Datei, dem sogenannten *HTML-Dokument*. Klicken Sie sich durch eine Website, sehen Sie den Namen der gerade angezeigten Datei immer in der Adresszeile des Browsers.

Ein Platz im WWW

Eine Website ist wiederum Bestandteil des großen World Wide Web. Wer über einen Internetanschluss und ein Browserprogramm wie Firefox, Safari, Opera, Internet Explorer oder Google Chrome verfügt, kann diese Website von überall auf der Welt erreichen. Die Voraussetzung dafür ist, dass die Site auf einem Computer liegt, der ständig an das Internet angeschlossen ist. Würden Sie sie auf Ihrem eigenen PC unterbringen, wäre sie vom Internet abgetrennt, wenn Sie die Onlineverbindung beenden. Rechner, die ständig an das Internet angeschlossen sind und auf denen eine Software läuft, die Daten über das im WWW gültige *Hypertext Transfer Protocol (HTTP)* an andere Internetnutzer versendet, nennt man *Webserver*. Die Dateien, aus denen eine Website besteht, müssen also auf einem solchen Webserver untergebracht werden.

Es gibt Millionen von Websites im WWW. Jede einzelne benötigt eine eigene, einzigartige Adresse, über die sie vom Internetnutzer aufgerufen werden kann. Eine solche Adresse, wie zum Beispiel *galileodesign.de*, heißt *Domain*; den ersten Teil (hier *galileodesign*) bezeichnet man als *Domainnamen*.

Um unsere Website, die wir in diesem Buch aufbauen, wirklich im WWW anbieten zu können, müssen wir sie also auf einem Webserver unterbringen und eine Domain für sie beschaffen. Beides ist kein Problem, denn Speicherplatz auf einem Webserver und Internetadressen kann man mieten. In der Regel bekommen Sie beides bei Providern oder sogenannten Webhostern. Einen Überblick über die größten Anbieter finden Sie am Ende dieses Kapitels.

1.2 Die eigene Domain

Wenn Sie Speicherplatz auf einem Webserver anmieten, ist normalerweise mindestens eine Domain kostenfrei enthalten. Die Wahl des Domainnamens ist wie das Namensschild einer Haustür. Ohne ihn kann Ihre Website nicht (oder nur über die IP-Adresse) gefunden werden.

Was ist eine Domain?

Möchten Sie jemanden per Telefon anrufen, benötigen Sie seine Telefonnummer. Unter dieser erreichen Sie ausschließlich seinen Telefonapparat und sonst niemand anderen. Ähnlich verhält es sich im Web. Jeder Webserver hat seine eigene *IP*-Adresse (*Internet Protocol*), über die er im Internet erreichbar ist. Diese setzt sich immer aus vier Teilen zusammen, wobei jeder Teil aus einer Zahl zwischen 0 und 255 besteht.

Die deutsche Google-Website ist zum Beispiel über die IP-Adresse 173.194.39.23 erreichbar. Sie können die IP-Adresse auch im Browser eingeben, um zur Website zu gelangen.

Damit sich der Besucher Ihrer Website die IP-Adresse nicht merken muss, können Sie eine *Domain* beantragen. Für die IP-Adresse 85.88.3.146 wurde zum Beispiel die Domain *galileo-press.de* registriert.

Es ist auch möglich, mehrere Domains für dieselbe IP-Adresse zu registrieren. Für die IP-Adresse 85.88.3.146 ist z. B. auch die Domain *galileodesign.de* registriert.

Der Domainname darf nur Buchstaben, Zahlen und Bindestriche (-) enthalten. Domainnamen mit der Endung *de* müssen mindestens drei und dürfen höchstens 63 Zeichen lang sein. Autokennzeichen sind zum Beispiel bei der Top-Level-Domain *de* nicht zulässig. Zwischen Groß- und Kleinschreibung wird nicht unterschieden.

Außerdem sollten Sie darauf achten, dass Ihre Wunschdomain nicht bereits als Marke registriert ist, um einen Rechtsstreit zu vermeiden.

Domains mit Umlauten

Domainnamen können auch Umlaute und Sonderzeichen anderer Sprachen enthalten. Diese Domainnamen bezeichnet man als *IDN* (*Internationalized Domain Name*). Ein Sonderfall ist das »ß«, das automatisch in »ss« umgewandelt wird. Bei Umlauten ist das nicht der Fall.

Leider funktionieren IDN-Domains im Internet Explorer erst richtig ab Version 7. Andere Browser wie Firefox, Opera und Safari haben keine Probleme mit IDNs.

Subdomains

Das Präfix *www* ist nicht Teil des Domainnamens, sondern heißt *Subdomain*. Sie können auf dem für Ihre Site zuständigen Webserver beliebige Präfixe anlegen lassen, ohne diese irgendwo registrieren zu müssen. Meistens beschränken Provider die Anzahl der verfügbaren Subdomains auf fünf, zehn oder zwanzig pro Domain.

Die Firma Apple zum Beispiel verwendet für ihren Shop die Adresse *store.apple.com* und für die allgemeinen Informationen zum Unternehmen die Hausadresse *www.apple.com*. Eine Subdomain kann einer Internetadresse somit eine spezifische Bedeutung geben.

Bei den meisten Websites können Sie die Subdomain auch weglassen. So können Sie im Browser also statt *www.google.de* auch *google.de* eingeben, und dennoch wird dieselbe Seite geladen.

Top-Level-Domains

Die *Top-Level-Domain* (*TLD*) ist jener Teil in einer Domain, der ganz rechts hinter dem Punkt steht. Die TLD von *google.de* ist *de* und die TLD von *google.com* entsprechend *com*.

Es gibt zwei Arten von TLDs:

- **länderspezifische TLDs** (*ccTLD* für *country code TLD*), z. B. *de* für Deutschland, *fr* für Frankreich, *nl* für die Niederlande. Insgesamt existieren über 240 verschiedene länderspezifische TLDs.
- **generische TLDs** (*gTLD*), z. B. *com* für kommerzielle (*commercial*) Websites, *org* für öffentliche Organisationen, *gov* für die amerikanische Regierung, *info* für Informations-Websites usw.

ICANN – die Internetverwaltung

ICANN (*Internet Corporation for Assigned Names and Numbers*) ist die Hauptorganisation, die die IP-Adressräume und die Top-Level-Domains verwaltet. Die ICANN ist unter *www.icann.org* erreichbar.

Inzwischen gibt es auch neue gTLDs, die den Einsatzbereich der Website kennzeichnen sollen, wie *tv* für Websites zum Thema Fernsehen und *museum* (wie bei *deutsches.uhren.museum*) für Museen.

Trotz der wachsenden Anzahl an generischen TLDs sind die *com*- und die *de*-TLD für kommerzielle Websites in Deutschland zu bevorzugen, da diese am geläufigsten sind. Eine Übersicht über alle aktuellen TLDs finden Sie auf der Seite *http://www.iana.org/domains/root/db/*.

Ist meine Domain noch frei?

Für jede Top-Level-Domain gibt es jeweils eine Organisation, die die Vergabe der Domainnamen regelt. Für die deutschen Domains (*de*) ist die *Denic* zuständig. Sie können dort auch überprüfen, ob Ihr Wunschname noch frei ist (siehe Abbildung 1.1).

Ist eine Domain bereits vergeben, müssen Sie nicht gleich aufgeben. Sie können nämlich mit dem Domaininhaber in Kontakt treten. Die Kontaktinformationen liefert Ihnen ebenfalls die Denic. Sie müssen nur auf die Schaltfläche AKZEPTIEREN klicken, um alle relevanten Informationen über den Domaininhaber zu erhalten (siehe Abbildung 1.2).

Abbildung 1.1 ▸
Bei der Denic (*www.denic.de*) können Sie überprüfen, ob Ihre gewünschte Domain noch frei ist – in diesem Fall ist die Domain *ist-immer-noch-frei* noch zu haben.

Abbildung 1.2 ▸
Ist eine Domain bereits registriert, können Sie sich Informationen über den Domaininhaber anzeigen lassen.

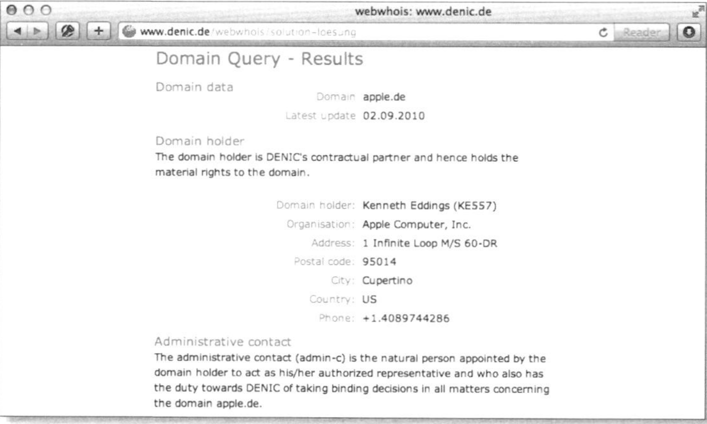

Abbildung 1.3 ▸
Die Denic liefert Ihnen u.a. die Anschrift und Telefonnummer des Domaininhabers.

Für die *com*-Domains ist die Organisation *Nic* (*www.nic.com*) zuständig. Um nicht für jede Top-Level-Domain einzeln prüfen zu müssen, ob die Domain noch frei ist, gibt es zahlreiche Websites, die automatisch eine Prüfung Ihres Wunschnamens unter verschiedenen TLDs durchführen. Auf den Websites *www.sedo.de* oder auch *www.united-domains.de* können Sie einfach einen beliebigen Namen eingeben (ohne TLD). Daraufhin werden die möglichen Domains überprüft. Bei der Eingabe von »dreamweaver-training« auf *www.united-domains.de* wird angezeigt, dass u.a. *dreamweaver-training.net* noch frei ist – das allerdings nur gegen Bares.

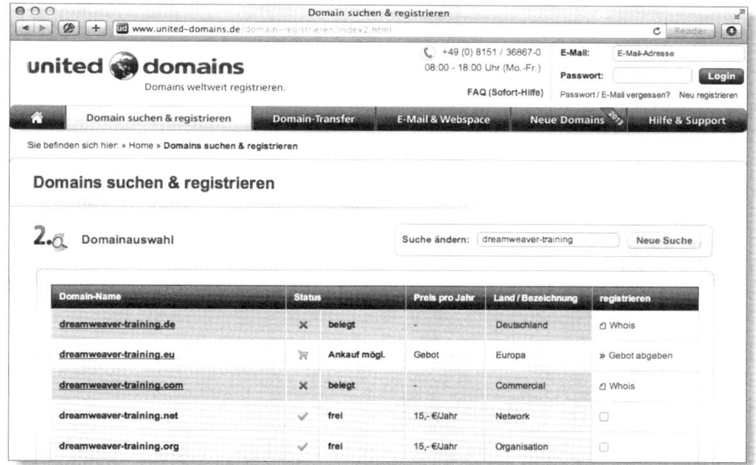

▲ **Abbildung 1.4**
Bei *www.united-domains.de* werden automatisch mehrere Domains überprüft.

Domains registrieren

Bei der Denic können Sie Domains mit der Top-Level-Domain *de* registrieren. Dies ist für Einzelpersonen jedoch recht kostspielig. Provider können die Domains viel günstiger für Sie anmelden, da viele von ihnen Mitglied bei der Denic sind und Domains zu Sammelpreisen einkaufen.

Bei einem Provider können Sie Ihre (freie) Domain beantragen, und Sie erhalten zusätzlich Speicherplatz auf dem Webserver, auf dem Sie Ihre Website ablegen können.

1.3 Einen Provider finden

Bevor Sie Ihre Website im World Wide Web veröffentlichen können, benötigen Sie Speicherplatz auf einem Webserver, den sogenannten *Webspace*. Dieser ist dann Ihr »Grundstück« im Web, das Sie nach Ihren eigenen Wünschen beackern können.

Diesen Platz können Sie bei *Webspace-Providern*, auch *Webhoster* genannt, mieten. Die Webhoster bieten für die unterschiedlichen Ansprüche ihrer Kunden verschiedene Pakete an. In jeder Computerzeitschrift finden Sie zahlreiche Angebote, angefangen bei ein paar Megabyte für 0 Euro bis hin zu ganzen eigenen Servern für unter 30 Euro. Der Markt für Serverplatz ist unüberschaubar groß geworden. Informieren Sie sich daher gut!

Die Qualität der Webhoster ist sehr unterschiedlich. Was nutzt Ihnen die beste Website, wenn der Webserver, aus welchen Gründen auch immer, nicht erreichbar ist? Bei einem der bekanntesten billigen Webhoster kam es sehr häufig zu Ausfällen, weil etwa das Netzteil eines Großrechners ausgefallen war oder weil aus Versehen sämtliche Daten von Kunden gelöscht wurden. Fragen Sie also auch nach der Leistungsgarantie, und wählen Sie Ihren Webhoster sorgfältig aus.

Kostenloser Webspace?

Wenn Sie nichts gegen Werbeeinblendungen haben, können Sie auch kostenlos Webspace bekommen. Bekannte Anbieter in diesem Bereich sind z. B. *www.beepworld.de* und *www.multimania.de*.
Eine andere Alternative ist *www.uberspace.de*. Hier können Sie den Preis (ab 1 Euro) selbst bestimmen.

Auswahl eines Webhosters

In Deutschland gibt es zurzeit mehr als 700 Webhoster. Viele stellen verschiedene Hosting-Angebote bereit. Doch für welches soll man sich entscheiden? Erwähnt werden soll hier eine hervorragende Website, die Ihnen bei der Entscheidung helfen kann: Unter *www.webhostlist.de* finden Sie mehrere Übersichten über die besten Webhoster in Deutschland mitsamt Bewertungen von Kunden, die die Services in Anspruch genommen haben. Sie können dort auch nachlesen, welche Erfahrungen die User mit den Providern gemacht haben. In Tabelle 1.1 finden Sie die Top 10 der Webhoster der Leserwahl vom November 2011.

Tabelle 1.1 ▶
Top 10 der deutschen Webhoster (Quelle: Webhostlist. Auswertung 11/2011, Kategorie Business)

Platzierung	Webprovider	URL
1.	domainfactory GmbH	*http://www.df.eu*
2.	Net-Build® GmbH	*http://www.netbuild.net*

Platzierung	Webprovider	URL
3.	Greatnet.de	*http://www.greatnet.de*
4.	STRATO AG	*http://www.strato.de*
5.	ALL-INKL.COM	*http://www.all-inkl.com*
6	WebhostOne e.K.	*http://www.webhostone.de*
7.	Host Europe GmbH	*http://www.hosteurope.de*
8.	1&1 Internet AG	*http://www.1und1.de*
9.	Hetzner Online AG	*http://www.hetzner.de*
10.	Greatweb.de	*http://www.greatweb.de*

◂ **Tabelle 1.1**
Top 10 der deutschen Webhoster (Quelle: Webhostlist. Auswertung 11/2011, Kategorie Business) (Forts.)

Das passende Angebot finden

Nachdem Sie sich für einen Webprovider entschieden haben, müssen Sie nur noch das für Sie passende Webhosting-Angebot auswählen. Die folgenden Kriterien sind dabei behilflich:

1. **Anzahl an Domainnamen**
   Unter einem Domainnamen ist Ihre Website erreichbar. Je mehr Domainnamen Ihnen zur Verfügung gestellt werden, desto besser.
2. **Anzahl an Subdomains**
   Normalerweise kann man Ihre Website mit *www.firmenname.de* aufrufen. Wenn Sie Subdomains anlegen, ist Ihre Website zum Beispiel auch unter *shop.firmenname.de* erreichbar. Somit können Sie beispielsweise verschiedene Unternehmensbereiche anzeigen.
3. **Anzahl an E-Mail-Adressen**
   Viele Provider bieten im Bundle mit Domains und Webspace inzwischen teils mehr als 100 E-Mail-Adressen an.
4. **Größe des Speicherplatzes**
   Für die meisten normalen Websites sind 1 GB mehr als ausreichend. Wenn Sie aber auch Filme oder Musikdateien anbieten möchten, sollten Sie wesentlich mehr Speicherplatz anmieten.
5. **Monatliches Transfervolumen (Traffic)**
   Wenn ein Besucher eine Seite Ihres Webauftritts aufruft, wird jede einzelne Datei an den Besucher transferiert. Das verursacht Transferkosten. In einem Angebot ist immer ein bestimmtes

Transfervolumen pro Monat enthalten. Viele Provider bieten mindestens 500 MByte pro Monat an. In der Praxis bedeutet das, dass eine Seite mit einer Größe von 0,05 MByte 10.000 Mal pro Monat aufgerufen werden kann, ohne dass zusätzliche Kosten entstehen. Wenn Ihre Website oft besucht wird, sollten Sie unbedingt ein Webhosting-Angebot wählen, das ein großes oder unbegrenztes Transfervolumen bietet.

6. **PHP und MySQL-Datenbank**
   Falls Sie anspruchsvolle Webseiten erstellen möchten, die aus Datenbanken generiert werden, sollten Sie darauf achten, dass Ihr Webhoster die Skriptsprache PHP unterstützt und mindestens eine MySQL-Datenbank bereithält. Dies ist auch für das Kontaktformular und den Blog erforderlich, die wir in diesem Buch in Abschnitt 17.6, »Benutzereingaben per Skript auslesen«, und in Kapitel 20, »Bloggen mit WordPress«, exemplarisch in unsere Website einbinden werden.

Brauche ich einen eigenen Webserver?

Die geringen Mietpreise für einen eigenen Webserver, auf dem Sie nach Herzenslust alles selbst konfigurieren können, sind sehr verlockend. Aber davon rate ich in den meisten Fällen ab, da Sie dafür sehr gute Linux-Kenntnisse benötigen. In den folgenden Fällen ist ein eigener Webserver jedoch von Vorteil:

- Sie benötigen einen Gameserver.
- Sie benötigen spezielle Erweiterungen (z. B. spezielle PHP-Module).
- Sie benötigen eine bei vielen Providern nicht installierte Programmiersprache (wie z. B. Java oder Ruby on Rails).
- Sie möchten selbst Provider sein.
- Sie haben Spaß am Konfigurieren von Linux-Servern und möchten viel ausprobieren.

Wie konfigurieren Sie Ihren Webspace?

Beispielsweise für den Fall, dass Sie E-Mail-Adressen anlegen oder neue Domains beantragen möchten, bieten alle Provider ein Konfigurationsmenü an, mit dem Sie die gewünschten Einstellungen vornehmen. Dazu erhalten Sie vom Provider einen Zugang, der über den Webbrowser aufrufbar ist.

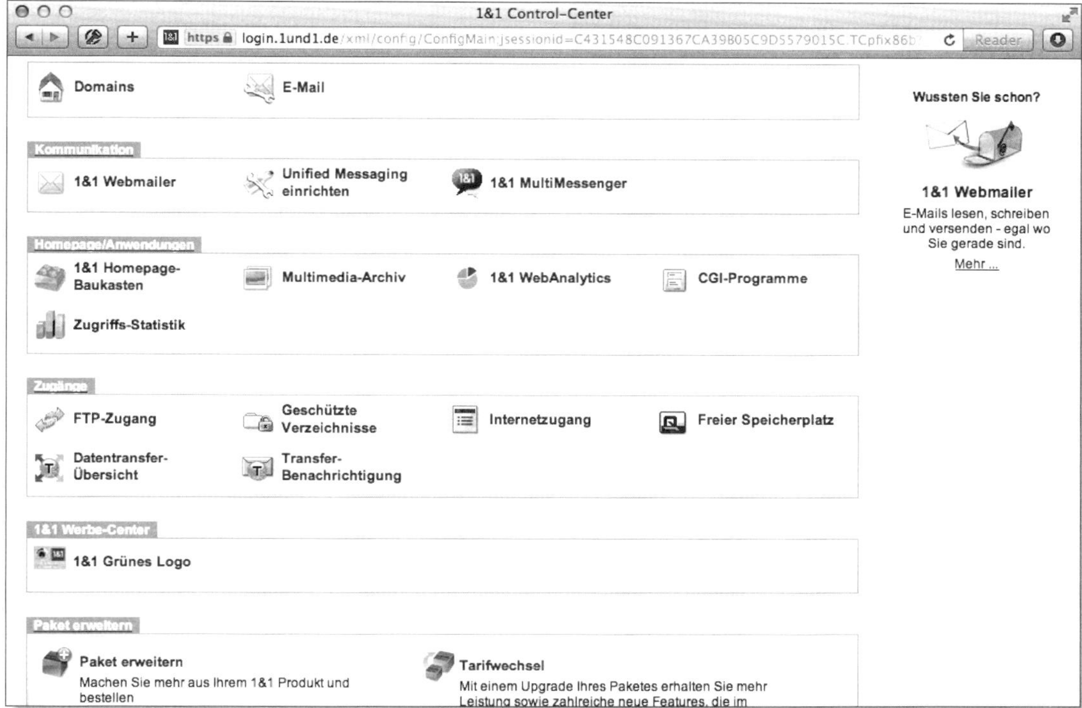

▲ **Abbildung 1.5**
Ein komfortables Webspace-Konfigurationsmenü bietet 1&1 (*http://www.1und1.de*).

Kapitel 2

Die Sprachen des Web
Sie müssen kein Programmierer werden

- Wie ist eine Webseite aufgebaut?
- Womit werden Webseiten »programmiert«?
- Was sind HTML und Cascading Stylesheets (CSS)?
- Was ist in HTML5 und CSS3 neu?
- Wofür benutzt man JavaScript und PHP?

2 Die Sprachen des Web

Sie müssen nicht die Internetsprachen HTML, JavaScript und PHP beherrschen, um Webseiten in Dreamweaver zu erstellen. Es ist jedoch sehr hilfreich, wenn Sie in etwa wissen, worum es dabei geht. Falls Sie lieber gleich mit Dreamweaver loslegen möchten, können Sie dieses Kapitel auch überspringen und unbekannte Begriffe später hier nachschlagen.

2.1 Welche Sprachen gibt es?

HTML (*Hypertext Markup Language*) ist die Grundlage jeder Webseite. Dabei handelt es sich um eine Sprache für den Webbrowser, die neben dem Text, der auf der Webseite sichtbar ist, Anweisungen (sogenannte *Tags*) enthält, die z. B. angeben, welche Texte als Überschriften dargestellt werden und welche als Link.

Neben HTML wird auch die Sprache CSS (*Cascading Stylesheets*) eingesetzt, die für das Aussehen der Webseite verantwortlich ist. In CSS werden u. a. Farben, Schriften und Abstände festgelegt.

Um HTML- und CSS-Dateien zu erstellen, brauchen Sie nicht einmal ein Programm wie Dreamweaver. Ein einfaches Programm zum Erstellen von Texten (wie z. B. WordPad, TextEdit oder TextMate) reicht aus. Das Dokument muss lediglich als einfacher Text mit der Dateiendung ».html« abgespeichert werden.

Anspruchsvolle Seiten von Hand mit HTML und CSS zu entwickeln, ist eine komplexe Sache. An dieser Stelle tritt Dreamweaver auf den Plan. Seine Hauptaufgabe besteht darin, Sie beim Erstellen von HTML-Seiten zu unterstützen und es Ihnen möglichst so einfach wie beim Schreiben eines Word-Textes zu machen. Sie brauchen keine Zeile HTML selbst zu schreiben, Sie müssen sich den Quelltext der Seiten noch nicht einmal anschauen. Dreamweaver erzeugt den Code ganz einfach im Hintergrund. Trotzdem ist es hilfreich, HTML grundlegend zu verstehen.

Neben HTML spielen auch andere Sprachen wie *JavaScript* und *PHP* bei der Erstellung von Webseiten eine wichtige Rolle. Die angewandten Sprachen lassen sich in zwei Kategorien aufteilen:

1. Sprachen, die im Browser interpretiert werden und die Strukturierung und Darstellung der Inhalte vorgeben (vor allem HTML, Cascading Stylesheets, JavaScript)
2. Sprachen, die bereits auf dem Server ausgeführt werden, um z. B. Daten aus einer Internetdatenbank abzufragen (PHP, JSP, ASP und andere).

2.2 Hypertext Markup Language

Mit HTML werden die Inhalte einer Webseite strukturiert. Für die Formatierung der Inhalte, wie z. B. die Festlegung von Schrifttypen oder Farben, sollten Sie nicht HTML, sondern Cascading Stylesheets – kurz *CSS* – einsetzen. Diese behandele ich in Kapitel 9, »Das Design festlegen«, und in Kapitel 12, »Arbeiten mit CSS«. Eine kurze Einführung finden Sie aber bereits in Abschnitt 2.3, »Cascading Stylesheets«.

HTML lernen mit Selfhtml

Eine hervorragende Einführung und Referenz zu HTML und JavaScript finden Sie auf der Website *http://de.selfhtml.org* von Stefan Münz. Damit haben schon ganze Generationen von Webdesignern HTML gelernt.

HTML ist eine sogenannte *Auszeichnungssprache* (englisch *Markup Language*). Sie können HTML in jedem beliebigen Texteditor erstellen. Dreamweaver ist somit nicht zwangsläufig erforderlich, um Webseiten zu erstellen, bietet jedoch viele Hilfsfunktionen und Arbeitserleichterungen. HTML wurde 1991 von Tim Berners-Lee erfunden und seitdem ständig weiterentwickelt. Die aktuelle Version, die wir auch in diesem Buch verwenden, ist HTML5.

In dem folgenden Beispiel wird z. B. der Textabschnitt »Galileo-Einsteigerreihe« in HTML ausgezeichnet:

```
Das Buch aus der <strong>Galileo-Einsteigerreihe</strong>
zeigt Ihnen systematisch die Handhabung von Dreamweaver.
```

HTML ist keine Programmiersprache

HTML ist keine Programmiersprache wie Java oder C. Es gibt darin keine Variablen, Schleifen usw. Auch kann man ein HTML-Dokument nicht ausführen oder Berechnungen damit erstellen lassen.

Die Auszeichnungsbefehle wie `<strong>` werden *Tags* genannt. Das `<strong>`-Tag hebt den Textabschnitt hervor. Im Browser wird dieser Textabschnitt in fetter Schrift dargestellt.

Die meisten Tags müssen mit `</`*`Tagname`*`>` geschlossen werden. In unserem Beispiel wurde `<strong>` mit `</strong>` geschlossen. Der Browser weiß so, bis wohin der Text hervorgehoben werden soll.

Strukturieren von Inhalten

Die Hauptaufgabe von HTML ist es, den Inhalt einer Webseite zu strukturieren, indem der Text in Überschriften, Absätze, Listen, Tabellen usw. eingeteilt wird.

Der folgende Text enthält eine Überschrift und einen Absatz, die mit HTML strukturiert werden:

Listing 2.1 ▸
Der HTML-Code enthält HTML-Tags für Überschriften (<h1>), Absätze (<p>) und starke Hervorhebungen (<strong>).

```
<h1>Dreamweaver CS6 Der praktische Einstieg</h1>
<p>Das Buch aus der <strong>Galileo-Einsteigerreihe
</strong> zeigt Ihnen systematisch die Handhabung von
Dreamweaver</p>
```

Das <h1>-Tag kennzeichnet Überschriften. Das h im <h1>-Tag steht für »Header«, und 1 steht für die höchste Überschriftenebene. Das <h2>-Tag bezeichnet die zweithöchste Überschriftenebene usw.

Das <p>-Tag markiert Absätze. Nach jedem Absatz wird normalerweise eine Leerzeile eingefügt.

HTML-Tag	Anwendung
<h1> ... <h1>, <h2> ... </h2> bis <h6>	Überschriften
<p> ... </p>	Absatz
<em> ... </em>	Hervorhebung (wird meist kursiv dargestellt)
<strong> ... </strong>	starke Hervorhebung (wird meist fett dargestellt)
<ul>... </ul>	unnummerierte Liste
<ol> ... </ol>	nummerierte Liste
<table> ... </table>	Tabelle
<a > ... </a>	Hyperlink
<img src="bildname.jpg">	Bild
 	harter Umbruch

▲ Tabelle 2.1
Wichtige HTML-Tags zur Strukturierung von Inhalten

Tag-Attribute

Für die meisten Tags können zusätzlich Attribute definiert werden. Um z. B. die Überschrift zu zentrieren, können Sie das style-Attribut in das <h1>-Tag integrieren:

```
<h1 style="text-align:center">Dreamweaver-Buch</h1>
```

Um einen Hyperlink zu einer anderen Webseite zu erstellen, wird das Attribut href für das <a>-Tag eingesetzt:

```
<a href="http://www.galileo-press.de">Galileo-Verlag</a>
```

Ein Tag kann auch mehrere Attribute gleichzeitig aufnehmen, wie z. B. bei dem <img>-Tag zur Integration von Bildern:

```
<img src="logo.gif" width="100" height="80">
```

Zeichen	HTML-Entities
€	€
©	©
®	®
«	«
»	»

▲ **Tabelle 2.2**
HTML-Entities (kleine Auswahl)

HTML-Entities

Sonderzeichen können in HTML mit sogenannten *HTML-Entities* codiert werden. © stellt z. B. das Copyright-Symbol dar, während für das Euro-Zeichen das HTML-Entity € verwendet wird.

Tabelle 2.2 listet einige HTML-Entities auf. Sie brauchen sich diese Tabelle jedoch nicht zu merken, da Dreamweaver eine Funktion zum Einfügen von Sonderzeichen besitzt.

Umlaute und HTML-Entities

Da Dreamweaver den Unicode-Zeichensatz (die UTF-8-Zeichenkodierung) verwendet, können Sie Umlaute direkt im HTML-Code eingeben. Mit dem Unicode-Zeichensatz können auch Texte in Arabisch, Hebräisch usw. dargestellt werden.

Header und Body

Ein HTML-Dokument besteht immer aus zwei Teilen: einem Kopfteil (Header), in dem u. a. der Titel der Seite definiert wird, und einem Rumpfteil (Body), in dem der Inhalt der Webseite eingefügt wird. Beide Bereiche werden vom <html>-Tag umgeben.

Das folgende Listing zeigt eine vollständige HTML-Seite in der neuen Version HTML5:

◀ **Listing 2.2**
Eine vollständige HTML5-Seite

```
<!doctype html>
<html>
<head>
<meta charset="UTF-8">
  <title>Dreamweaver-Buch</title>
</head>
<body>
```

```
  <h1>Adobe Dreamweaver CS6: Der praktische Einstieg</h1>
  <p>Das Buch aus der <strong>Galileo-
  Einsteigerreihe</strong> erklärt Ihnen systematisch die
  Handhabung von Dreamweaver.</p>
  <p>&copy; 2012</p>
</body>
</html>
```

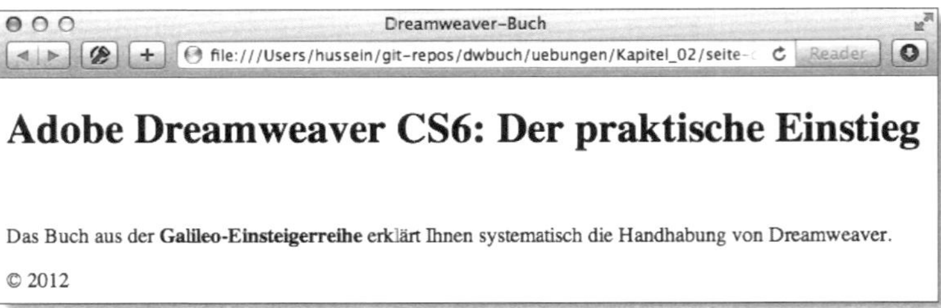

Abbildung 2.1 ▸
HTML-Seite im Webbrowser dargestellt

Darstellung im Browser

In unserem Beispiel wird HTML nur zur Strukturierung der Inhalte verwendet. Es werden keine Tags zur Formatierung, wie z. B. das `<font>`-Tag (für Schriftformatierungen), verwendet.

Für die Formatierung sind, wie schon erwähnt, Cascading Stylesheets erforderlich. Doch was passiert, wenn man die HTML-Seite ohne Cascading Stylesheets im Browser öffnet? In diesem Fall wendet der Browser eine Standardformatierung an. Das <h1>-Tag wird z. B. in fetter, großer Schrift dargestellt, und das <strong>-Tag für starke Hervorhebungen wird fett angezeigt.

Extensible Hypertext Markup Language (XHTML)

XHTML ist der Nachfolger von HTML 4. Im Wesentlichen basiert XHMTL auf HTML, enthält jedoch strengere Regeln, die dem XML-Standard entsprechen. (XML ist ein allgemeiner Standard für hierarchisch strukturierte Daten.)

Die auffälligste Neuerung gegenüber HTML ist, dass jedes Tag geschlossen werden muss. In HTML wird z. B. das
-Tag nicht geschlossen. In XHTML hingegen muss das Tag geschlossen werden, indem man z. B.
</br> schreibt. Dafür gibt es in XHTML allerdings auch eine praktischere Schreibweise: <br /> bedeutet, dass das Tag zugleich geöffnet und geschlossen wird.

Ob es sich um ein XHTML-Dokument handelt, erkennen Sie am sogenannten Doctype in der ersten Zeile.

```
<!DOCTYPE html PUBLIC "-//W3C//DTD XHTML 1.0
Transitional//EN"
"http://www.w3.org/TR/xhtml1/DTD/xhtml1-transitional.dtd">
```

HTML5

2009 wurde bekanntgegeben, dass XHTML nicht mehr weiterentwickelt und durch HTML5 ersetzt wird. HTML5 ist erheblich toleranter als XHTML. Tags können, müssen aber nicht geschlossen werden (das heißt, dass z. B. `<br>` wieder erlaubt ist). Der Grund dafür ist, dass in der Praxis diese Regeln oft nicht eingehalten wurden. Vielmehr wollte das World Wide Web Consortium (*W3C*; Gremium für das Festlegen von Standards im Internet) einen Standard schaffen, der an der Praxis angelegt ist. HTML5 ist daher viel einfacher als XHTML.

HTML5 enthält auch neue Tags wie z. B. `<article>` und `<footer>`, um die HTML-Dokumente einfacher zu strukturieren.

In Zukunft wird HTML5 auch immer mehr Flash ersetzen. Mit dem Tag `<video>` können z. B. Videos ohne Flash abgespielt werden. Objekte können mit dem `<canvas>`-Tag dynamisch erstellt und animiert werden. Besonders gut eignen sich der Safari- und der Chrome-Webbrowser für die Anzeige von HTML5-Dokumenten. Der Internet Explorer unterstützt erst seit Version 9 HTML5. Es gibt jedoch Tricks (die sogenannten *Polyfills*), mit denen einige HTML5-Tags auch unter älteren Internet-Explorer-Versionen funktionieren.

Wenn Sie auf die Verwendung der neuen Tags verzichten, können Sie HTML5 schon heute ohne Probleme (auch bei älteren Browsern) in der Praxis einsetzen. So haben z. B. Google und Apple ihre Seiten bereits auf HTML5 umgestellt. Wir folgen diesem Beispiel und verwenden in diesem Buch ebenfalls HTML5.

YouTube und HTML5

Auf der Webseite *http://www.youtube.com/html5* werden YouTube-Videos ohne Flash abgespielt.

Ein HTML5-Dokument erkennen Sie an folgendem Doctype in der ersten Zeile, der im Vergleich zu XHTML sehr einfach ist:

```
<!doctype html>
```

2.3 Cascading Stylesheets

Layout mit Tabellen
Früher hat man das Layout einer Webseite in der Regel mit Tabellen gestaltet. Der Grund dafür lag in der mangelnden CSS-Unterstützung der Browser. Da inzwischen jedoch alle gängigen Browser CSS unterstützen, sollten Sie auf das Layouten mit Tabellen möglichst verzichten. Webseiten, deren Layout mit Tabellen erstellt wurde, haben einige Nachteile. So benötigen sie z. B. mehr Zeit zum Laden, ihr Layout lässt sich im Nachhinein nur schwer ändern, und diese Vorgehensweise entspricht nicht dem aktuellen Webstandard.

Cascading Stylesheets bezeichnen eine Technologie, mit der Sie das Aussehen einer Webseite bestimmen können – angefangen bei der Textformatierung bis hin zum gesamten Layout der Webseite. Das Formatieren von Texten mit CSS ist relativ einfach. Das Layouten ganzer Webseiten mit CSS hingegen erfordert sehr viel Wissen und Erfahrung, damit die Seiten in allen aktuellen Browsern korrekt dargestellt werden. Zum Glück werden in Dreamweaver CS6 Layoutvorlagen mitgeliefert, die Ihnen diese Arbeit größtenteils abnehmen. Im folgenden Beispiel zeige ich, wie Sie CSS für die Formatierung von Texten einsetzen. In Kapitel 9, »Das Design festlegen«, werden Sie lernen, wie Sie mit CSS-Vorlagen das Layout einer Website gestalten.

Externe CSS-Datei

Cascading Stylesheets können in einer eigenen Datei abgelegt werden. Dort ist dann z. B. festgelegt, wie das <h1>-Tag für Überschriften im Browser formatiert werden soll.

```
h1 {
        font-family: Arial;
        font-size: 20px;
        font-weight: bold;
        text-align: center;
        border: 1px solid #000;
        border-radius: 12px;
}

p {
        font-family: Arial;
        font-size: 14px;
}

strong {
        color: red;
}
```

Listing 2.3 ▶
Definition einer CSS-Datei (namens »style.css«), in der die Tags <h1>, <p> und <strong> einheitlich formatiert werden.

Damit die Formate der CSS-Datei Einfluss auf eine Webseite haben, muss die CSS-Datei mit dem <link>-Tag eingebunden werden:

```
<!doctype html>
<html>
<head>
  <meta charset="UTF-8">
  <title>Dreamweaver-Buch</title>
  <link rel="stylesheet" type="text/css" href="style.css">
</head>
<body>
  <h1>Adobe Dreamweaver CS6: Der praktische Einstieg</h1>
  <p>Das Buch aus der <strong>Galileo-
  Einsteigerreihe</strong> erklärt Ihnen systematisch die
  Handhabung von Dreamweaver.</p>
  <p>&copy; 2012</p>
</body>
</html>
```

◂ **Listing 2.4**
HTML-Seite mit verknüpfter CSS-Datei

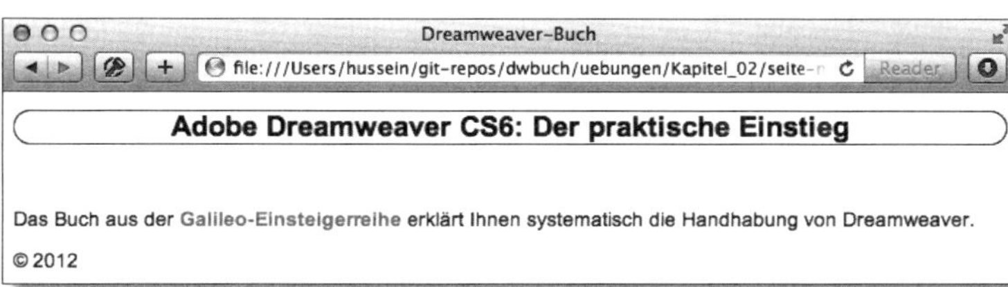

◂ **Abbildung 2.2**
Die HTML-Seite aus Abbildung 2.1, jetzt mit einer CSS-Datei verknüpft: Schrifttyp, Ausrichtung und Textgröße haben sich verändert. Die Überschrift hat einen Rahmen mit abgerundeten Ecken.

CSS3

CSS3 ist der neuste CSS-Standard, der zusammen mit HTML5 bei modernen Websites eingesetzt wird. CSS3 eröffnet dem Webdesigner ganz neue Möglichkeiten, die vorher nur mit Grafikprogrammen, JavaScript oder komplizierten Tricks erstellt werden konnten, wie z. B. abgerundete Ecken oder Animationen.

Da der CSS3-Standard noch recht neu ist, gibt es zurzeit keinen Webbrowser, der alle Funktionen unterstützt. Die neusten Webbrowser beherrschen jedoch die folgenden Funktionen:

- Schlagschatten
- transparente Bereiche
- mehrere Hintergrundbilder
- Farbverläufe
- abgerundete Ecken bei Rahmen (siehe Abbildung 2.2)
- Übergangseffekte
- Animationen
- individuelle Webschriften

CSS3 und Medienabfragen

Mit CSS3 sind auch Medienabfragen möglich. Diese erlauben es, unter anderem die Größe des Bildschirms des Endgerätes – beispielsweise eines Smartphones – abzufragen und die Webseite entsprechend anzupassen. In Kapitel 18, »Mobiles Web«, erfahren Sie mehr zu diesem Thema.

Dreamweaver CS6 unterstützt Sie jedoch bei der Verwendung einiger CSS3-Befehle (wie z. B. bei den Übergangseffekten), damit diese auch in älteren Webbrowsern funktionieren.

2.4 JavaScript

Mit JavaScript wird Ihre Webseite interaktiver und lebendiger. Sie können mit JavaScript u. a. Folgendes realisieren:

- Rollover-Buttons (Bilder verändern sich bei Mausberührung)
- Öffnen von neuen Browserfenstern in einer bestimmten Größe
- Formularfelder-Überprüfung
- interaktive Menüs

Mit JavaScript können Sie jedoch keine Verbindung zu einem Datenbanksystem direkt herstellen, um z. B. Produktdaten auszulesen. Dafür wird oft PHP eingesetzt.

JavaScript ist eine Programmiersprache, die in HTML integriert wird, aber weit schwieriger zu erlernen ist. Das Hauptproblem liegt u. a. darin, die Inkompatibilitäten der verschiedenen Browser in den Griff zu bekommen.

Mit dem Bedienfeld VERHALTEN können Sie in Dreamweaver jedoch auch ohne JavaScript-Kenntnisse komfortabel interaktive Webseiten erstellen (siehe Kapitel 16, »Interaktivität mit JavaScript«).

Es gibt verschiedene Techniken, JavaScript in HTML zu integrieren. Die einfachste Form sehen Sie im folgenden Beispiel:

Listing 2.5 ▸
JavaScript wird in diesem Beispiel in Hyperlinks integriert, um bei einem Klick darauf das Fenster zu schließen, es in die obere linke Ecke des Bildschirms zu verschieben oder wieder zur letzten besuchten Webseite zu gelangen.

```
<!doctype html>
<html>
<head>
  <meta charset="UTF-8">
  <title>JavaScript-Beispiel</title>
</head>
<body>
<h1>JavaScript Test</h1>
<a href="JavaScript:window.close()"> Fenster schließen </a>
<br>
<a href="JavaScript:window.moveTo(1,1)"> Fenster in die obere
Ecke verschieben</a> <br>
<a href="JavaScript:history.back()"> Zurück zur letzten
```

```
Seite</a> <br>
</body>
</html>
```

◂ **Abbildung 2.3**
Anzeige der HTML-Seite mit JavaScript im Browser

Einige Effekte, wie z. B. Rollover-Buttons und Animationen, lassen sich inzwischen in CSS3 eleganter realisieren.

2.5 Ajax

Ajax ist die Abkürzung für »Asynchronous JavaScript and XML«. Die Ajax-Technologie basiert auf JavaScript und XML. Hiermit ist es u. a. möglich, Teile einer Webseite z. B. mit neuen Datenbankdaten zu aktualisieren, ohne dass die Webseite neu geladen werden muss. Auf diese Weise können Webseiten erstellt werden, die ähnlich interaktiv sind wie echte Applikationen. Ein bekanntes Beispiel ist Google Mail. Mit dieser Webapplikation verwalten Sie Ihre E-Mails (fast) so komfortabel wie in einer Windows- oder Mac-Applikation.

Die Programmierung von Ajax ist jedoch relativ schwer. Daher gibt es Bibliotheken (genannt *Frameworks*), die dem Programmierer viel Arbeit abnehmen. Adobe hat das Ajax-Framework *Spry* entwickelt, das in Dreamweaver CS6 integriert ist (siehe ebenfalls Kapitel 16, »Interaktivität mit JavaScript«).

2.6 PHP und MySQL

Mit HTML und JavaScript allein können Sie keine Webseiten mit Inhalten erstellen, die automatisch aus Datenbanken gezogen werden. Das aber ist erforderlich, wenn Sie etwa Foren, Gästebücher, Shops usw. in Ihre Site integrieren möchten.

Dynamische Webseiten mit Dreamweaver CS6
Wenn Sie datenbankbasierte Webseiten mit Dreamweaver entwickeln wollen, finden Sie alles, was Sie dafür wissen müssen, in »Dreamweaver CS6. Das umfassende Handbuch« von Richard Beer und Susann Gailus, erschienen bei Galileo Press.

Zur Programmierung von datenbankbasierten Websites eignen sich die Programmiersprachen PHP, JavaServer Pages (JSP), Perl, Python, ASP (Active Server Pages) und ASP.NET von Microsoft oder auch Ruby on Rails. HTML wird jedoch immer für die Darstellung der Inhalte benötigt.

Die Skriptsprache PHP ist sehr verbreitet und relativ leicht zu erlernen. PHP ist eine Abkürzung für »Personal Homepage Tools« und wurde 1995 von Rasmus Lerdorf entwickelt. Heute wird PHP als Open-Source-Projekt unter dem Namen »PHP: Hypertext Preprocessor« weiterentwickelt, und mittlerweile gibt es dazu zahlreiche Bücher und sogar zwei deutschsprachige Zeitschriften.

In Kombination mit einem Datenbankserver (meist MySQL) ist es damit möglich, Gästebücher, Foren und sogar Webshops zu programmieren.

Für viele Anwendungen gibt es bereits fertig programmierte Lösungen, die Sie kostenlos aus dem Internet laden können. Jedoch sind Installation und Anpassung nicht immer ganz einfach. Am Ende des Buches zeige ich Ihnen, wie Sie z. B. ein Gästebuch in Ihre Website integrieren.

Der PHP-Code kann wie folgt in HTML eingefügt werden:

```
<?php ... ?>
```

Im Folgenden bespreche ich ein einfaches Beispiel ohne Datenbankanbindung, um Ihnen einen Eindruck von PHP zu vermitteln. Das Beispiel berechnet die Mehrwertsteuer von 10 Euro.

Listing 2.6 ►
PHP-Skript mit einer einfachen Mehrwertsteuer-Berechnung

```
<!doctype html>
<html>
<head>
  <meta charset="UTF-8">
  <title>PHP-Beispiel</title>
</head>
<body>
Die MwSt. von 10 &euro; betraegt <?php print 10*0.19 ?>
&euro;
</body>
</html>
```

Wenn man das PHP-Skript auf den Server überträgt und im Browser aufruft, erhält man das Ergebnis aus Abbildung 2.4.

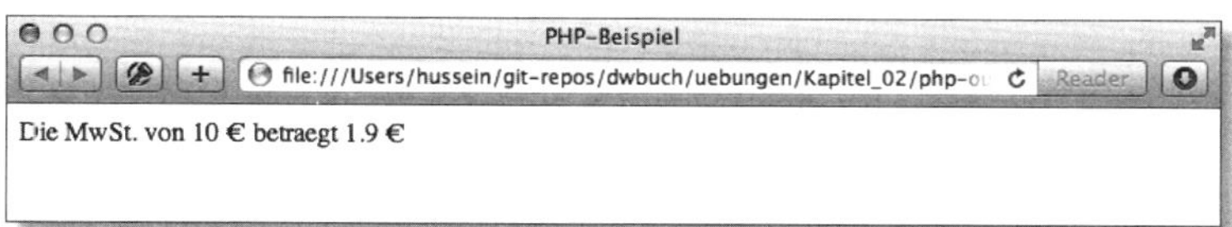

◂ **Abbildung 2.4**
Ausgabe der PHP-Seite im Webbrowser

Wenn man nun im Webbrowser den Quelltext der Webseite betrachtet, so wird Erstaunliches zu Tage gefördert:

```
<!doctype html>
<html>
<head>
  <meta charset="UTF-8">
  <title>PHP-Beispiel</title>
</head>
<body>
Die MwSt. von 10 &euro; betraegt 1.9 &euro;
</body>
</html>
```

◂ **Listing 2.7**
Quelltext des PHP-Skripts im Webbrowser: Es ist kein PHP-Code mehr sichtbar.

Im Quelltext ist also kein PHP-Code mehr vorhanden. Es erscheint nur noch das Ergebnis der Berechnung. Der Grund hierfür liegt darin, dass PHP-Skripte, bevor sie an den Betrachter der Webseite geschickt werden, auf dem Server von einer PHP-Engine verarbeitet werden. Der Besucher der Webseite erhält nur noch das fertige Ergebnis.

Der Vorteil liegt darin, dass der Webbrowser PHP nicht interpretieren muss und dass kein Besucher Ihrer Website den PHP-Code im Quelltext der Seiten sehen kann. Das ist bei HTML und JavaScript anders: Jeder Besucher kann den HTML- und JavaScript-Code aus Ihrer Webseite kopieren und weiterverwenden.

Das bedeutet natürlich nicht, dass man HTML und JavaScript durch PHP ersetzen kann. PHP benötigt HTML für die Darstellung der Inhalte und hat lediglich die Aufgabe, im Hintergrund Berechnungen und Datenbankabfragen durchzuführen und gegebenenfalls HTML-Code zu generieren.

Ruby on Rails

Wenn Sie komplexe datenbankbasierte Projekte, wie z. B. Online-Buchungssysteme, realisieren möchten, bietet es sich an, Ruby on Rails zu verwenden. Ruby on Rails ist ein sogenanntes Web-Framework für die Skriptsprache Ruby, mit der die Entwicklung von datenbankbasierten Websites erheblich vereinfacht wird. In dem Buch »Ruby on Rails 3.1« von Hussein Morsy und Tanja Otto, erschienen bei Galileo Press, finden Sie eine ausführliche Einführung in die Thematik.

2.7 Webbrowser und Rendering-Engines

Für einen Webdesigner ist es nicht nur wichtig, HTML, CSS usw. zu kennen, sondern sich auch gute mit den verschiedenen Webbrowsern auszukennen, denn diese sind ja schließlich für die Darstellung der Webseiten zuständig.

Jeder Webdesigner kennt das Problem, dass die Webseite in dem einen Browser korrekt dargestellt wird und in einem anderen Browser erhebliche Fehler aufweist oder zumindest anders aussieht. Ich kann mich gut an schlaflose Nächte (meist kurz vor der Veröffentlichung einer Website) erinnern, in denen ich versucht habe, diese Probleme zu lösen. Die Ursachen für die unterschiedliche Darstellung der Webseiten in den verschiedenen Webbrowsern erläutere ich in diesem Abschnitt näher.

Tabelle 2.3 ▶ Die verschiedenen Webbrowser und Ihr Marktanteil in Deutschland (Quelle: Wikipedia, Stand März 2012)

Webbrowser	Marktanteil
Mozilla Firefox	44,6 %
Internet Explorer	28,3 %
Google Chrome	10,1 %
Mobile Safari	5,8 %
Safari	5,4 %
Android Browser	2,6 %
Opera	2,3 %
andere	0,5 %

Ein Webbrowser ist im Prinzip nichts anderes als ein Anzeigeprogramm von Webseiten. Die Hauptaufgabe besteht darin, die Texte (HTML), die Stilinformationen (CSS) und den JavaScript-Code für Benutzer auszuwerten und entsprechend grafisch darzustellen. Dieser Vorgang wird als *Rendering* bezeichnet; die Komponente des Webbrowsers, die für das Rendering zuständig ist, wird als *Rendering-Engine* bezeichnet. Kenntnisse über die Rendering-Engine sind für den Webdesigner sehr wichtig. Die Bedienungselemente des Webbrowsers, wie z. B. die Funktionen zur Verwaltung der Favoriten bzw. Bookmarks, sind dabei weniger von Interesse. Die beiden Webbrowser *Safari* von Apple und der Google-Browser *Chrome* sind auf den ersten Blick zwei vollkommen unterschiedliche Webbrowser. Sie haben nicht nur ein unterschiedliches Aussehen, sondern unterscheiden sich auch in ihrem Funktionsumfang. Beide Webbrowser verwenden jedoch die gleiche Rendering-Engine. Dies bedeutet, dass die gleiche Webseite im Prinzip auch gleich dargestellt wird. Die Qualität einer Rendering-Engine richtet sich im Wesentlichen nach zwei Hauptkriterien:

- **Standardkonformität**
  Ein Webbrowser sollte sich möglichst zu 100% an die Standards des W3C halten.
- **Geschwindigkeit**
  Da die Webseiten teilweise sehr viele Inhalte haben, ist es wichtig, dass die Seite sehr schnell dargestellt wird.

Microsoft hat mit dem Internet Explorer ab Version 9 wieder den Anschluss an die modernen Webbrowser gefunden. Damit die Webseiten auch auf älteren Versionen gut dargestellt werden, fügt Dreamweaver z. B. bei den Layoutfunktionen oder Übergangseffekten Code ein, der eine Kompatibilität weitgehend herstellt. Daher ist es während der Entwicklung einer Website sehr wichtig, diese nur auf Webbrowsern mit einer standardkonformen Rendering-Engine zu testen und erst kurz vor der Fertigstellung die Probleme mit nicht standardkonformen Webbrowsern zu lösen.

Standardkonforme Rendering-Engines sind u. a. die *Gecko-Engine*, die im Firefox Webbrowser verwendet wird, und *WebKit*, das u. a. im Safari- und im Google-Browser Chrome eingebaut ist. Das iPhone und das iPad verwenden den Webbrowser Safari und somit die Rendering-Engine WebKit. Jedoch gibt es Unterschiede zu dem »großen« Safari. Daher sollten Sie die Webseiten auf den mobilen Geräten ausgiebig testen.

Da es so wichtig ist, die Website mit einer standardkonformen Rendering-Engine zu testen, hat Adobe in Dreamweaver CS6 die Rendering Engine WebKit direkt integriert. Diese kommt bei der Darstellung der Seiten in der Live-Ansicht (siehe Kapitel 4, »Die Arbeitsumgebung«) zum Einsatz. Es ist daher nicht mehr unbedingt notwendig, die Website während der Entwicklung andauernd in Safari oder Firefox zu testen.

Google Chrome Frame

Der Internet Explorer kann zurzeit nicht mit den modernen Rendering-Engines WebKit und Gecko mithalten.
Wenn Sie jedoch nicht den Webbrowser wechseln wollen, können Sie mit dem Plug-in Google Chrome Frame den Internet Explorer mit einer modernen Rendering-Engine nachrüsten (*http://code.google.com/chrome/chromeframe/*).

Dreamweaver CS6 – los geht's

So installieren Sie Dreamweaver und bauen Ihre erste Website

- Was ist neu in Dreamweaver CS6?
- Wie installiere ich Dreamweaver CS6?
- Wie öffne und bearbeite ich Dokumente?
- Wie erstelle ich eine erste HTML-Seite?
- Wie verknüpfe ich Webseiten mit Hyperlinks?

3 Dreamweaver CS6 – los geht's

Falls Sie noch nie mit Dreamweaver gearbeitet haben, sind Sie hier genau richtig. Andernfalls wechseln Sie einfach schon zum nächsten Kapitel. Zum Einstieg werden wir hier zunächst eine sehr einfache Seite erstellen.

3.1 Neues in Dreamweaver CS6

Die neue Dreamweaver-Version ist Bestandteil der Adobe CS6. Die Bezeichnung CS6 orientiert sich an den anderen Adobe-Produkten und steht als Abkürzung für »Creative Suite«. Zur Creative Suite gehören außer Dreamweaver auch Programme wie Photoshop, InDesign, Illustrator, Acrobat und Flash.

Bei Dreamweaver CS6 handelt es sich um die Version 12.0. Dies können Sie auch im Dialogfenster Über Dreamweaver sehen. Die Build-Nummer ist eine fortlaufende Nummer, die nur von den Entwicklern der Software verwendet wird. Bei jedem Update erhöht sich die Nummer, wobei die Sprünge in der Nummerierung groß sein können.

Abbildung 3.1 ▸
Das Fenster Über Dreamweaver zeigt die Version.

Dreamweaver CS6 bietet zahlreiche neue Funktionen, insbesondere im Bereich HTML5/CSS3 und mobile Websites.

Fließendes Rasterlayout

Das neue fließende Rasterlayout erlaubt es, Webseiten zu erstellen, deren Layout sowohl auf großen Desktop-Bildschirmen als auch auf Tablets und Smartphones passt. Abhängig von der Größe des Bildschirms passt sich die Webseite automatisch an.

Zur genauen Positionierung von Elementen werden in Dreamweaver Raster angezeigt. Je nach Gerätetyp werden unterschiedlich viele Raster nebeneinander dargestellt. Im Webbrowser sind die Raster nicht zu sehen. Lesen Sie mehr in Kapitel 18.

▼ Abbildung 3.2
Mit fließenden Rasterlayouts passt sich die Webseite der Bildschirmgröße automatisch an.

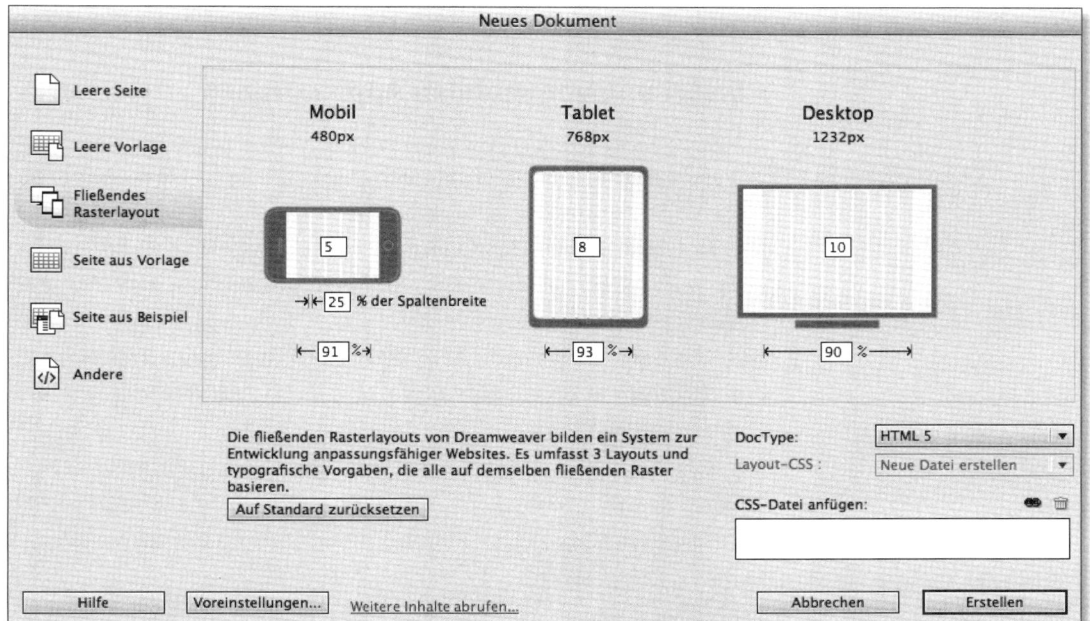

Multiscreen-Vorschau

Sehr praktisch ist auch die neue Multiscreen-Vorschau, mit der Sie schnell und einfach überprüfen, wie die Webseite auf dem Desktop-Rechner, Handy oder Tablet bzw. iPad aussieht.

Abbildung 3.3 ▸
Die Multiscreen-Vorschau zeigt, wie die Webseite auf Handys, Tablets und Desktop-Rechnern aussieht.

Erstellung von mobilen Applikationen

Seit CS5.5 können mit Dreamweaver auch mobile Applikationen erstellt werden, die sich ähnlich verhalten wie native Apps, die man z. B. im AppStore herunterladen kann.

In Dreamweaver ist jQuery Mobile enthalten, eine Bibliothek, die es Webentwicklern erleichtert, Applikationen in HTML und JavaScript zu erstellen.

Mit dem integrierten Tool PhoneGab ist es sogar möglich, die mobile App in eine native App u. a. für iOS und Android-Systeme zu transformieren.

Die Apps können in die entsprechenden App Stores hochgeladen werden. Für Apples AppStore z. B. ist eine kostenpflichtige Mitgliedschaft (iOS Developer Program) bei Apple notwendig.

CSS-Übergänge

Hiermit können Sie Übergangseffekte erstellen werden. Wenn ein Webbesucher z. B. die Maus über einen Menüpunkt gefahren wird, ändert sich beispielsweise die Hintergrundfarbe oder Schriftgröße. Dank CSS3 ist dafür nicht mehr JavaScript erforderlich.

Auch sorgt Dreamweaver automatisch für die Kompatibilität mit den verschiedenen Webbrowsern.

◂ **Abbildung 3.4**
Mit CSS-Übergängen können Sie Effekte ohne JavaScript erstellen.

Detailverbesserungen

In Dreamweaver CS6 wurden nicht nur neue Funktionen hinzugefügt, sondern auch einige Teile der Software verbessert.

Einer der großen Kritikpunkte vergangener Dreamweaver-Version war die **langsame Geschwindigkeit** des integrierten FTP-Clients. Der integrierte FTP-Client arbeitet nun wesentlich schneller. Außerdem kann er nun im Hintergrund mehrere Aktionen gleichzeitig verwalten, wie z. B. Dateien hochladen und andere Dateien vom Server herunterladen.

Die **Integration** von Photoshop- und Fireworks-Dateien wurde vereinfacht. Wenn Sie z. B. eine Photoshop-Datei in eine Webseite integrieren, öffnet sich nun ein einfaches Dialogfenster, in dem Sie den Dateityp ❶ und bei JPEG-Bildern auch die QUALITÄT ❷ einstellen können. Die Veränderung der Qualität wird direkt live angezeigt (siehe Abbildung 3.5).

Mit Hilfe von **Medienabfragen** ist es möglich, abhängig von verschiedenen Displaygrößen und der Orientierung (Hoch- oder Querformat) unterschiedliche CSS-Regeln zu definieren. Beispielsweise kann die Schriftgröße abhängig von der Anzeigegröße angepasst werden.

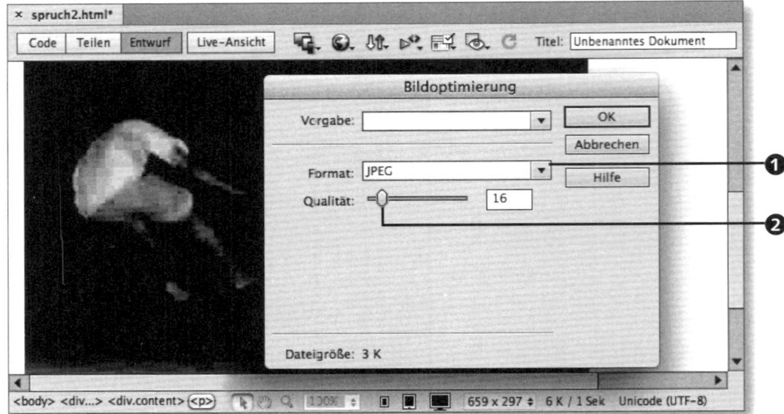

Abbildung 3.5 ▶
Beim Import von Photoshop- und Fireworks-Dateien können Sie Dateiformat und Qualität einstellen.

3.2 Dreamweaver installieren und aktualisieren

Kommen wir nun endlich zum Wichtigsten, dem Startschuss für die Entwicklung einer eigenen Seite mit Dreamweaver. Jetzt erkläre ich, wie Sie eine einfache Seite erstellen und sie in Ihrem Browser anzeigen.

Ich gehe davon aus, dass Sie Dreamweaver bereits installiert haben. Falls nicht, legen Sie einfach die Installations-CD ein, und folgen Sie den Anweisungen auf dem Bildschirm. Sie können dabei nichts falsch machen. Falls Sie eine Adobe Creative Suite erworben haben, können Sie wählen, ob Sie nur bestimmte oder alle darin enthaltenen Programme installieren möchten. Wenn Sie genug Platz auf der Festplatte haben, wählen Sie ruhig Alle Programme. Falls nicht, installieren Sie neben Dreamweaver auf jeden Fall das Grafikprogramm Fireworks und/oder Photoshop. Während der Installation müssen Sie außer Ihrem Namen auch die Seriennummer eingeben. Daraufhin wird online geprüft, ob die Seriennummer bereits benutzt wurde und ob sie legal ist.

Sie haben noch kein Dreamweaver?

Das ist kein Problem. Sie können von der Adobe-Website eine 30-Tage-Testversion herunterladen. Wenn Sie dann später die Software erwerben, können Sie Ihre Installations-CD ruhig im Karton lassen. Geben Sie einfach die mitgelieferte Seriennummer in die Testversion ein, und schalten Sie sie als Vollversion frei.

Updates

Falls eines der installierten Adobe-Produkte ein Update erfordert, startet der Adobe Updater, der Ihnen zeigt, für welche Komponenten ein Softwareupdate vorliegt. Sie sollten normalerweise alle Updates durchführen, da damit nicht nur Fehler in der Software, sondern oft auch Sicherheitslücken beseitigt werden.

3.3 Der Programmstart

Nachdem Sie Dreamweaver gestartet haben, werden Sie als Erstes mit einem Startfenster begrüßt. Dieses Fenster bietet Ihnen folgende Funktionen zur Auswahl:

❸ Öffnen eines zuvor geöffneten Dokuments
❹ Erstellen einer neuen Datei, wie zum Beispiel einer HTML-Datei für eine normale Webseite
❺ Einführungsvideos zu den wichtigsten Funktionen (meist in englischer Sprache)
❻ Öffnen von Tutorials, in denen Sie in die Grundfunktionen von Dreamweaver eingewiesen werden (meist in englischer Sprache)
❼ Aufruf der Dreamweaver-Exchange-Website, auf der Erweiterungen (Extensions) für Dreamweaver angeboten werden

▼ **Abbildung 3.6**
Begrüßungsfenster zum Erstellen oder Öffnen von Dokumenten

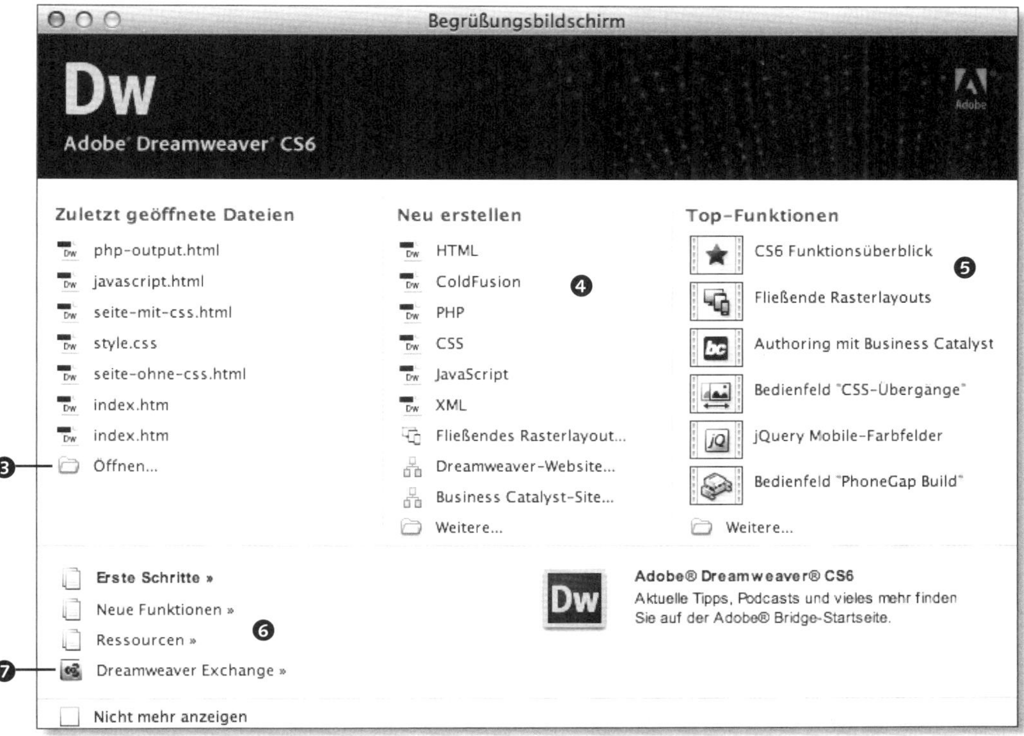

Das Begrüßungsfenster öffnet sich nicht nur beim Programmstart, sondern auch immer dann, wenn gerade kein Dokument geöffnet ist. Sie können auch ohne dieses Fenster eine neue Datei erstellen, indem Sie Datei • Neu wählen. Dann erscheint ein Fenster, in dem Sie in der Kategorie Leere Seite den Typ der neuen Datei wählen können. Der wichtigste Dateityp ist HTML, interessant ist aber auch PHP, mit dem sich u.a. datenbankbasierte Webseiten entwickeln lassen.

Kein Begrüßungsfenster vorhanden?
Sie können Dreamweaver so konfigurieren, dass kein Startfenster angezeigt wird. Deaktivieren Sie dazu unter Bearbeiten • Voreinstellungen unter Windows bzw. unter Dreamweaver • Einstellungen auf dem Mac in der Kategorie Allgemein das Kontrollkästchen bei Begrüssungsbildschirm.

3.4 Schnellstart: Probieren Sie Dreamweaver aus

Steigen wir sofort in die Arbeit mit Dreamweaver CS6 ein, um Ihnen zu zeigen, wie intuitiv sich mit der Software arbeiten lässt.

Ihre erste HTML-Seite erstellen

Das erste Beispiel in fast jedem Einführungsbuch über Programmiersprachen und Entwicklungsumgebungen ist das berühmte Beispiel »Hallo Welt«. Dieses Programm hat eine einzige Funktion, nämlich die Ausgabe des Textes »Hallo Welt«.

In der folgenden Übung erstellen wir ebenfalls eine Webseite, die einen Text ausgeben soll. Da CSS aber eine zentrale Technologie für die Erstellung von Webseiten ist, werden wir bereits in diesem einfachen Beispiel eine CSS-Regel definieren, um zwei Textstellen einheitlich zu formatieren.

Schritt für Schritt
Eine Seite erstellen

1 Neue Seite öffnen

Wählen Sie im Begrüßungsfenster HTML aus, um eine leere HTML-Seite zu erstellen, oder wählen Sie Datei • Neu und dort aus der Kategorie Leere Seite den Seitentyp HTML und als Layout <Kein>.

Normalerweise sollten Sie vorher eine neue Website (siehe Kapitel 5, »Eine neue Website«) anlegen, bevor Sie die einzelnen Webseiten bauen. Doch für dieses kleine Beispiel ist dies nicht unbedingt notwendig.

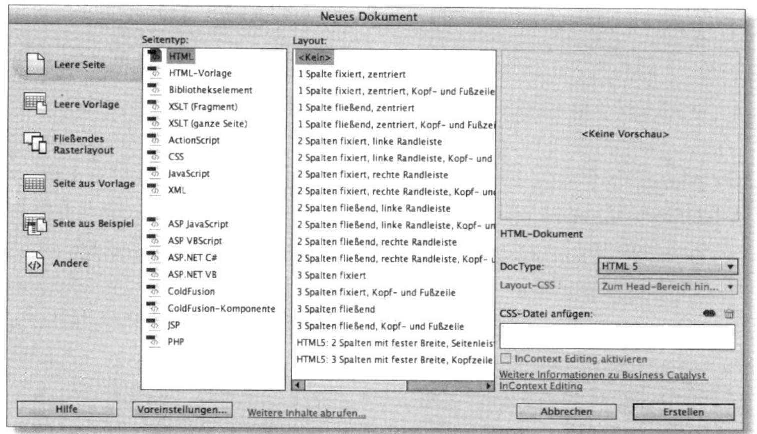

◂ Abbildung 3.7
Auswahl des Seitentyps

2 Text eingeben und markieren

Tippen Sie im Dokumentenfenster einen Text, und markieren Sie ein Wort. Dieses Wort soll fett hervorgehoben und mit einer Farbe versehen werden.

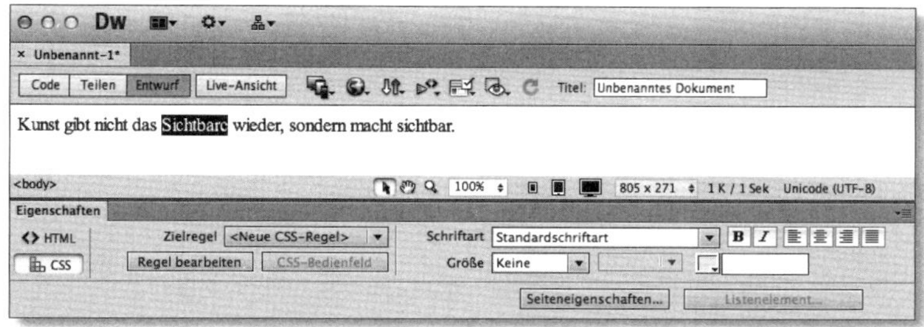

◂ Abbildung 3.8
Ein Wort wird markiert.

3 Eigenschaften-Bedienfeld

Unter Ihrem Dokumentenfenster sollte sich das EIGENSCHAFTEN-Bedienfeld (auch Eigenschaftsinspektor) befinden, in dem Sie unter anderem die Schrift und die Ausrichtung einstellen können. Um den Text zu formatieren, wählen Sie zunächst den CSS-Modus ❶ des Eingeschaftsinspektors aus (siehe Abbildung 3.9).

4 Fett formatieren

Um den Text fett darzustellen, klicken Sie auf die Schaltfläche »B« (wie »bold«, englisch für »fett«) ❷.

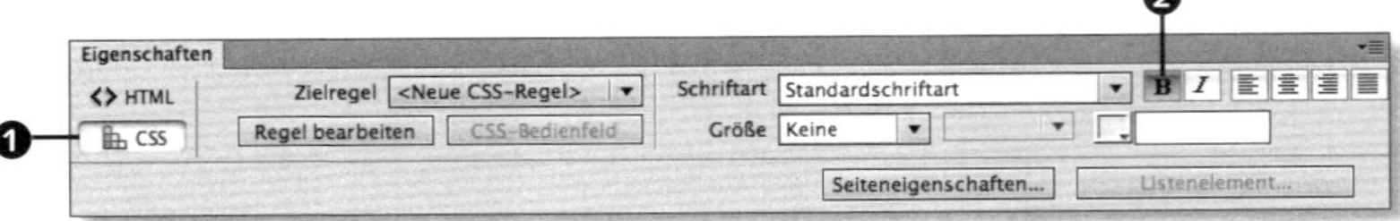

Abbildung 3.9 ▸
Die Schaltfläche B setzt den Text fett.

5 Neue CSS-Regel erstellen

Anschließend wird ein Fenster namens NEUE CSS-REGEL geöffnet, in dem Sie einen Namen für Ihre Formatierung wählen ❹. Später können wir dann diese CSS-Regel auch auf andere Textstellen anwenden. In unserem Beispiel geben wir »wichtig« ein, um die CSS-Regel zu benennen. Es ist üblich, für den Namen keine Formatierungsangaben, wie z. B. »fett« oder »groß«, zu verwenden. Stattdessen sollte der Name den Zweck der CSS-Regel beschreiben. In unserem Beispiel soll eine Textstelle als wichtig hervorgehoben werden, daher nennen wir den Selektor auch »wichtig«.

Es gibt verschiedene Typen von CSS-Regeln. Hier wurde eine sogenannte CSS-Klasse erstellt ❸. Lassen Sie sich am Anfang nicht von den CSS-Regeln abschrecken; im Verlauf des Buches werden Sie die Verwendung von CSS-Regeln noch intensiv kennenlernen.

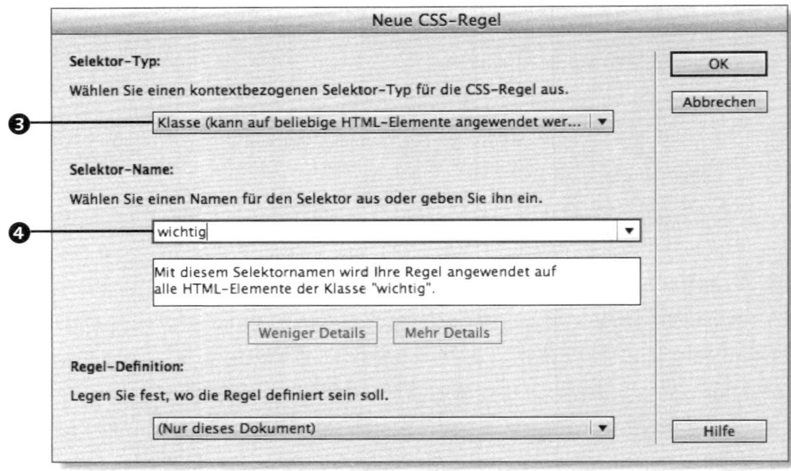

Abbildung 3.10 ▸
Neue CSS-Regel erstellen

6 Farbe festlegen

Um die Farbe einzustellen, klicken Sie im EIGENSCHAFTEN-Bedienfeld auf das rechteckige Farbsymbol ❻. Nach der Auswahl der Farbe öffnet sich dieses Mal nicht das Fenster zum Festlegen der neuen CSS-Regel, da Sie bereits im letzten Schritt einen Namen definiert hatten.

◂ **Abbildung 3.11**
Dieses Mal öffnet sich ein anderes Fenster, da Sie den Namen bereits festgelegt haben.

7 CSS-Regel zuweisen

In den letzten Schritten haben wir die CSS-Regel Wichtig erstellt, die wir nun einer anderen Textstelle zuweisen können. Markieren Sie dazu eine andere Textstelle, und wählen Sie aus dem Dropdown-Menü Zielregel ❺ die vorher definierte CSS-Klasse Wichtig aus. Die zweite Textstelle wird nun auch fett und farbig dargestellt.

Die Verwendung von CSS ist nicht nur eine Arbeitserleichterung, sondern führt auch zu einheitlichen Formatierungen.

◂ **Abbildung 3.12**
CSS steht für Einheitlichkeit und Einfachheit.

8 Seitentitel festlegen

Tragen Sie abschließend ins Feld Titel ❼ einen Seitentitel ein. Dieser erscheint im oberen Fensterbalken des Browsers. Außerdem wird der Titel beim Speichern als Favorit bzw. Lesezeichen im Webbrowser verwendet.

◂ **Abbildung 3.13**
Der Seitentitel

9 Live-Ansicht

Klicken Sie auf die Schaltfläche LIVE-ANSICHT ❽, um die Seite in der sogenannten Live-Ansicht darzustellen. Diese zeigt die Webseite exakt so an, wie sie im Webbrowser erscheint. In dieser Ansicht können jedoch Sie immer noch Änderungen am Dokument vornehmen.

Klicken Sie erneut auf LIVE-ANSICHT, um wieder in den Bearbeitungsmodus zu gelangen.

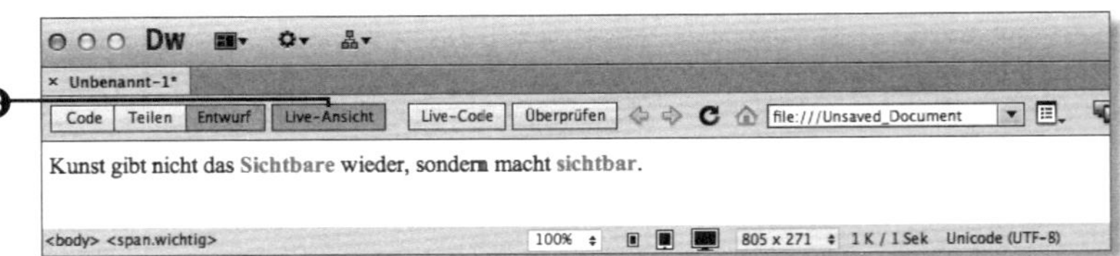

Abbildung 3.14 ▶
Durch erneutes Klicken gelangen Sie in den Bearbeitungsmodus zurück.

10 Seite abspeichern

Bevor Sie Ihre Seite in einem externen Webbrowser betrachten können, müssen Sie zunächst das Dokument speichern, indem Sie DATEI • SPEICHERN wählen. Achten Sie beim Speichern der Seite darauf, keine Sonderzeichen, Umlaute oder Leerzeichen im Dateinamen zu verwenden, sondern nur Buchstaben von a bis z, Zahlen, Bindestriche und Unterstriche. Außerdem ist es üblich, nur Kleinbuchstaben zu benutzen.

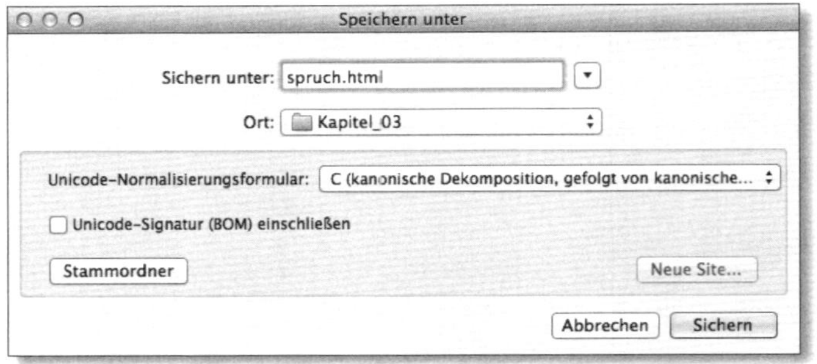

Abbildung 3.15 ▶
Das Dialogfenster SPEICHERN UNTER

11 Seite im Browser anzeigen

Wählen Sie aus dem Menü, das sich hinter dem Erdkugel-Symbol ❾ versteckt, den gewünschten Browser (z.B. Google Chrome) aus. Die Browser müssen übrigens auf Ihrem Rechner installiert sein, um hier angezeigt zu werden.

◂ **Abbildung 3.16**
Vorschau in verschiedenen Browsern

Eine Website mit Hyperlinks und Bildern erstellen

In dieser Übung werden wir eine Website mit drei Seiten erstellen, die miteinander verlinkt werden sollen. Jede Webseite soll außerdem mit einer Kopf- und Fußzeile versehen werden.

Schritt für Schritt
Seite auf Basis einer gestalteten Webseite erstellen

1 Neue Site anlegen

Zunächst müssen Sie eine sogenannte Site anlegen, in der sämtliche Komponenten der Website, wie Bilder, HTML- und CSS-Dateien, gespeichert werden. Wählen Sie dazu im Menü SITE • NEUE SITE aus, und tragen Sie dort in das Feld SITE-NAME ❶ eine Bezeichnung für Ihre Website ein, zum Beispiel »Spruechesammlung«. Dieser Site-Name wird nirgends auf der Website angezeigt; er dient lediglich zur Unterscheidung der Projekte.

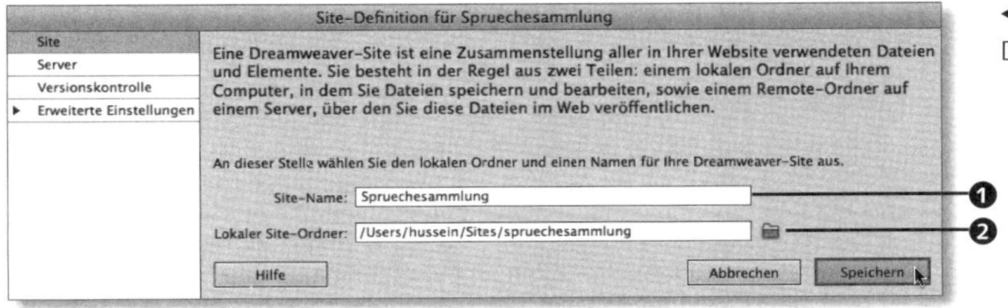

◂ **Abbildung 3.17**
Der SITE-NAME

Legen Sie nun den Ordner für die Site fest, indem Sie auf das Ordnersymbol ❷ rechts neben dem Feld LOKALER SITE-ORDNER klicken.

Alle anderen Einstellungen können Sie so lassen, wie sie sind. Schließen Sie das Dialogfenster mit einem Klick auf SPEICHERN.

2 Auswahl des Layouts

Wählen Sie im Menü DATEI • NEU aus der Kategorie LEERE SEITE den SEITENTYP HTML aus. In der Spalte LAYOUT haben Sie nun die Wahl zwischen 16 Layouts – in diesem Beispiel verwenden wir das Layout 1 SPALTE FLIESSEND, ZENTRIERT, KOPF- UND FUSSZEILE. »Fließend« bedeutet, dass die Breite der Webseite sich automatisch an die Breite des Webbrowsers anpasst. Klicken Sie auf ERSTELLEN.

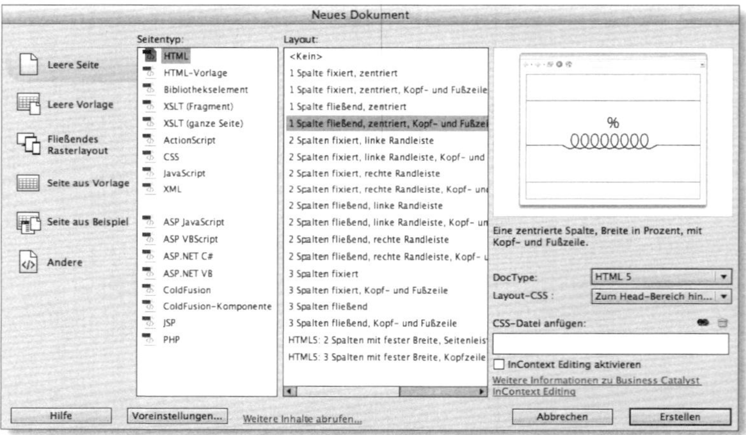

Abbildung 3.18 ▸
Vorgefertigte Layouts

Das Layout enthält bereits Beispieltext, den wir im folgenden Schritt durch einen eigenen Text ersetzen werden.

Abbildung 3.19 ▸
Unser Beispiellayout

3 Text ändern

Beginnen Sie mit dem Austauschen der Texte auf der Beispielseite. Das Ändern der Texte erfolgt wie in einer gängigen Textverarbeitung. Positionieren Sie die Einfügemarke an der gewünschten Stelle im Text, und ändern Sie die Texte entsprechend ab. Sie können auch ganze Bereiche markieren und über die Zwischenablage austauschen.

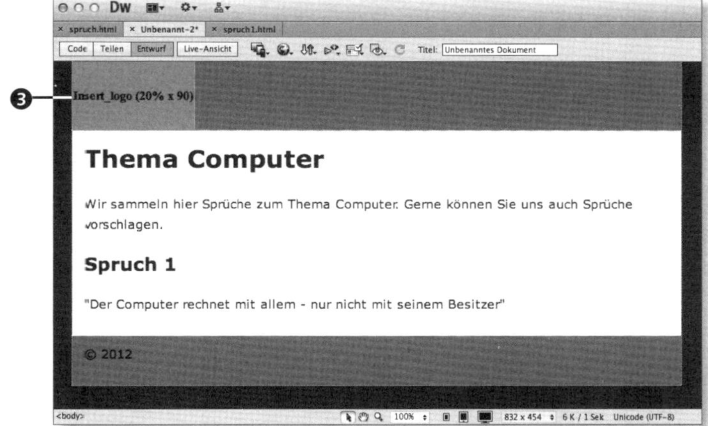

◂ **Abbildung 3.20**
Ganz einfach Texte ändern

4 Speichern

Speichern Sie das Dokument unter dem Namen »spruch1.html«.

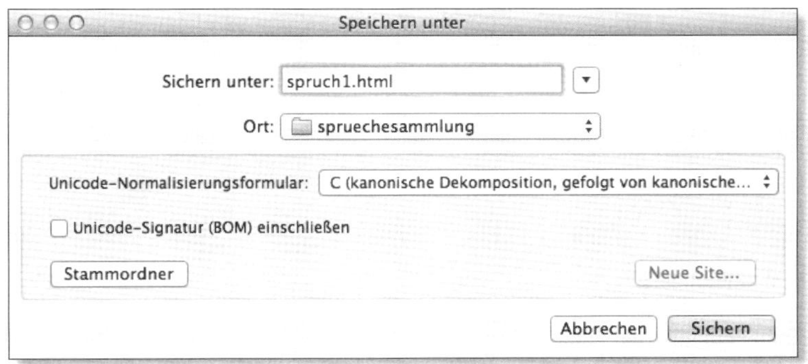

◂ **Abbildung 3.21**
Speichern unter »spruch1.html«

5 Logo-Platzhalter löschen

Dreamweaver hat einen Platzhalter für das Logo mit der Bezeichnung *Insert_logo* ❸ bereits eingefügt. Löschen Sie diesen Platzhalter, indem Sie auf das Logo klicken und dann die Entf-Taste drücken. Sie können stattdessen auch ein neues Logo einsetzen.

6 Neue Seite erstellen

Erstellen Sie eine weitere Datei mit dem gleichen Layout wie die erste Seite. Ändern Sie die Texte entsprechend ab, und speichern Sie die Datei unter »spruch2.html« ab.

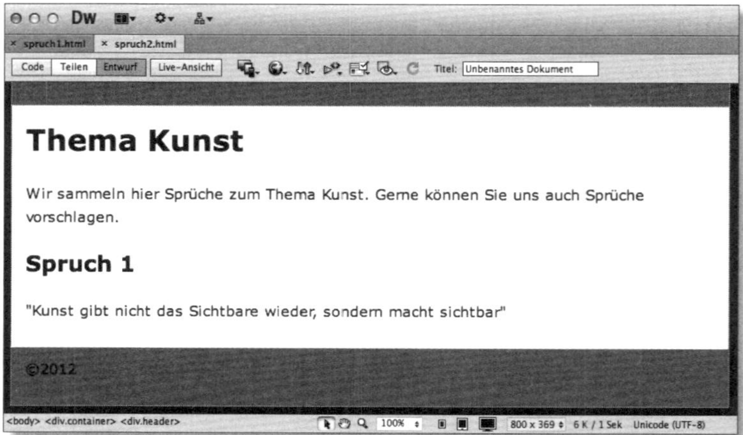

Abbildung 3.22 ▸
Speichern unter »spruch2.html«

7 Bild einfügen

Um nun eigene Bilder einzufügen, klicken Sie mit der Maus an die entsprechende Stelle in der Webseite und wählen EINFÜGEN • BILD.

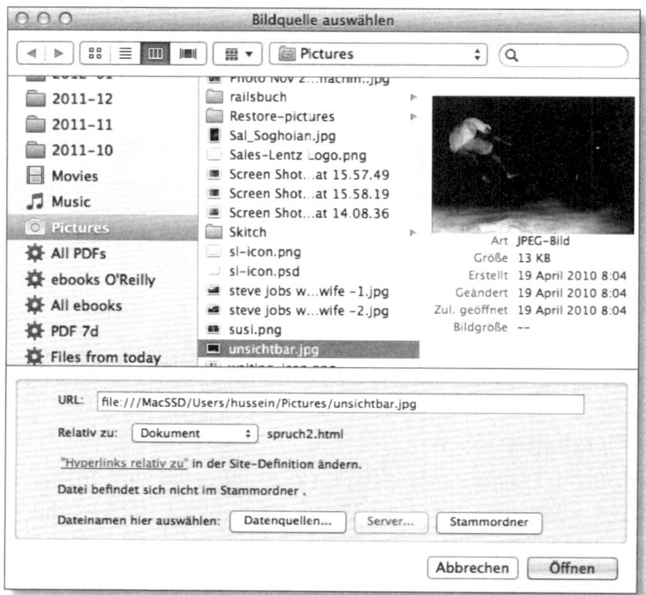

Abbildung 3.23 ▸
Ebenfalls einfach: Bilder einfügen

Wählen Sie das gewünschte Bild von Ihrer Festplatte aus, und klicken Sie auf ÖFFNEN. Es öffnet sich daraufhin ein Dialogfenster, das Sie mit JA bestätigen, damit das Bild an die richtige Stelle kopiert wird.

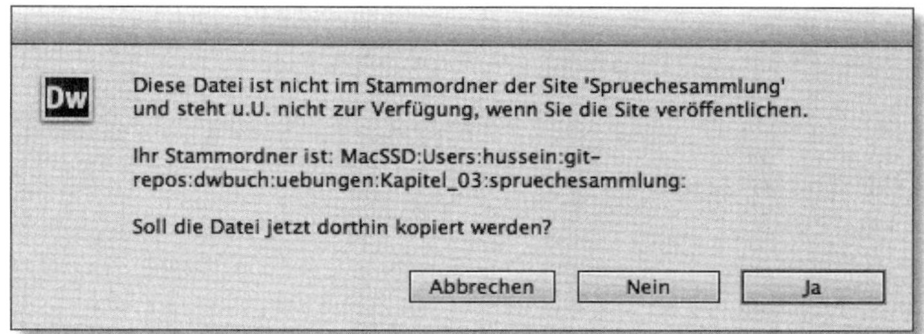

◂ **Abbildung 3.24**
Bestätigen Sie mit JA.

Geben Sie einen Namen für das Bild ein.

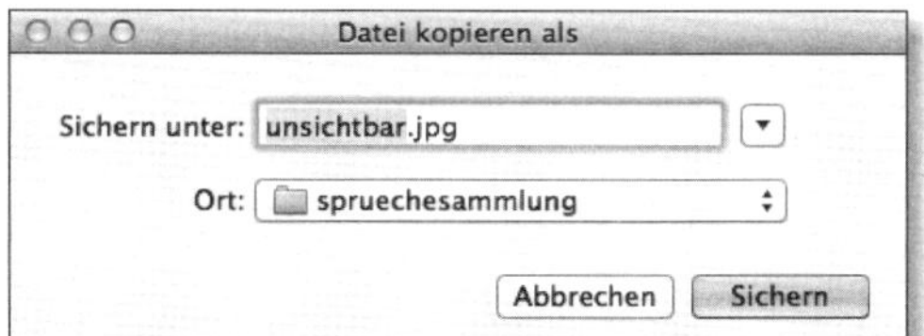

◂ **Abbildung 3.25**
Unter diesem Namen sichern Sie das Bild.

8 Alternativtext wählen

Wenn Bilder eingefügt werden, werden Sie automatisch nach einem ALTERNATIVTEXT für das Bild gefragt, der die Grafik in wenigen Worten beschreibt. Dieser Text wird verwendet, wenn die Bilder aus irgendeinem Grund im Browser nicht angezeigt werden können. Auch Suchmaschinen wie Google verwenden diesen Text für die Suche nach Bildern. Außerdem erfassen Lesesysteme für Sehbehinderte diese Texte. Achten Sie daher darauf, einen möglichst aussagekräftigen Text zu wählen.

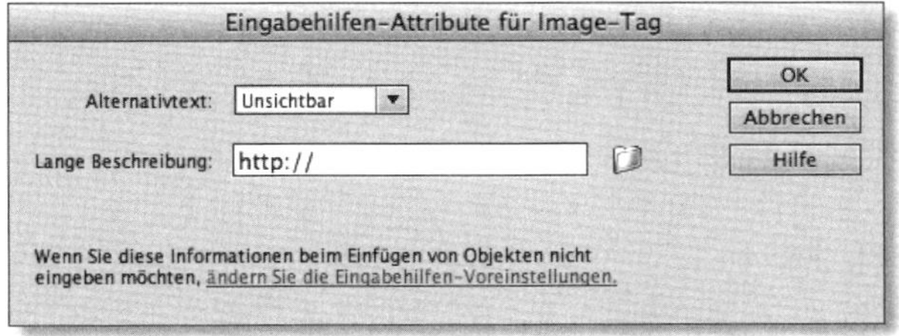

◂ **Abbildung 3.26**
So geben Sie einen Alternativtext für das Bild ein.

Speichern Sie das Dokument erneut.

Abbildung 3.27 ▸
Die Seite »spruch2.html« wird erneut abgespeichert.

9 Neue Seite »Verzeichnis« anlegen

Anschließend legen Sie eine weitere Seite mit dem Verzeichnis aller Sprüche an.

Abbildung 3.28 ▸
Übersichtsseite

Speichern Sie anschließend die Webseite. Wählen Sie als Dateinamen für die Startseite »index.html«.

10 Seiten verlinken

Um die Textstellen zu verlinken, markieren Sie die Stellen und klicken auf das Ordnersymbol ❶ hinter Hyperlink im Eigenschaften-Bedienfeld.

◂ **Abbildung 3.29**
So verlinken Sie Textstellen.

Wählen Sie die zu verlinkende Datei aus. Führen Sie diese Schritte auch für den zweiten Link aus.

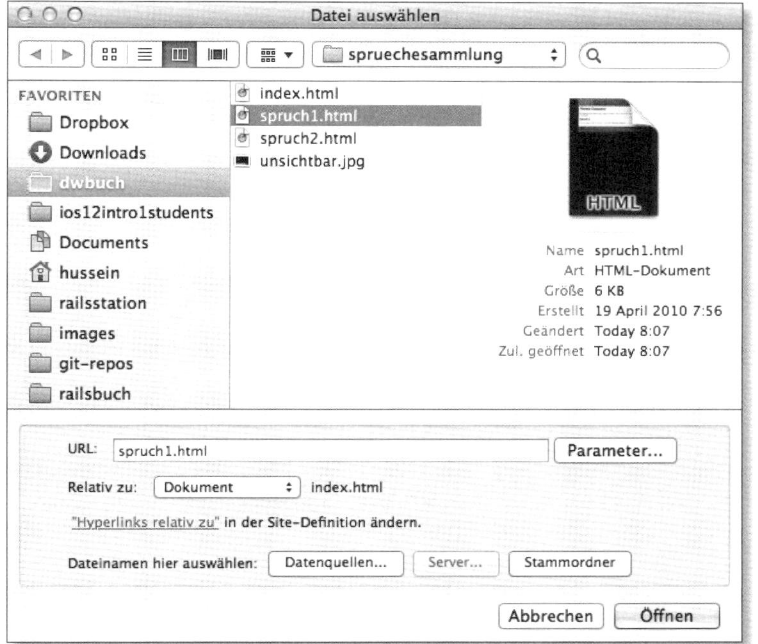

◂ **Abbildung 3.30**
Die verlinkte Datei wird ausgewählt.

11 Live-Ansicht

Betrachten Sie nun die Webseite in der Live-Ansicht ❷. Leider sind in dieser Ansicht die Links nicht funktionsfähig (siehe Abbildung 3.31).

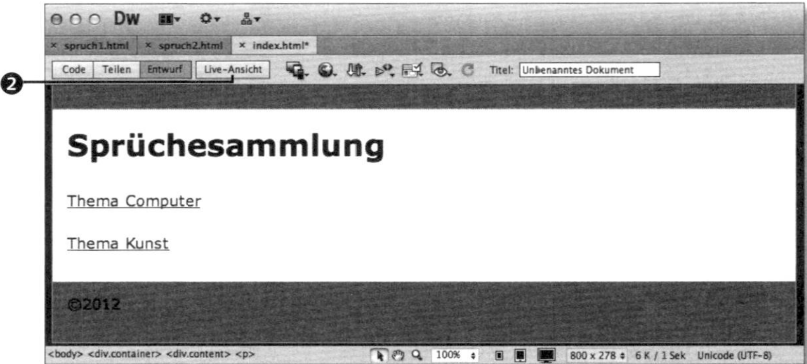

Abbildung 3.31 ▸
So sehen die Links aus.

12 Vorschau testen

Um die Verlinkung zu testen, öffnen Sie die Seite über die Weltkugel ❸ im Browser (die Browser müssen auf Ihrem System installiert sein, um hier angezeigt zu werden).

Abbildung 3.32 ▸
Testen Sie die Verlinkungen.

Sie haben in diesem Kapitel bereits die grundlegenden Funktionen von Dreamweaver CS6 kennengelernt. Im nächsten Kapitel werden wir uns näher mit der Arbeitsumgebung beschäftigen.

Kapitel 4

Die Arbeitsumgebung

Die Oberfläche von Dreamweaver im Überblick

- Wie lasse ich mir Layout und Quelltext von Webseiten anzeigen?
- Wie gehe ich mit Bedienfeldern und Fenstern um?
- Welche Aufgaben hat das Bedienfeld EIGENSCHAFTEN?
- Wie wähle ich Arbeitsbereiche aus, und wie lege ich sie an?

4 Die Arbeitsumgebung

In diesem Kapitel erkläre ich die wichtigsten Elemente und Fenster der Arbeitsoberfläche von Dreamweaver CS6. Lassen Sie sich nicht von den zahlreichen Menüs und Bedienfeldern einschüchtern. Diese kommen in späteren Kapiteln noch ausführlicher zur Sprache.

Fenster oder Bedienfeld nicht sichtbar?
Falls eines der Fenster nicht sichtbar ist, können Sie es über das Menü FENSTER anklicken und damit einblenden. Wenn Sie zum Beispiel das Fenster DATEIEN öffnen möchten, wählen Sie FENSTER • DATEIEN.

4.1 Dokumentenfenster

Das Dokumentenfenster ist Ihre Werkbank, auf der Sie eine Webseite direkt bearbeiten können. Es erscheint nur dann, wenn Sie eine Datei geöffnet haben oder eine neue erstellen.

Auf den ersten Blick ähnelt das Dokumentenfenster sehr dem einer Textverarbeitung. Jedoch besitzt es vier verschiedene Ansichtsmodi. In der linken oberen Ecke des Dokumentenfensters können Sie zwischen den Ansichten CODE, TEILEN, ENTWURF und LIVE-ANSICHT ❶ wechseln.

Abbildung 4.1 ▸
Oberer Bereich des Dokumentenfensters – unter anderem zum Umschalten zwischen den Ansichtsmodi CODE, TEILEN, ENTWURF und LIVE-ANSICHT

Entwurfsansicht

Die Entwurfsansicht ist die Standardansicht für den Webdesigner. Hier erstellen und bearbeiten Sie Texte, Bilder, Tabellen usw. visuell. Um die direkte HTML-Programmierung brauchen Sie sich nicht zu kümmern, das übernimmt Dreamweaver.

Die Entwurfsansicht zeigt jedoch nur ungefähr, wie die Seite hinterher im Browser aussieht. Im Fenster blendet Dreamweaver als Hilfsmittel Tabellenlinien ❷ , Größenangaben usw. ein, die im Code nicht enthalten sind und die der Browser nicht anzeigt.

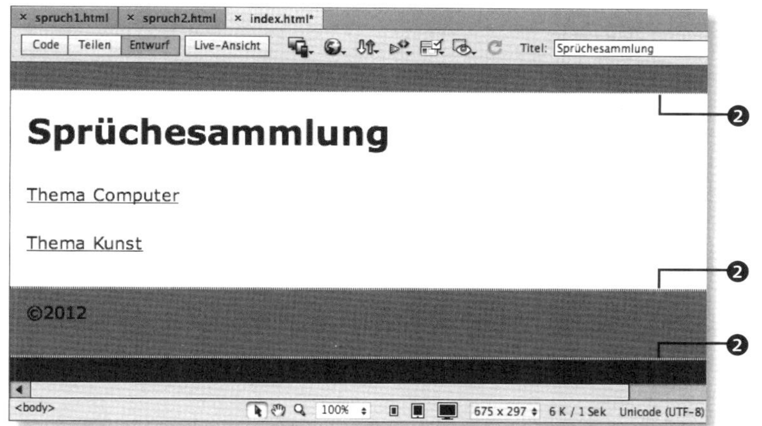

◂ **Abbildung 4.2**
Das Dokumentenfenster in der Ansicht Entwurf – sie zeigt zusätzliche Elemente wie Tabellenlinien, die im Webbrowser nicht dargestellt werden.

Live-Ansicht

Um die Webseite so anzuzeigen, wie sie der Browser darstellt (sogenannte WYSIWYG-Darstellung), aktivieren Sie die Live-Ansicht. Im Dokumentenfenster wird nun wie in einem Webbrowser u.a. eine Adresszeile ❹ sowie Vor- und Zurück-Schaltflächen ❸ eingeblendet.

Wenn Sie die Tastenkombination Strg+Leertaste unter Windows bzw. ⌘+Leertaste unter Mac festhalten und auf einem Link doppelklicken, öffnet sich die verlinkte Webseite direkt in Dreamweaver.

In der Live-Ansicht ist jedoch eine Bearbeitung der Seite nicht möglich.

Um die Live-Ansicht zu verlassen, klicken Sie erneut auf die Schaltfläche.

Was ist WYSIWYG?

WYSIWYG ist die Abkürzung für den englischen Ausdruck »What You See Is What You Get« (»Was du siehst, ist das, was du erhältst«). Das bedeutet, dass Sie bereits bei der Entwicklung sehen, wie die Seite später im Browser erscheinen wird.

◂ **Abbildung 4.3**
Ein Klick auf Live-Ansicht zeigt die Seite so an, wie sie im Webbrowser aussieht.

Code-Ansicht

In der Code-Ansicht können Sie »hinter« eine Seite schauen und den HTML-Quelltext betrachten. So sehen Sie direkt, wie Dreamweaver den Code generiert. Sie sollten jedoch mit der Bearbeitung von HTML-Quellen vorsichtig sein. Bereits kleine Änderungen können dazu führen, dass die Seite nicht mehr korrekt dargestellt wird. Diese Ansicht eignet sich also für erfahrene HTML-Entwickler, die den von Dreamweaver generierten Code noch optimieren oder ergänzen möchten. Auch PHP-Programmierer nutzen diese Ansicht, um PHP-Code zu schreiben.

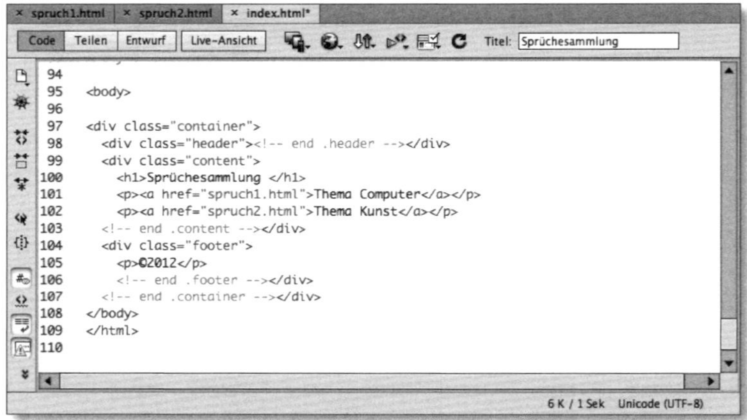

Abbildung 4.4 ► Das Dokumentenfenster in der Code-Ansicht

Aktualisierung funktioniert nicht?

Änderungen in der Entwurfsansicht werden unmittelbar in der Code-Ansicht angezeigt. Wenn Sie jedoch Eingaben in der Code-Ansicht durchführen, aktualisiert Dreamweaver die Änderungen nicht automatisch. Klicken Sie dann auf die Schaltfläche AKTUALISIEREN oberhalb des Dokuments oder einfach auf eine beliebige Stelle innerhalb der Entwurfsansicht.

Teilen-Ansicht

Wer sich für keine der beiden obengenannten Ansichten entscheiden möchte, kann auch beide zur gleichen Zeit anzeigen lassen. In der Teilen-Ansicht werden der Code im linken Bereich und das Entwurfsfenster im rechten Bereich angezeigt.

Dies hat den Vorteil, dass jede Änderung in der Entwurfsansicht unmittelbar auch in der Code-Ansicht gezeigt wird. Hier können Sie live sehen, wie Dreamweaver den HTML-Quelltext für Sie generiert. Falls Sie auf dem Bildschirm genügend Platz haben, kann es hilfreich sein, in diesem Ansichtsmodus zu arbeiten, weil Sie dann sehr schnell an praktischen Beispielen HTML erlernen bzw. kontrollieren können. Sie bearbeiten Ihr Dokument im unteren Fenster und beobachten, wie Dreamweaver Ihre Eingaben in HTML umsetzt: Probieren Sie es einfach aus!

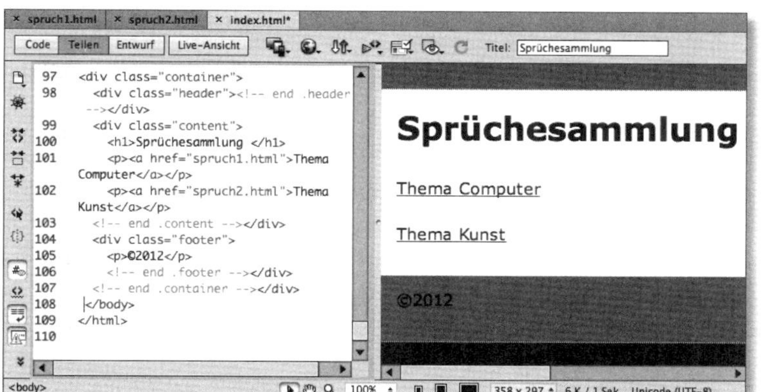

◂ **Abbildung 4.5**
Das Dokumentenfenster in der Teilen-Ansicht – links ist der Code zu sehen, rechts die WYSIWYG-Version der Seite.

Statuszeile

Die Statuszeile befindet sich am unteren Dokumentenrand. Sie bietet fünf sehr nützliche Funktionen.

▾ **Abbildung 4.6**
Die Statuszeile

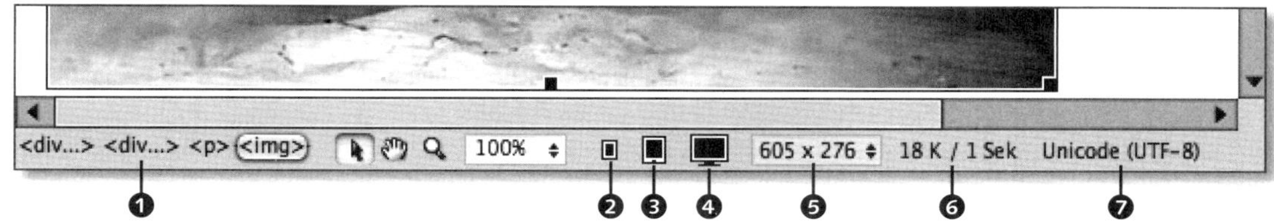

Die angezeigten HTML-Tags ❶ dienen dazu, auf schnelle Weise Bereiche wie Absätze und Tabellen zu markieren. Es sind aber einige HTML-Kenntnisse für die Verwendung der Statuszeile notwendig. Wenn sich die Texteinfügemarke (Cursor) z. B. in einer Tabellenzelle befindet, so werden in der Statuszeile die umgebenden HTML-Tags angezeigt. Um etwa ein Bild zu markieren, klicken Sie auf <IMG>. Falls Ihnen die Vorgehensweise etwas merkwürdig vorkommt, markieren Sie Elemente auf die herkömmliche Weise, indem Sie das Element einfach mit der Maus in der Entwurf-Ansicht auswählen.

Sehr praktisch sind die drei Symbole, die für ein Smartphone ❷, Tablet-PC (z. B. iPad) ❸ und Desktop-Rechner ❹ stehen. Hiermit wird die Webseite in der Breite des entsprechenden Endgerätes angezeigt. Somit stellen Sie z. B. schnell fest, wie die Webseite auf einem Smartphone aussieht.

Die Größenanzeige ❺ stellt die Breite und die Höhe des aktuellen Fensters in Pixeln dar. Diese Anzeige ist gleichzeitig ein Listenfeld, mit dem Sie das Fenster auf eine vorgegebene Größe einstellen können.

Die vorletzte Anzeige in der Statuszeile ❻ präsentiert die Dateigröße der Seite mit den darin enthaltenen Bildern in KByte und die Anzahl der Sekunden, die ein Rechner mit einem einfachen Modem (56 K) benötigt, um die Webseite zu laden.

Die letzte Anzeige zeigt die Kodierung des Dokuments an ❼. Unicode ist ein Format, in dem Zeichen aus praktisch jeder Sprache dargestellt werden können.

Verbindungsgeschwindigkeit

Die Anzahl der Sekunden, die für das Laden der Webseite erforderlich sind, wird standardmäßig für ein Modem berechnet. Sie können diese Vorgabe auch ändern, wenn Sie im Voreinstellungsfenster (siehe Seite 84, Abschnitt 4.4 »Anpassen der Arbeitsumgebung«) unter STATUSZEILE • VERBINDUNGSGESCHWINDIGKEIT eine andere gewünschte Übertragungsgeschwindigkeit eingeben. 1024 entspricht z. B. einer einfachen DSL-Verbindung.

Der Code-Navigator

Sicherlich ist Ihnen schon das Steuerradsymbol aufgefallen, das ab und zu im Dokumentenfenster erscheint. Es taucht immer dann auf, wenn der Mauszeiger für ein paar Sekunden im Dokumentenfenster verweilt.

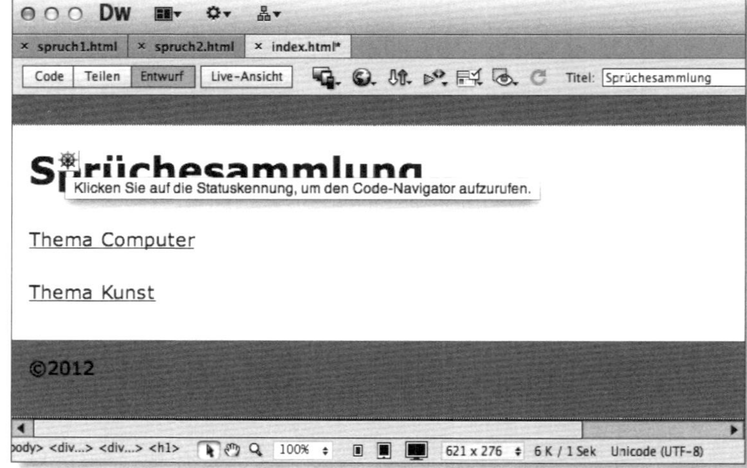

▲ **Abbildung 4.7**
Der Code-Navigator wird angezeigt, wenn sich die Maus nicht bewegt.

Durch Anklicken dieses Symbols werden die CSS-Regeln angezeigt, die sich auf den Bereich beziehen, über dem sich der Mauszeiger befindet.

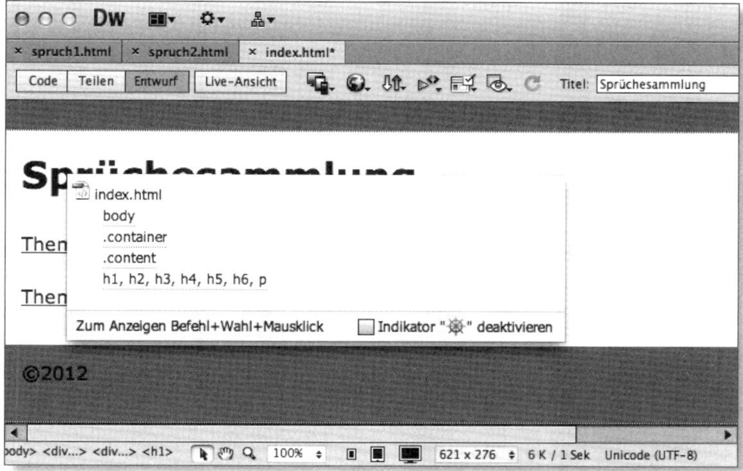

▲ **Abbildung 4.8**
Anzeigen der CSS-Regeln im Code-Navigator

4.2 Das Eigenschaften-Bedienfeld

Das Bedienfeld EIGENSCHAFTEN (auch Eigenschaftsinspektor genannt) unter FENSTER • EIGENSCHAFTEN befindet sich normalerweise unter dem Dokumentenfenster. Hier können Sie die Eigenschaften von markierten Objekten verändern. Wie Sie vielleicht schon bemerkt haben, handelt es sich dabei um ein sich ständig veränderndes Fenster, das sein Aussehen immer an das markierte Objekt anpasst.

Texteigenschaften

Markieren Sie in der Entwurfsansicht z. B. einen Text, können Sie im EIGENSCHAFTEN-Bedienfeld z. B. die Schriftart und die Schriftgröße verändern. Auch Verknüpfungen (Hyperlinks) zu anderen Webseiten können hier eingestellt werden. Voraussetzung hierfür ist, dass Sie mit der Schaltfläche ❶ (Abbildung 4.9) den HTML-Modus aktiviert haben.

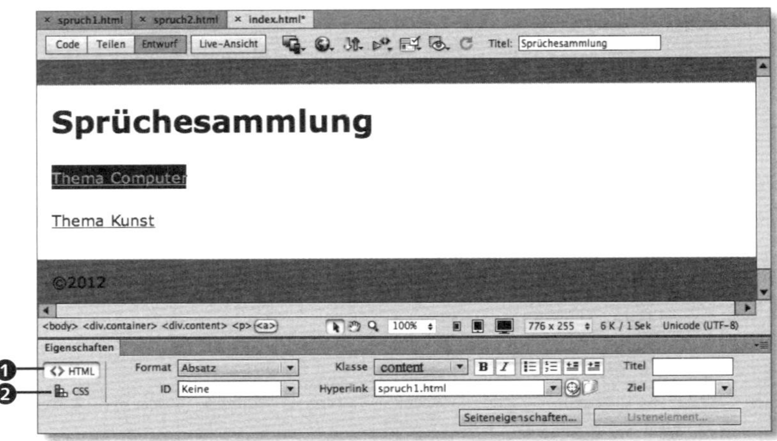

Abbildung 4.9 ▸
Bei markiertem Text werden im Fenster EIGENSCHAFTEN (unten) die Texteigenschaften angezeigt.

CSS-Eigenschaften

Das EIGENSCHAFTEN-Bedienfeld besitzt seit Dreamweaver CS4 auch einen separaten CSS-Bereich, der durch Anklicken der CSS-Schaltfläche ❷ zum Vorschein kommt. Wie Sie bereits in Kapitel 3, »Dreamweaver CS6 – los geht's«, erfahren haben, können Sie hier u. a. Formatierungen vornehmen.

Bildeigenschaften

Markieren Sie in der Entwurfsansicht ein Bild. Jetzt können Sie Bildeigenschaften wie die Größe ❺ verändern. Sogar die Helligkeit ❸ und die Schärfe ❹ des Bildes können Sie hier einstellen.

Abbildung 4.10 ▸
Ist das Bild markiert, werden die Bildeigenschaften angezeigt.

Weitere Eigenschaften

Wie bei Text und Bildern werden entsprechend andere Eigenschaften angezeigt, wenn Sie Tabellen, Flash-Filme, Ebenen usw. im Dokumentenfenster markieren. Für fast jedes Element gibt es einen eigenen Eigenschaftsinspektor, mit dem Sie das Verhalten oder Aussehen des Elements verändern können. Nach und nach werden wir in späteren Kapiteln die wichtigsten Eigenschaften der einzelnen Elemente behandeln.

Eigenschaftsfenster in zwei Darstellungen

Das Fenster EIGENSCHAFTEN besteht aus zwei Teilen. Im oberen Teil nehmen Sie die wichtigsten Einstellungen vor, und im unteren Teil finden Sie zusätzliche Konfigurationsmöglichkeiten. In der rechten unteren Ecke befindet sich ein kleines Dreieck ❻, mit dem Sie die zusätzlichen Einstellungen ein- und ausblenden können.

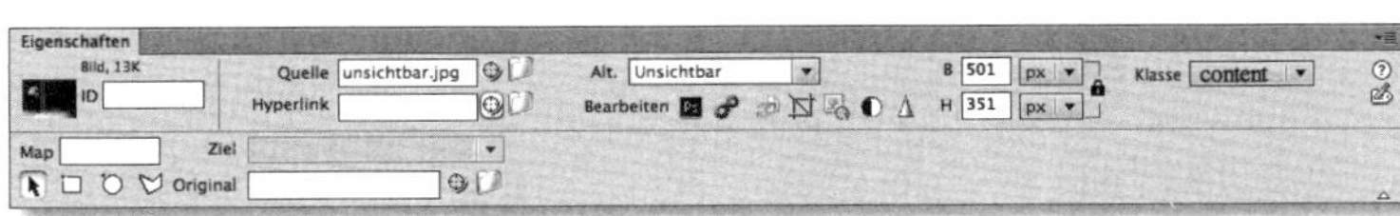

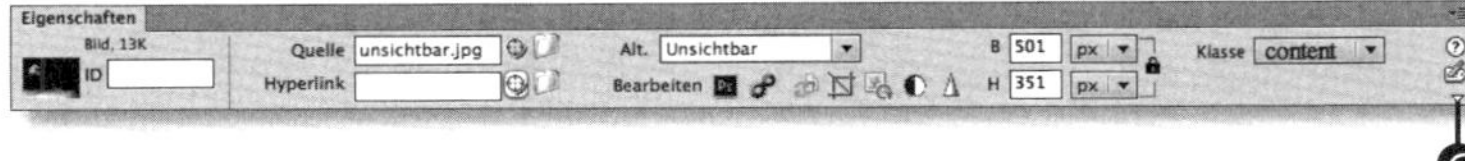

▲ **Abbildung 4.11**
Über das kleine Dreieck in der rechten unteren Ecke wechseln Sie zwischen den Ansichten des Fensters EIGENSCHAFTEN.

4.3 Bedienfelder

Auf der rechten Seite der Arbeitsumgebung befinden sich zahlreiche Bedienfelder, auch Paletten genannt.

▲ **Abbildung 4.12**
Komfortables Arbeiten in Dreamweaver dank Bedienfeldern

Bedienfelder organisieren

Dreamweaver enthält über 25 Bedienfelder, von denen nur wenige eingeblendet sind. Sie können die Anzeige der einzelnen Bedienfelder über das Menü FENSTER ein- und ausschalten.

Aufgrund des Platzmangels sind die Bedienfelder über einen Pfeil in der Kopfleiste ❶ (siehe Abbildung 4.13) auf- und zuklappbar. In der verkleinerten Darstellung passen über zehn Bedienfelder gleichzeitig auf die Arbeitsfläche. Durch Klicken auf eines der Symbole klappt das Bedienfeld wieder auf.

Abbildung 4.13 ►
Verkleinerte Darstellung der Bedienfelder

Alle Bedienfelder ein-/ausblenden

Wenn Sie besonders wenig Platz auf Ihrem Bildschirm haben, können Sie alle Bedienfelder mit der Taste F4 aus- und wieder einblenden.

Jedes Bedienfeld besitzt ein eigenes Menü ❸, das sich ganz rechts in der Leiste befindet. Über dieses können Sie Befehle, die sich auf das Bedienfeld beziehen, aufrufen.

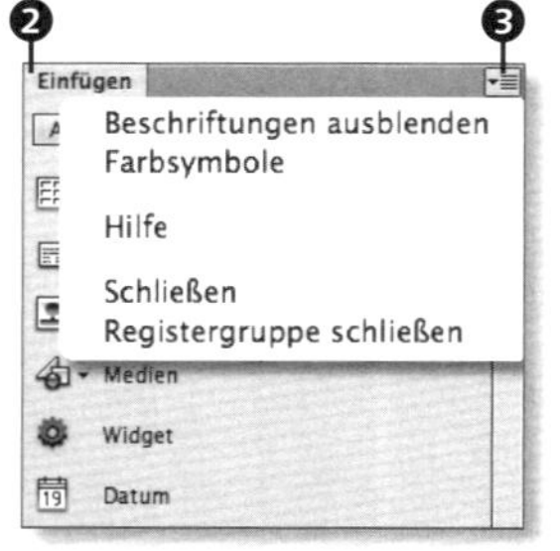

▲ Abbildung 4.14
Jedes Bedienfeld verfügt über ein eigenes Menü.

Bedienfelder gruppieren

Die meisten Bedienfelder sind mit anderen Bedienfeldern gruppiert. Das Bedienfeld CSS-Stile zählt zum Beispiel zur selben Gruppe wie das Bedienfeld AP-Elemente. Sie können die Anordnung der Bedienfelder individuell an Ihre Wünsche anpassen, indem Sie das Bedienfeld einfach mit der Maus aus der Bedienfeldgruppe herausziehen und die Maustaste über einem anderen Bedienfeld wieder loslassen. Auf diese Weise können Sie auch ein gruppiertes Bedienfeld als eigenständiges Fenster ablegen. Wollen Sie ein einzelnes Bedienfeld wieder mit anderen Bedienfeldern gruppieren, fassen Sie sie mit der Maus im linken Bereich neben ihrem Namen ❷ an.

Achten Sie dabei immer auf die schwarzen Rahmen und Linien, die anzeigen, wo ein Fenster eingefügt wird bzw. wo Sie loslassen können.

Das »Einfügen«-Bedienfeld

Mit dem EINFÜGEN-Bedienfeld ist es möglich, neue Objekte – wie Bilder, Ebenen, Tabellen, Formulare, Flash-Filme oder Navigationselemente – in die Webseite einzufügen. Sie befindet sich oberhalb des Dokumentenfensters.

Um beispielsweise eine Tabelle einzufügen, platzieren Sie zunächst den Mauszeiger an der gewünschten Stelle im Dokument und klicken dann im Einfügen-Bedienfeld auf das Tabellensymbol.

Einfügen über Menüs

Zum Einfügen von Objekten können Sie anstelle des EINFÜGEN-Fensters auch das EINFÜGEN-Menü benutzen. Das geht meist schneller.

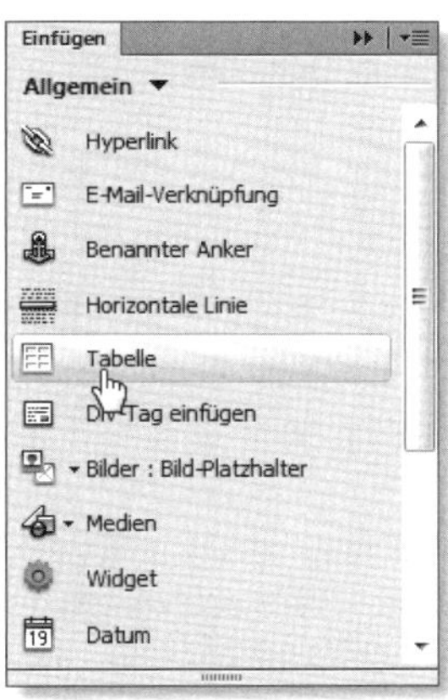

◂ **Abbildung 4.15**
Bedienfeld zum Einfügen von Objekten – das erfolgt, wie hier bei Tabellen, durch Klicken auf das Icon oder den Namen.

Einige Schaltflächen sind mehrfach belegt, das heißt, hinter ihnen befinden sich dann weitere Schaltflächen. Ein Beispiel ist die Bildschaltfläche. Wenn Sie direkt daneben auf den Pfeil klicken, erscheint eine Liste mit weiteren Objekten, die Sie einfügen können.

◂ **Abbildung 4.16**
Hinter manchen Schaltflächen verbergen sich weitere Objekte, hier z. B. im Dropdown-Menü BILDER.

▲ **Abbildung 4.17**
Über das Dropdown-Menü im EINFÜGEN-Bedienfeld können Sie in eine andere Rubrik mit anderen Objekten wechseln.

Da es viele verschiedene Bereiche gibt, in denen Sie arbeiten können (z. B. Formulare, Text, Daten), kann man im EINFÜGEN-Bedienfeld über das Dropdown-Menü unterschiedliche Rubriken wie ALLGEMEIN, LAYOUT, FORMULARE usw. aufrufen, was den Zugriff auf die einzufügenden Objekte erleichtert.

4.4 Anpassen der Arbeitsumgebung

Wie fast jede Software können Sie auch Dreamweaver manuell konfigurieren, um es an Ihre eigenen Wünsche anzupassen.

Arbeitsbereiche

Sie können sich Ihre Arbeitsbereiche nach Ihren Bedürfnissen einrichten, indem Sie z. B. nur bestimmte Bedienfelder einblenden und diese nach Belieben positionieren. Dreamweaver merkt sich automatisch Ihre Einstellungen.

Dreamweaver enthält jedoch schon vorkonfigurierte Arbeitsbereiche, die Sie über das Menü FENSTER • ARBEITSBEREICHLAYOUT abrufen können. Der Standardarbeitsbereich ist DESIGNER. Er richtet sich an Anwender, die weniger mit dem HTML-Quelltext arbeiten. Für Programmierer gibt es z. B. die Ansicht CODER.

Sie können auch einen neuen Arbeitsbereich anlegen, indem Sie im Menü FENSTER den Menüpunkt NEUER ARBEITSBEREICH wählen und dann einen Namen festlegen. Über den Menüpunkt ARBEITSBEREICHLAYOUT • ARBEITSBEREICHE VERWALTEN können Sie u. a. Einstellungen löschen.

Den Ursprungszustand wiederherstellen

Sehr praktisch ist die Funktion zum Zurücksetzen. Der Menüpunkt 'DESIGNER' ZURÜCKSETZEN nimmt z. B. alle Ihre Änderungen für diesen Arbeitsbereich zurück.

Voreinstellungen

Um in die Voreinstellungen zu gelangen, wählen Sie unter Mac OS X DREAMWEAVER • EINSTELLUNGEN, unter Windows BEARBEITEN • VOREINSTELLUNGEN.

Sie können im Fenster VOREINSTELLUNGEN zahlreiche Einstellungen festlegen, darunter auch, ob das Startfenster angezeigt werden oder welche Farbe der HTML-Code haben soll.

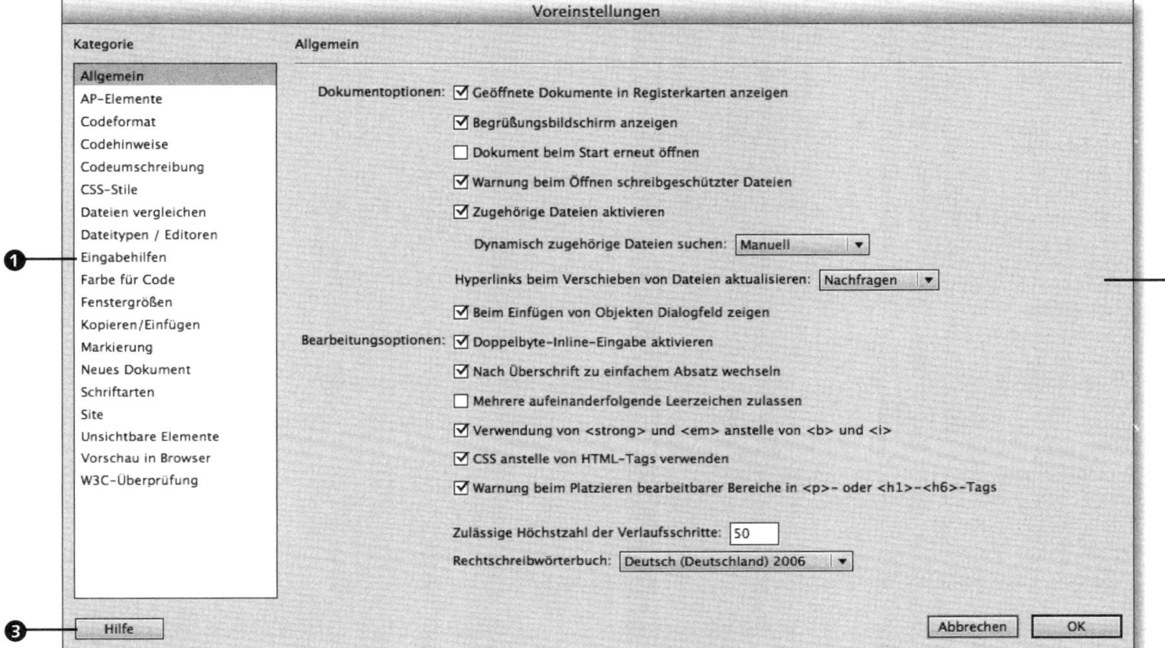

▲ **Abbildung 4.18**
Voreinstellungen von Dreamweaver, gruppiert nach Kategorien

Aufgrund der vielen Optionen ist das Fenster in verschiedene Kategorien eingeteilt. Um also eine Einstellung vorzunehmen, wählen Sie zunächst im linken Bereich ❶ eine Kategorie aus. Anschließend nehmen Sie im rechten Bereich ❷ die Konfiguration vor.

Die meisten Menüs und Optionen sind selbsterklärend. Klicken Sie auf die Hilfe-Schaltfläche ❸, um die Programmdokumentation zu den Voreinstellungen zu öffnen.

HTML5 voreinstellen

In Dreamweaver werden neue HTML-Dokumente standardmäßig im XHTML 1.0-Dokumenttyp erstellt. Um den modernen HTML5-Dokumenttyp zu verwenden, wählen Sie auf der linken Seite die Kategorie Neues Dokument und unter Standard-Dokumenttyp (DTD) • HTML 5.

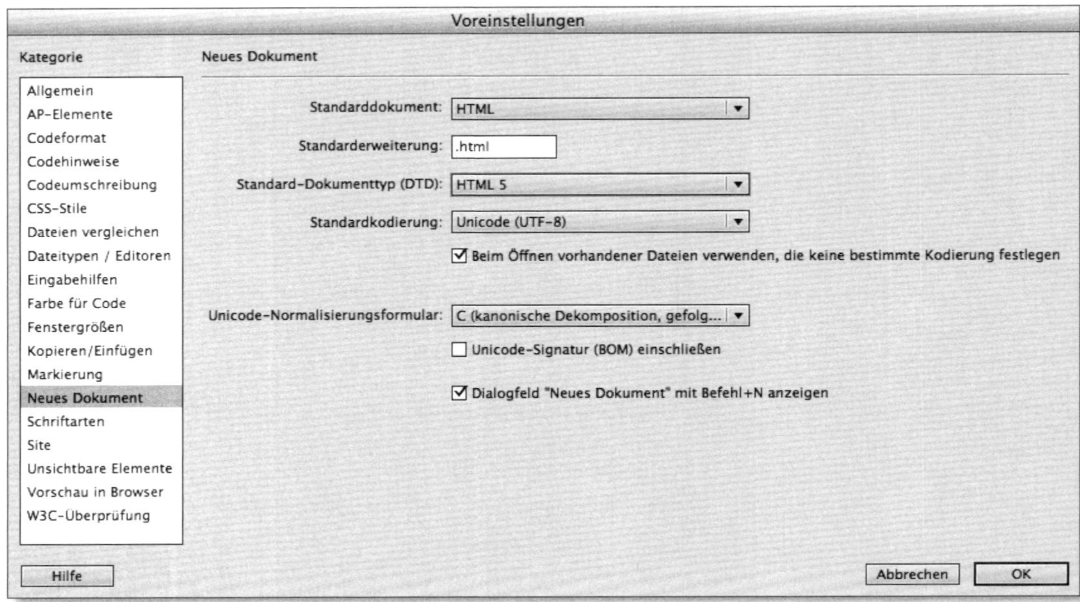

▲ **Abbildung 4.19**
Voreinstellung für Neues Dokument

Teil II
Ein Websiteprojekt

Eine neue Website

So erstellen und konfigurieren Sie eine neue Website

- Welches Beispielprojekt wird im Buch erstellt?
- Was ist der Unterschied zwischen einer Website und einer Webseite?
- Wie lege ich eine neue Site an?
- Wie importiere ich bestehende Websites?

5 Eine neue Website

Bevor Sie endlich mit der Erstellung der Webseiten loslegen können, müssen Sie eine neue Site anlegen. Dieses Kapitel zeigt Ihnen, wie das geht.

5.1 Unser Beispielprojekt

In diesem Buch entwickeln wir von der Erstellung der Site bis zur Realisierung der Inhalte durchgängig ein Beispielprojekt. Das Besondere an diesem Beispielprojekt ist, dass es sich um eine reale Website handelt, die sogar tatsächlich online ist. Sie erreichen sie unter *http://www.djay-software.com*. Da die Website ständig aktualisiert wird, weicht das Übungsprojekt des Buchs von der aktuellen Website ab. Es handelt sich um eine Site über eine DJ-Software zum virtuellen Auflegen von Musik.

Abbildung 6.1 ▸ Homepage unserer Beispielsite *http://www.djay-software.com*

Das Beispielprojekt ist für diejenigen unter Ihnen gedacht, die noch keine eigenen Grafiken und Inhalte haben, dennoch aber eine vollständige Website erstellen möchten. Sie müssen aber die Website nicht einfach stur kopieren – lassen Sie sich auch von Ihren eigenen Ideen inspirieren.

Beispielwebsite herunterladen

Damit Sie das Beispielprojekt auch selbst auf Ihrem Rechner nachvollziehen können, können Sie sich sämtliche Dateien der Beispielsite von *http://www.dreamweaver-buch.de/uebungen* herunterladen.

Dort werden Ihnen unter anderem zwei Download-Dateien angeboten:

- »djay_bilder.zip«: enthält nur Bilder, um die Website als Übung zu erstellen
- »djay_fertig.zip«: enthält die fertige Website mit allen Dateien (HTML, Bilder usw.)

Zuerst werden wir eine neue Website erstellen (genannt *djay Übungen*), die zunächst noch keine Dateien enthält. Die heruntergeladenen Dateien sollten separat und zunächst *nicht* im Ordner der Website abgelegt werden, da Bilder beim Einfügen in Dreamweaver automatisch in den Ordner der Website kopiert werden.

Des Weiteren werden wir eine neue Website anlegen (genannt *djay Fertig*), die bereits die fertige Website enthält. Damit können Sie leichter nachvollziehen, wie das Beispielprojekt erstellt wurde, und die Site mit Ihren eigenen Übungen vergleichen.

Site oder Seite?

Eine *Seite* bzw. *Webseite* bezeichnet immer eine einzelne (HTML-)Seite. Für alle Seiten gemeinsam gibt es genau eine Startseite, die *Homepage* genannt wird.
Eine *Site* bzw. *Website* bezeichnet den gesamten Internetauftritt mit allen Webseiten und sonstigen Elementen, wie zum Beispiel Grafiken und Flash-Filmen.

Lokaler Site-Ordner

In Dreamweaver wird der Ordner, in dem die Site gespeichert wird, als *lokaler Site-Ordner* bezeichnet. Dabei wird zwischen einem lokalen und einem entfernten Site-Ordner unterschieden. Der *lokale Site-Ordner* ist der Ordner, der auf Ihrer Festplatte gespeichert ist, wohingegen der *entfernte Site-Ordner* auf Ihrem Webserver liegt.

5.2 Neue Site anlegen und konfigurieren

Zur Vorbereitung sollten Sie einen Ordner anlegen, der alle (zukünftigen) Websites, die Sie erzeugen werden, enthält. Erstellen Sie dazu einen Ordner WEBSITES im Ordner EIGENE DATEIEN. Unter Mac OS X liegt dafür bereits ein Ordner namens WEB-SITES oder SITES in Ihrem HOME-Verzeichnis. Nun kann es endlich mit der Erstellung der Site losgehen.

Schritt für Schritt
Leere Site erstellen

1 Neue Site

Wählen Sie zuerst den Menüpunkt SITE • NEUE SITE. Alternativ können Sie auch den Menüpunkt SITE • SITES VERWALTEN aufrufen und anschließend auf NEUE SITE klicken.

Abbildung 6.2 ▼
Die Grundeinstellungen

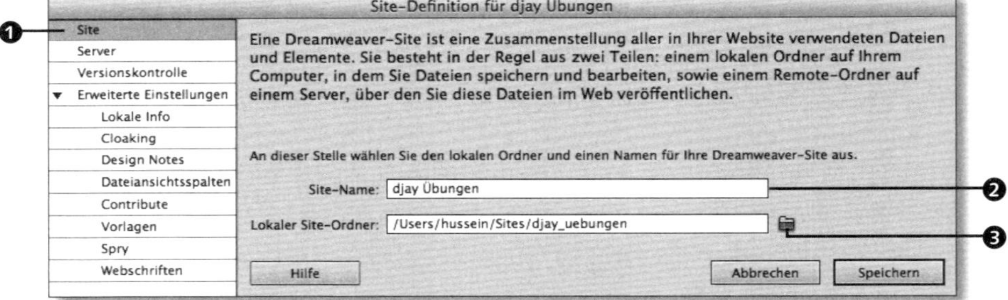

2 Site-Definition

Aufgrund der vielfältigen Einstellmöglichkeiten für eine Site sind die Menüs in verschiedene Kategorien unterteilt. Sie finden diese auf der linken Seite. Die Kategorie SITE ❶ ist anfangs ausgewählt.

Geben Sie im Feld SITE-NAME ❷ einen passenden Namen für Ihre Website an (z. B. »djay Übungen« für unser Beispielprojekt). Sie dürfen Leerzeichen und Umlaute verwenden. Der Name der Site ist für den Betrachter der Website nicht sichtbar.

Unter LOKALER SITE-ORDNER legen Sie den Ordner fest, in dem Ihre Site gespeichert wird. Klicken Sie dazu auf das Ordnersymbol ❸ rechts neben dem Textfeld. Es erscheint ein Dialogfenster, in dem Sie den Ordner festlegen können. Wählen Sie unter Windows den Ordner EIGENE DATEIEN/WEBSITES bzw. unter Mac OS X den Ordner SITES aus, und erstellen Sie darunter einen neuen Ordner, der ähnlich benannt ist wie Ihr Site-Name. Hier sollten Sie keine Leerzeichen und Umlaute verwenden, sondern nur Buchstaben, Zahlen, Unterstriche und Bindestriche. Für unser Beispielprojekt wählen wir beispielsweise »djay_uebungen«. Gewöhnen Sie sich auch an, ausschließlich Kleinbuchstaben zu verwenden.

3 Bilderordner festlegen

Als Nächstes legen wir den STANDARD-BILDERORDNER fest. Das ist der Ordner, in dem importierte Bilder automatisch abgespeichert werden. Um den Ordner anzulegen, wählen Sie auf der linken Seite unter ERWEITERTE EINSTELLUNGEN die Kategorie LOKALE INFO aus und klicken auf das Ordnersymbol ❹ rechts neben dem Textfeld.

▼ Abbildung 6.3
Die erweiterten Einstellungen

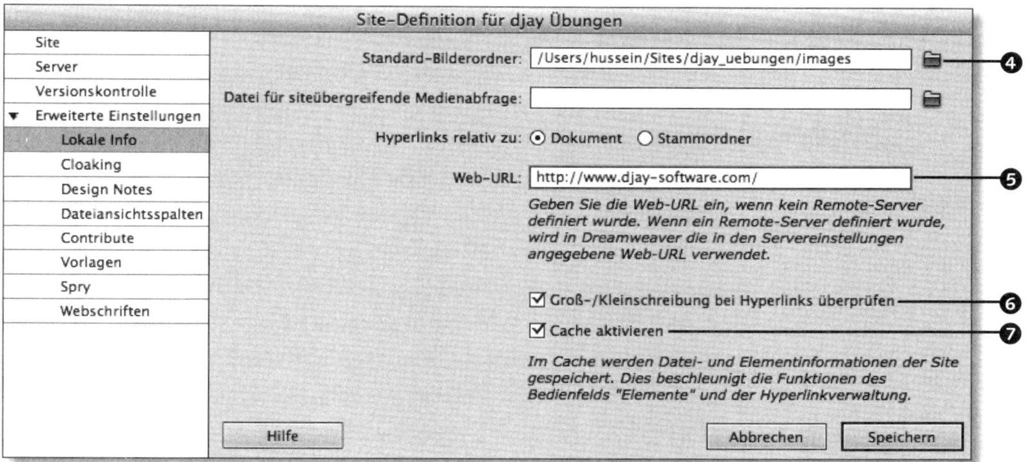

Es erscheint ein Dialogfenster, in dem Sie den Bilderordner festlegen können. Wählen Sie dazu den eben erstellten Site-Ordner aus, und legen Sie einen neuen Ordner mit dem Namen IMAGES an. Sie können auch einen anderen Namen wie zum Beispiel *bilder* wählen. Für die Schreibweise des Bilderordners gelten die gleichen Regeln wie für den lokalen Site-Ordner.

4 Weitere Einstellungen unter Lokale Info

Falls Sie bereits eine Webadresse (URL) für Ihre Site besitzen, können Sie sie unter WEB-URL ❺ eintragen. Dies ist aber nicht zwingend erforderlich. Eine mögliche Eingabe ist zum Beispiel »http://www.djay-software.com«.

Die Option GROSS-/KLEINSCHREIBUNG BEI HYPERLINKS ÜBERPRÜFEN ❻ sollten Sie aktivieren werden, damit bei der Überprüfung der Hyperlinks die Groß-/Kleinschreibung beachtet wird. Dies gewährleistet, dass die Hyperlinks auf den Webservern (meist UNIX/Linux-Serversysteme) korrekt funktionieren.

Außerdem sollte die Option CACHE AKTIVIEREN ❼ auf jeden Fall aktiv sein, damit die Dateien der Website, an der Sie arbeiten, immer schnell aus dem Zwischenspeicher dargestellt werden.

5.3 Site bearbeiten oder importieren

Möchten Sie eine fertige Website, z. B. unsere Beispielwebsite, in Dreamweaver bearbeiten, müssen Sie eine neue Site erstellen.

Es klingt merkwürdig, dass man in Dreamweaver eine neue Site auch dann erstellen muss, wenn man eine bereits vorhandene Website bearbeiten will. Das Erstellen einer neuen Site bedeutet in Dreamweaver lediglich, dass ein neues Projekt angelegt wird, in dem unter anderem der Ordner gespeichert wird, in dem sich die Dateien befinden. Dieses Verzeichnis muss nicht leer sein und kann auch bereits eine komplette Website enthalten.

Dieser Schritt ist auch dann sinnvoll, wenn Sie eine bestehende Website als Musterlösung benutzen möchten bzw. wenn Sie eine in einem anderen Programm erstellte Website in Dreamweaver importieren möchten. Denn bevor Sie eine noch nicht in Dreamweaver angelegte Website bearbeiten, müssen Sie auch eine neue Site erstellen.

Schritt für Schritt
Eine neue Site aus einer fertigen Website erstellen

1 Fertige Website laden

Laden Sie zuerst von der Webseite *http://www.dreamweaver-buch.de/uebungen/* die Datei »djay_fertig.zip« herunter. Entpacken Sie diese mit WinZip oder einem anderen ZIP-Tool, und kopieren Sie den Ordner DJAY _ FERTIG in einen neuen Ordner unterhalb von EIGENE DATEIEN/WEBSITES (Windows) bzw. unter Mac OS X in den Ordner WEB-SITES (oder SITES).

2 Eine neue Site anlegen

Legen Sie jetzt, wie bereits beschrieben, unter SITE • NEUE eine neue Site an. Geben Sie im Feld SITE-NAME einen passenden Namen für Ihre Website an (z. B. »djay Fertig« für unser bereits fertiges Beispielprojekt).

Klicken Sie auf das Ordnersymbol in der Zeile LOKALER SITE-ORDNER, und wählen Sie den Ordner aus, in den Sie die fertige Website verschoben haben. Weitere Einstellungen sind zunächst nicht notwendig. Klicken Sie auf OK, um die Site anzulegen.

Wechseln zwischen Sites

Sie haben jetzt zwei Sites erstellt: eine leere Site, in der Sie Ihre Übungen durchführen können, und eine weitere Site, in der sich das bereits fertige Projekt befindet. In Dreamweaver ist jedoch immer nur eine Site aktiv. Beim Erstellen neuer Webseiten wird automatisch der lokale Site-Ordner der aktiven Site zum Speichern gewählt. Beim Einfügen von Bildern werden auch die Bilddateien (ohne Abfrage) automatisch in den Ordner IMAGES des lokalen Site-Ordners der aktiven Site kopiert, falls Sie diesen beim Erstellen der Site dafür angegeben haben.

Wenn Sie später neue Vorlagen und Webseiten erstellen, ist es sehr wichtig zu wissen, welche Website jeweils aktiv ist, da sonst die Dateien unbeabsichtigt in der falschen Site landen können. Überprüfen Sie daher immer, in welcher Site Sie momentan arbeiten.

Im Bedienfeld DATEIEN (Menü FENSTER • DATEIEN) werden alle Dateien der aktiven Website angezeigt. Klicken Sie auf das Dreieck ❷ (Abbildung 6.4) neben dem Ordnersymbol, um den Inhalt des Ordners anzeigen zu lassen. In der Liste ❶ erkennen Sie, welche Site momentan aktiv ist.

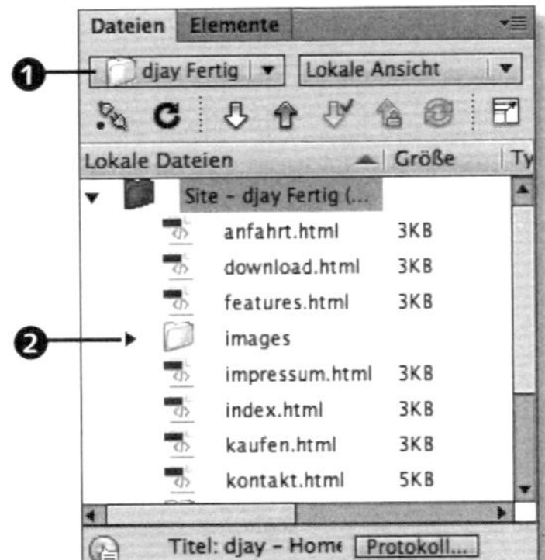

Abbildung 6.4 ▸
Dateien der Site *djay Fertig*

Um eine andere Site (z. B. *djay Übungen*) zu bearbeiten, wählen Sie in der Liste ❸ die entsprechende Site aus.

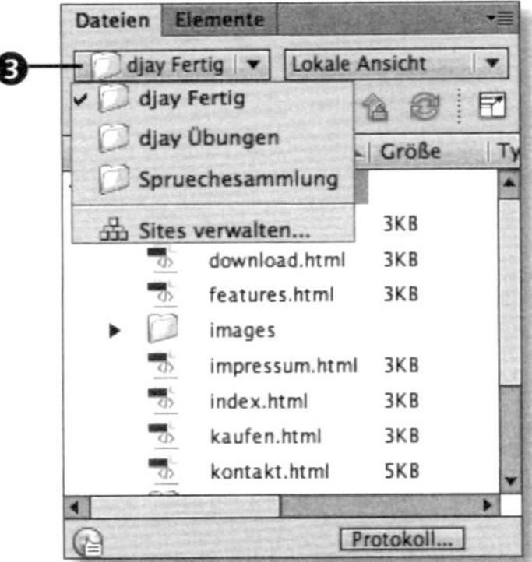

Abbildung 6.5 ▸
Das Wechseln zu einer anderen Site erfolgt über das Listenfeld.

Da die Site *djay Übungen* noch nicht über fertig erstellte Webseiten verfügt, wird darin nur der Ordner IMAGES angezeigt.

Abbildung 6.6 ▸
Ansicht der noch leeren Site *djay Übungen*

Details dazu, wie Sie Dateien umbenennen, löschen, kopieren und verschieben, erfahren Sie in Kapitel 10, »Websites testen, veröffentlichen und verwalten«.

Kapitel 6

Eine Vorlage anlegen

So erstellen Sie ein Muster für alle Seiten

- Was ist eine Vorlage in Dreamweaver?
- Wie plane ich Vorlagen?
- Wie lege ich ein CSS-Layout fest?
- Wie erstelle ich eine Vorlage für das Beispielprojekt?

6 Eine Vorlage anlegen

Vorlagen, auch Templates genannt, gehören zu den wichtigsten Hilfsmitteln, um einheitliche und konsistente Webseiten zu erstellen. In diesem Kapitel erzeugen wir eine Vorlage und legen ein CSS-Layout fest, auf dem jede Seite unserer Website basiert.

6.1 Vorlage entwerfen

Eine Website kann aus einigen wenigen oder auch aus ein paar Tausend Seiten bestehen. Die Inhalte auf den Seiten sollten sich unterscheiden, der Aufbau und die Gestaltung sollten jedoch Gemeinsamkeiten haben, um den Surfer nicht zu verwirren.

Was ist eine Vorlage?

Gleichbleibende Navigationen, Layouts, Schriften und Farben auf einer Website erzeugen beim Surfer einen Wiedererkennungseffekt; außerdem sind die Webseiten dadurch leichter bedienbar. Auch für die Erstellung und Pflege einer Website ist es leichter, wenn sich Aufbau und Platzierung der Elemente auf den einzelnen Webseiten nicht stark voneinander unterscheiden. Dies wird durch die Arbeit mit Vorlagen ermöglicht.

Mehrere Vorlagen möglich

In einigen Fällen, beispielsweise bei größeren Websites, ist es nicht sinnvoll, nur eine Vorlage zu erstellen, auf der dann alle Seiten der Website basieren. In Dreamweaver können Sie auch mehrere Vorlagen erzeugen. Wenn Sie dann eine neue Webseite anlegen, können Sie wählen, auf welcher Vorlage diese Seite basieren soll.

Wie zum Beispiel auch in Microsoft Word bildet eine Vorlage den Rahmen einer Seite. Um eine solche Vorlage zu erstellen, sind zuerst die Gemeinsamkeiten der Seiten herauszuarbeiten, um sie in die Vorlage aufzunehmen. Für unsere Beispielwebsite *djay-software.com* sind das:

- das Logo bzw. das Banner
- die Navigation
- der Inhaltsbereich

Eine Vorlage in Dreamweaver ist ein eigenes HTML-Dokument, das aus einem Grundgerüst besteht, das Sie auf andere Seiten anwenden können. Wenn Sie nun eine neue Seite erstellen möchten, können Sie ein neues Dokument aus einer Vorlage heraus erzeugen. Das Grundgerüst wird übernommen, und Sie können mit dem Einfügen des individuellen Inhalts der Webseite beginnen.

Einige Leser mögen jetzt einwenden, dass sie Vorlagen nicht benötigen, da sie das Grundgerüst ja auch einfach per Kopieren und Einfügen des Quelltexts auf jede neue Seite übertragen können. Das ist tatsächlich auch eine wenig aufwendige Arbeitsweise, geht aber nur so lange gut, bis Änderungen am Grundgerüst notwendig werden. Diese müssen Sie dann per Hand auf jede einzelne Seite übertragen, wenn Sie ohne Vorlage arbeiten.

Wenn Sie Änderungen an einer Vorlage vornehmen, um zum Beispiel einen Menüpunkt zu ergänzen, übertragen sich diese Änderungen automatisch auch auf alle Webseiten, die Sie auf der Grundlage dieser Vorlage erstellt haben. Diese ungemein praktische Funktion, mit der Sie in kürzester Zeit globale Änderungen auf Ihrer Site durchführen können, wollen wir nutzen. Sie macht einen der größten Vorteile von Dreamweaver aus.

Beispiele im Web

Vor der Planung der Vorlage für Ihre Website sollten Sie sich verschiedene bekannte Websites im Internet anschauen. Versuchen Sie herauszufinden, welches jeweils die gemeinsamen Elemente der einzelnen Seiten sind, und skizzieren Sie sie. In den meisten Fällen lässt sich die Struktur der Websites in einem einfachen Schema darstellen.

Das folgende Beispiel besitzt einen Kopf- und einen Fußbereich. Im Kopfbereich ist neben dem Logo und dem Site-Namen oft auch ein Navigationsmenü platziert. Im Fußbereich werden häufig das Impressum und Copyright-Hinweise angezeigt. Der strukturelle Unterschied liegt bei vielen Websites meist im mittleren Inhaltsbereich.

Die Homepage des Verlags Galileo Press, *http://www.galileo-press.de*, besteht neben dem Hauptbereich in der Mitte aus einem linken, einem rechten und einem oberen Bereich für Logo, Zusatzinformationen und Hyperlinks.

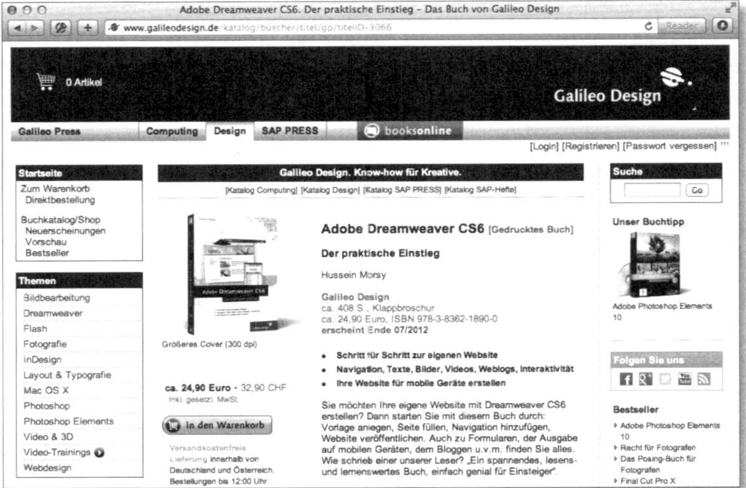

Abbildung 6.1 ▸
Die Webseite *http://www.galileodesign.de* besteht neben dem Kopfbereich aus drei Spalten.

Vorlage planen

Wir werden nun eine Vorlage für unser Beispielprojekt planen. In einem Vorbereitungsschritt haben wir die festen Bestandteile aller Seiten zunächst in einem Bildbearbeitungsprogramm so zusammengestellt, wie sie hinterher auf der Website aussehen sollen. Wie Sie leicht erkennen können, hat die Vorlage einen Hauptbereich und einen rechten Bereich.

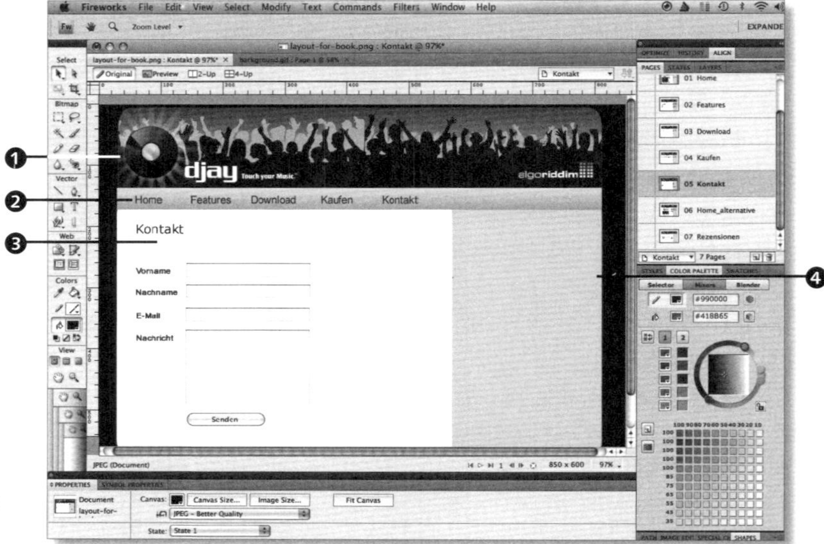

Abbildung 6.2 ▸
Entwurf und Anordnung der gemeinsamen Inhalte der Seiten unserer Beispielwebsite in Fireworks

Die Vorlage besteht aus den folgenden Elementen:

- Titel und Logo der Site ❶
- Navigationsmenü ❷
- Hauptbereich ❸, in den die individuellen Inhalte der jeweiligen Einzelseiten eingefügt werden
- rechter Bereich ❹ für Zusatzinformationen, wie Termine, Anschrift oder auch Werbung
- Fußbereich, in dem gegebenenfalls Copyright-Informationen dargestellt werden

Der Hauptbereich ❸ und der rechte Bereich ❹ werden auf jeder Webseite mit individuellen Inhalten gefüllt. Diese Bereiche werden in der Vorlage als sogenannte **bearbeitbare Bereiche** gekennzeichnet.

6.2 Ein Layout erstellen

Für die Realisierung der Vorlage benötigen Sie zunächst ein HTML-Dokument und eine CSS-Datei. In einem zweiten Schritt wird die HTML-Datei als Vorlagendatei gespeichert. Das HTML-Dokument definiert dabei das Layout, also den Aufbau der Seite. In der CSS-Datei wird festgelegt, wie die einzelnen Elemente auf der Seite aussehen sollen.

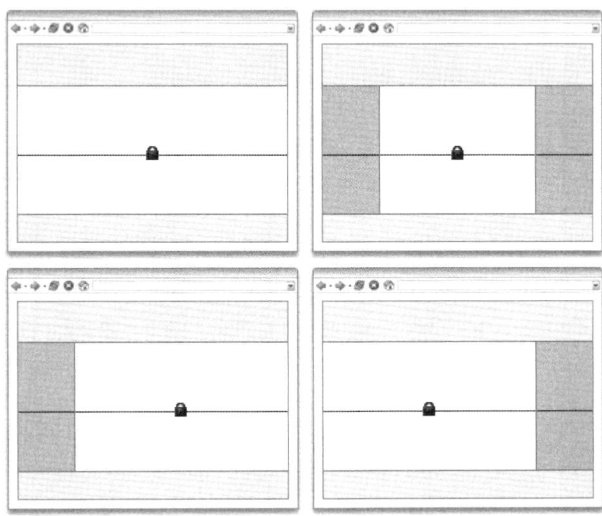

◂ **Abbildung 6.3**
Vier von 18 Layouts, die Dreamweaver CS6 anbietet

Layouts für mobile Websites

In Kapitel 18, »Mobiles Web«, erfahren Sie, wie Sie Layouts erstellen, die für mobile Endgeräte wie Smartphones und iPads geeignet sind.

Die Erstellung eines Layouts ist relativ schwierig. Zum Glück verfügt Dreamweaver CS6 über 18 vorgefertigte Layouts, auf denen wir unsere Vorlage aufbauen können. Für unsere Beispielwebsite verwenden wir das Layout unten rechts aus Abbildung 6.3.

Schritt für Schritt
Das Layout für die Vorlage definieren

1 Layout definieren

Rufen Sie zunächst DATEI • NEU auf, um das Dialogfenster für neue Dateien zu öffnen. Wählen Sie dann unter LEERE SEITE den Seitentyp HTML und unter LAYOUT den Eintrag 2 SPALTEN FIXIERT, RECHTE RANDLEISTE, KOPF- UND FUSSZEILE.

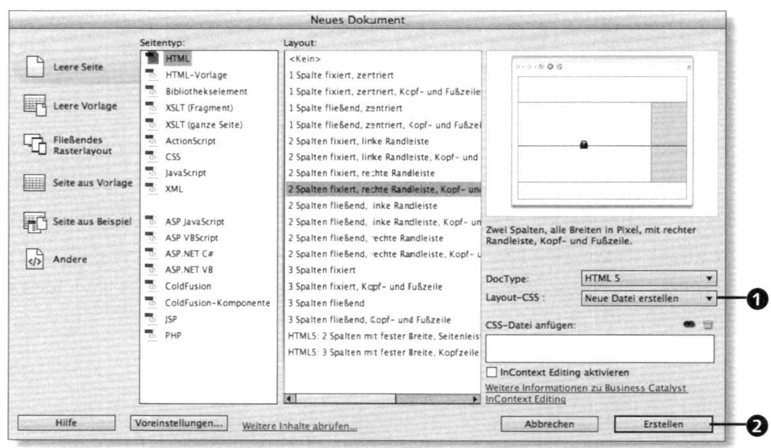

Abbildung 6.4 ▸
Hier wählen Sie das Layout aus.

Bevor Sie auf ERSTELLEN klicken, achten Sie darauf, dass unter LAYOUT-CSS der Eintrag NEUE DATEI ERSTELLEN ❶ ausgewählt ist.

2 Speichern der CSS-Datei

Nachdem Sie auf ERSTELLEN ❷ geklickt haben, öffnet sich ein Dialogfenster, in dem Sie den Dateinamen und den Ordner der neuen CSS-Datei festlegen. Dreamweaver schlägt Ihnen den Dateinamen »twoColFixRtHdr.css« und den Site-Ordner Ihrer Website vor. Empfehlenswert ist es jedoch, im Site-Ordner einen neuen Ordner, etwa STYLESHEETS, anzulegen und einen einfacheren Dateinamen, beispielsweise »layout.css«, zu verwenden.

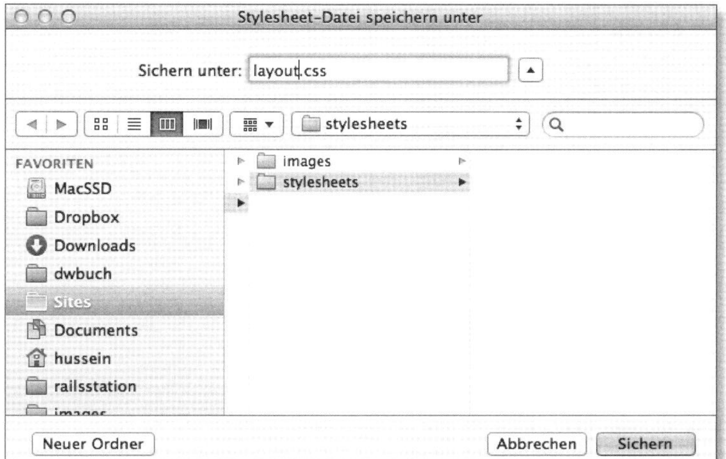

◂ **Abbildung 6.5**
Speichern der CSS-Datei

Nachdem Sie auf SICHERN geklickt haben, öffnet sich das neue Dokument mit dem gewählten Layout.

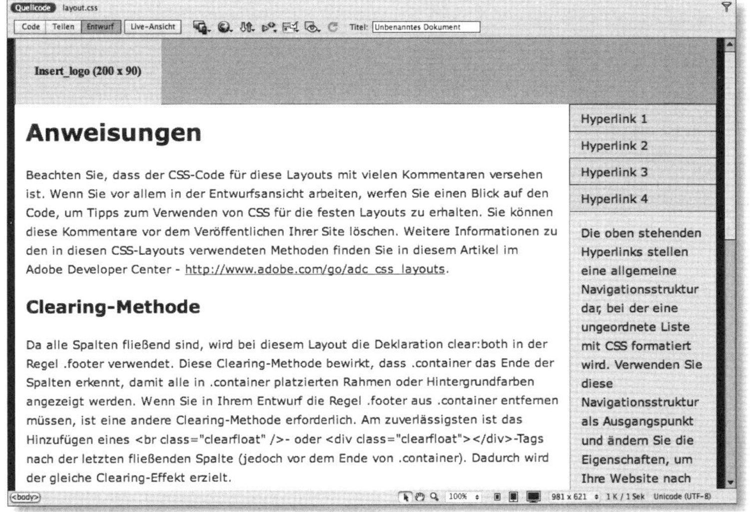

◂ **Abbildung 6.6**
So sieht das gewählte Layout aus.

Wir haben nun eine HTML-Seite mit einer passenden CSS-Datei erstellt. Im Bedienfeld DATEIEN sollten Sie den eben erstellten Ordner STYLESHEETS und die neue CSS-Datei (»layout.css«) sehen können.

In Kapitel 9, »Das Design festlegen«, werden wir unser Layout gestalten.

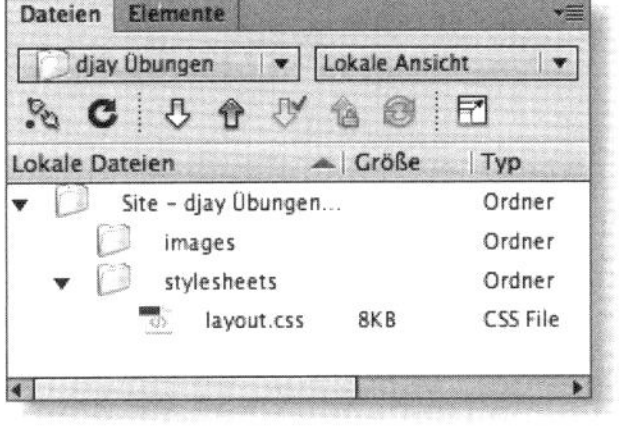

▴ **Abbildung 6.7**
Im DATEIEN-Bedienfeld finden Sie nun Ihre CSS-Datei.

6.3 Beispielinhalte erstellen

Dreamweaver hat ein Layout mit Vorschlägen zur Platzierung des Logos und der Navigation erstellt. Außerdem wurden Anleitungstexte generiert. Die Platzhalter können Sie wie von Dreamweaver vorgeschlagen nutzen oder nach Ihren eigenen Vorstellungen umgestalten. In unserer Beispielwebsite werden wir z. B. eine horizontale Navigation im Kopfbereich erstellen. Statt des Logos werden wir zunächst einfach den Titel der Website als Text einfügen und später per CSS durch ein Logo ersetzen.

Wir konzentrieren uns zunächst auf die Überschriften und legen die Hierarchie der Überschriften auf unserer Seite fest. Der Vorteil dieser Vorgehensweise ist, dass Sie auf allen Seiten, die auf Ihrer Vorlage basieren, nur noch den Text ändern müssen und sich nicht mehr um das Format zu kümmern brauchen.

Schritt für Schritt
Inhalte festlegen

1 Kopfzeile (Header) bearbeiten

Ersetzen Sie in der Kopfzeile ❶ das Platzhalter-Logo, indem Sie das Bild mit der Maus markieren und zum Beispiel durch den Titel »djay« ersetzen.

Abbildung 6.8 ▼
Bearbeiten der Kopfzeile

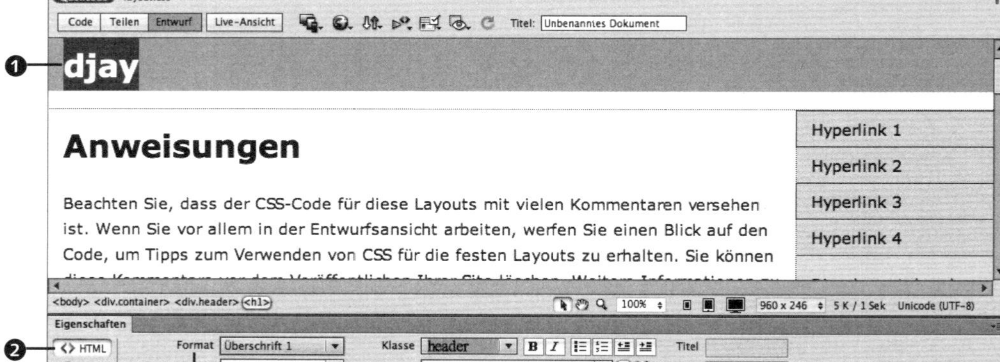

Markieren Sie den Text, und wählen Sie im EIGENSCHAFTEN-Bedienfeld unter FORMAT ❸ ÜBERSCHRIFT 1 aus. Dieses Format nutzen wir für die Hauptüberschrift unserer Seite. Achten Sie darauf, dass im EIGENSCHAFTEN-Bedienfeld der HTML-Modus ❷ aktiviert ist.

2 Hauptinhalt (Content) bearbeiten

Im Prinzip ist es zunächst nicht wichtig, welchen Text Sie im Hauptinhalt eingeben, da dieser Bereich später auf den einzelnen Webseiten durch individuelle Inhalte gefüllt wird. Wir ersetzen jedoch den langen Anleitungstext durch eine einfache Überschrift und einen kurzen Absatz.

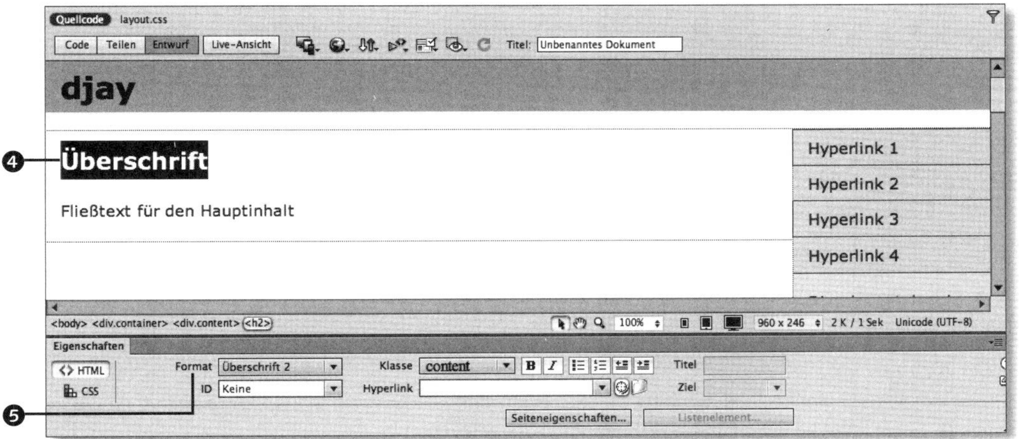

▲ **Abbildung 6.9**
Wir arbeiten zunächst mit Blindtext.

Markieren Sie die Überschrift ❹, und stellen Sie im EIGENSCHAFTEN-Bedienfeld das FORMAT ❺ auf ÜBERSCHRIFT 2.

3 Navigation in Seitenleiste (Sidebar) löschen

Auch die Seitenleiste können Sie individuell bearbeiten. Für unsere Beispielwebsite benötigen wir z. B. die Navigation in der Sidebar nicht.

Die Entfernung der Navigation ist jedoch nicht ganz einfach, da wir nicht nur den Text, sondern auch die HTML-Tags entfernen müssen. Positionieren Sie die Einfügemarke innerhalb der Navigation z. B. auf HYPERLINK 1 ❻ (Abbildung 6.10), klicken Sie dann das Tag <UL.NAV> ❼ im Fußbereich des Dokumentenfensters an, und betätigen Sie die [Entf]-Taste.

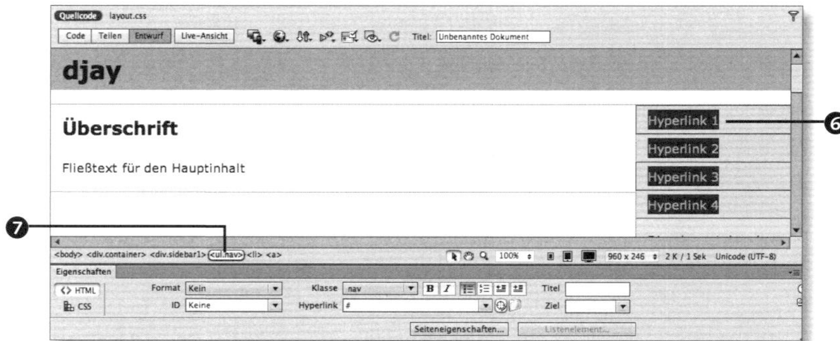

Abbildung 6.10 ▸
Markieren der Navigation

4 Beispielinhalte für Sidebar

Geben Sie einen Titel ❽ ein, und weisen Sie diesem im EIGENSCHAFTEN-Bedienfeld das Format ÜBERSCHRIFT 3 zu.

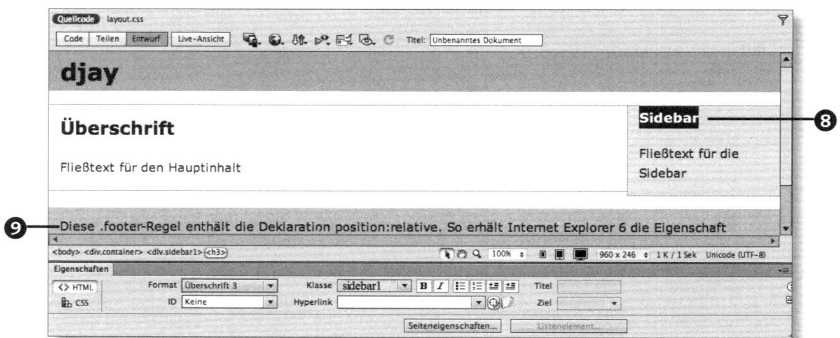

Abbildung 6.11 ▸
Wählen Sie ÜBERSCHRIFT 3 für die Sidebar.

5 Fußzeile (Footer) bearbeiten

Ersetzen Sie den Anleitungstext in der Fußzeile ❾ durch einen Copyright-Hinweis ❿. Das Copyright-Symbol können Sie über den Menüpunkt EINFÜGEN • HTML • SONDERZEICHEN • COPYRIGHT einsetzen.

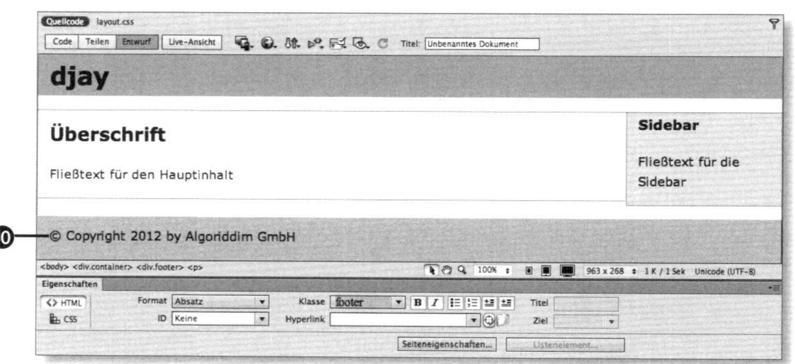

Abbildung 6.12 ▸
Beispieltext für die Fußzeile

6.4 Eine Vorlage mit bearbeitbaren Bereichen erstellen

Wir werden nun unsere HTML-Seite als Vorlage speichern. Dazu werden wir sogenannte **bearbeitbare Bereiche** für den Hauptinhalt und die Sidebar erstellen, damit diese später auf den einzelnen Webseiten durch individuelle Inhalte ergänzt werden können.

Schritt für Schritt
Vorlage erstellen

1 Hauptinhalt markieren

Markieren Sie zunächst den gesamten Hauptinhalt inklusive der Überschrift und des kompletten Textes in diesem Bereich. Achten Sie unbedingt darauf, dass Sie den gesamten Bereich einschließlich aller Absätze bis unten markieren.

◂ **Abbildung 6.13**
Markieren des gesamten Textes

2 Bearbeitbaren Bereich für Hauptinhalt festlegen

Wählen Sie im Menü Einfügen • Vorlagenobjekte • Bearbeitbarer Bereich. Es öffnet sich ein Dialogfenster, das Sie darauf aufmerksam macht, dass das Dokument in eine Vorlage umgewandelt wird. Bestätigen Sie diese Meldung durch Klick auf OK.

◂ **Abbildung 6.14**
Bestätigen Sie die Frage mit OK.

Es öffnet sich ein weiteres Fenster, in dem Sie den Namen des bearbeitbaren Bereichs festlegen müssen.

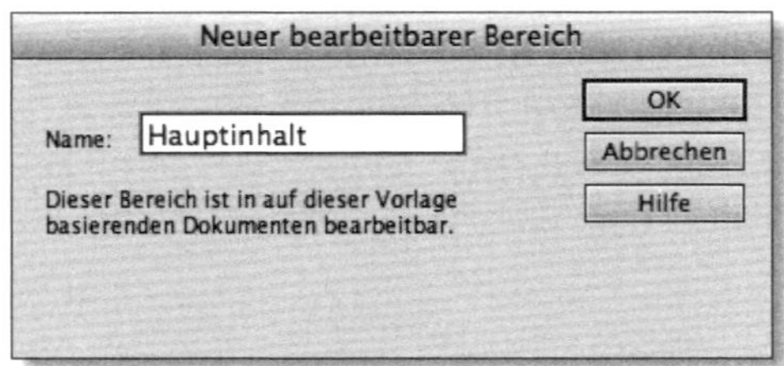

Abbildung 6.15 ▶
Hier geben Sie dem Bereich einen Namen.

Fenster erscheint nicht?

Falls das Fenster bei Ihnen nicht erscheint, haben Sie vermutlich vorher auf das Kontrollkästchen DIESE MELDUNG NICHT MEHR ANZEIGEN geklickt.

Ein passender Name wäre zum Beispiel »Hauptinhalt«. Der Name dient später nur zur Unterscheidung zwischen mehreren bearbeitbaren Bereichen. Der Besucher der Webseite sieht diesen Namen nicht (es sei denn, er schaut im Quelltext nach).

3 Weitere bearbeitbare Bereiche festlegen

Wiederholen Sie die Schritte 1 und 2 für die rechte Sidebar. Legen Sie »Sidebar« als Namen für den bearbeitbaren Bereich fest.

4 Vorlage speichern

Speichern Sie die Vorlage, indem Sie DATEI • SPEICHERN auswählen. Geben Sie unter SPEICHERN UNTER einen Namen für Ihre Vorlage ein; in unserem Beispiel wählen wir »hauptvorlage«.

Abbildung 6.16 ▶
Speichern als »hauptvorlage«

Wenn Sie möchten, hinterlegen Sie unter BESCHREIBUNG einen Text. Da wir jedoch nur eine Vorlage erstellen, benötigen wir keine Zusatzinformationen. Achten Sie darauf, dass unter SITE ❶ unsere Beispielwebsite ausgewählt ist.

Sie haben nun zwei bearbeitbare Bereiche erstellt. Diese Bereiche sind jeweils von einem Rahmen umgeben und mit einer Beschriftung oben links ❷ gekennzeichnet.

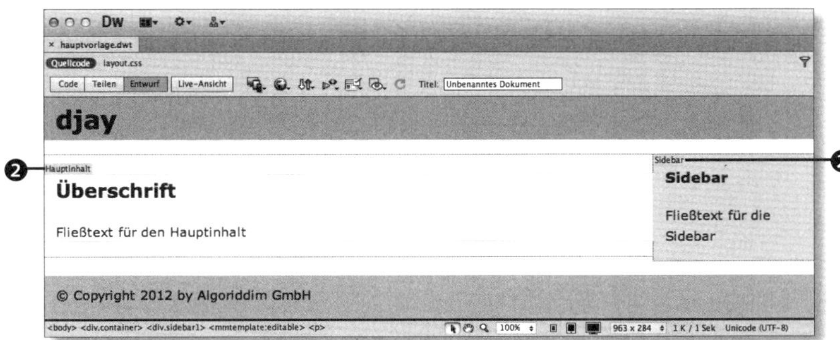

◂ **Abbildung 6.17**
Bearbeitbare Bereiche in Dreamweaver

Speicherort für Vorlagen

Dreamweaver speichert alle Vorlagen einer bestimmten Site im Ordner TEMPLATES auf Ihrer Festplatte. Dieser wird automatisch im Verzeichnis der jeweiligen Site angelegt. Die Vorlage selbst wird mit der Dateiendung »dwt« gespeichert. Im DATEIEN-Fenster können Sie die erstellten Vorlagen betrachten und verwalten. Falls das Fenster DATEIEN bei Ihnen nicht angezeigt wird, können Sie es über das Menü FENSTER • DATEIEN einblenden. Wenn Sie auf der Vorlagendatei doppelklicken, öffnet sich die Vorlage, und Sie können die Bearbeitung fortsetzen.

Vorlagendateien in Dreamweaver

Die Dateiendung »dwt« steht für »Dreamweaver-Template«, und Sie sollten Sie nicht etwa in »html« ändern. Auch sollten Sie die Vorlagen nie aus dem automatisch angelegten Ordner TEMPLATES verschieben. Dreamweaver akzeptiert sie dann nicht mehr.

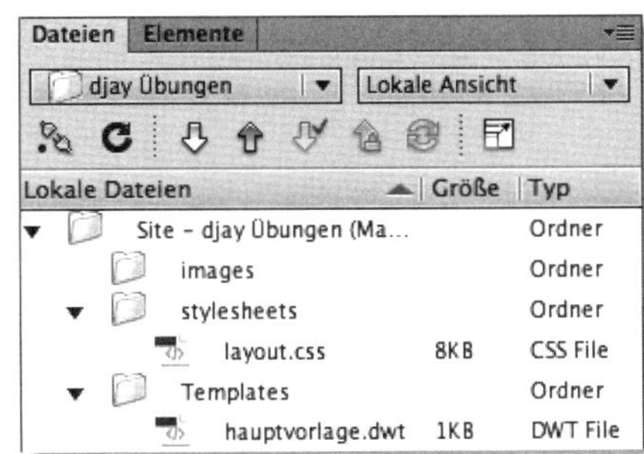

◂ **Abbildung 6.18**
Vorlagen werden im Ordner TEMPLATES gespeichert.

In den folgenden Kapiteln lernen Sie, wie Sie die Vorlage mit Inhalten füllen und diese mit Hilfe von CSS ansprechend gestalten.

Seiten mit Inhalten füllen

So statten Sie Webseiten mit Texten, Bildern und mehr aus

- Wie erstelle ich Webseiten aus einer Vorlage?
- Wie füge ich Texte und Listen ein und formatiere sie?
- Wie bestücke ich Seiten mit Bildern und Grafiken?
- Wann verwende ich Tabellen?

7 Seiten mit Inhalten füllen

In diesem Kapitel erstellen wir die Webseiten mit ihren Inhalten. Sie lernen, wie Sie eine Seite aus einer Vorlage erzeugen und mit Texten, Listen, Bildern und Tabellen füllen.

7.1 Neue Webseite erstellen

Im letzten Kapitel haben wir eine einfache Vorlage erstellt. Diese enthält bisher weder eine Navigation noch ein Design. Bevor Sie jedoch das Design erstellen, sollten Sie zunächst die Inhalte Ihrer Website zusammentragen und sich über die Struktur Gedanken machen. Wir benötigen für unsere Website die folgenden Seiten:

- **Home**
  Dies ist die Startseite mit den wichtigsten Informationen zu unserem Produkt.
- **Features**
  Hier werden die Funktionen der Software aufgelistet.
- **Download**
  Aus diesem Bereich kann die Software heruntergeladen werden.
- **Kaufen**
  Auf dieser Seite wird unter anderem eine Preistabelle angezeigt.
- **Kontakt**
  Über ein Kontaktformular kann der Kunde einfach eine Nachricht hinterlassen, die per E-Mail an den Betreiber der Website geschickt wird.
- **Impressum**
  Als Betreiber einer Website ist man verpflichtet, ein Impressum anzuzeigen.

Neue Dateien aus Vorlage erzeugen

Im Folgenden werden wir neue Webseiten erstellen, die auf unserer bereits angelegten Vorlage basieren. Es ist auch möglich, zunächst eine Webseite ohne Vorlage zu erstellen und die Vorlage erst später zuzuweisen. Das ist jedoch wesentlich komplizierter, wenn in der Webseite bereits Inhalte vorhanden sind.

Schritt für Schritt
Neue Webseite aus der Vorlage erstellen

1 Neues Dokument aus einer Vorlage erstellen

Wählen Sie DATEI • NEU. Daraufhin erscheint das Dialogfenster aus Abbildung 7.1. Wählen Sie darin die Rubrik SEITE AUS VORLAGE ❶ aus, dann Ihre Site (DJAY ÜBUNGEN) und anschließend die gewünschte Vorlage, auf der die Seite basieren soll. Da wir in unserer Beispielsite lediglich eine Vorlage erstellt haben, wird uns hier nur HAUPTVORLAGE angeboten. Wählen Sie diese aus, und achten Sie darauf, dass ein Häkchen bei SEITE BEI VORLAGENÄNDERUNG AKTUALISIEREN ❷ gesetzt ist. Damit ist gewährleistet, dass sich Änderungen, die Sie in der Vorlage vornehmen, auf diese Seite übertragen werden. Klicken Sie auf die Schaltfläche ERSTELLEN.

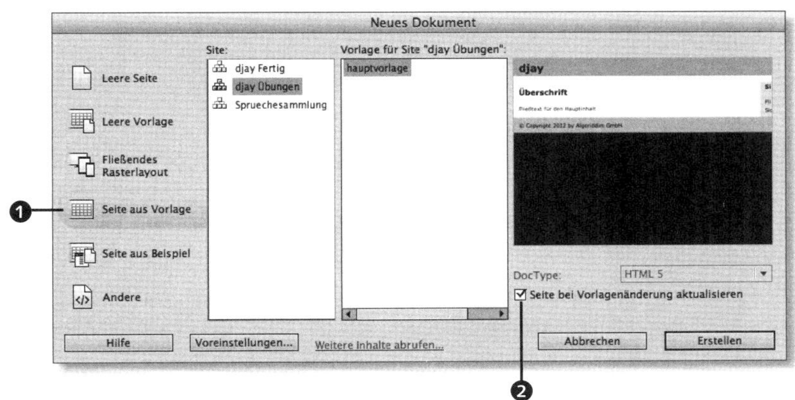

◂ **Abbildung 7.1**
Wählen Sie die Vorlage HAUPTVORLAGE aus DJAY ÜBUNGEN.

2 Speichern der Seite

Auch wenn Sie noch keine Inhalte auf der Seite eingefügt haben, ist es ratsam, diese jetzt schon zu speichern, damit ihr Speicherort auf der Festplatte festgelegt ist. Es gibt danach keine Probleme mit dem Einfügen von Bildern.

Zum Speichern wählen Sie DATEI • SPEICHERN. Es öffnet sich ein Dialogfenster, in dem Sie den Namen der Datei eingeben. Verwenden Sie für den Dateinamen nur Buchstaben, Zahlen, Unterstriche und Bindestriche. Benutzen Sie auf keinen Fall Leerzeichen, Sonderzeichen oder Umlaute. Die Datei sollte mit ».html«, ».htm« oder ».php« (für PHP-Dateien) enden.

Die Startseite bzw. Homepage sollte immer »index.htm« oder »index.html« (bzw. »index.php« für PHP-Dateien) heißen.

Achten Sie unbedingt auch darauf, dass der richtige Ordner ausgewählt ist. Für unser Übungsprojekt muss die Datei im Ordner DJAY _ UEBUNGEN gespeichert werden.

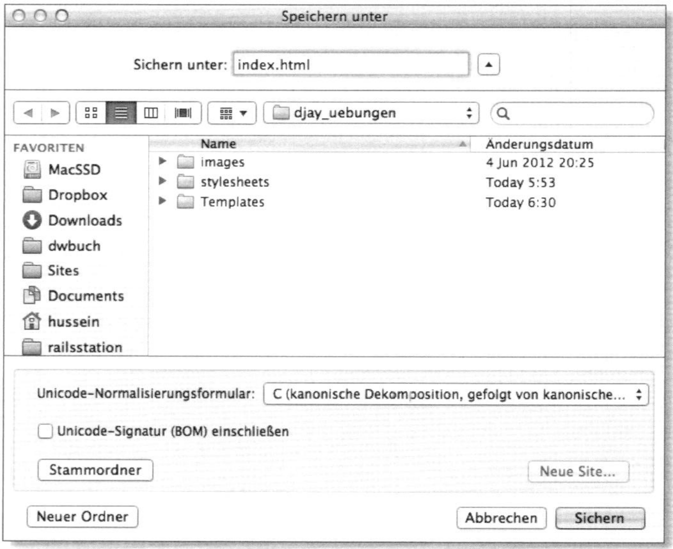

Abbildung 7.2 ▸
Sichern Sie die Datei.

3 Schritte 1 und 2 für die anderen Seiten wiederholen

Wiederholen Sie die Schritte 1 und 2 für die anderen Seiten unserer Website. Verwenden Sie folgende Dateinamen: »features.html«, »download.html«, »kaufen.html«, »kontakt.html« und »impressum.html«.

Nach dem Speichern wird die Seite im Dokumentenfenster angezeigt. Sie enthält bereits das Grundgerüst aus unserer Vorlage. Jetzt fehlt nur noch ihr eigentlicher Inhalt. Da wir mehrere HTML-Dateien erstellt haben, werden diese als Reiter ❶ im Dokumentenfenster angezeigt. So können Sie leicht zwischen den geöffneten Dokumenten wechseln.

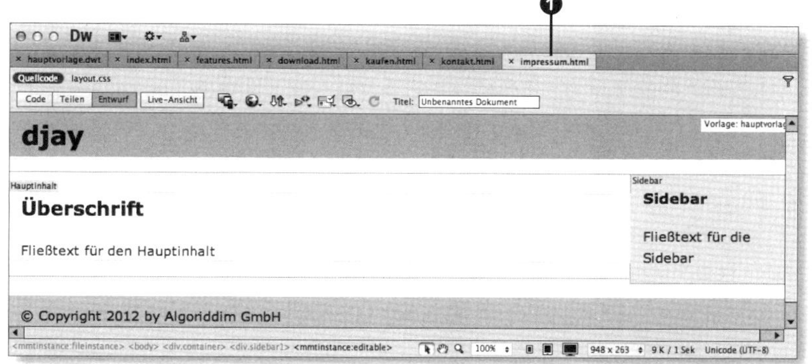

◂ **Abbildung 7.3**
Auf den Reitern oben werden alle geöffneten Dateien angezeigt.

Die neu erstellte Seite sieht noch genauso aus wie die Vorlage, aus der sie erstellt wurde. Im Gegensatz zur Vorlage können Sie in der Webseite aber nicht mehr alles bearbeiten. Die folgende Liste gibt eine Übersicht darüber, welche Bereiche innerhalb einer Webseite, die auf einer Vorlage basiert, modifizierbar sind:

- **Seitentitel**
  Jede Seite sollte einen individuellen Titel haben. Diesen sehen Sie in der Statuszeile des Browsers.
- **Bearbeitbare Bereiche**
  In der Vorlage werden Bereiche definiert, in die man auf der Webseite beliebig Inhalte einfügen kann.
- **Verhalten**
  Jeder Seite können Sie mit JavaScript ein individuelles Verhalten zuweisen (siehe auch Kapitel 16, »Interaktivität mit JavaScript«).
- **Meta-Tags**
  Dies sind zusätzliche Schlagwort-Informationen für Suchmaschinen (siehe auch Abschnitt »Meta-Tags« in Abschnitt 21.2, »Tipps zur Suchmaschinenoptimierung«).
- **Cascading Stylesheets**
  Für jede Seite kann man individuelle Stylesheets definieren, um spezielle Elemente zu formatieren (siehe auch Kapitel 12, »Arbeiten mit CSS«).

Seitentitel vergeben

Im nächsten Schritt sollten Sie den Seitentitel festlegen. Dieser wird jeweils im oberen Balken des Browserfensters angezeigt. Auch wenn ein Besucher Ihrer Webseite ein Lesezeichen in Firefox bzw.

einen Favoriten im Internet Explorer anlegt, wird der Seitentitel für die Benennung dieses Bookmarks verwendet. Der wichtigste Grund für die richtige Wahl des Seitentitels ist die Arbeitsweise von Suchmaschinen. Gibt ein User einen Suchbegriff ein, der im Seitentitel Ihrer Webseite vorkommt, wird diese in der Trefferliste höher angezeigt und dementsprechend besser gefunden.

Um einer Seite einen Titel zu geben, tragen Sie diesen in das Eingabefeld ❶ im oberen Bereich des Dokumentenfensters ein.

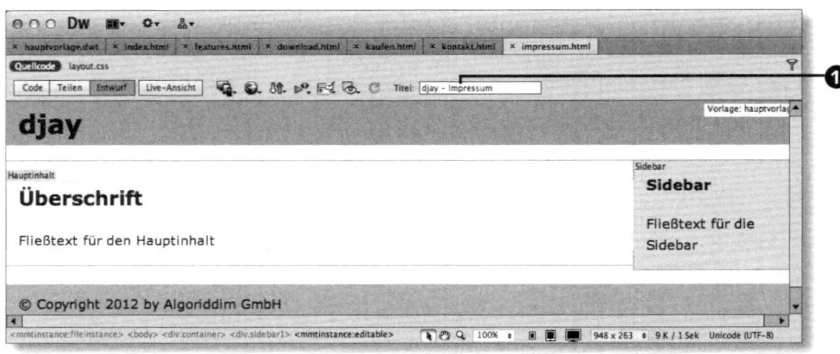

Abbildung 7.4 ▸
Eingabe des Seitentitels

Den Titel für eine Webseite sollten Sie mit großer Sorgfalt bestimmen. Eine Kontaktseite sollte zum Beispiel nicht einfach nur *Kontakt* heißen, da man sonst nicht weiß, zu welcher Website diese Seite gehört. Deshalb sollten Sie vor dem Namen der jeweiligen Seite auch immer den Titel der ganzen Website erwähnen. Beispiele für unsere Website könnten so aussehen:

- djay – Home
- djay – Features
- djay – Download
- djay – Kaufen
- djay – Kontakt
- djay – Impressum

7.2 Seiteninhalte einfügen

Jetzt kommen wir endlich zum wichtigsten Teil einer Webseite – dem Inhalt. Die Inhalte bestehen in der Regel aus Texten, einigen Grafiken, Tabellen und vielleicht auch aus Multimedia-Elementen wie Flash-, Video- und Audiodateien.

Damit Sie mit dem Erstellen der Inhalte gleich loslegen können, beschreiben wir die wichtigsten Funktionen hier kurz. Detailliertere Beschreibungen dazu finden Sie in separaten Kapiteln dieses Buches, zum Beispiel zu Tabellen (Kapitel 14, »Tabellen erstellen«) und zu Grafiken und Multimedia (Kapitel 13, »Bilder einfügen«).

Sie können in einer Vorlage Inhalte immer nur innerhalb eines bearbeitbaren Bereichs einbinden. In unserem Übungsbeispiel liegen zwei bearbeitbare Bereiche vor, die durch Umrandungen ❷ gekennzeichnet sind. Klicken Sie mit der Maus in den Bereich ❸, um die Einfügemarke zu platzieren, und löschen Sie dann den Beispieltext. Anschließend können Sie beginnen, Text hineinzuschreiben oder Bilder einzufügen.

▼ Abbildung 7.5
Elemente können nur in bearbeitbaren Bereichen ❸ eingefügt werden.

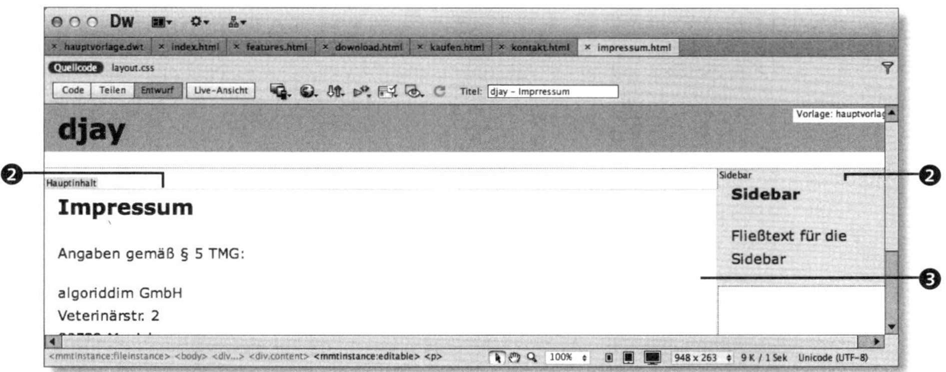

Außerhalb der bearbeitbaren Bereiche, z. B. im Kopfbereich (Header), kann die Einfügemarke nicht platziert werden.

Texte erstellen

Das Erstellen von Texten ist recht einfach und hat große Ähnlichkeit mit dem Arbeiten in gängigen Textverarbeitungen. Der große Unterschied liegt jedoch in der Formatierung. Um z. B. die Schriftart, -farbe und -größe auf einer Webseite festzulegen, müssen sogenannte **CSS-Regeln** erstellt werden (siehe Kapitel 9, »Das Design festlegen«).

Texte können linksbündig, zentriert oder rechtsbündig ausgerichtet werden. Außerdem können Sie Schriftart und -größe festlegen. Jedoch haben Sie bei der Wahl der Schriftart nicht die gleichen Möglichkeiten wie in einer Textverarbeitung. Wenn Sie zum

Beispiel eine spezielle Schriftart verwenden, die die Besucher Ihrer Webseite nicht auf ihrem Rechner installiert haben, kann sie nicht angezeigt werden. Der Browser nimmt dann ersatzweise eine andere Schrift, die jedoch zu anderen Zeilenumbrüchen führen kann und den Text unter Umständen anders als gewünscht darstellt.

Spezielle Schrift notwendig?

Über die Internetdienste »Google web fonts« (*http://www.google.com/webfonts*) oder »Typekit« (*https://typekit.com/*) können Sie Schriften aus einem Katalog auswählen und in Ihre Website integrieren.

Sie sollten nach Möglichkeit immer nur Schriften verwenden, bei denen Sie davon ausgehen können, dass sie bei fast allen Benutzern installiert sind. Dazu gehören unter anderem Arial, Times New Roman, Courier New, Geneva, Verdana und Georgia. Da es aber dennoch vorkommen kann, dass eine Schrift auf dem Rechner eines Besuchers nicht vorhanden ist, gibt man nicht nur eine Schrift an, sondern gleich mehrere. Der Browser versucht dann zunächst, die erste Schrift darzustellen, im Falle des Misserfolgs die zweite usw. Dreamweaver weiß, welche Schriften ähnlich sind, und schreibt die passenden alternativen Schrifttypen gleich mit in das HTML-Tag hinein.

In Dreamweaver werden die Formatierungen im EIGENSCHAFTEN-Bedienfeld im Modus CSS ❶ vorgenommen. Dieser befindet sich unterhalb des Dokumentenfensters. Falls er nicht sichtbar ist, klicken Sie ins Menü FENSTER • EIGENSCHAFTEN.

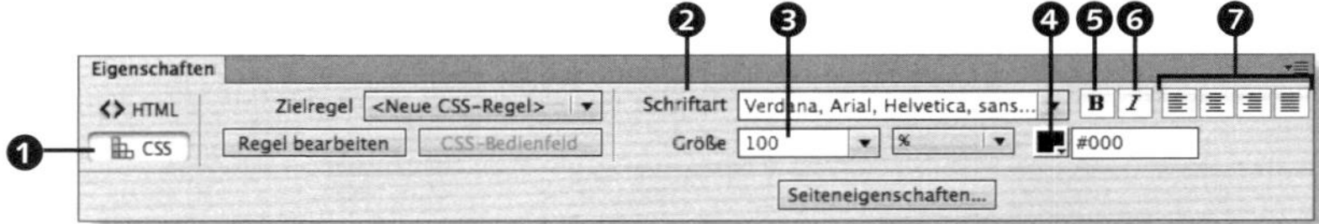

Abbildung 7.6 ► EIGENSCHAFTEN-Bedienfeld für die Einstellung der Schriftformatierungen etc.

- Unter ❷ legen Sie die SCHRIFTART fest, indem Sie in der Liste eine Schrift auswählen.
- In Feld ❸ geben Sie die GRÖSSE der Schrift in Pixeln oder Prozent an.
- Klicken Sie auf das Quadrat ❹, um eine Farbe für den Text festzulegen. Wenn Sie keine Farbe wählen, wird Fließtext automatisch in Schwarz dargestellt bzw. in der Standardfarbe, die Sie unter MODIFIZIEREN • SEITENEIGENSCHAFTEN • ERSCHEINUNGSBILD festgelegt haben.
- Mit den Schaltflächen B (Bold) ❺ und I (Italic) ❻ setzen Sie den Text fett oder kursiv.
- Den Text können Sie linksbündig, zentriert, rechtsbündig oder im Blocksatz ❼ ausrichten.

Wenn Sie im Dokumentenfenster [↵] betätigen, wird immer ein neuer Absatz erstellt. Absätze werden automatisch durch eine Leerzeile voneinander getrennt. Möchten Sie nur einen Zeilenwechsel erzeugen, drücken Sie [⇧]+[↵].

Formatieren mit Stilen

Wenn Sie einem Text eine neue Formatierung – zum Beispiel eine Änderung der Schriftart und -größe – zuweisen, erscheint im EIGENSCHAFTEN-Bedienfeld ein neuer Eintrag im Feld STIL, zum Beispiel STIL2. Wenn Sie eine andere Textstelle genauso formatieren möchten, können Sie den Eintrag einfach im Listenfeld auswählen. Besonders praktisch ist es, wenn Sie den Stil nach der Textgattung benennen, die er formatiert, zum Beispiel `preis` oder `datum`. Ein Stil steht für ein Cascading Stylesheet, das im Quelltext angelegt wird. Mehr dazu lesen Sie in Kapitel 12, »Arbeiten mit CSS«.

Überschriften

In unserer Vorlage haben wir jeweils eine Überschrift für den Hauptbereich und die Sidebar erstellt. Da alle unsere Seiten auf dieser Vorlage basieren, haben wir bereits Überschriften.

Jetzt müssen wir nur noch den Wortlaut der Überschrift auf jeder Seite ändern. Damit die Überschriften auf allen Seiten unserer Website gleich aussehen, haben wir in der Vorlage bereits die Überschriftenformate festgelegt. Achten Sie darauf, dass Sie nur die Texte ändern. Die Überschriftenformate sollten Sie nicht verändern.

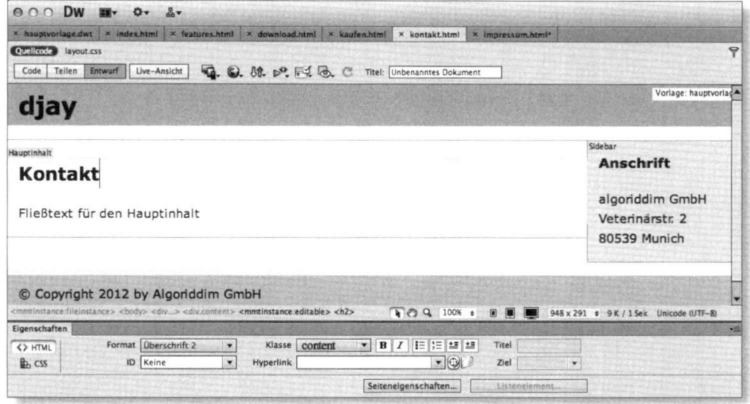

◂ **Abbildung 7.7**
Für alle Überschriften des Hauptbereichs wählen wir das Format ÜBERSCHRIFT 2 aus.

Über Stylesheets können wir anschließend das Aussehen, wie Textgröße, Textfarbe usw., für alle Überschriften einheitlich verändern (siehe dazu Kapitel 12, »Arbeiten mit CSS«).

Listen erstellen

Auf unserer Beispielwebsite sollen auf der Seite »features.html« die wichtigsten Funktionen der Djay-Software aufgelistet werden. Dazu erstellen wir eine Liste.

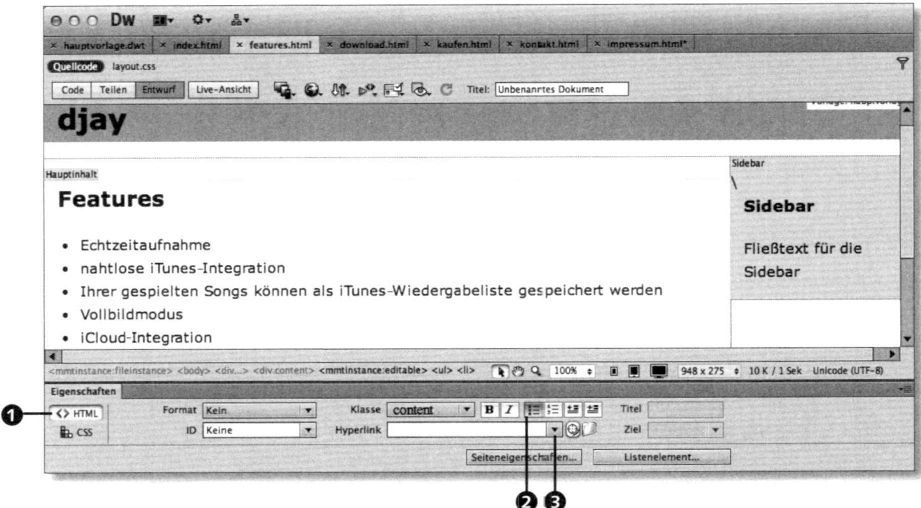

Abbildung 7.8 ▲
Das EIGENSCHAFTEN-Bedienfeld dient bei Textelementen auch zur Einstellung der Listenart.

Die Erstellung von Listen ist ähnlich einfach wie in einem Textverarbeitungsprogramm wie Microsoft Word. Die Einstellungsmöglichkeiten sind jedoch etwas eingeschränkt. Zum Einstellen der Listen muss sich das EIGENSCHAFTEN-Bedienfeld im HTML-Modus ❶ befinden. Es gibt zwei verschiedene Arten von Listen:

- ungeordnete Liste mit Gliederungspunkten ❷
- geordnete Liste mit Aufzählungspunkten ❸

Listenformat änderbar?

Bei geordneten Listen können Sie auch die Art der Nummerierung festlegen und zum Beispiel Buchstaben oder römische Zahlen anzeigen lassen. Bei ungeordneten Listen können Sie sogar Grafiken für die Listenpunkte verwenden. Markieren Sie dazu die Liste im Dokumentenfenster, und wählen Sie TEXT • LISTE • EIGENSCHAFTEN.

Haben Sie im EIGENSCHAFTEN-Bedienfeld eine der beiden Listenarten ausgewählt, können Sie anschließend direkt im Dokumentenfenster ein Listenelement einfügen. Wenn Sie [↵] betätigen, können Sie weitere Listeneinträge eingeben. Um innerhalb eines Listeneintrags in die nächste Zeile zu wechseln, ohne einen neuen Listeneintrag zu erstellen, drücken Sie [⇧]+[↵].

Bilder einfügen

Bilder können in Dreamweaver nicht erstellt werden. Dazu benötigen Sie ein externes Programm, wie zum Beispiel Photoshop oder Fireworks. Falls Sie Dreamweaver CS6 im Paket erworben haben, sind auch Photoshop und Fireworks im Lieferumfang enthalten.

Die Bilder für die Übungswebsite liegen Ihnen bereits fertig bearbeitet vor. Wir werden nun ein Bild auf der Seite »index.html« einsetzen.

Schritt für Schritt
Bilder einfügen

1 Einfügemarke platzieren

Klicken Sie mit der Maus auf die Stelle, an der Sie die Grafik einfügen möchten (z. B. im Hauptbereich der Datei »index.html«). Entfernen Sie den kompletten Text bis auf die Überschrift, indem Sie ihn mit der Maus markieren und [Entf] drücken. Wählen Sie im Menü EINFÜGEN • BILD.

2 Bilddatei auswählen

Suchen Sie die gewünschte Bilddatei aus. Es spielt dabei keine Rolle, in welchem Verzeichnis sie sich befindet. Dreamweaver kopiert die Bilddatei automatisch in das Verzeichnis IMAGES innerhalb Ihres Site-Ordners (lokaler Site-Ordner). In unserem Übungsbeispiel wählen wir die Datei »djay-mac.png« aus. Klicken Sie auf AUSWÄHLEN, um das Bild in die Webseite einzufügen.

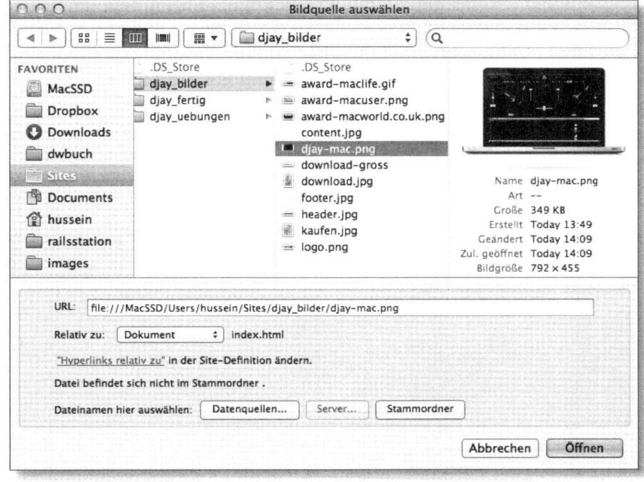

◄ **Abbildung 7.9**
Wählen Sie das Bild DJAY-MAC.PNG.

3 Alternativtext für das Bild eingeben

Für Suchmaschinen ist es sehr hilfreich, wenn den Grafiken ein Text zugeordnet wird, der das Bild kurz beschreibt. Nach der Auswahl der Datei öffnet sich ein Fenster, in dem Sie den sogenannten ALTERNATIVTEXT eingeben können. Dieser Text wird unter anderem von Vorleseprogrammen für sehbeeinträchtigte Nutzer verwendet.

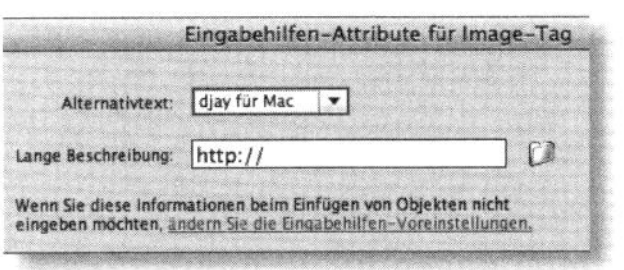

▲ **Abbildung 7.10**
Geben Sie einen Alternativtext ein.

4 Bild verkleinern

Mit Hilfe des Anfassers rechts unten ❶ am Bild können Sie das Bild verkleinern. Wenn Sie zusätzlich die Taste [⇧] drücken, werden die Proportionen des Bildes beibehalten.

Abbildung 7.11 ▼
So ändern Sie die Größe des Bildes.

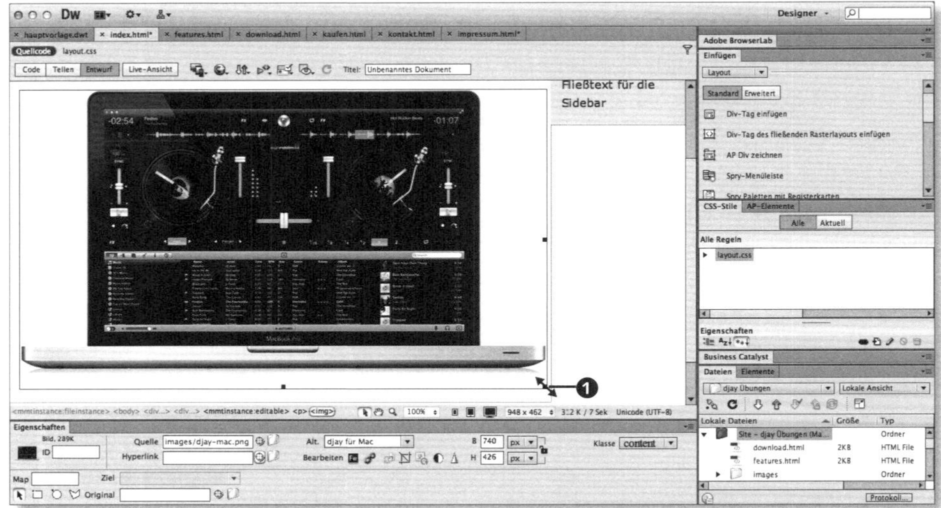

5 Bild neu auflösen

Klicken Sie anschließend auf die Schaltfläche Neu auflösen ❷, damit die Bilddatei mit der neuen Größe gespeichert wird.

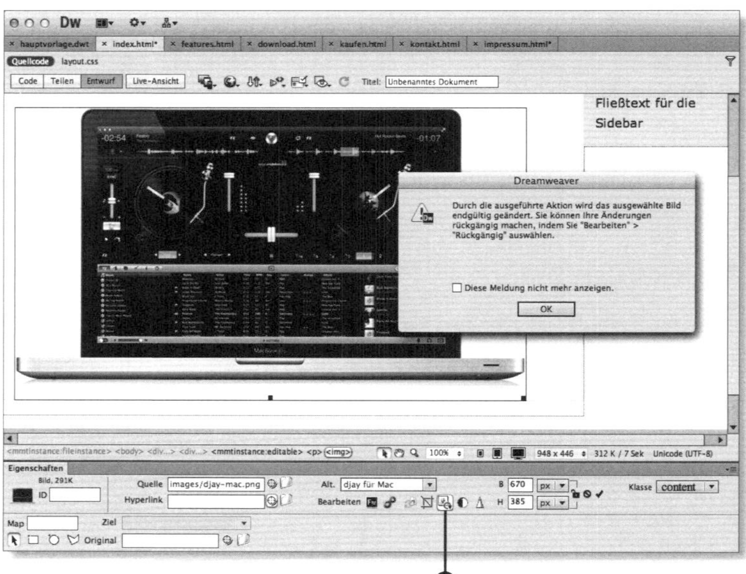

Abbildung 7.12 ▶
Wichtig ist, dass Sie die Auflösung neu erstellen lassen.

Da Sie das Bild neu auflösen, weist Sie Dreamweaver darauf hin, dass das Bild geändert wird. Akzeptieren Sie das Dialogfenster durch einen Klick auf OK.

6 Weitere Bilder einfügen

Zur Übung können Sie im rechten Seitenbereich die Bilder »download.jpg« und »kaufen.jpg« einfügen. Entfernen Sie dazu zunächst wieder den Text, und wählen Sie erneut EINFÜGEN • BILD. Um das zweite Bild einzufügen, platzieren Sie die Einfügemarke hinter dem ersten Bild und drücken [↵]. In der neuen Zeile gehen Sie dann wie gewohnt vor.

Das Ergebnis könnte wie in Abbildung 7.13 aussehen.

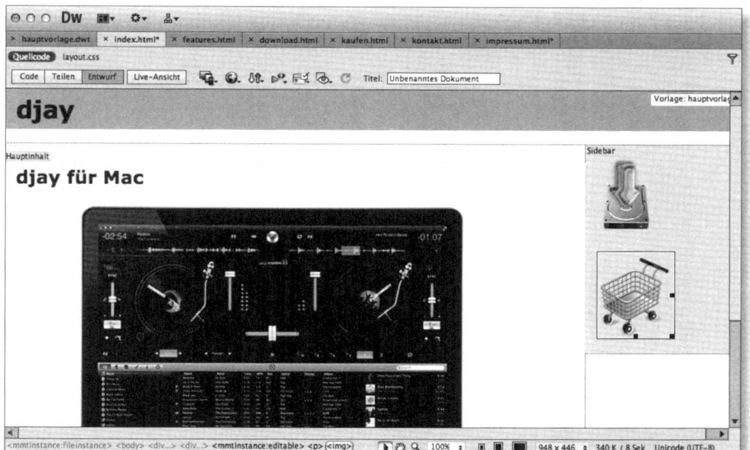

◄ **Abbildung 7.13**
Weitere Grafiken in der Sidebar für unsere Beispielwebsite

Sie können Bilder in Dreamweaver auch nachbearbeiten. Mehr darüber erfahren Sie in Kapitel 13, »Bilder einfügen«.

Tabellen erstellen

Die Tabellenerstellung gehört zu den komplexeren Funktionen von Dreamweaver. Wir werden hier nur eine ganz einfache Tabelle anlegen. Mehr zu diesem Thema lesen Sie in Kapitel 14, »Tabellen erstellen«.

In unserem Übungsprojekt benötigen wir eine Tabelle für die Webseite »kaufen.html«.

Schritt für Schritt
Tabelle erstellen

1 Einfügemarke platzieren

Klicken Sie mit der Maus an die Stelle, an der Sie die Tabelle einfügen möchten. Beachten Sie, dass Sie sich dabei innerhalb des bearbeitbaren Bereichs befinden müssen. Ersetzen Sie den Platzhaltertext durch die Überschrift »Kaufen«.

2 Tabelle einfügen

Wählen Sie EINFÜGEN • TABELLE. Es öffnet sich ein Dialogfenster, in dem Sie die Eigenschaften der neuen Tabelle einstellen können.

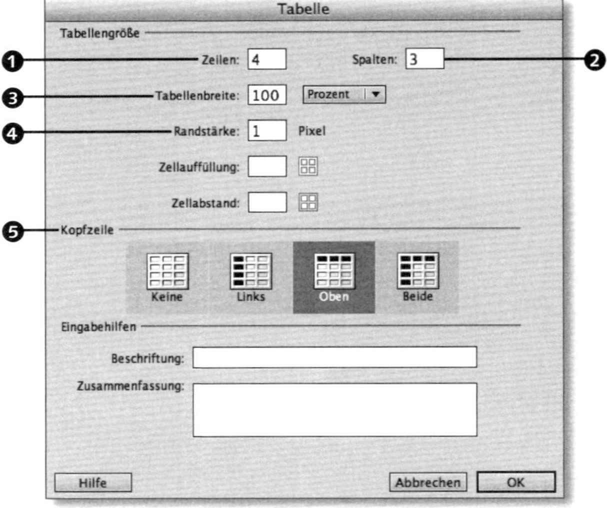

Abbildung 7.14 ▸
Der Dialog TABELLE

Geben Sie die Anzahl der ZEILEN ❶ und SPALTEN ❷ wie in der Abbildung gezeigt an. Sie können später noch weitere Zeilen und Spalten hinzufügen oder sie wieder löschen.

Die TABELLENBREITE ❸ können Sie sowohl in Pixeln als auch in Prozent angeben. Wenn Sie eine exakte Tabellenbreite benötigen, wählen Sie PIXEL. Falls sich die Tabelle an die Größe ihrer Umgebung anpassen soll, wählen Sie PROZENT. Bei 100% füllt die Tabelle die maximal mögliche Breite aus, in unserem Beispiel also 100% des Hauptinhalts. Falls Sie unsicher sind, welche Größe Sie einstellen sollen, wählen Sie einfach 100%. Sie können das später auch noch im EIGENSCHAFTEN-Bedienfeld ändern.

Unter RANDSTÄRKE ❹ geben Sie die Liniendicke der Ränder an. Diese Einstellung bezieht sich nicht nur auf den äußeren Rand der Tabelle, sondern auch auf alle inneren Ränder. Wählen Sie unter KOPFZEILE ❺ aus, an welcher Stelle die Überschriften positioniert werden sollen. Klicken Sie auf die Schaltfläche OBEN, wenn die Überschriften in der obersten Zeile der Tabelle stehen sollen. Wenn Sie dann einen Text in der obersten Zeile einfügen, wird dieser automatisch fett und zentriert formatiert.

Weitere Einstellungen sind für einfache Tabellen nicht unbedingt notwendig. Die Tabelle wird mit einem Klick auf OK erstellt und im Dokumentenfenster angezeigt.

3 Inhalte einfügen

Schreiben Sie den Text in die Kopf- und normalen Tabellenzellen. Dazu klicken Sie einfach mit der Maus in die gewünschte Tabellenzelle. Dreamweaver passt die Breite automatisch an den Inhalt an. Sie können auch Grafik- und andere Multimedia-Elemente einfügen. Sogar verschachtelte Tabellen finden in einer solchen Tabellenzelle Platz. Wenden Sie diese Methode aber nur für komplexe Layouts an.

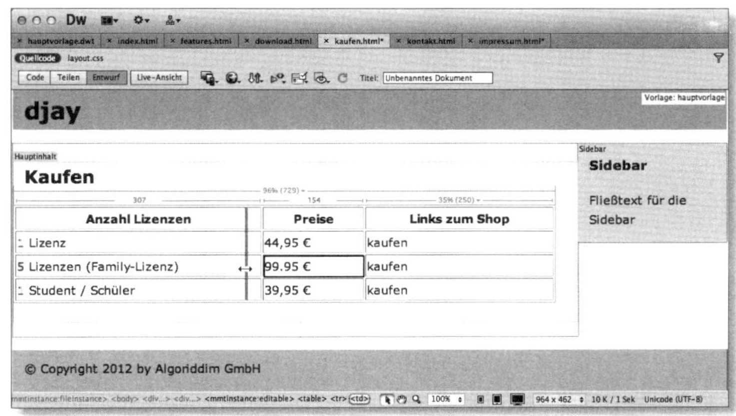

◄ **Abbildung 7.15**
Befüllen Sie die Tabelle.

4 Spaltenbreiten verändern

Sie können die Spaltenbreiten verändern, indem Sie auf eine vertikale Linie der Tabelle klicken und diese entweder nach links oder nach rechts verschieben. Wie Sie die Tabelle weiter gestalten und zum Beispiel mit einer Hintergrundfarbe versehen, erfahren Sie in Kapitel 14, »Tabellen erstellen«.

Um eine neue Zeile am Ende der Tabelle einzufügen, platzieren Sie die Einfügemarke in der letzten Tabellenzelle unten rechts und drücken [Tab].

Um eine Zeile oder Spalte an einer beliebigen Stelle einzufügen, setzen Sie die Einfügemarke an die entsprechende Stelle und wählen mit der rechten Maustaste bzw. beim Mac mit der Maustaste+[Strg] im Kontextmenü TABELLE und ZELLE EINFÜGEN oder SPALTE EINFÜGEN aus.

Wir haben in diesem Kapitel mehrere Webseiten aus unserer Vorlage erstellt und darin Texte, Bilder und eine einfache Tabelle untergebracht. Im nächsten Kapitel werden wir eine Navigation für unsere Website erstellen.

Kapitel 8

Erstellen einer Navigation

So bekommt Ihre Webseite ein interaktives Menü

- Was ist eine Spry-Menüleiste?
- Wie erstelle ich eine Fußzeilennavigation?
- Wie verlinke ich die Navigation?
- Wie speichere und übertrage ich eine Vorlage?

8 Erstellen einer Navigation

Damit sich die Besucher auf einer Website zurechtfinden, ist eine leicht bedienbare Navigation besonders wichtig. In diesem Kapitel zeigen wir, wie Sie Menüs erstellen und die einzelnen Menüpunkte mit anderen Seiten verlinken.

In den vorherigen Kapiteln haben wir bereits eine Vorlage und basierend auf dieser Vorlage mehrere Seiten erstellt. Wir werden in diesem Kapitel der Vorlage eine Navigation hinzufügen.

Eine Website hat in der Regel mehr als nur eine Navigation. Wir werden eine Navigation im Kopfbereich ❶ der Website platzieren. Dort werden wir die wichtigsten Menüpunkte hinzufügen. Außerdem werden wir in der Fußzeile ❷ eine kleine Navigation mit einfachen Textlinks erstellen, in der wir zum Beispiel einen Link zum Impressum unterbringen. Das Impressum muss nämlich auf einer Website immer angegeben werden, jedoch nicht unbedingt in der Hauptnavigation erscheinen. Das gilt zum Beispiel auch für die AGBs.

Lokale Navigationen
Im rechten oder im linken Bereich der Website können Sie auch lokale Navigationen hinzufügen, die nur in bestimmten Situationen eingeblendet werden. Wenn zum Beispiel der Kunde in der Hauptnavigation den Menüpunkt PRODUKTE gewählt hat, könnten in der lokalen Navigation Produktkategorien angezeigt werden.

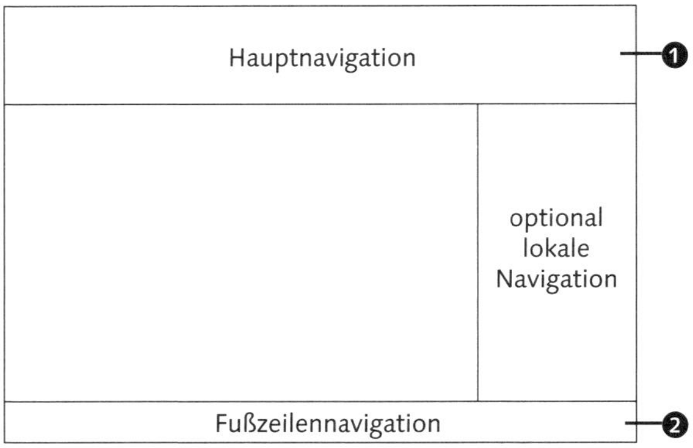

Hauptnavigation ❶

optional lokale Navigation

Fußzeilennavigation ❷

Abbildung 8.1 ▸
Verschiedene Bereiche für Navigationen

8.1 Hauptnavigation

Für die Erstellung der Hauptnavigation im Kopfbereich der Website setzen wir die Funktion SPRY-MENÜLEISTE ein. Mit dieser

Funktion können Sie sehr schnell eine vertikale oder horizontale Navigation mit aufklappbaren Untermenüpunkten anlegen. Dazu generiert Dreamweaver automatisch den benötigten HTML-, CSS- und JavaScript-Code.

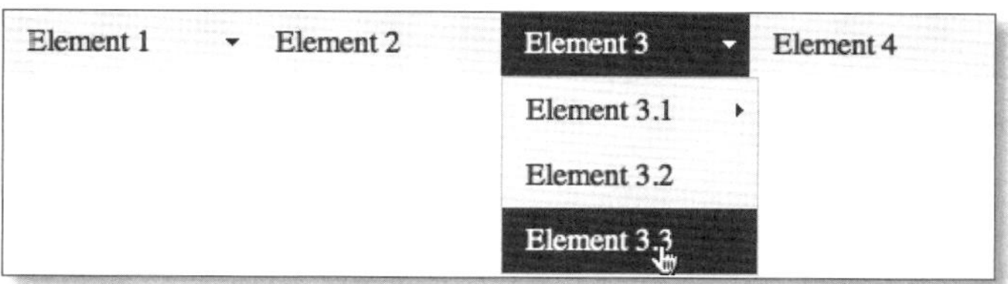

◀ **Abbildung 8.2**
Mit der Spry-Menüleiste können verschachtelte Menüs generiert werden.

Für unsere Beispielwebsite benötigen wir zwar keine Untermenüs und könnten auch ohne Spry-Menüleiste recht leicht eine Navigation erstellen. Wir werden dennoch auf die Funktion zurückgreifen, da sie uns Arbeit abnimmt und den entsprechenden HTML- und CSS-Code automatisch erstellt.

Schritt für Schritt
Spry-Menüleiste in Vorlage einfügen

1 Vorlage öffnen

Öffnen Sie zunächst die einzige Vorlage unserer Beispielwebsite, indem Sie im Fenster Dateien auf die Datei hauptvorlage.dwt im Ordner Templates doppelklicken.

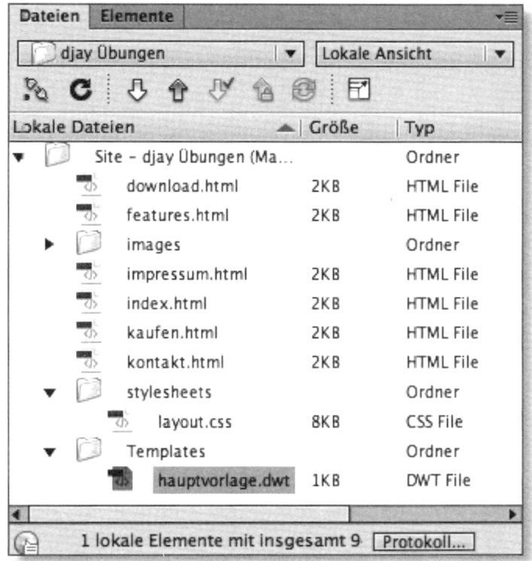

◀ **Abbildung 8.3**
Diese Datei enthält unsere Hauptvorlage.

2 Einfügemarke platzieren

Die Navigation werden wir direkt unter der Überschrift »djay« platzieren. Positionieren Sie dazu die Einfügemarke am Ende der Überschrift.

Abbildung 8.4 ▼
Klicken Sie an das Ende der Überschrift.

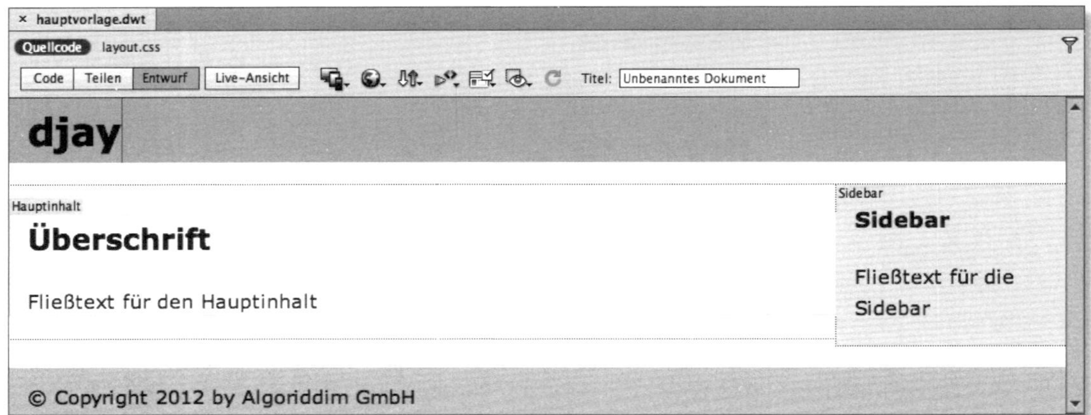

3 Spry-Menüleiste einfügen

Wählen Sie Einfügen • Spry • Spry-Menüleiste, um die Navigation einzufügen. Alternativ können Sie auch im Einfügen-Bedienfeld auf den Reiter Spry ❶ und dann auf das Symbol Spry-Menüleiste ❷ klicken.

Abbildung 8.5 ▶
Das Spry-Dropdown-Menü

4 Horizontale Menüleiste wählen

Es öffnet sich automatisch ein Dialogfenster, in dem Sie ein horizontales oder vertikales Menü auswählen können. Wählen Sie für unser Beispiel das horizontale Menü, und klicken Sie auf OK.

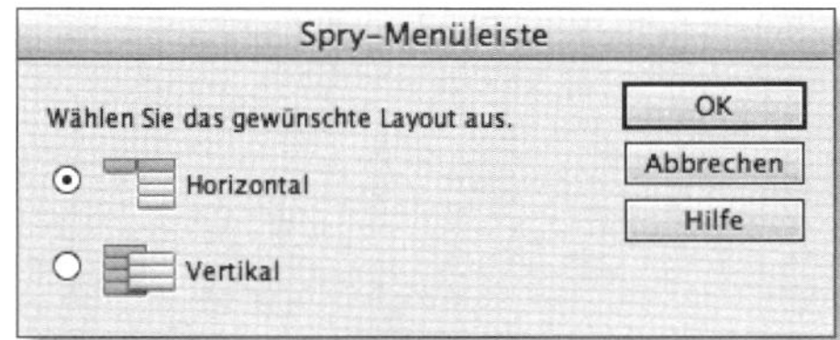

◂ **Abbildung 8.6**
Wählen Sie das horizontale Menü.

Die Menüleiste wurde nun mit einigen Beispiel-Menüeinträgen im Kopfbereich der Vorlage eingefügt.

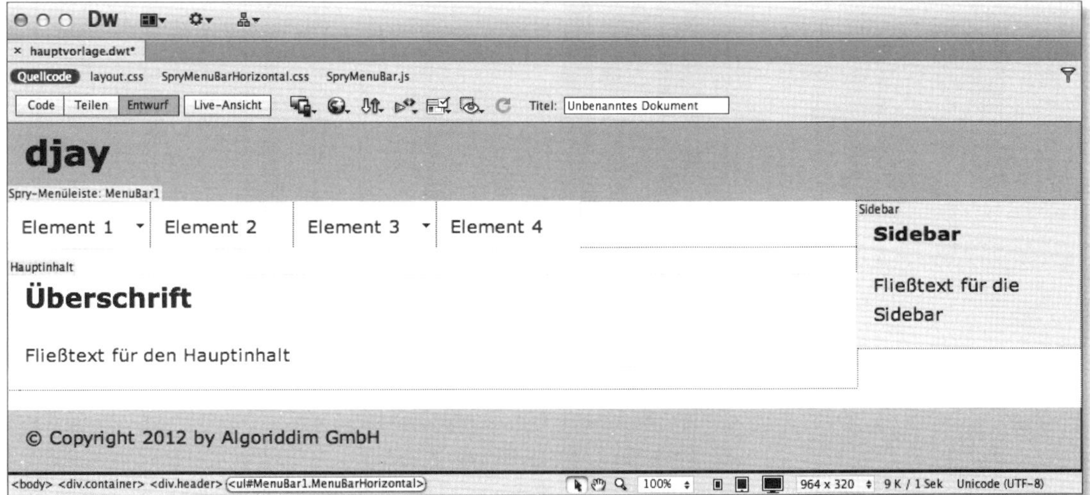

▴ **Abbildung 8.7**
Nach dem Einfügen der Spry-Menüleiste wurden bereits einige Menüeinträge erstellt.

Menüeinträge bearbeiten

Wir werden nun die Menüeinträge bearbeiten, indem wir alle Untermenüs entfernen, die Beschriftungen anpassen und anschließend mit den entsprechenden Seiten verlinken.

Schritt für Schritt
Ändern der Menüeinträge

1 Eigenschaften-Bedienfeld für Spry-Menüleiste einblenden

Klicken Sie zunächst auf die Beschriftung Spry-Menüleiste: MenuBar1 ❶. Im Eigenschaften-Bedienfeld ❷ nehmen Sie dann die Spry-Einstellungen vor (siehe Abbildung 8.8).

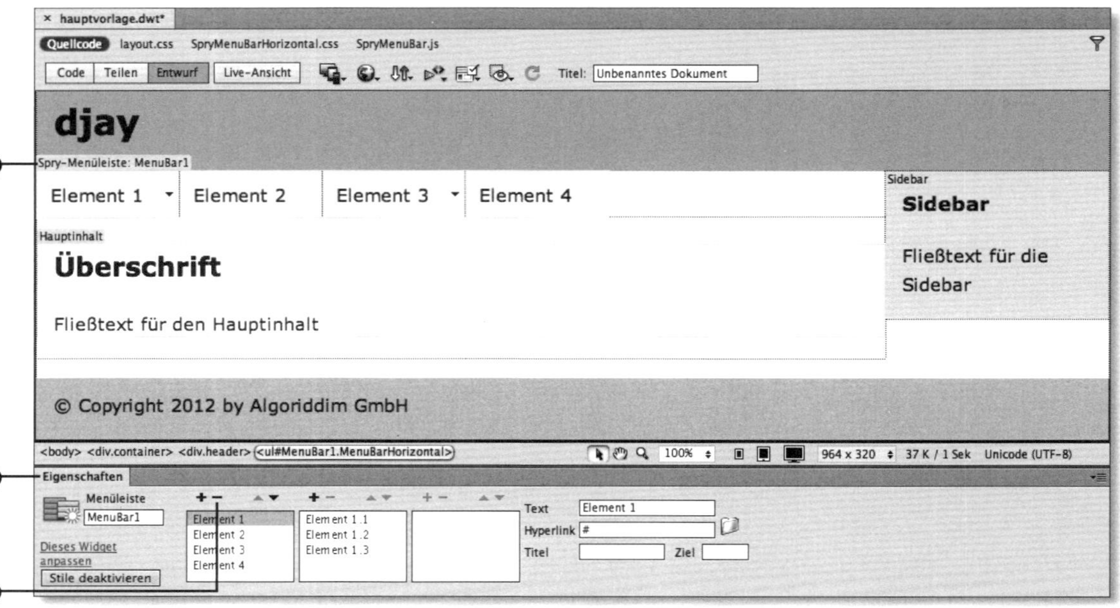

▲ **Abbildung 8.8**
Der Spry-Eigenschafteninspektor

2 Vorhandene Elemente löschen

Löschen Sie alle vorhandenen Menüelemente, indem Sie zunächst im EIGENSCHAFTEN-Bedienfeld auf ELEMENT 1 und dann auf das Minuszeichen ❸ oberhalb klicken. Es öffnet sich ein Dialogfenster, das Sie darauf hinweist, dass auch die Untermenüs gelöscht werden. Bestätigen Sie durch einen Klick auf OK.

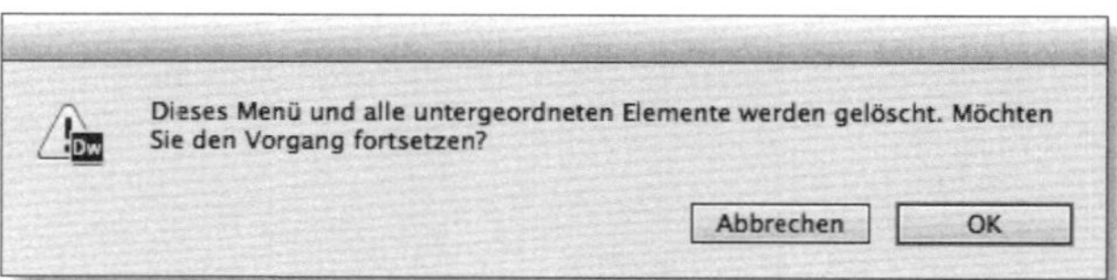

▲ **Abbildung 8.9**
Bestätigen Sie den Dialog.

Löschen Sie auf diese Weise auch die restlichen Elemente bis auf das letzte. Das letzte Element lässt sich nicht entfernen, da immer mindestens ein Menüelement vorhanden sein muss.

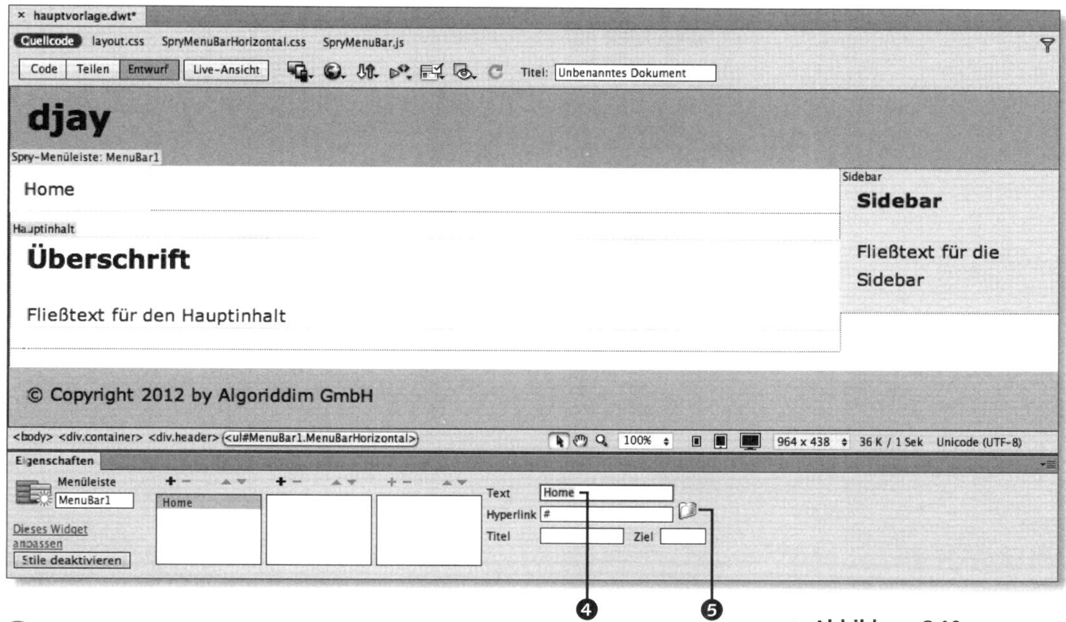

▲ **Abbildung 8.10**
Lassen Sie nur das letzte Element stehen.

3 Beschriftung ändern

Legen Sie die Bezeichnung für das erste Menüelement fest, indem Sie in das Feld TEXT ❹ »Home« eingeben und mit [↵] bestätigen. Dreamweaver übernimmt den Text automatisch in das Dokumentenfenster als Beschriftung für den Menüeintrag.

4 Hyperlink festlegen

Klicken Sie auf das Ordnersymbol ❺ hinter dem Feld HYPERLINK, und wählen Sie im Fenster die Seite INDEX.HTML aus, um das Menüelement zu verlinken.

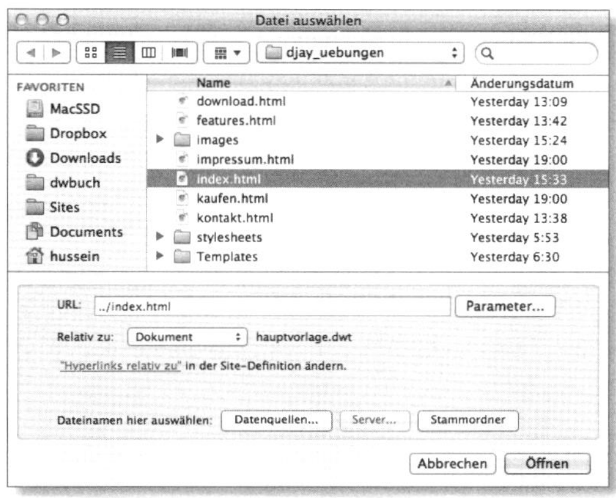

◀ **Abbildung 8.11**
Wählen Sie die zu verlinkende Datei.

5 Weitere Menüelemente anlegen

Klicken Sie auf das Pluszeichen ❻ im EIGENSCHAFTEN-Bedienfeld, und wiederholen Sie die letzten beiden Schritte. Legen Sie für unser Beispiel die Elemente FEATURES, DOWNLOAD, KAUFEN und KONTAKT zusätzlich zu HOME an, und verlinken Sie sie mit den entsprechenden Seiten.

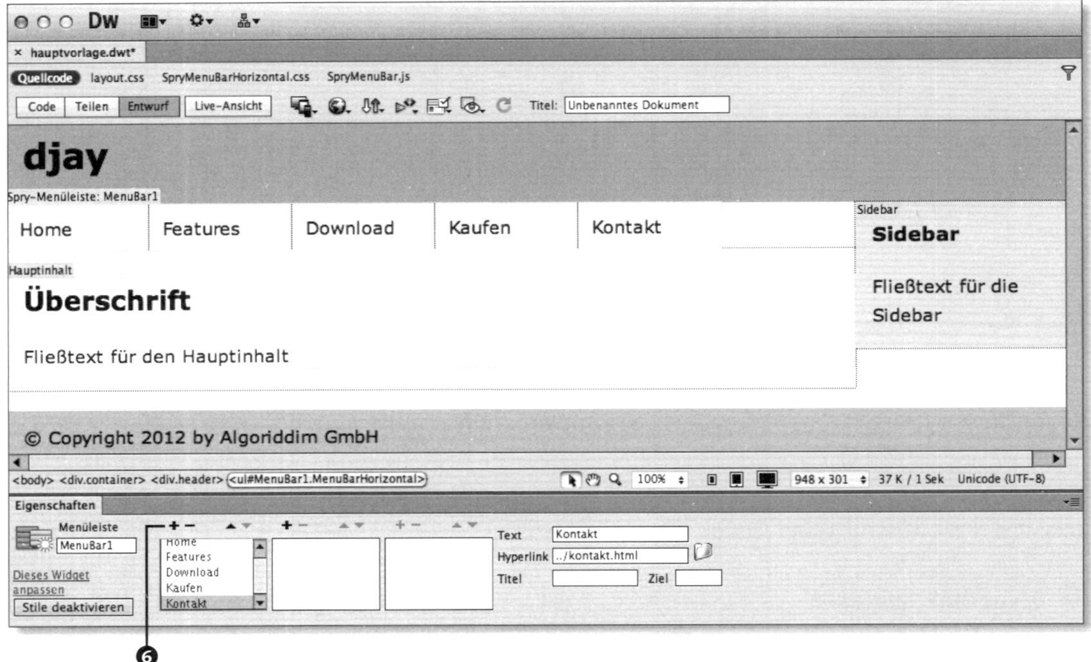

▼ **Abbildung 8.12**
Die fertigen Menüelemente

8.2 Fußzeilennavigation

Im Fußbereich der Website fügen wir Links zum Impressum und zu den Kontaktdaten hinzu. Auch wenn wir den Link zur KONTAKT-Seite bereits in der Hauptnavigation eingefügt haben, ist es üblich, diesen Link ein zweites Mal in der Fußzeile zu platzieren. Falls Sie eine AGB-Seite haben, können Sie hier ebenfalls einen entsprechenden Link setzen.

Zusätzlich zu den Links wird in der Regel auch die Copyright-Information im Fußbereich der Website platziert.

Schritt für Schritt
Links im Fußbereich hinzufügen

1 Einfügemarke im Fußbereich platzieren

Setzen Sie die Einfügemarke in den Fußbereich der Vorlage, und löschen Sie den dort vorhandenen Text.

2 Copyright-Information

Ergänzen Sie die Fußzeile wie folgt: »© 2012 by Algoriddim GmbH • Impressum • Kontakt«.

Das Copyright-Symbol © können Sie in Dreamweaver einfach einfügen, indem Sie EINFÜGEN • HTML • SONDERZEICHEN • COPYRIGHT im Menü auswählen. Um den Punkt hinzuzufügen, wählen Sie EINFÜGEN • HTML • SONDERZEICHEN • WEITERE und klicken dann auf das gewünschte Zeichen.

▲ **Abbildung 8.13**
Die Fußzeile

3 Links hinzufügen

Um das Impressum und den Kontakt mit den entsprechenden Seiten zu verknüpfen, markieren Sie zunächst das Wort IMPRESSUM ❶ (Abbildung 8.14). Klicken Sie anschließend im EIGENSCHAFTEN-Bedienfeld auf das Ordnersymbol ❷ hinter dem Feld HYPERLINK.

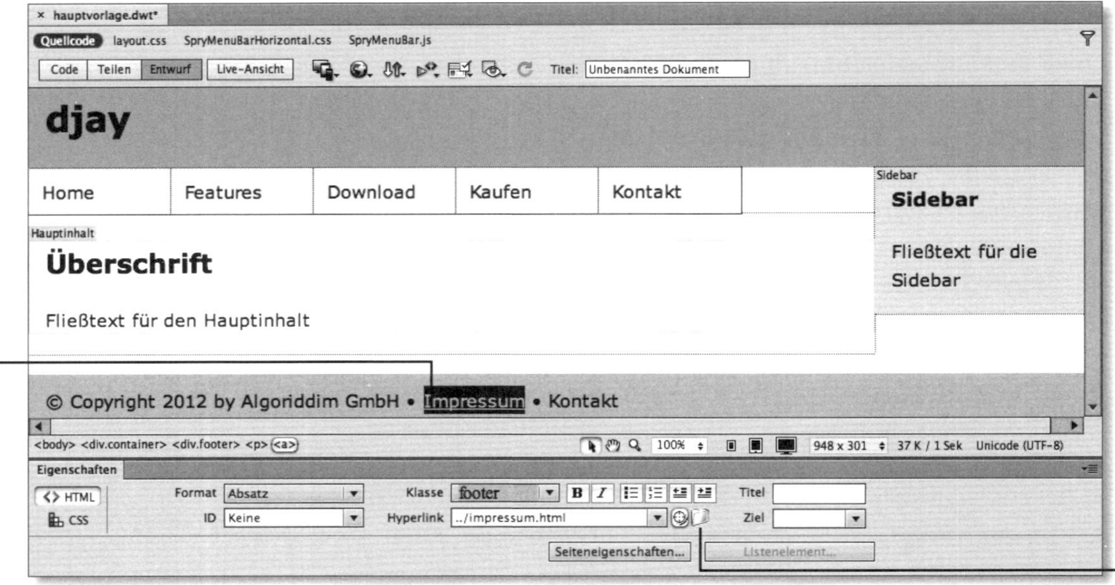

▲ **Abbildung 8.14**
Der Link zum Impressum

Es öffnet sich ein Dialogfenster, in dem Sie die Datei auswählen, zu der Sie verlinken möchten. Wählen Sie in diesem Beispiel die Datei »impressum.html« aus. Verfahren Sie auf die gleiche Weise mit dem Kontakt.

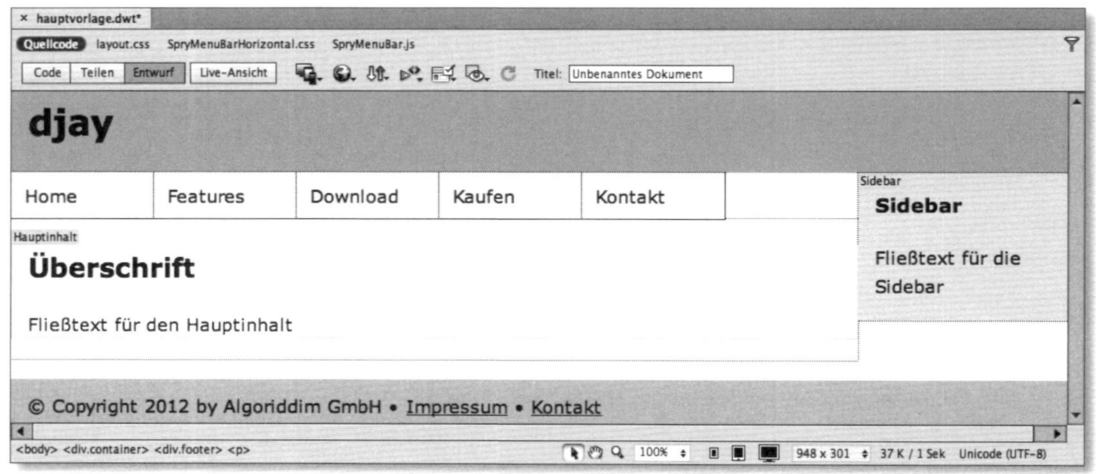

▲ **Abbildung 8.15**
Vorlage mit Haupt- und Fußzeilennavigation

8.3 Vorlage speichern und auf Seiten anwenden

Nachdem wir nun unsere Menüelemente angelegt haben, können wir die Vorlage speichern. Dabei werden die Änderungen auf jede bereits erstellte Webseite übertragen. Und genau hier liegt der Vorteil von Vorlagen: Sie brauchen gemeinsame Elemente, wie zum Beispiel die Navigation, nur in der Vorlage einzufügen oder anzupassen, und den Rest erledigt Dreamweaver für Sie.

Schritt für Schritt
Vorlage speichern

1 Abhängige Spry-Dateien speichern

Speichern Sie die Vorlage durch Klicken auf DATEI • SPEICHERN. Daraufhin öffnet sich ein Dialogfenster, das die Dateien auflistet, die für die Spry-Menüleiste erforderlich sind. Diese werden durch einen Klick auf OK automatisch in Ihre Website kopiert.

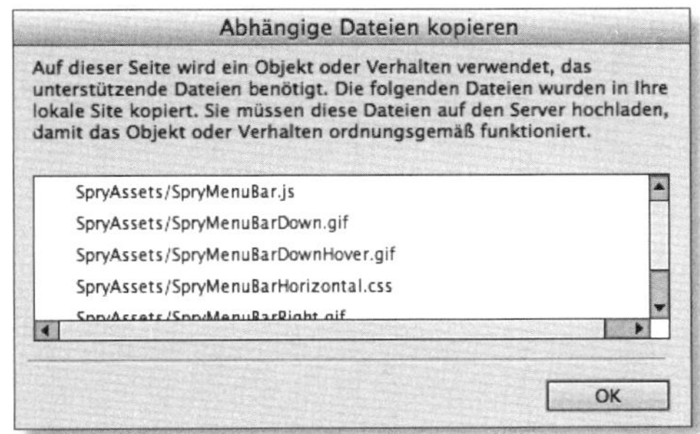

Abbildung 8.16 ▸
Die abhängigen Spry-Dateien werden gespeichert.

2 Aktualisieren

Im nächsten Dialogfenster wird eine Liste der Webseiten angezeigt, die auf der Vorlage basieren. Durch einen Klick auf AKTUALISIEREN werden die Änderungen auf alle Seiten übertragen.

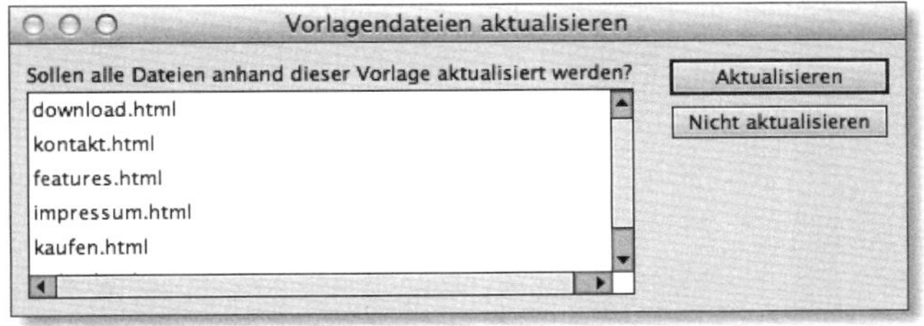

◂ **Abbildung 8.17**
Vorlagendateien aktualisieren

Anschließend öffnet sich ein drittes Dialogfenster, das den Status der Aktualisierung anzeigt. Wenn diese abgeschlossen ist (bei unserer kleinen Site dauert das nur wenige Sekunden), klicken Sie einfach auf SCHLIESSEN.

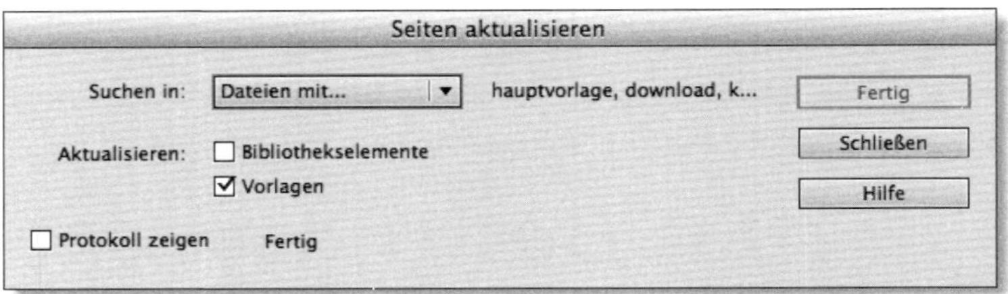

Abbildung 8.18 ▸
Seiten aktualisieren

Wenn Sie jetzt zum Beispiel die Datei »index.html« öffnen, werden Sie feststellen, dass die Seite die beiden Navigationen enthält.

Im nächsten Kapitel werden wir die Website weiter gestalten, indem wir CSS-Stile bearbeiten und anwenden.

Kapitel 9

Das Design festlegen

So gestalten Sie Ihre Website mit CSS

- Wie erstelle ich ein Layout für die gesamte Website?
- Wie lege ich bestimmte Bereiche fest?
- Wie gestalte ich eine Navigation?
- Wie erstelle ich eigene CSS-Regeln?

9 Das Design festlegen

In diesem Kapitel lernen Sie, wie Sie Ihrer Website ein eigenes Aussehen geben und die einzelnen Bereiche gestalten und korrekt positionieren. Hierfür setzen wir verschiedene Grafik-Segmente und die CSS-Technologie ein.

9.1 Erstellen von Grafik-Segmenten

In Kapitel 6, »Eine Vorlage anlegen«, habe ich bereits das Design für unsere Beispielwebsite vorgestellt. Ihre Entwürfe können Sie entweder in Photoshop oder in Fireworks erstellen. Wir können die Grafiken als Ganzes jedoch in Dreamweaver nicht gebrauchen, sondern benötigen einzelne Bilder, wie zum Beispiel eins für den Kopfbereich der Website. Grafikprogramme stellen für diesen Zweck Funktionen zur Verfügung, die Bereiche als sogenannte **Slices** oder **Segmente** markieren, die dann als einzelne Bilder exportiert werden können.

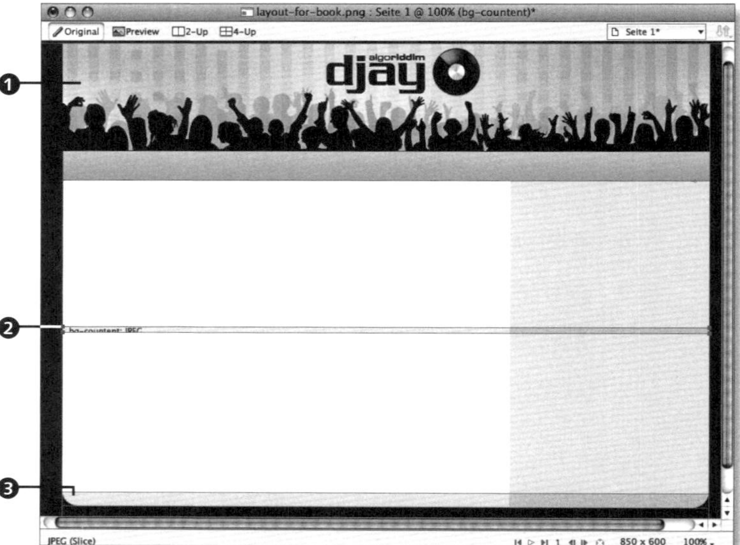

Abbildung 9.1 ▸ Segmente werden in Fireworks durch grüne Bereiche (im Kopf-, Inhalts- und Fußbereich) hervorgehoben.

Für unsere Beispielwebsite benötigen wir die folgenden Grafik-Segmente:

- Kopf-Segment ❶ mit Logo (Datei »header.jpg«)
- Inhalts-Segment ❷ (Datei »content.jpg«)
- Fußbereich-Segment ❸ für den Abschluss (Datei »footer.jpg«)

Auf der Website zum Buch befinden sich sowohl die Fireworks-Datei als auch die einzelnen exportierten Grafik-Segmente.

Das Kopf-Segment

Da das Kopf-Segment als Grafik exportiert wurde, haben wir die Möglichkeit, beliebige Schriftarten einzusetzen, und sind nicht auf die Standardschriftarten wie Arial oder Helvetica beschränkt. Grafiken als Ersatz für Schrift eignen sich daher sehr gut für Logos und Slogans, die in einer besonderen Schriftart gesetzt werden sollen. Im Kopf-Segment eingeschlossen ist auch der Menübereich ❹, da dieser Bereich einen leichten Verlauf enthält. Wäre er einfarbig, müsste der Menübereich nicht in der Grafik eingeschlossen werden.

◂ **Abbildung 9.2**
Die Datei »header.jpg« inklusive Menübereich

Das Inhalts-Segment

Das Inhalts-Segment stellt einen besonderen Fall dar. Zwei Fragen drängen sich nämlich auf:

1. Benötigen wir überhaupt ein Grafik-Segment für den Inhaltsbereich?
2. Wenn ja, warum weist das Grafik-Segment eine so geringe Höhe auf?

Die erste Frage ist leicht beantwortet: Zum einen enthält das Design links und rechts an der Seite einen Schlagschatten, und zum anderen ist der Inhaltsbereich farbig in zwei Teile aufgeteilt. Solche komplexen Hintergründe lassen sich allein mit HTML und

CSS nicht so einfach umsetzen, weshalb wir hier auf eine Grafik zurückgreifen.

Auch die zweite Frage ist schnell geklärt: Da der Inhaltsbereich auf jeder Seite anders ist, muss er seine Größe dynamisch ändern können – abhängig von der Menge des Inhalts auf der jeweiligen Seite. Dies erreichen Sie leicht, indem Sie ein schmales Grafik-Segment erstellen und anschließend im CSS-Stylesheet einstellen, dass diese Grafik vertikal gekachelt werden soll. Diese Kachelung bewirkt, dass unsere Hintergrundgrafik für den Inhaltsbereich wiederholt wird, bis der komplette Bereich mit ihr gefüllt ist.

Abbildung 9.3 ▼
Das Grafik-Segment »content.jpg« in vergrößerter (und verzerrter) Darstellung

Das Fuß-Segment

Das Fuß-Segment wird benötigt, da unser Design mit runden Ecken abschließt und ebenfalls einen Schlagschatten enthält. Den Copyright-Hinweis nehmen wir nicht in das Grafik-Segment auf, sondern fügen ihn als reinen Text in das Dokument ein.

Abbildung 9.4 ▼
Das Fuß-Segment »footer.jpg« mit runden Ecken und Schlagschatten

9.2 Aufbau von CSS-Dateien

Anders als in einem Layout- oder Grafikprogramm werden wir die Grafik-Segmente nicht mit der Maus an der richtigen Stelle positionieren. Prinzipiell wäre das zwar möglich, jedoch wollen wir uns an die modernen HTML- und CSS-Standards halten, und dort bedient man sich einer anderen Methode: Möchten Sie also CSS-Standards einsetzen, wird der Inhalt einer Webseite von ihrem Design getrennt. Konkret bedeutet dies, dass sich der strukturierte Inhalt in einer HTML-Datei befindet und das Design in einer CSS-Datei festgelegt wird.

Wir haben bereits mehrere HTML-Dateien (»index.html«, »kontakt.html« etc.) basierend auf einer Vorlage erstellt. Wenn Sie einmal im Dateien-Fenster Ihrer Site in die Ordnern stylesheets und SpryAssets nachschauen, werden Sie feststellen, dass außerdem schon zwei CSS-Dateien vorhanden sind:

- Die Datei »layout.css« wurde von Dreamweaver automatisch unserem Projekt hinzugefügt, weil wir eine CSS-Layoutvorlage als Basis für unsere Beispielwebsite verwendet haben. In dieser Datei wird das Aussehen der Website festgelegt.
- Die zweite Datei, »SpryMenueBarHorizontal.css«, wurde von Dreamweaver automatisch erstellt, als wir das horizontale Menü hinzugefügt hatten. In dieser CSS-Datei können Sie Designeinstellungen für die Navigation treffen, um zum Beispiel die Schriftart zu ändern.

Die CSS-Dateien gelten in der Regel für alle HTML-Dateien. Das heißt, das Design wird an zentraler Stelle festgelegt und kann von dort auch zentral verwaltet und angepasst werden. Das Diagramm in Abbildung 9.5 zeigt diesen Zusammenhang schematisch.

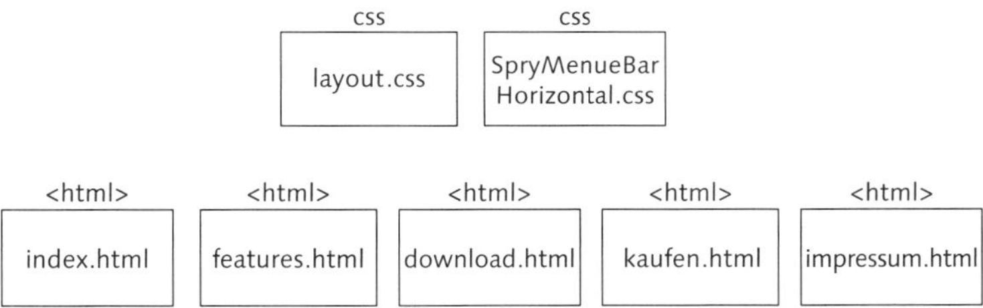

◂ **Abbildung 9.5**
Alle HTML-Dateien verwenden die beiden CSS-Dateien.

Wir wenden uns zunächst der CSS-Datei »layout.css« zu. Darin wird für jeden Bereich der Website (zum Beispiel für den Kopfbereich) das Design gesondert festgelegt. In den HTML-Dokumenten sind diese Bereiche dann durch Tags oder spezielle Markierungen – sogenannte **ID-** und **Klassenattribute** – gekennzeichnet. Wenn wir nun in der CSS-Datei das Design für den Fußbereich festlegen wollen, müssen wir wissen, dass dieser Bereich mit `.footer` gekennzeichnet ist. Diese Elemente werden **Selektoren** genannt.

Eine CSS-Datei besteht somit aus vielen CSS-Regeln, die auch **CSS-Stile** genannt werden. Eine CSS-Regel besteht dabei immer aus zwei Teilen:

- einem Selektor, der angibt, auf welchen Bereich sich die CSS-Regel bezieht (z. B. `.footer`)
- Eigenschaften, die Abstände, Farben, Textgrößen etc. festlegen

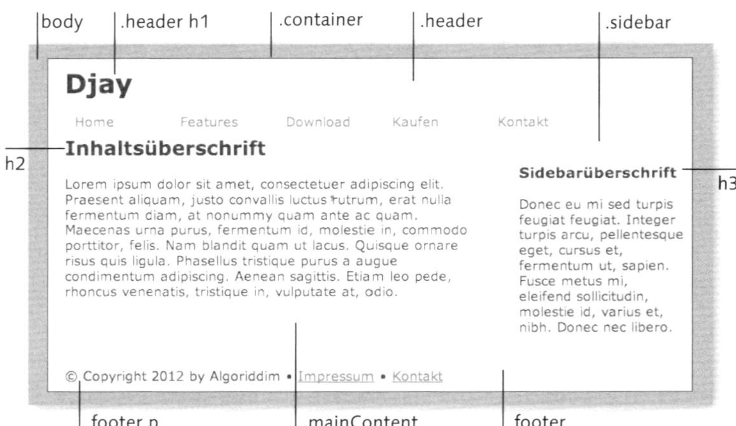

Abbildung 9.6 ▶
Selektoren unserer Layoutseite

Die von Dreamweaver angelegte Datei enthält bereits eine Reihe von vordefinierten CSS-Regeln, die wir im Folgenden bearbeiten bzw. ergänzen werden.

CSS-Datei bearbeiten

Um eine CSS-Datei zu bearbeiten, klicken Sie zum Beispiel auf die Datei LAYOUT.CSS im Fenster DATEIEN. Gleichzeitig sollten Sie eine Webseite öffnen, die diese CSS-Datei verwendet. Jede Änderung an der CSS-Datei können wir dann direkt im Dokumentenfenster sehen. Da wir das Layout in der Vorlage erstellt haben, hat Dreamweaver jede Seite mit dem Stylesheet »layout.css« verbunden.

Schritt für Schritt
CSS-Datei bearbeiten

1 Webseite öffnen

Öffnen Sie eine beliebige Seite unserer Beispielwebsite. Sie können beispielsweise entweder die Vorlagendatei »hauptvorlage.dwt« oder »index.html« öffnen.

2 Fenster »CSS-Stile«

Öffnen Sie das Fenster CSS-STILE (FENSTER • CSS-STILE). In diesem Fenster werden zu allen CSS-Dateien, die der Webseite zugeordnet sind, die CSS-Regeln angezeigt. Durch einen Klick auf das Dreieck ❷ blenden Sie die CSS-Regeln zu den CSS-Dateien ein und aus. (Unter Windows weisen übrigens kleine Plus- und Minuszeichen darauf hin, dass hier ein Eintrag auf- und zugeklappt werden kann.) Achten Sie darauf, dass die Schaltfläche ALLE ❶ gedrückt ist.

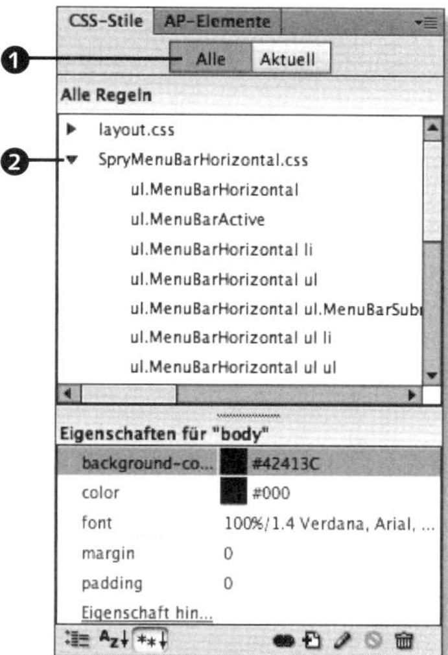

◂ **Abbildung 9.7**
Die CSS-Stile unserer Datei »layout.css«

3 Details zu einer CSS-Regel anzeigen

Klicken Sie einmal auf eine CSS-Regel (z. B. `body`), um die Eigenschaften für diese CSS-Regel anzuzeigen.

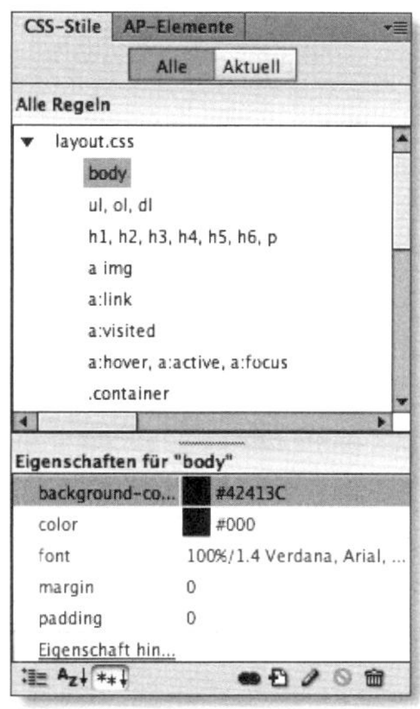

◂ **Abbildung 9.8**
CSS-Eigenschaften von `body`

Die Eigenschaften werden mit englischen Begriffen, wie zum Beispiel `background` für »Hintergrund«, beschrieben. Sie können in diesem Fenster direkt die Einstellungen vornehmen, indem Sie auf die Werte rechts neben dem Namen der CSS-Eigenschaft klicken.

Der folgende Schritt zeigt Ihnen eine Alternative zur Bearbeitung von CSS-Regeln.

4 Alternative: CSS-Regel-Definition

Klicken Sie doppelt auf eine CSS-Regel im Fenster CSS-Stile, um ein separates Fenster zur Bearbeitung der Eigenschaften zu öffnen.

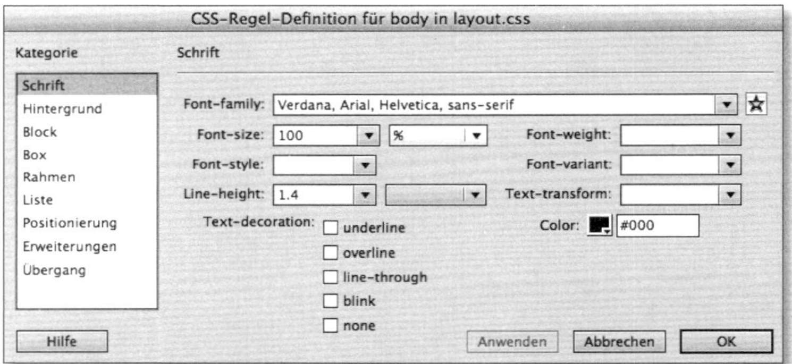

Abbildung 9.9 ►
Ein eigenes Fenster für die CSS-Eigenschaften

In diesem Fenster können Sie die Eigenschaften komfortabel bearbeiten. Das Fenster ordnet die zahlreichen Eigenschaften in verschiedene Kategorien ein, die Sie auf der linken Seite auswählen.

CSS-Attribute auf Englisch?

Seit Dreamweaver CS5 werden die CSS-Bezeichnungen in den Fenstern, wie z. B. »Font-size« (Schriftgröße), nicht mehr ins Deutsche übersetzt, da es sich um Fachbegriffe handelt. Die englischen Bezeichnungen werden auch meist in deutschen Fachbüchern zum Thema CSS verwendet.

9.3 CSS-Regeln für das Layout der Beispielwebsite

Da wir unsere Website auf Basis einer CSS-Layoutvorlage erstellt haben, wurden bereits einige Regeln in der Datei »layout.css« definiert. Diese Regeln legen unter anderem die Anordnung der Seitenelemente wie Kopfzeile oder Fußzeile fest.

Schritt für Schritt werden wir nun einige der bereits vordefinierten CSS-Regeln anpassen, um aus der recht schlichten und grauen Vorlage ein ansprechendes Design zu erstellen.

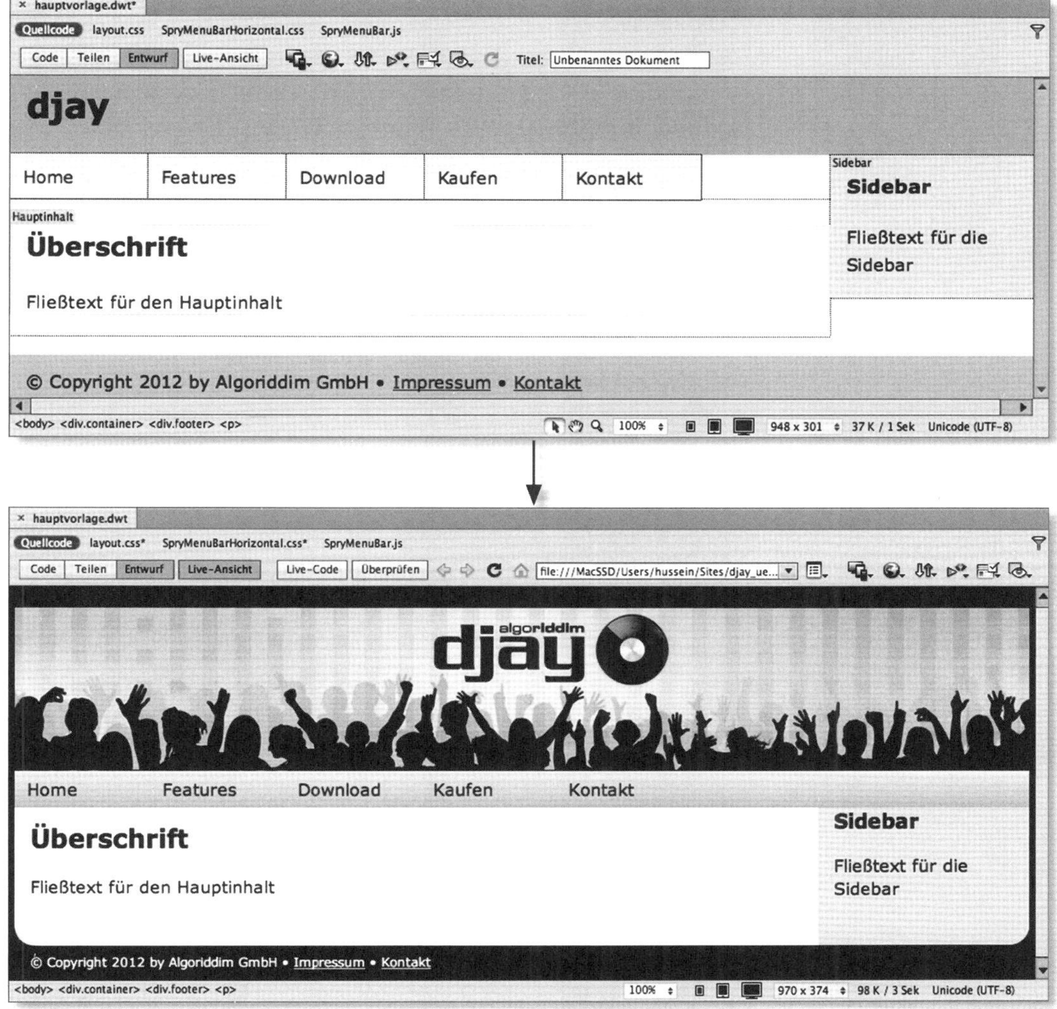

▲ **Abbildung 9.10**
Durch Festlegen von CSS-Regeln wird aus dem einfachen Design ein ansprechendes Layout.

Folgende CSS-Regeln werden wir Schritt für Schritt bearbeiten:

- `body` für Hintergrundfarbe und Schrift der gesamten Website
- `.container` u.a. für die Einstellung der Seitenbreite
- `.header` für die Einstellungen des Kopfbereichs
- `.header h1` für die Hauptüberschrift innerhalb des Kopfbereichs
- `.content` für Einstellungen des Hauptbereichs
- `.sidebar1` für Einstellungen des rechten Bereichs
- `.footer` für Einstellungen des Fußbereichs

Die CSS-Regel »body«

Die CSS-Regel `body` definiert unter anderem die Standardschriftart und die Hintergrundfarbe für das gesamte Dokument. Wir werden im Folgenden die Hintergrundfarbe auf Schwarz (Farbcode `#000`) setzen.

Schritt für Schritt
CSS-Regel »body« bearbeiten

1 Eigenschaften öffnen

Klicken Sie doppelt auf die CSS-Regel `body` im Fenster CSS-Stile, um das Fenster mit den Eigenschaften zu öffnen.

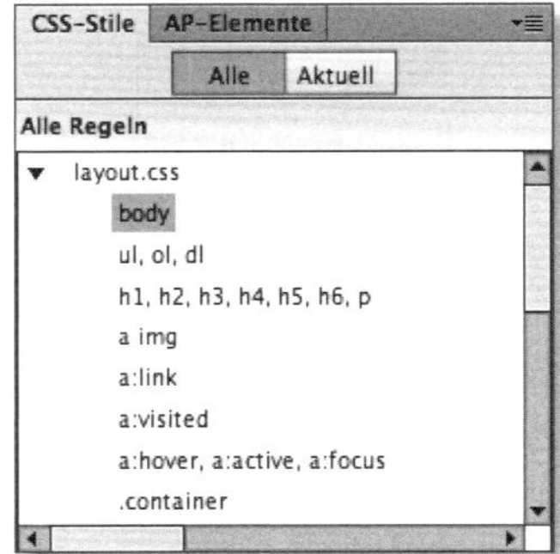

Abbildung 9.11 ▸ Die `body`-CSS-Eigenschaften im Dropdown-Menü

2 Hintergrundfarbe festlegen

Die Hintergrundfarbe legen Sie in der zweiten Kategorie, Hintergrund ❷, fest, indem Sie entweder einen Farbwert (z. B. `#000` für unser Beispielprojekt) manuell eingeben ❹ oder eine Farbe im Bedienfeld Farbe ❸ anklicken.

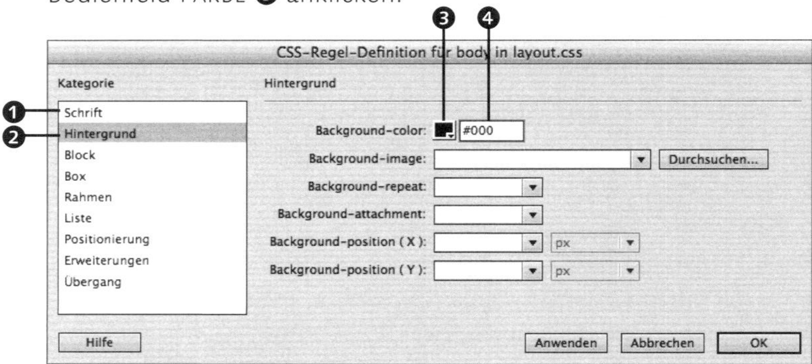

Abbildung 9.12 ▸ Das Fenster für die CSS-Regel-Definitionen

3 Weitere Einstellungen vornehmen

Sie können in diesem Fenster darüber hinaus die Schriftart und die Schriftgröße einstellen. Wechseln Sie dazu im linken Bereich in die Kategorie SCHRIFT ❶.

4 Bearbeitung anwenden und abschließen

Um die Auswirkungen Ihrer Anpassungen direkt im Dokument zu sehen, klicken Sie auf ANWENDEN. Sind Sie mit allem zufrieden, klicken Sie auf OK, um die Bearbeitung abzuschließen.

Die CSS-Regel ».container«

Der Bereich `.content` umfasst alle Elemente der Website. Hier werden unter anderem die Gesamtbreite des Layouts und die Hintergrundfarben oder Hintergrundgrafiken für den gesamten Bereich festgelegt. Wir werden folgende Einstellungen vornehmen:

- Hintergrundbild: »content.jpg«
- Wiederholung des Hintergrundbildes: nur vertikal
- oberer Abstand: 20 Pixel
- Rand entfernen

Schritt für Schritt
CSS-Regel ».container« bearbeiten

1 Eigenschaften öffnen

Klicken Sie doppelt auf die CSS-Regel `.container` im Fenster CSS-STILE, um das Fenster mit den Eigenschaften zu öffnen.

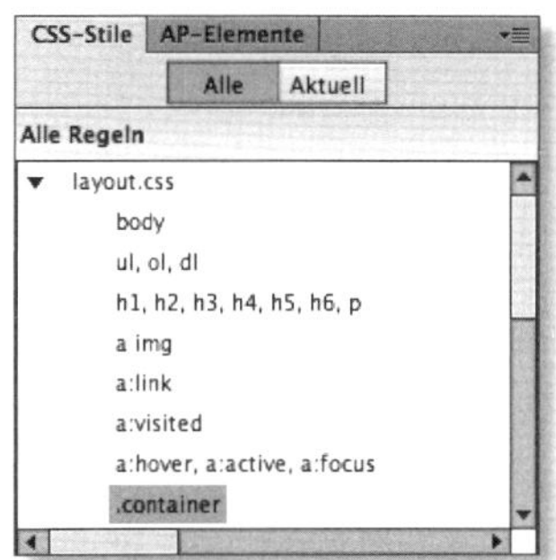

▲ **Abbildung 9.13**
Wir ändern die Eigenschaften von `.container`.

2 Hintergrundbild festlegen

Wir richten nun als Hintergrundbild die Datei »content.jpg« ein. Sie soll vertikal gekachelt werden, damit sie die gesamte Seite unabhängig von der Länge des Seiteninhalts füllt.

Legen Sie dazu in der Kategorie HINTERGRUND das Hintergrundbild fest, indem Sie auf die Schaltfläche DURCHSUCHEN klicken und die Datei auswählen. Unter BACKGROUND-REPEAT wählen Sie die Einstellung REPEAT-Y aus.

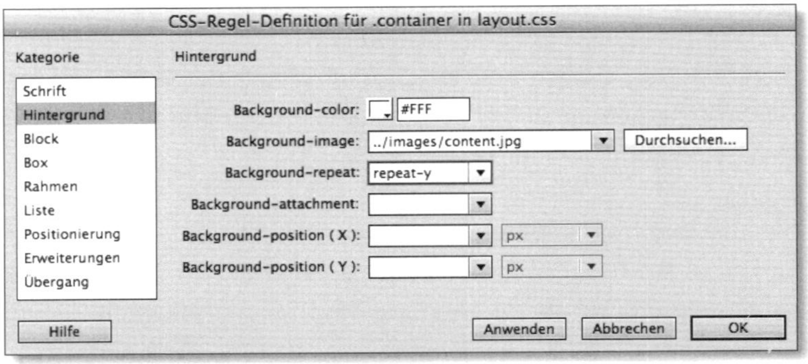

Abbildung 9.14 ▶
Regel-Definitionen

3 Oberen Rand festlegen

Die Breite (WIDTH) belassen wir bei 960, da dies der Standardgröße und auch der Breite unserer Grafik-Segmente im Kopf-Segment entspricht. Damit die Webseite nach oben hin einen Abstand hat, tragen wir in der Kategorie BOX unter MARGIN im Feld TOP ❶ als Wert »20« ein und wählen als Einheit PX (Pixel) ❷ aus.

960 px Breite

Die Breite von 960 px mag auf den ersten Blick willkürlich erscheinen, sie ist jedoch eine ideale Größe für Webseiten. Diese Breite ist sogar für Apples iPad geeignet.

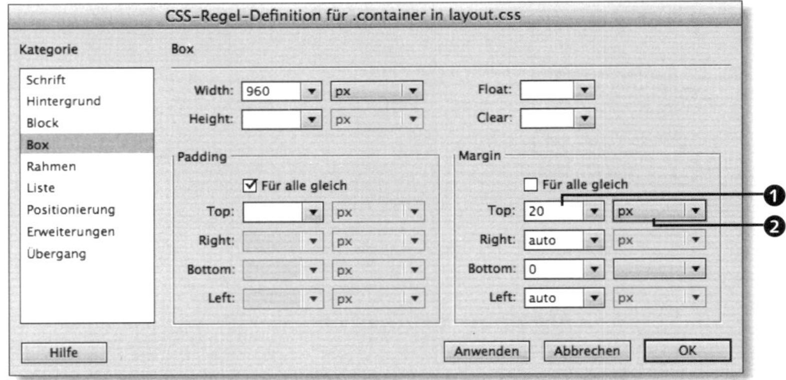

▲ **Abbildung 9.15**
Einstellungen unter BOX

4 Bearbeitung abschließen

Klicken Sie anschließend auf OK, um die Bearbeitung abzuschließen. Wie Sie am Ergebnis sehen, wird unsere Hintergrundgrafik horizontal gekachelt. Jedoch wird der Hintergrund im Moment noch durch den Kopf-, Seiten- und Fußbereich überlagert. Diesen Fehler werden wir im Laufe der nächsten Schritt-für-Schritt-Anleitungen beheben.

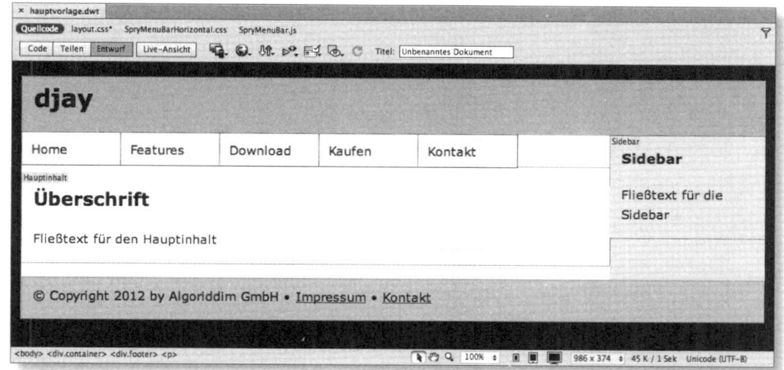

◂ **Abbildung 9.16**
Die Hintergrundgrafik wird horizontal gekachelt.

Zur besseren Darstellung können Sie auch die Live-Ansicht aktivieren.

◂ **Abbildung 9.17**
Das Ergebnis in der Live-Ansicht

Die CSS-Regel ».header«

Die CSS-Regel `.header` legt das Design für den Kopfbereich fest. Der `.header`-Selektor umfasst in unserem Fall auch den Navigationsbereich. In den Eigenschaften zu diesem Bereich werden wir unter anderem unser vorbereitetes Grafik-Segment »header.jpg« als Hintergrundbild einsetzen. Folgende Einstellungen werden wir dabei vornehmen:

- Hintergrundgrafik: »header.jpg«
- keine Kachelung der Hintergrundgrafik (keine Wiederholung)
- Höhe des Kopfbereichs: 190 Pixel
- Innenabstände auf 0 setzen

Schritt für Schritt
CSS-Regel ».header« bearbeiten

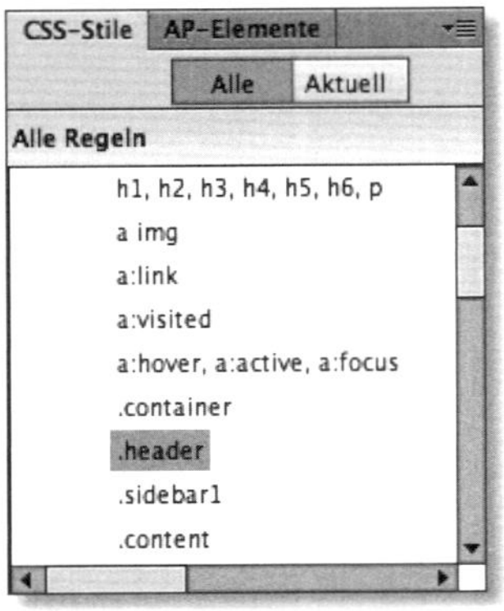

1 Eigenschaften öffnen

Klicken Sie doppelt auf die CSS-Regel `.header` im Fenster CSS-STILE, um das Fenster mit den Eigenschaften zu öffnen.

▲ **Abbildung 9.18**
Wir definieren die Eigenschaften von `.header`.

2 Hintergrundbild festlegen

Wählen Sie in der Kategorie HINTERGRUND das Hintergrundbild (BACKGROUND-IMAGE) »header.jpg« mit der Einstellung NO-REPEAT aus. Den Farbwert für die Hintergrundfarbe (BACKGROUND-COLOR) können Sie entfernen.

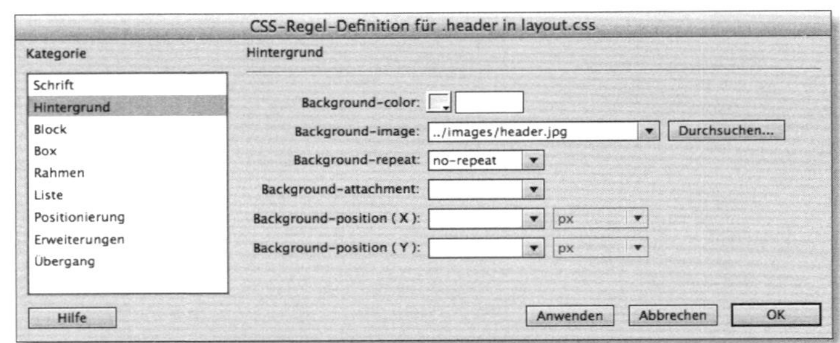

Abbildung 9.19 ►
Festlegen des Hintergrunds

3 Höhe und Innenabstände festlegen

Legen Sie die Höhe des Kopfbereichs fest, indem Sie in der Kategorie Box unter HEIGHT den Wert »190« eingeben. Dies entspricht der Höhe unseres Grafik-Segments. Die Breite brauchen wir nicht mehr einzustellen, da wir sie im `.container`-Bereich festgelegt haben, der alle Bereiche umschließt.

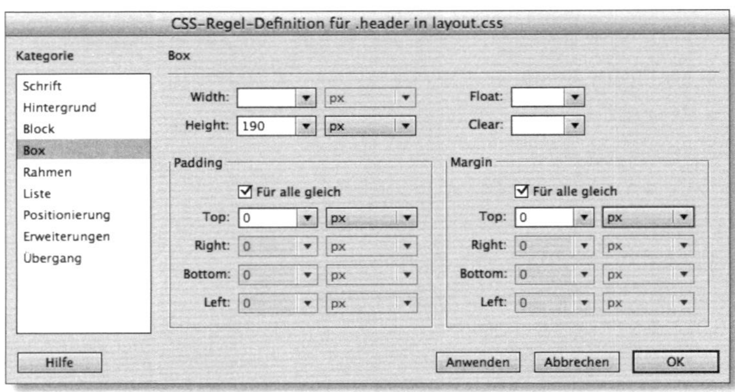

Abbildung 9.20 ►
PADDING und MARGIN müssen auf 0 gesetzt werden.

Setzen Sie außerdem alle Innenabstände (Padding) und Ränder (Margin) auf 0. Dies ist später für die Positionierung der Navigation notwendig.

4 Bearbeitung abschließen

Klicken Sie danach auf OK, um die Bearbeitung abzuschließen, und betrachten Sie das Ergebnis in der Live-Ansicht. Der Kopfbereich enthält jetzt das gewünschte Grafik-Segment. Es wird im Moment noch vom Haupttitel und der Navigation überlagert. Dieses Problem werden wir weiter unten beheben.

◂ **Abbildung 9.21**
Das Ergebnis

Die CSS-Regel »h1«

Im Kopfbereich befindet sich noch das Wort »djay«, was jedoch nicht mehr notwendig ist, da das Hintergrundbild »header.jpg« bereits das Logo enthält.

Wir sollten den Text der Hauptüberschrift dennoch nicht löschen, da er für Suchmaschinen und Lesesysteme für Sehbehinderte nützlich ist. Wir können ihn jedoch scheinbar zum Verschwinden bringen, indem wir die Texteinrückung wie im Folgenden beschrieben ganz weit nach links verschieben.

Fahrner Image Replacement

Der Trick mit dem Ausblenden der Überschrift durch eine Texteinrückung wird »Fahrner Image Replacement« (kurz FIR) genannt. In CSS gibt es zahlreiche Tricks, wobei die wichtigsten einen Namen besitzen.

Schritt für Schritt
CSS-Regel »h1« bearbeiten

1 Neue CSS-Regel für die Hauptüberschrift erstellen

Bisher hat es ausgereicht, vorhandene CSS-Regeln zu bearbeiten und an Ihre Bedürfnisse und Designvorgaben anzupassen. Da für

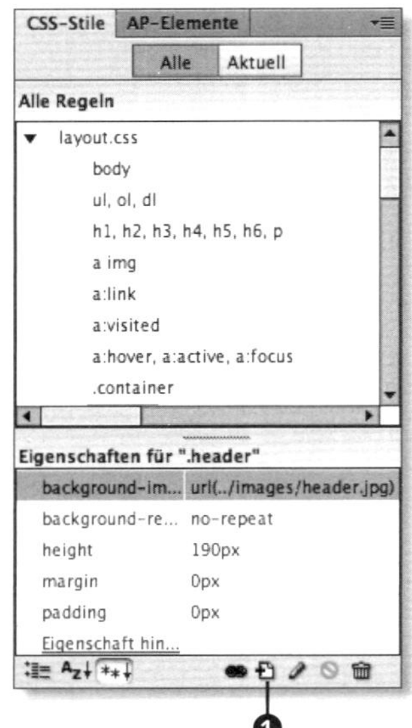

▲ **Abbildung 9.22**
Plus-Symbol zum Erstellen einer neuen CSS-Regel ❶

die Hauptüberschrift aber bisher keine CSS-Regel existiert, müssen wir diese selbst anlegen. Markieren Sie dazu das Wort DJAY im Kopfbereich (deaktivieren Sie vorher gegebenenfalls die Live-Ansicht), und klicken Sie im CSS-Stile-Fenster auf das mit ❶ markierte Symbol zum Erstellen einer neuen CSS-Regel.

2 Eigenschaften für neue Regel festlegen

Das Design für die Überschrift wird durch die CSS-Regel `h1` festgelegt. Im Dialogfenster wird der Selektorname `.container .header h1` ❷ vorgeschlagen. Dies bedeutet, dass wir eine CSS-Regel für die Überschrift `h1`, die sich im Bereich `.header` und `.container` befindet, anlegen. Wählen Sie Layout.css ❸ aus, damit die neue CSS-Regel in der bereits existierenden CSS-Datei erstellt wird.

▲ **Abbildung 9.23**
Die Überschrift `h1` im `.header`

3 Texteinrückung festlegen

Geben Sie in der Kategorie Block im Feld Text-Indent (Texteinzug) ❹ »–1000« ein. Dadurch wird der Text weit nach links aus dem Browserfenster hinaus verschoben.

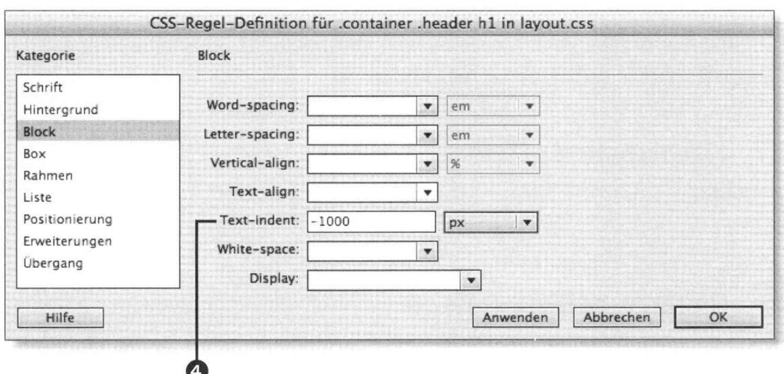

◂ **Abbildung 9.24**
Die Regeldefinition

4 Bearbeitung abschließen

Klicken Sie danach auf OK, um die Bearbeitung abzuschließen. Die Hauptüberschrift überdeckt nun nicht mehr den Kopfbereich. Es wird jetzt nur noch der Schriftzug innerhalb des Bildes angezeigt.

◂ **Abbildung 9.25**
Nur noch die Schrift unter dem Bild wird angezeigt.

Die CSS-Regel ».content«

Die CSS-Regel `.content` legt das Design für den Hauptbereich fest. Sie können hier zum Beispiel eine andere Schriftart oder -farbe festlegen. Für unser Übungsbeispiel ist keine Einstellung erforderlich.

Die CSS-Regel ».sidebar1«

Der rechte Bereich neben dem Hauptinhalt wird über die CSS-Regel `.sidebar1` formatiert. Wir werden hier nur die Hintergrundfarbe entfernen.

Schritt für Schritt
CSS-Regel ».sidebar1« bearbeiten

1 Eigenschaften öffnen

Klicken Sie im Fenster CSS-STILE doppelt auf die CSS-Regel `.sidebar1`.

▲ **Abbildung 9.26**
Die Sidebar wird nun bearbeitet.

2 Hintergrundfarbe entfernen

Löschen Sie den Farbwert im Feld BACKGROUND-COLOR ❶ in der Kategorie HINTERGRUND.

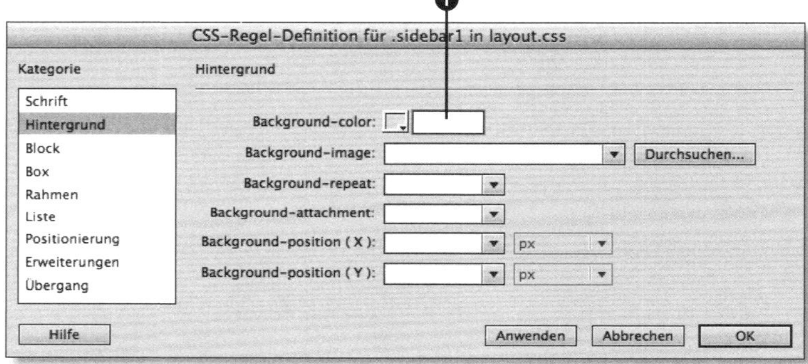

Abbildung 9.27 ►
Die Regel-Definition

3 Bearbeitung abschließen

Klicken Sie danach auf OK, um die Bearbeitung abzuschließen.

Abbildung 9.28 ►
Wir sind schon recht weit mit unserer Seite.

Die CSS-Regel ».footer«

Folgende Eigenschaften werden wir für die CSS-Regel `.footer` einstellen:

- Schriftgröße: 12 Pixel
- Textfarbe: Weiß
- Hintergrundfarbe in Schwarz ändern
- Hintergrundgrafik »footer.jpg« festlegen
- keine Kachelung der Hintergrundgrafik (keine Wiederholung)
- Abstände erhöhen

Schritt für Schritt
CSS-Regel ».footer« bearbeiten

1 Eigenschaften öffnen

Klicken Sie doppelt auf die CSS-Regel `.footer` im Fenster CSS-Stile.

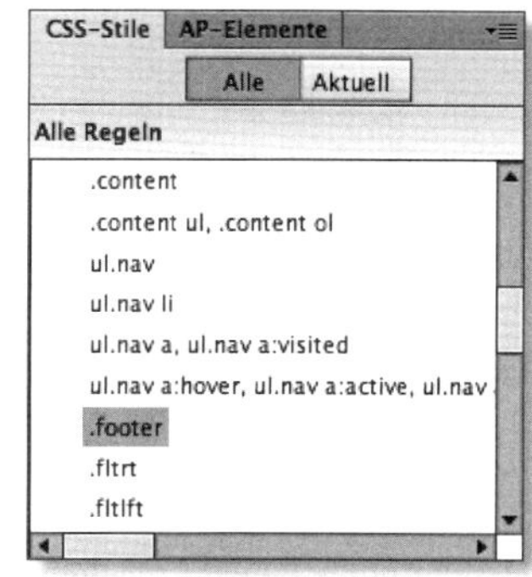

▲ **Abbildung 9.29**
Jetzt geht es an den Footer.

2 Schriftfarbe

Da der Text auf schwarzem Hintergrund erscheinen soll, stellen wir die Textfarbe (Color) auf Weiß (#FFF) ❸ ein. Wählen Sie für die Schriftgröße (Font-size) 12 px ❷.

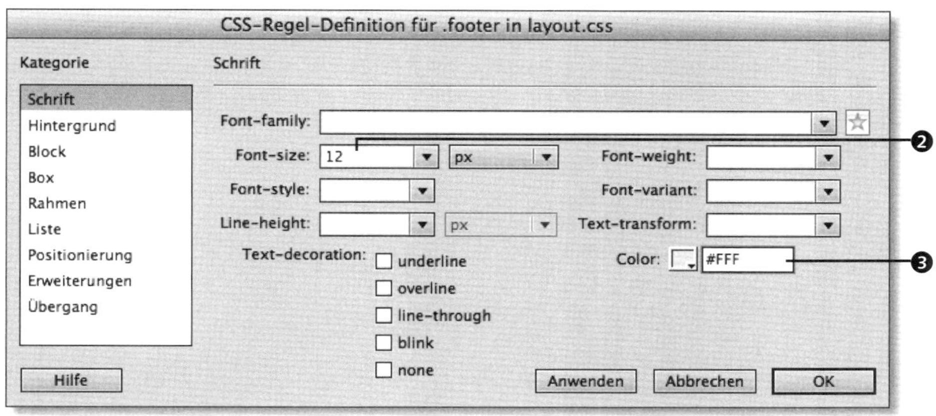

▲ **Abbildung 9.30**
Schriftgröße und -farbe einstellen

3 Hintergrund einstellen

Stellen Sie in der Kategorie Hintergrund ❹ (Abbildung 9.31) die Hintergrundfarbe auf Schwarz (#000) ❺. Wählen Sie anschließend das Hintergrundbild »footer.jpg« aus, und stellen Sie im Feld Background-repeat den Wert no-repeat ein.

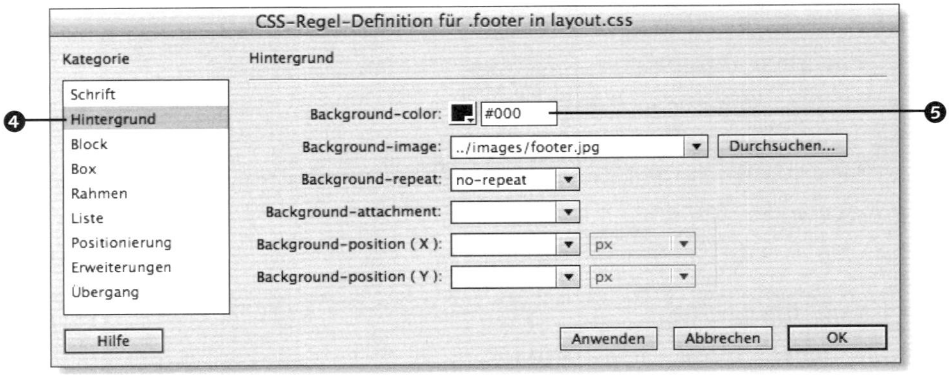

CSS-Regel-Definition für .footer in layout.css

Kategorie: Schrift, Hintergrund (4), Block, Box, Rahmen, Liste, Positionierung, Erweiterungen, Übergang

Hintergrund

Background-color: #000 (5)
Background-image: ../images/footer.jpg Durchsuchen...
Background-repeat: no-repeat
Background-attachment:
Background-position (X): px
Background-position (Y): px

Hilfe Anwenden Abbrechen OK

Abbildung 9.31 ▲
Die CSS-Definition des Footers

4 Innenabstände und Ränder einstellen

Damit der Inhalt im Footer richtig positioniert wird, stellen Sie in der Kategorie Box die Innenabstände unter PADDING ❻ wie folgt ein: TOP: 25, RIGHT: 0, BOTTOM: 0, LEFT: 0. Achten Sie darauf, dass überall die Einheit PX eingestellt ist. Nullwerte benötigen keine Einheit.

Setzen Sie außerdem die Ränder (MARGIN) auf 0. Am schnellsten geht das, wenn Sie die Checkbox FÜR ALLE GLEICH ❼ aktiviert lassen, dann müssen Sie nur für den ersten Wert »0« eintippen.

Abbildung 9.32 ▼
Auch hier müssen Sie bei MARGIN und PADDING eine 0 eintragen.

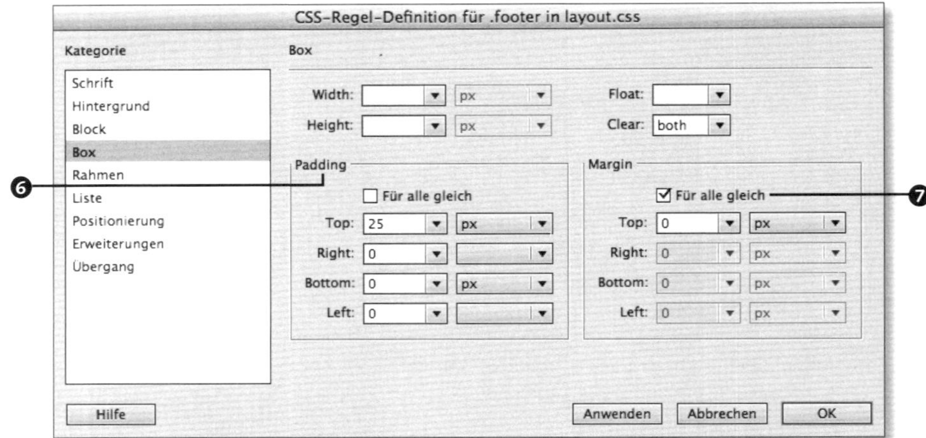

5 Bearbeitung abschließen

Klicken Sie danach auf OK, um die Bearbeitung abzuschließen. Der Text mit dem Copyright-Hinweis ist im Moment noch etwas unschön platziert. Das werden wir mit der nächsten CSS-Regel ändern.

◂ **Abbildung 9.33**
Live-Ansicht mit dem neu formatierten Footer

CSS-Regel für die Links in der Fußzeile erstellen

Obwohl wir eine weiße Schrift für die Fußzeile eingestellt haben, werden die Links immer noch blau angezeigt, was auf einem schwarzen Hintergrund schlecht lesbar ist. Um die Farbe der Links einzustellen, müssen wir eine neue CSS-Regel `.footer p a` anlegen, die die Farbe der Links ausschließlich in der Fußzeile verändert. Folgende Einstellungen werden wir vornehmen:

- Schriftfarbe auf Weiß setzen
- Unterstreichung deaktivieren

Schritt für Schritt
Neue CSS-Regel für Links in der Fußzeile erstellen

1 Einfügemarke positionieren

Positionieren Sie die Einfügemarke genau innerhalb eines Links in der Fußzeile. Dies ist nur möglich, wenn Sie die Live-Ansicht deaktiviert haben.

◂ **Abbildung 9.34**
Links in der Fußzeile

2 CSS-Regel erstellen

Um eine neue CSS-Regel zu erstellen, klicken Sie im Fenster CSS-Stile auf das Symbol Neue CSS-Regel ❶.

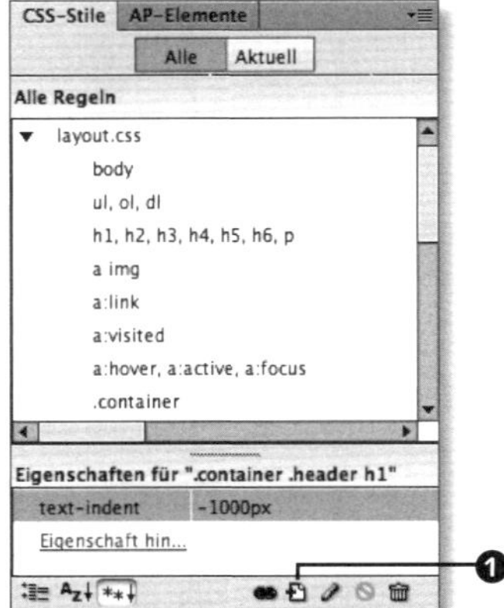

Abbildung 9.35 ▸ Klicken Sie auf das Symbol Neue CSS-Regel ❶.

3 Einstellungen für die neue CSS-Regel

Im folgenden Fenster Neue CSS-Regel brauchen Sie keine Änderungen vorzunehmen. Bestätigen Sie die Einstellung durch einen Klick auf die OK-Schaltfläche.

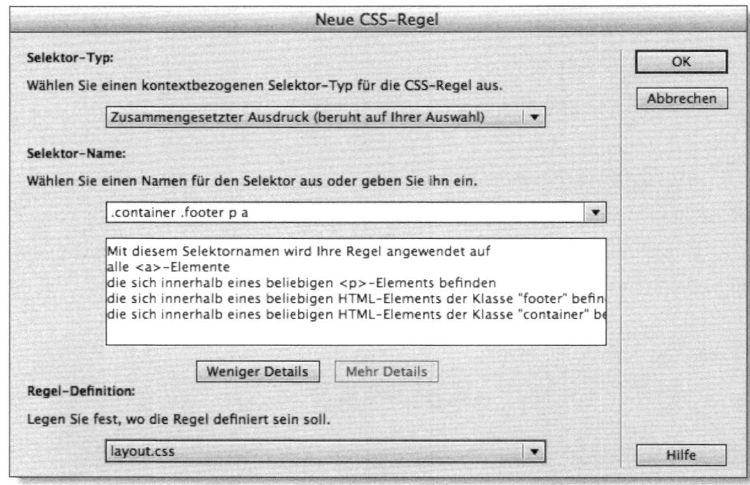

Abbildung 9.36 ▸ Eine weitere CSS-Regel

4 Farbe einstellen und Unterstreichung deaktivieren

Legen Sie die Textfarbe fest, indem Sie im Feld Color die Farbe Weiß (#FFF) ❷ wählen. Um die Unterstreichung zu deaktivieren, setzen Sie ein Häkchen neben none ❸.

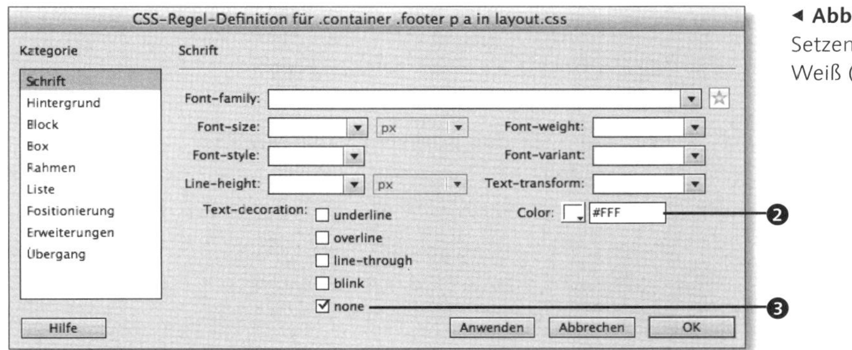

◂ **Abbildung 9.37**
Setzen Sie die Textfarbe auf Weiß (#FFF).

5 Fertig

Unser Layout ist nun fast fertig. Bis auf die Darstellung der Spry-Menüleiste stimmt das Layout genau mit dem von uns geplanten Design überein.

◂ **Abbildung 9.38**
Die Beispielseite

Im nächsten Abschnitt werden wir nun noch das Aussehen der Navigation korrigieren, um das Layout der verschiedenen Bereiche auf der Beispielwebsite abzuschließen.

CSS-Regeln für die Navigation

Beim Einfügen des horizontalen Spry-Menüs hat Dreamweaver die CSS-Datei »SpryMenuBarHorizontal.css« angelegt. Damit die Navigation auch in unser Design passt, müssen wir zwei CSS-Regeln im Stylesheet »SpryMenuBarHorizontal.css« bearbeiten:

- Navigation an die richtige Stelle verschieben
- Hintergrundfarbe entfernen

Schritt für Schritt
CSS-Regeln für Navigation anpassen

1 CSS-Regeln für das Spry-Menü anzeigen

Blenden Sie zunächst durch einen Klick auf das Dreieck neben LAYOUT.CSS ❶ die CSS-Regeln für dieses Stylesheet aus. Sie sollten nun die CSS-Klassen der Datei »SpryMenuBarHorizontal.css« sehen. Falls nicht, klicken Sie auf das Dreieck neben dem Dateinamen.

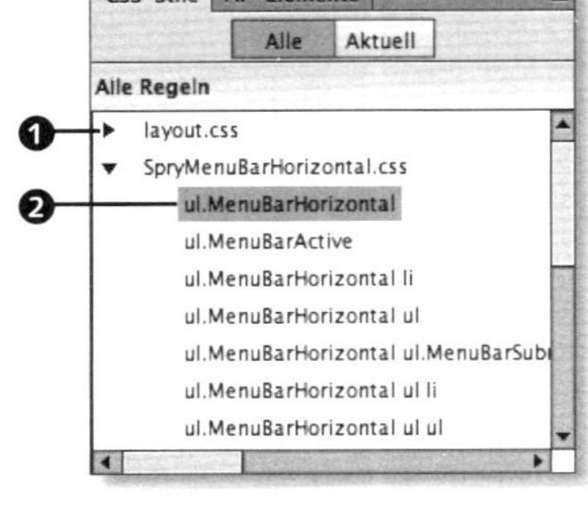

▲ **Abbildung 9.39**
Die MenuBar wird gestylt.

2 Innenabstände ändern

Klicken Sie doppelt auf die CSS-Regel `ul.MenuBarHorizontal` ❷, und deaktivieren Sie in der Kategorie Box unter MARGIN (Rand) die Checkbox FÜR ALLE GLEICH ❸. Geben Sie dann Folgendes ein:

- TOP: »110«
- RIGHT: »0«
- BOTTOM: »0«
- LEFT: »0«

Achten Sie darauf, dass bei 110 die Einheit auf PX ❹ eingestellt ist. Klicken Sie anschließend auf OK.

Abbildung 9.40 ▼
Geben Sie diese Werte in das CSS-REGEL-DEFINITION-Fenster ein.

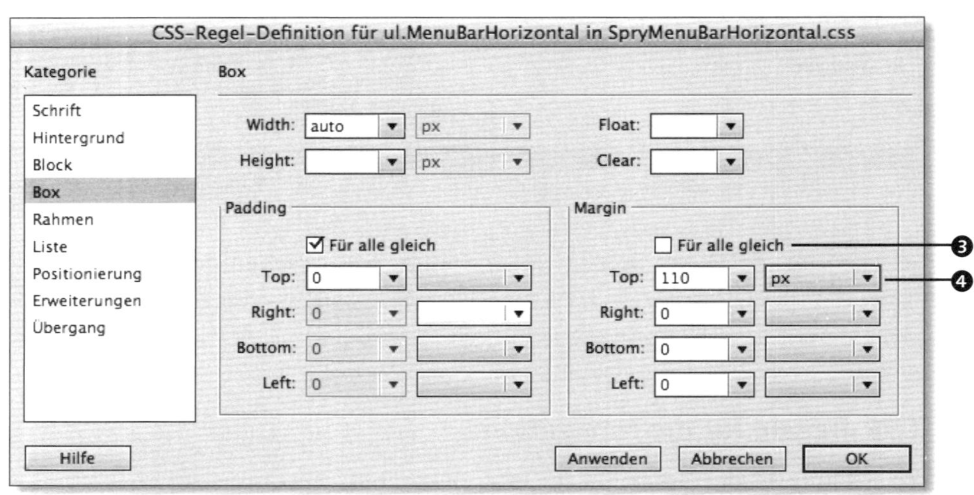

3 Hintergrundfarbe entfernen

Für die Hintergrundfarbe sind die CSS-Regeln `ul.MenuBarHorizontal a` und `ul.MenuBarHorizontal li.MenuBarItemIE` zuständig.

Die letzte Regel ist aus Kompatibilitätsgründen für den Internet Explorer (IE) notwendig. Klicken Sie zunächst doppelt auf diese erste CSS-Regel, und entfernen Sie den Farbcode im Feld BACKGROUND-COLOR ❺ in der Kategorie HINTERGRUND. Klicken Sie anschließend auf OK.

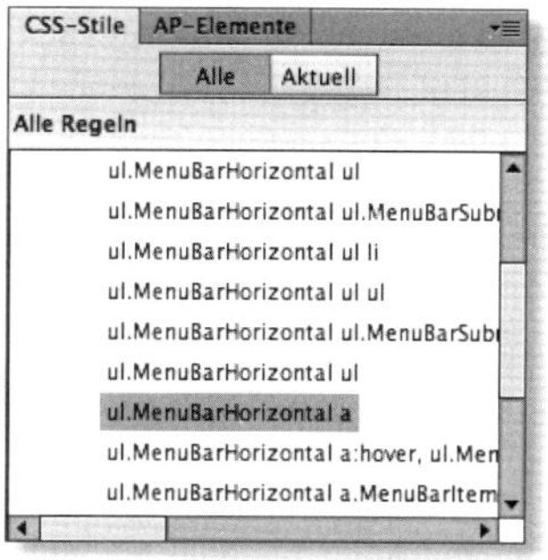

▲ **Abbildung 9.41**
Formatierung der Menu-Links

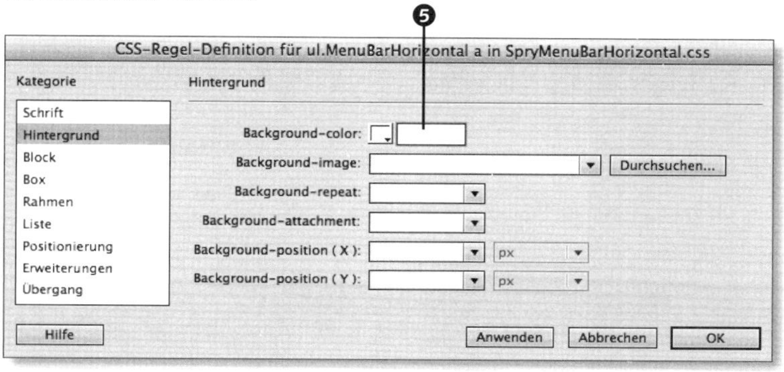

▲ **Abbildung 9.42**
Formatierung der Menü-Links

Entfernen Sie nun auch die Hintergrundfarbe der CSS-Regel `ul.MenuBarHorizontal li.MenuBarItemIE` auf die gleiche Weise.

4 Hover-Effekt anpassen

Wenn Sie mit der Maus über die Navigationselemente fahren, ändert sich die Hintergrundfarbe des jeweiligen Elementes in Blau. Wir möchten diesen Hover-Effekt so anpassen, dass sich stattdessen die Textfarbe in Rot ändert.

Dazu klicken Sie zunächst auf die CSS-Klasse `ul.MenuBarHorizontal a:hover ...` Entfernen Sie dann die Hintergrundfarbe (BACKGROUND-COLOR) in der Kategorie HINTERGRUND und setzen die Fordergrundfarbe (COLOR) in der Kategorie SCHRIFT auf Rot. Wiederholen Sie diese Einstellungen für die CSS-Klasse `ul.MenuBarHorizontal a.MenuBarItemHover`.

5 Speichern und testen

Zum Speichern wählen Sie DATEI • ALLE ZUGEHÖRIGEN DATEIEN SPEICHERN. Spätestens jetzt sollten Sie Ihr Ergebnis speichern und anschließend in verschiedenen Webbrowsern testen.

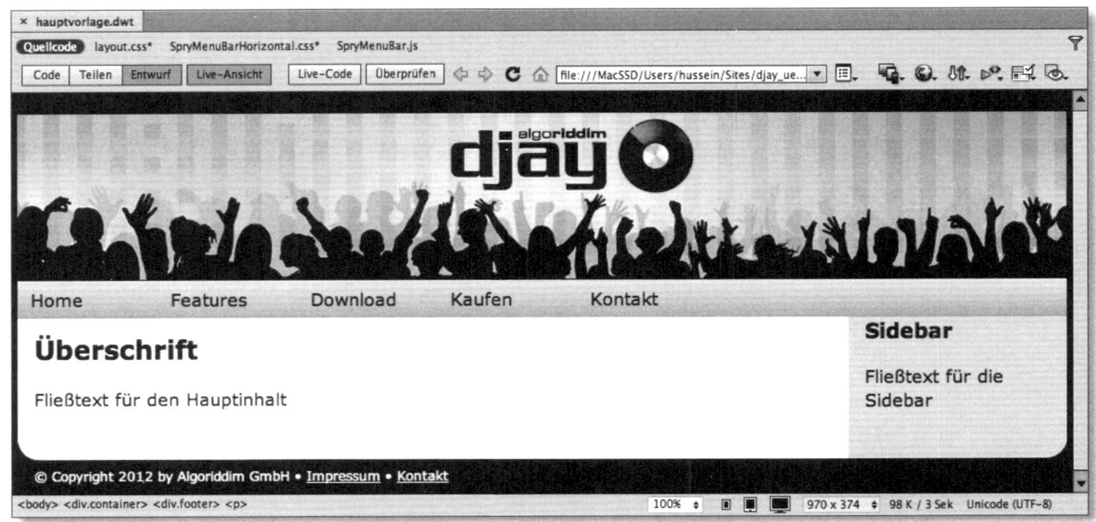

▲ **Abbildung 9.43**
Unsere gestylte Vorlage

Wenn Sie die Vorlage nun speichern, werden alle Seiten (»index.html«, »features.html« usw.) automatisch angepasst.

In diesem Kapitel haben Sie gelernt, wie Sie ein professionelles Layout in CSS umsetzen. Dank der Layoutvorlagen in Dreamweaver CS6 mussten wir nur einige CSS-Regeln bearbeiten, um das gewünschte Ergebnis zu erzielen.

Kapitel 10

Websites testen, veröffentlichen und verwalten

So bringen Sie Ihre Website online

- Wie teste ich meine Website?
- Was ist FTP und wie konfiguriere ich die FTP-Übertragung?
- Wie übertrage ich Dateien?
- Wie verwalte ich meine Website?

10 Websites testen, veröffentlichen und verwalten

Eine Website, die nur auf Ihrer lokalen Festplatte liegt, kann sich noch kein Surfer anschauen. In diesem Kapitel lernen Sie, Ihre Site auf einen Webserver zu übertragen, sie zu testen und in Dreamweaver zu verwalten.

10.1 Website im Browser testen

Bevor Sie eine fertige Website veröffentlichen, sollten Sie sie zuerst ausgiebig testen. Nehmen Sie sich dafür genügend Zeit. Vernachlässigt man die Testphase, treten schnell die folgenden Fehler auf:

- Die Website funktioniert nicht auf allen bekannten Webbrowsern.
- Bilder werden nicht angezeigt, weil die Verweise in der Webseite falsch angelegt sind.
- Links führen ins Leere oder zu Webseiten, die nicht mehr existieren.

Browservielfalt

Der wichtigste Arbeitsschritt ist der Test sämtlicher Webseiten in diversen Browsern. Webseiten, die nur in einem bestimmten Browser funktionieren, sind unprofessionell.

Besonders wichtig für die Testphase sind die Webbrowser *Google Chrome* und *Safari* von Apple. Diese laufen auf allen üblichen Betriebssystemen, halten sich an die Webstandards und weisen fast keine Sicherheitslücken auf. Inzwischen verwenden immer mehr Benutzer diese Browser. Beide Browser basieren intern auf der gleichen Rendering-Engine namens WebKit, die für die Darstellung der Webseiten verantwortlich ist (siehe Abschnitt

2.7, »Webbrowser und Rendering Engines«). WebKit wird u.a. von den mobilen Browsern auf iOS (iPhone, iPad) und Android-Systemen verwendet.

Erst wenn Ihre Webseiten in Chrome/Safari funktionieren, sollten Sie Tests in den anderen Browsern vornehmen. So ist gewährleistet, dass Sie zum Beispiel nicht irgendeine Fehlfunktion des Internet Explorers nutzen, die nicht den Webstandards entspricht und nicht in anderen Browsern funktioniert.

Der *Internet Explorer* ist unter Windows-Betriebssystemen bereits vorinstalliert und hat dadurch einen hohen Marktanteil. Sie sollten Ihre Websites also unbedingt für die aktuellste Version (Internet Explorer 9) testen, die auch weitgehend Webstandards unterstützt. Da auch die Vorgängerversion 8 noch sehr weit verbreitet ist, sollten Sie Ihre Website auch in dieser Version des Browsers testen. Einige große Websites (u.a. Google) stellen die Kompatibilität zum alten Internet Explorer 6 ein, obwohl dieser noch verbreitet ist.

Da es inzwischen keinen aktuellen Internet Explorer für Mac OS X mehr gibt, sollten Mac-Anwender ihre Webseiten auch unter Windows testen.

Firefox Der lange Zeit unter »Profis« beliebte *Firefox* hat einige Nutzer an den schnelleren Browser *Chrome* verloren. Sie sollten Ihre Website also mit beiden Browsern testen.

Der Webbrowser *Opera* (*http://www.opera.com*) wird gerne von sogenannten Power-Usern verwendet, die vor allem die Schnelligkeit und die besonderen Features dieses Browsers schätzen. Er ist jedoch nicht sehr weit verbreitet.

Mehrere Internet Explorer

Der Internet Explorer lässt sich unter Windows normalerweise nur in einer Version installieren. Mit dem Programm Multiple IE können Sie mehrere Internet-Explorer-Versionen gleichzeitig installieren. Die kostenlose Software können Sie von der Seite *http://tredosoft.com/Multiple_IE* herunterladen.

Browsershots

Unter der Adresse *http://browsershots.org* wird ein sehr praktischer Dienst angeboten, um eine Website in über 100 verschiedenen Browserversionen zu testen. Geben Sie einfach die Adresse Ihrer Website an, und klicken Sie die gewünschten Browserversionen an. Der Dienst erstellt daraufhin automatisch von jedem der ausgewählten Browser ein Bildschirmfoto.

Abbildung 10.1 ▶
Mit dem Webdienst *http://browsershots.org* können Sie von Ihrer Website Bildschirmfotos von über 100 Webbrowsern anfertigen lassen.

Archiv

Auf der Website *http://browsers.evolt.org* finden Sie das größte Archiv aller Browser, die es jemals gab.

Allerdings dauert es meist über eine Stunde, bis alle Bildschirmfotos angefertigt wurden. Auch können Sie mit diesem Dienst nicht die Interaktivität (JavaScript) der eigenen Website testen. Es reicht jedoch aus, um zu sehen, ob das Layout der Website in den verschiedenen Browsern korrekt dargestellt wird.

Browservorschau einstellen

Dreamweaver bietet für den Browsertest eine Vorschaufunktion. Diese läuft zunächst nur mit bestimmten Browsern. Sie können die Voransicht aber auf weitere Browser ausdehnen. Diese müssen dann jedoch auf Ihrem System installiert sein.

Beachten Sie, dass für die Vorschaufunktion in Dreamweaver unter Mac OS X nicht etwa der Internet Explorer als Standard eingestellt ist, sondern der Browser Safari von Apple.

Internet Explorer für Mac

Mac-User (mit Intel-basierten Rechnern) können den Internet Explorer mit den Virtualisierungs-Programmen VMware, Parallels oder VirtualBox (kostenlos) verwenden. Alternativ können Mac-Rechner mittels Boot-Camp auch Windows direkt booten.

Schritt für Schritt
Weitere Browser in die Vorschaufunktion einbinden

1 Browserliste bearbeiten

Wählen Sie zunächst den Menüpunkt Datei • Vorschau in Browser • Browserliste bearbeiten aus. Es öffnet sich ein Dialogfenster, in dem alle Browser angezeigt werden, die Dreamweaver kennt. Klicken Sie dann auf das Pluszeichen ❶, um weitere Programme hinzuzufügen.

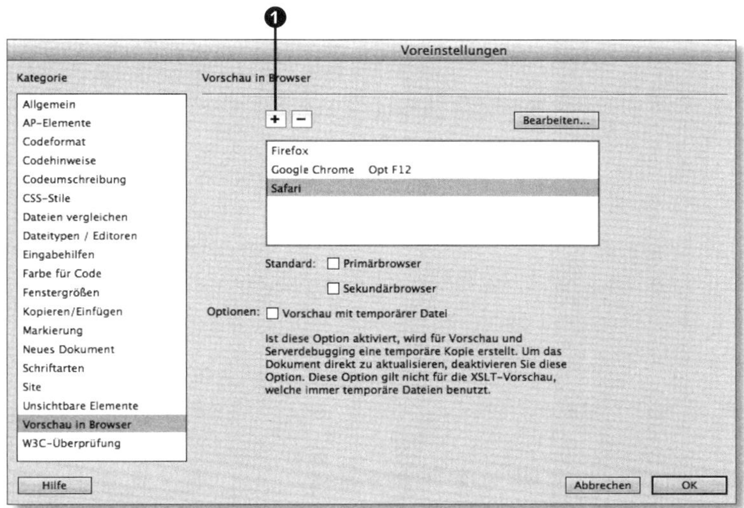

◀ **Abbildung 10.2**
Hier fügen Sie weitere Browser hinzu.

2 Browser auswählen

Die Dialogbox aus Abbildung 10.3 erscheint. Klicken Sie hier auf DURCHSUCHEN, und wählen Sie auf Ihrer Festplatte die ausführbare Datei (unter Windows die ».exe«-Datei) des gewünschten Browsers aus.

Browser hinzufügen
Name:
Anwendung: Durchsuchen...
Standard: Primärbrowser
Sekundärbrowser
OK Abbrechen

◀ **Abbildung 10.3**
Name und ausführbare Datei auswählen

3 Primär- oder Sekundärbrowser einstellen

Wenn Sie PRIMÄRBROWSER wählen, können Sie die Vorschau einer Webseite mit diesem Browser einfach über die Taste F12 (bzw. Alt + F12 am Mac) aufrufen. Safari oder Chrome sollte als Primärbrowser eingestellt sein, da sie die Standards sehr gut unterstützen.

Wenn Sie SEKUNDÄRBROWSER wählen, können Sie den Browser über die Tastenkombination Strg/⌘ + F12 aufrufen werden. Oft wird der Internet Explorer als Sekundärbrowser gewählt.

Wenn Sie weder Primär- noch Sekundärbrowser wählen, können Sie einen Browser zwar nicht über eine Tastenkombination aufrufen, jedoch über das Menü DATEI • VORSCHAU IN BROWSER.

Klicken Sie auf OK, um einen Browser hinzuzufügen.

Website im Browser testen

Nachdem Sie die Einstellungen für die Browservorschau vorgenommen haben, drücken Sie zuerst die Taste F12 bzw. die Kombination Alt + F12 für den Primärbrowser und dann Strg/⌘ + F12 für den Sekundärbrowser, um Ihre Website darin zu testen.

Sie können die Vorschau im Browser auch über ein Menü im Dokumentenfenster ausführen, indem Sie auf das Erdkugel-Symbol ❶ klicken und dann den gewünschten Browser aus der Liste auswählen.

Abbildung 10.4 ▼
Wählen eines Browsers für die Vorschau

Damit Sie für den Test der gesamten Website nicht jede Seite einzeln aufrufen müssen, ist es ratsam, die Homepage mit dem Namen »index.html« oder »index.htm« in der Vorschaufunktion zu öffnen. Ausgehend von dieser Seite gelangen Sie über die Links in der Navigation auf alle Folgeseiten, wenn Ihre Website richtig aufgebaut ist.

Webseite im Adobe BrowserLab testen

Es ist wichtig, die Webseiten nicht nur auf verschiedenen Webbrowsern zu testen, sondern auch unter verschiedenen Betriebssystemen, da z. B. die Schriften teilweise unterschiedlich dargestellt werden.

Mit der neuen Funktion Adobe BrowserLab können Sie nun Ihre Webseiten auf anderen Betriebssystemen testen, ohne den Rechner (oder die virtuelle Umgebung) wechseln zu müssen.

Schritt für Schritt
Webseite in Adobe BrowserLab anzeigen lassen

1 Adobe-BrowserLab-Vorschau

Wählen Datei • Vorschau im Browser • Adobe BrowserLab aus, um die Webseite zum BrowserLab hochzuladen. Alternativ klicken Sie auf das Erdkugel-Symbol und wählen dann Adobe BrowserLab aus.

2 Login

Für die Nutzung des BrowserLabs benötigen Sie einen kostenlosen Zugang, den Sie direkt auf der Seite einrichten können.

3 Wahl des gewünschten Webbrowsers

Im BrowserLab können Sie diverse Webbrowser und Betriebssysteme auswählen, auf denen Ihre Webseite dargestellt werden soll.

◂ **Abbildung 10.5**
Adobe BrowserLab in Aktion

Alle Hyperlinks testen

Nehmen wir an, Sie haben einen Link von Webseite A zu Webseite X und von Webseite B zu Webseite X erstellt. Später stellen Sie fest, dass Sie Webseite X nicht mehr benötigen, und löschen sie. Mit den Seiten A und B gibt es nun jedoch zwei Seiten, die einen Link zur nicht mehr existierenden Webseite X enthalten. Dreamweaver kann Sie mit einer Hilfsfunktion dabei unterstützen, solche Fehler zu identifizieren und zu reparieren.

Schritt für Schritt
Links überprüfen

1 Website auswählen

Wählen Sie im Fenster Dateien (Menü Fenster • Dateien) die Website aus, die Sie testen möchten (z. B. *djay Übungen*).

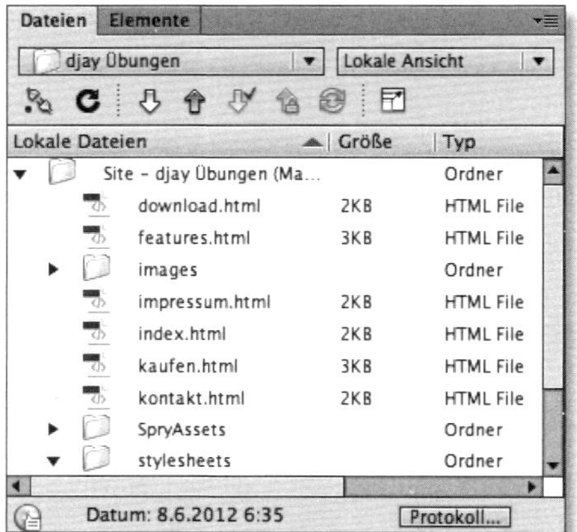

Abbildung 10.6 ▸
Welche Seite wollen Sie überprüfen?

2 Alle Links der Site prüfen

Wählen Sie Site • Hyperlinks auf der ganzen Site prüfen, um alle Seiten Ihrer Website zu testen.

Falls im Fenster keine Dateien angezeigt werden, sind alle lokalen Links intakt, und der Test ist für Sie beendet. Externe Links, die auf fremde Websites zeigen, werden hier nicht überprüft.

Abbildung 10.7 ▾
Hier erscheinen die getesteten Links.

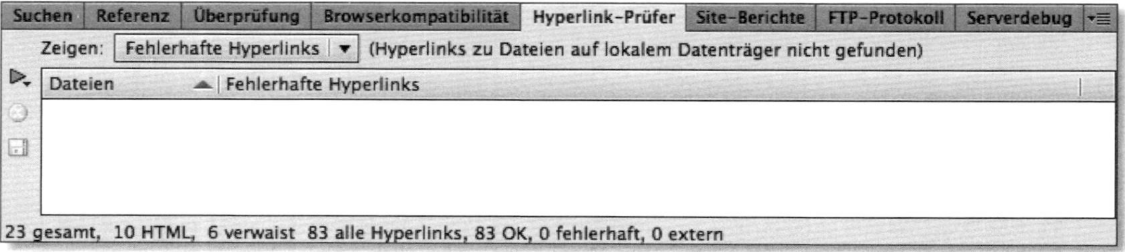

3 Fehler korrigieren

Wird in der Liste der fehlerhaften Hyperlinks eine Datei angezeigt, klicken Sie diese doppelt an, um sie direkt in Dreamweaver zu öffnen. Korrigieren Sie den Fehler, indem Sie zum Beispiel die Verknüpfung entfernen oder zur korrekten Seite verlinken.

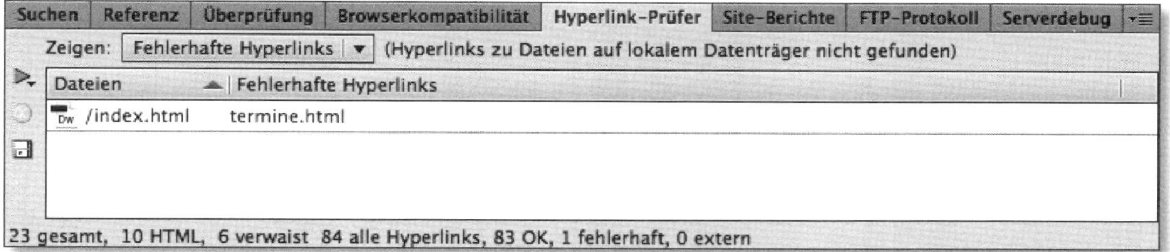

▲ **Abbildung 10.8**
Die fehlerhaften Links

Browserkompatibilität und Zugänglichkeit prüfen

Dreamweaver bietet neben der Hyperlink-Überprüfung auch eine Funktion zur Browserkompatibilitäts-Überprüfung an. Bei diesem Test überprüft Dreamweaver, bei welchen Webbrowsern es zu Darstellungsproblemen kommen kann. Leider läuft die Korrektur solcher Fehler nicht automatisch, so dass meist gute CSS-Kenntnisse benötigt werden.

Um die Browserkompatibilitäts-Überprüfung durchzuführen, wählen Sie im Dokumentenfenster das Symbol SEITE ÜBERPRÜFEN und dann BROWSERKOMPATIBILITÄT PRÜFEN ❶ aus.

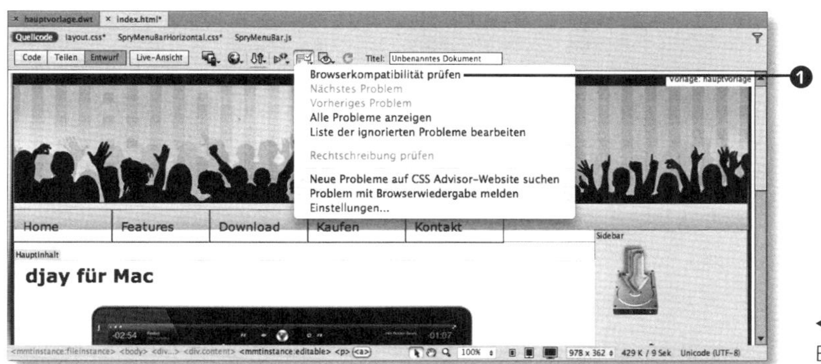

◂ **Abbildung 10.9**
Browserkompatibilität prüfen

10.2 FTP-Übertragung konfigurieren

Als Nächstes wollen wir die fertig erstellte und getestete Website auf den Webserver Ihres Providers übertragen, um sie im WWW zu veröffentlichen. Eine Möglichkeit, Daten im Internet zu übertragen, bietet das **File Transfer Protocol** (**FTP**). Ihr Provider hält dafür einen eigenen FTP-Server bereit. Um diesen zu kontaktieren und Daten dorthin zu übertragen, benötigen Sie besondere Zugangsdaten. Erfragen Sie diese bei Ihrem Provider.

SFTP

Die sicherere Variante **Secure FTP** (**SFTP**) wird auch von Dreamweaver unterstützt. Dieses Protokoll bietet u.a. den Vorteil, dass die Daten und damit auch das Passwort nur verschlüsselt übertragen werden.

Die Zugangsdaten für einen FTP-Server bestehen in der Regel aus:

- der Adresse des FTP-Servers (z.B. *ftp.provider.de*)
- einem Benutzernamen (in Dreamweaver auch **Anmeldung** genannt)
- einem persönlichen Kennwort
- einem Stammordner, auch **Root-Ordner** genannt, in dem Sie Dateien auf dem Server ablegen können

Um Dreamweaver dafür vorzubereiten, mit dem FTP-Server Ihres Providers Kontakt aufzunehmen und Daten dorthin zu übertragen, gehen Sie wie nachfolgend beschrieben vor.

Schritt für Schritt
FTP-Server in Dreamweaver einrichten

1 Zu übertragende Site auswählen

Wählen Sie SITE • SITES VERWALTEN aus, um eine Übersicht über die Sites zu erhalten.

Klicken Sie zuerst die Site an, für die Sie die FTP-Einstellungen vornehmen möchten (in unserem Beispiel *djay Übungen*) ❶, und wählen Sie dann BEARBEITEN ❷.

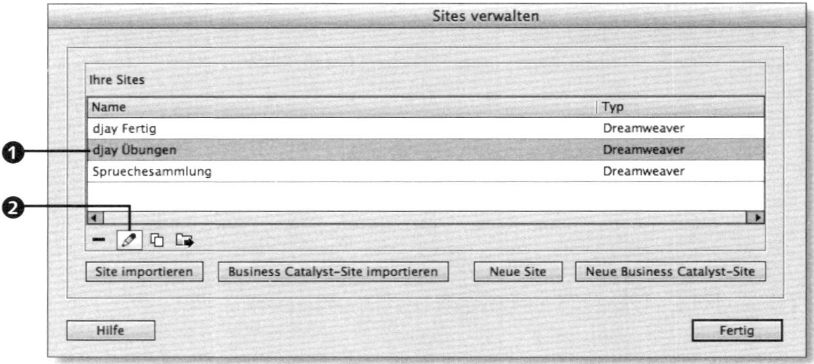

Abbildung 10.10 ▸
djay Übungen bearbeiten

2 Erweiterte Einstellungen auswählen

Im folgenden Menü sehen Sie in der linken Spalte alle Einstellungskategorien für Ihre Site. Wählen Sie SERVER ❸ aus, und klicken Sie anschließend auf das Plus-Symbol ❹, um die FTP-Einstellungen für die Site vorzunehmen.

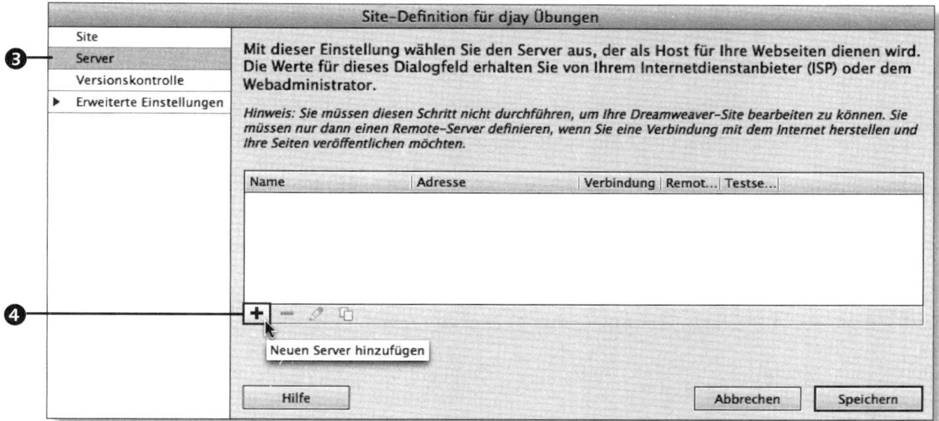

▲ **Abbildung 10.11**
Neuen Server hinzufügen

3 FTP-Benutzerdaten eingeben

Tragen Sie zunächst einen Servernamen ❺ ein. Diesen Namen können Sie beliebig wählen.

Es gibt mehrere Techniken, Dateien auf einen Webserver zu übertragen. Im Normalfall wählen Sie FTP oder SFTP ❻. Wenn sich Ihr Webserver allerdings im lokalen Netzwerk befindet, wählen Sie LOKAL/NETZWERK aus.

Tragen Sie dann noch die Benutzerdaten ein, die Sie von Ihrem Provider erhalten haben. Damit Sie das Passwort nicht bei jeder Übertragung erneut eingeben müssen, klicken Sie in das Kontrollfeld SPEICHERN ❼.

▼ **Abbildung 10.12**
Wählen Sie die Einstellungen Ihres FTP-Zugangs.

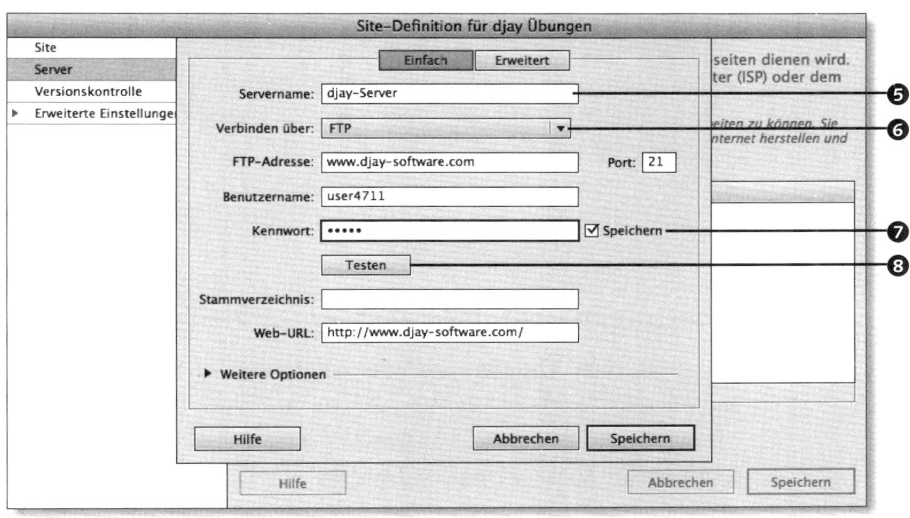

4 Einstellungen testen

Klicken Sie auf die Schaltfläche TESTEN ❽, um Ihre Einstellungen zu überprüfen. Dreamweaver stellt dann probeweise eine Verbindung zu dem angegebenen FTP-Server her.

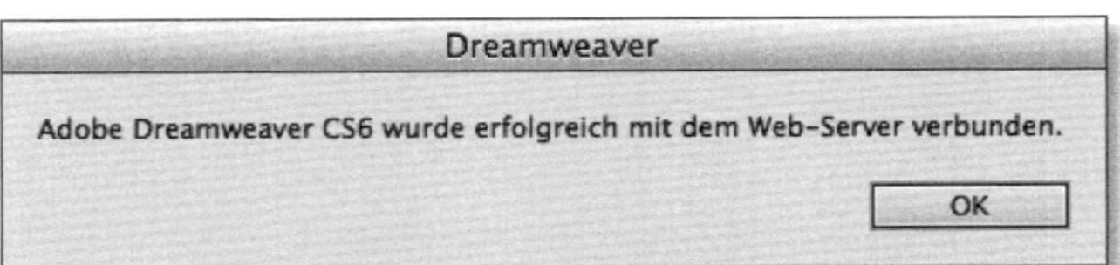

Abbildung 10.13 ►
Ein erfolgreicher Connect

5 Fertig

Klicken Sie auf OK, um die Einstellungen zu speichern. Die Vorbereitungen für die Übertragung der Website auf den Webserver sind damit abgeschlossen.

10.3 Übertragen der Site auf den Server

Die Verbindung zum Webserver ist nun vorbereitet und kann jederzeit hergestellt werden. Nun übertragen wir die Dateien auf den Server. Dreamweaver bietet dafür grundsätzlich drei verschiedene Methoden an:

1. Übertragen einer gesamten Site oder einzelner Dateien über das Fenster DATEIEN: So übertragen Sie mehrere Dateien oder sogar die ganze Site auf einmal übertragen.
2. Übertragung direkt aus dem Dokumentenfenster heraus: Hiermit übertragen Sie das Dokument, das Sie gerade bearbeiten, direkt auf den Server.
3. Mit der Funktion SITE SYNCHRONISIEREN werden die Dateien Ihrer Site mit denen des Webservers automatisch abgeglichen.

Übertragen über das Fenster »Dateien«

Das Bedienfeld DATEIEN zeigt den Website-Ordner und alle enthaltenen Dateien der Website an, wie zum Beispiel HTML-Seiten, Vorlagen und Bilder. Es handelt sich also um einen integrierten Explorer für Dateien Ihrer Website.

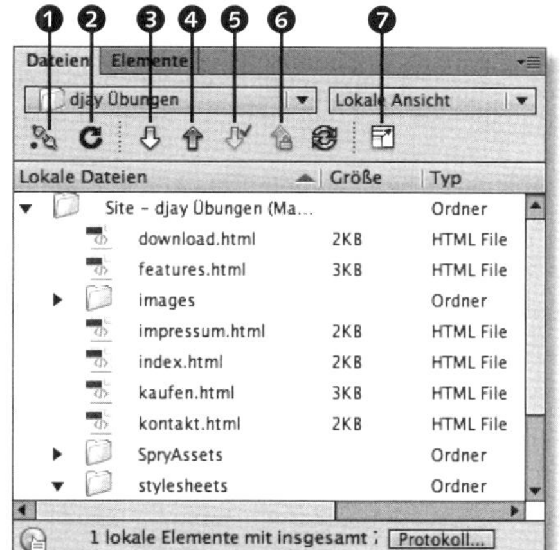

◂ **Abbildung 10.14**
Im Fenster DATEIEN sehen Sie alle Ordner und Dokumente der Site.

Mit dem Icon VERBINDUNG ZU REMOTE-SERVER HERSTELLEN ❶ stellen Sie eine Verbindung zum FTP-Server her.

Mit der Schaltfläche ❷ aktualisieren Sie die Ansicht im Bedienfeld DATEIEN. Dies ist zum Beispiel notwendig, wenn Sie ohne Dreamweaver – etwa mit dem Windows-Explorer oder dem Finder – eine Datei zum Site-Ordner hinzugefügt haben.

Um die ausgewählten Dateien und Ordner vom Server auf den lokalen Rechner zu übertragen, wählen Sie den nach unten weisenden Pfeil ❸. Um die Dateien und Ordner auf den Webserver zu übertragen, klicken Sie auf den nach oben weisenden Pfeil ❹.

Mit den Schaltflächen ❺ und ❻ checken Sie die Dateien ein bzw. aus. Ist eine Datei ausgecheckt, kann sie erst dann von jemand anders ausgecheckt und bearbeitet werden, wenn sie wieder eingecheckt worden ist. Mit diesen Funktionen wird sichergestellt, dass immer nur eine Person an einer Webseite arbeitet.

Ein- und Auschecken aktivieren

Um die Ein- und Auschecken-Funktion zu aktivieren, setzen Sie in dem Fenster, in dem Sie bereits die FTP-Einstellungen für die Website vorgenommen haben, ein Häkchen bei EIN- UND AUSCHECKEN VON DATEIEN AKTIVIEREN.

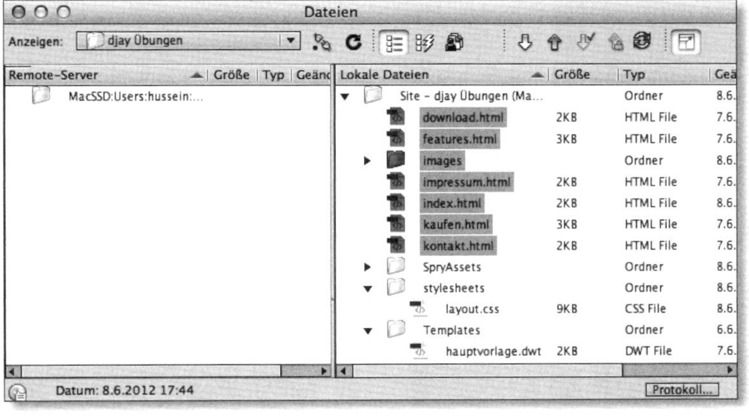

◂ **Abbildung 10.15**
Anzeige der lokalen und entfernten Dateien

Das Fenster DATEIEN zeigt normalerweise nur die Dateien auf Ihrem eigenen Rechner an. Um jedoch gleichzeitig die Dateien auf dem FTP-Server einzublenden, klicken Sie auf das Icon ❼ ganz rechts im Fenster. Das Fenster wird dann in der vergrößerten Ansicht geöffnet, in der im linken Bereich zusätzlich die Dateien auf dem FTP-Server angezeigt werden. Klicken Sie erneut auf das Icon, um in die normale Ansicht zurückzuwechseln.

Im Folgenden werden wir unsere gesamte Website aus dem Bedienfeld DATEIEN auf den FTP-Server übertragen. Dafür sind nur wenige Schritte erforderlich.

Schritt für Schritt
Gesamte Website übertragen

1 Site auswählen

Öffnen Sie das Bedienfeld DATEIEN. Wenn es nicht sichtbar ist, blenden Sie es über FENSTER • DATEIEN ein.

Wählen Sie aus der Liste ❶ die Site aus, die Sie übertragen möchten. In unserem Übungsbeispiel ist dies *djay Übungen*.

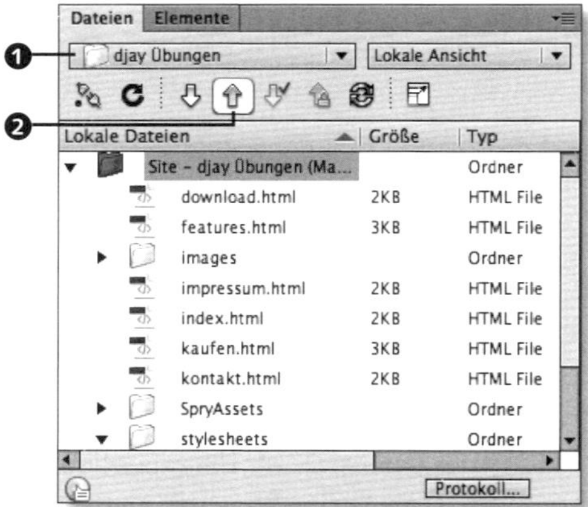

Abbildung 10.16 ▸
Die ausgewählten Dateien werden übertragen.

2 Daten auf den Server übertragen

Markieren Sie den obersten Ordner im Bedienfeld, und klicken Sie auf den nach oben weisenden blauen Pfeil ❷.

Es erscheint eine Dialogbox. Bestätigen Sie die Anfrage, indem Sie auf OK klicken. Diese Rückversicherung soll vermeiden, dass Sie aus Versehen die gesamte Website auf den Server übertragen.

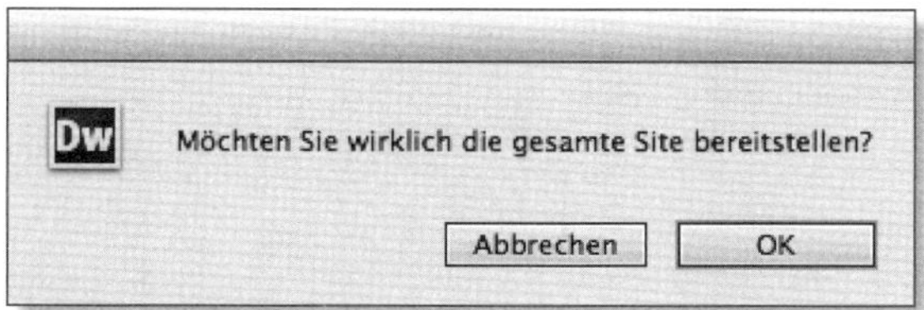

◂ **Abbildung 10.17**
Sicherheitshalber fragt Dreamweaver noch einmal nach.

3 Übertragung prüfen

Die Übertragung der gesamten Website kann – abhängig von Ihrer Internetverbindung und der Größe der Site – einige Minuten dauern. Öffnen Sie danach einfach einen Browser, und geben Sie die Internetadresse ein. Wird Ihre Site hier auf dem neuesten Stand angezeigt, ist die Übertragung reibungslos verlaufen. Wird noch die alte Version angezeigt, leeren Sie zunächst den Cache Ihres Browsers und klicken dann auf AKTUALISIEREN. Wird die soeben übertragene Version Ihrer Site noch immer nicht angezeigt, überprüfen Sie alle Schritte der Übertragung und fragen zur Not bei Ihrem Provider nach.

Übertragung im Dokumentenfenster

Wenn Sie die gesamte Website bereits übertragen haben, kommt es sehr häufig vor, dass Sie noch Änderungen an der einen oder anderen Datei vornehmen möchten.

Schritt für Schritt
Einzelne Webseite übertragen

1 Webseite herunterladen und bearbeiten

Wenn auf dem Webserver eine neuere Version der Seite vorliegt als lokal auf Ihrem Rechner, müssen Sie die aktuellen Daten zunächst herunterladen. Klicken Sie dazu auf das Icon DATEIVERWALTUNG ❸ (Abbildung 10.18), und wählen Sie aus dem Dropdown-Menü den Eintrag ABRUFEN aus. Sie erhalten dann die neueste Version der Webseite.

Nehmen Sie dann mit den Dreamweaver-Werkzeugen die gewünschten Änderungen an der Seite vor.

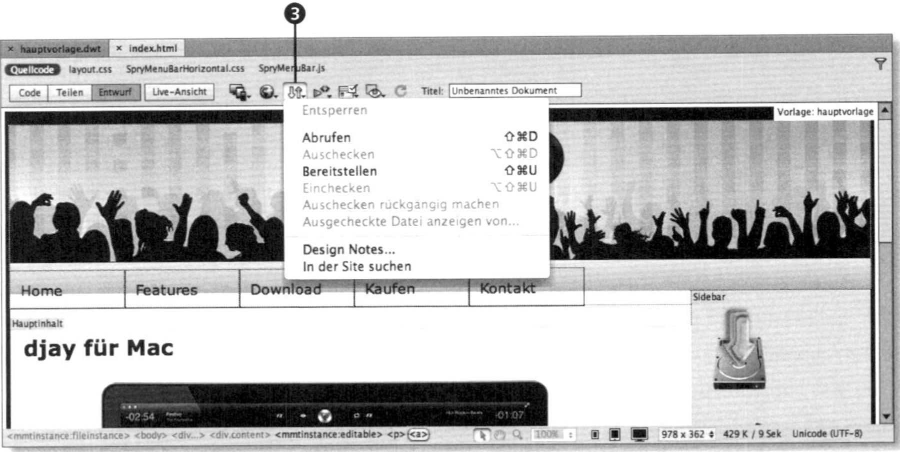

Abbildung 10.18 ▲
Nach der Änderung wählen Sie dieses Menü.

2 Übertragen der einzelnen Webseite

Wenn Sie mit den Änderungen fertig sind und die Seite auf Ihrer Festplatte abgespeichert haben, können Sie sie direkt aus dem Dokumentenfenster heraus wieder auf den Server übertragen. Klicken Sie dafür einfach erneut auf die Schaltfläche DATEIVERWALTUNG ❸, und wählen Sie dann BEREITSTELLEN.

3 Abhängige Dateien mit übertragen

In der folgenden Dialogbox werden Sie gefragt, ob auch die von der Webseite abhängigen Dateien mit übertragen werden sollen. Damit sind die im Dokument verwendeten Bilder, Flash-Filme oder externen Stylesheets (falls vorhanden) gemeint.

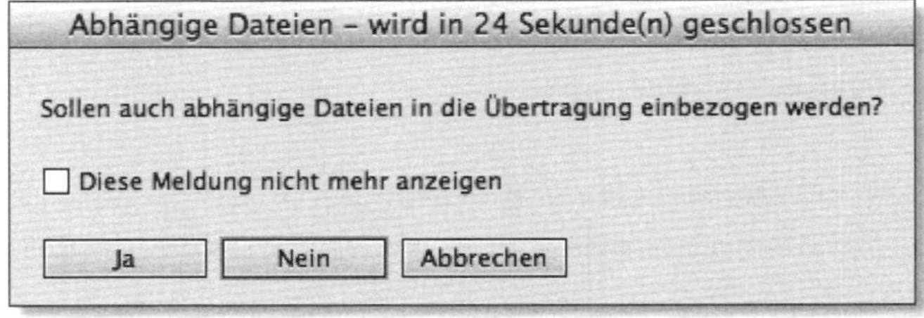

Abbildung 10.19 ►
Sollen auch abhängige Dateien übertragen werden?

Wenn Sie nur den Text einer Seite geändert haben, können Sie auf NEIN klicken. Wenn Sie ein neues Bild in das Dokument eingefügt oder ein Bild bearbeitet haben, klicken Sie auf JA.

Wenn Sie unsicher sind, klicken Sie am besten auf JA. Das kann zwar etwas länger dauern, aber Sie können dann sicher sein, dass die aktuellsten Dateien auf dem Server sind.

4 Fertig

Die einzelne Webseite ist auf den Server übertragen und eingecheckt.

Abhängige Daten immer mit übertragen

Damit Sie nicht andauernd gefragt werden, ob Sie abhängige Dateien einschließen möchten, klicken Sie auf das Kontrollfeld DIESE MELDUNG NICHT MEHR ANZEIGEN und anschließend auf JA. Die Übertragung dauert mit dieser Einstellung aber in jedem Fall länger, vor allem, wenn Sie nur eine analoge oder ISDN-Verbindung zum Internet benutzen. Sie können diese Einstellung später auch wieder rückgängig machen.

Website synchronisieren

Bei den zwei bisher beschriebenen Methoden, eine komplette Website bzw. nur Teile davon auf den Server zu übertragen, müssen Sie darauf achten, dass auch immer wirklich alle Dateien erfasst werden. Es kommt nicht selten vor, dass man kleine Änderungen an ein paar Seiten vorgenommen hat und dann unsicher ist, ob man auch wirklich alle wieder eingecheckt hat. Eine erneute Übertragung der gesamten Website über das Bedienfeld DATEIEN kann jedoch sehr lange dauern.

In einem solchen Fall hilft die Funktion SITE SYNCHRONISIEREN. Dreamweaver überprüft anhand des letzten Änderungsdatums und anhand der Größe jeder einzelnen Datei der Website, ob sie auf dem Webserver auch auf dem aktuellsten Stand ist. Falls nicht, wird sie automatisch mit übertragen. Um die Funktion zu nutzen, gehen Sie wie folgt vor.

Schritt für Schritt
Website synchronisieren

1 Ganze Site synchronisieren

Wählen Sie SITE • GANZE SITE SYNCHRONISIEREN. Es erscheint die Dialogbox DATEIEN SYNCHRONISIEREN. Um die gesamte Site abzugleichen, wählen Sie hier GESAMTE ›SITENAME‹-SITE aus. Aktivieren Sie diese Option nicht, werden nur ausgewählte Dateien einzeln synchronisiert.

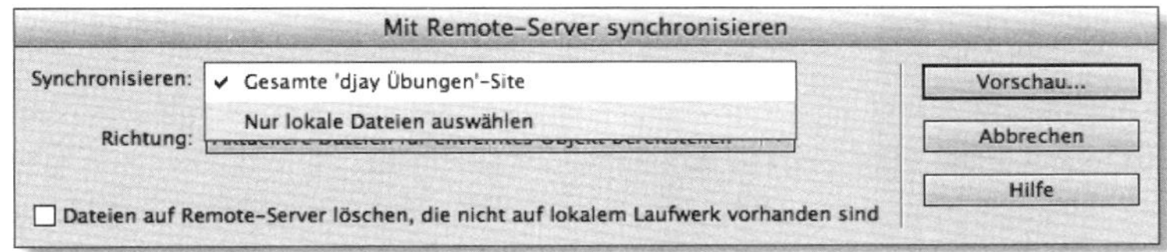

◂ **Abbildung 10.20**
Die ganze Website soll übertragen werden.

2 Richtung für Synchronisation festlegen

Geben Sie jetzt die RICHTUNG an, in der die Dateien übertragen werden sollen. Wählen Sie hier AKTUELLERE DATEIEN FÜR ENTFERNTES OBJEKT BEREITSTELLEN aus, um die Dateien von Ihrem lokalen Rechner auf den Webserver zu übertragen. Klicken Sie dann auf VORSCHAU.

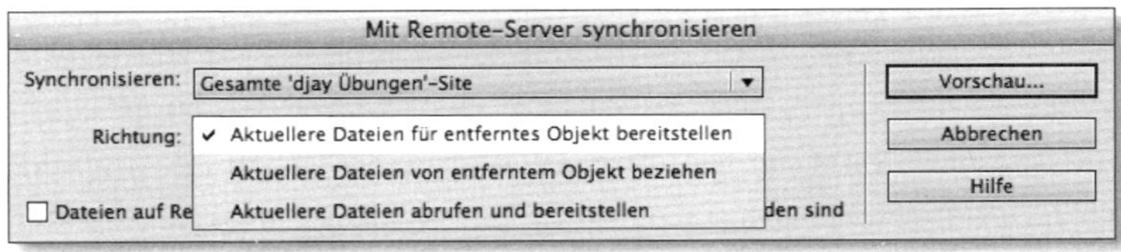

Abbildung 10.21 ▸
Legen Sie die Richtung fest.

3 Vorschau der Synchronisation

Dreamweaver überprüft nun, welche Dateien auf dem Webserver nicht mehr auf dem aktuellen Stand sind. Die Liste der Dateien wird im Vorschaufenster angezeigt. Sie können das Häkchen einzelner Dateien entfernen, um diese von der Übertragung auszuschließen. Klicken Sie auf OK, um die angezeigten Dateien zu übertragen.

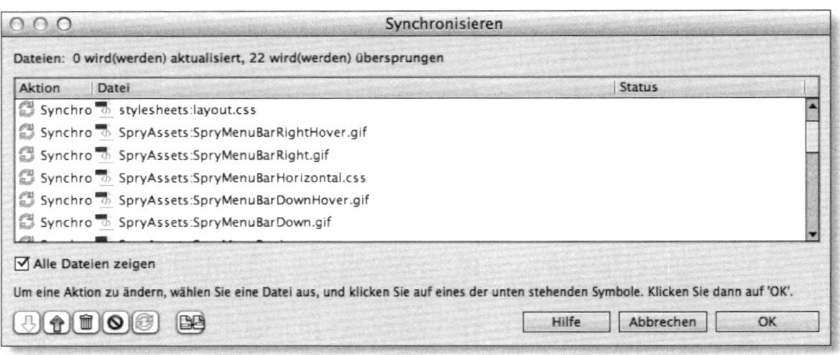

Abbildung 10.22 ▸
Das SYNCHRONISIEREN-Fenster

Ist Ihre Website online, ist es sicherlich von Vorteil, wenn sie von anderen Nutzern einfach gefunden werden kann. Wie Sie Ihre Website für Suchmaschinen optimieren, erfahren Sie in Kapitel 21, »Gesucht und gefunden bei Google«.

10.4 Website verwalten

Dreamweaver bietet die Möglichkeit, die Dateien Ihrer Site komfortabel zu verwalten. Im Bedienfeld DATEIEN (oder Menü FENS-

TER • DATEIEN) können Sie Dateien umbenennen, verschieben, kopieren, löschen und mehr, ähnlich wie im Windows-Explorer oder im Finder beim Mac.

Sie sollten aber niemals Dateien direkt im Windows Explorer oder im Finder umbenennen, verschieben usw., da dann die Links auf verschobene Seiten, Bilder und andere Objekte nicht mehr funktionieren. Wenn Sie zum Beispiel einen Link von der Seite »index.html« zur Seite »kontakt.html« erstellt haben und später die Datei »kontakt.html« in »kontakte.html« umbenennen, so führt der Link auf der Seite »index.html« ins Leere. Sie müssen dann den Link manuell korrigieren. Wenn Sie jedoch die Dateien im DATEIEN-Fenster von Dreamweaver umbenennen oder verschieben, korrigiert Dreamweaver alle Links automatisch.

Über die rechte Maustaste bzw. über Mausklick + Ctrl stehen Ihnen einige Funktionen für die Verwaltung der Dateien und Ordner zur Verfügung. Die wichtigsten sind:

- BEARBEITEN • UMBENENNEN
  Ein Cursor blinkt im markierten Dateinamen. Geben Sie jetzt einen neuen Namen ein. Vergessen Sie dabei die Dateiendung nicht. Verwenden Sie für den Namen keine Umlaute, Leerzeichen oder sonstigen Sonderzeichen (außer Unterstrichen und Bindestrichen).
- BEARBEITEN • LÖSCHEN
  Die Datei ist dann verschwunden und kann nicht wiederhergestellt werden.
- NEUER ORDNER
  Klicken Sie mit der rechten Maustaste den obersten Ordner an, und wählen Sie NEUER ORDNER. Geben Sie anschließend den Namen für den neuen Ordner ein.

Stets mit Webserver synchronisieren

Beachten Sie, dass diese Änderungen nur an den Dateien auf Ihrer Festplatte durchgeführt wurden. Um die Änderungen auch auf dem Webserver vorzunehmen, übertragen Sie am besten die gesamte Site erneut. Somit ist sichergestellt, dass alle Änderungen auf dem Webserver übernommen wurden. Sie können dazu auch die oben beschriebene Funktion SYNCHRONISIEREN verwenden.

Sie können auch Dateien verschieben: Ziehen Sie dafür eine Datei mit der Maus einfach in ein anderes Verzeichnis.

Wenn Sie eine Datei verändert haben (z. B. durch Umbenennen), fragt Dreamweaver in einem Dialogfenster nach, ob die Links in der betreffenden Datei und in den verlinkten Dateien automatisch korrigiert werden sollen. Klicken Sie auf AKTUALISIEREN, damit Dreamweaver die Hyperlinks automatisch korrigiert.

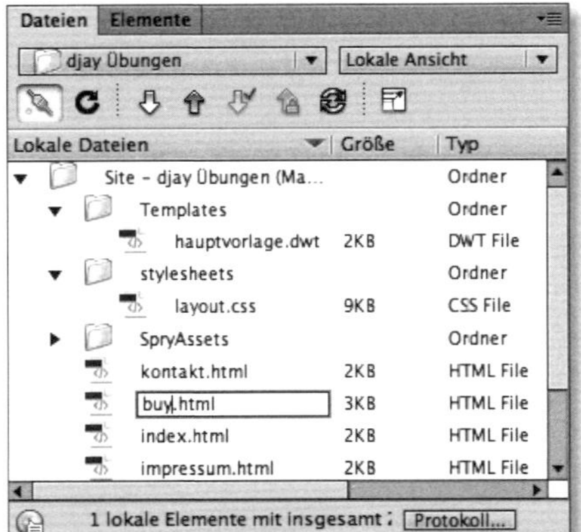

Abbildung 10.23 ▸
Hier verändern Sie den Dateinamen

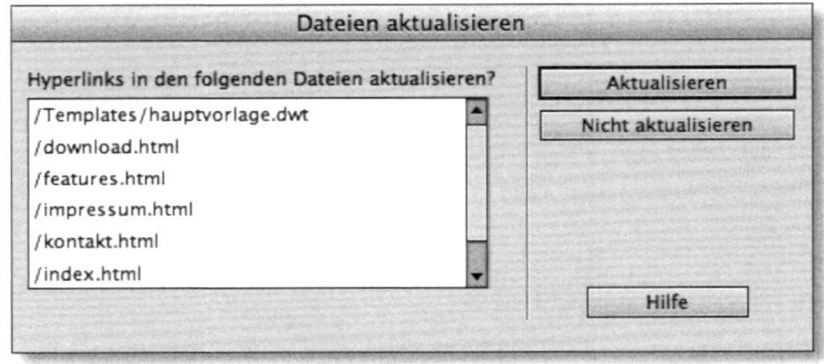

Abbildung 10.24 ▸
Dieses Dialogfenster erscheint, wenn Sie zum Beispiel den Dateinamen verändert haben.

Unsere Website befindet sich nun auf dem Webserver und kann von Surfern auf der ganzen Welt besucht werden. Sie können die Website immer wieder verändern und auf dem Server aktualisieren.

Sie sind also am Ziel angekommen und können jetzt selbst mit eigenen Projekten loslegen. In den folgenden Kapiteln lernen Sie, wie Sie bessere Seiten als bisher entwickeln, welche Möglichkeiten Dreamweaver CS6 dafür bietet und wie Sie diese effizient einsetzen.

Teil III

Dreamweaver im Detail

Kapitel 11

Texte eingeben und strukturieren

So erstellen Sie Überschriften, Absätze und Listen

- Wie füge ich Text in die Seite ein?
- Wie sollte ich meine Inhalte strukturieren?
- Wann verwende ich Überschriften, Absätze, Listen und Hervorhebungen?
- Wie importiere ich Texte aus Word?

11 Texte eingeben und strukturieren

Im Folgenden lernen Sie, wie Sie mit Dreamweaver Textinhalte für Ihre Webseiten erstellen, ordnen und mit HTML-Tags strukturieren. Im Kapitel 12, »Arbeiten mit CSS«, wird der Text dann mit CSS formatiert und gestaltet.

11.1 Textinhalte erstellen

In den folgenden Abschnitten erfahren Sie, wie Sie Texte und Sonderzeichen einfügen.

Text eingeben

Bevor Sie einen Text im Dokumentenfenster eingeben, sollten Sie darauf achten, dass die Ansicht ENTWURF ❶ aktiviert ist.

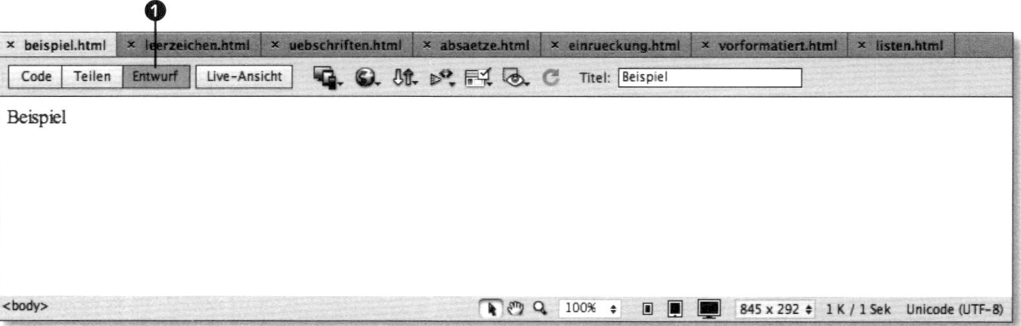

Abbildung 11.1 ▼
Das Dokumentenfenster in der Ansicht ENTWURF zeigt die Seite so, wie sie in etwa auch im Browser aussieht.

Alternativ können Sie auch in die Ansicht TEILEN wechseln. In dieser Ansicht wird, wie Sie ja schon wissen, im linken Teil der HTML-Code und im rechten Teil der Entwurf angezeigt. Achten Sie unbedingt darauf, dass sich die Einfügemarke im Entwurfsbereich befindet, da wir hier nicht im Quelltext arbeiten möchten.

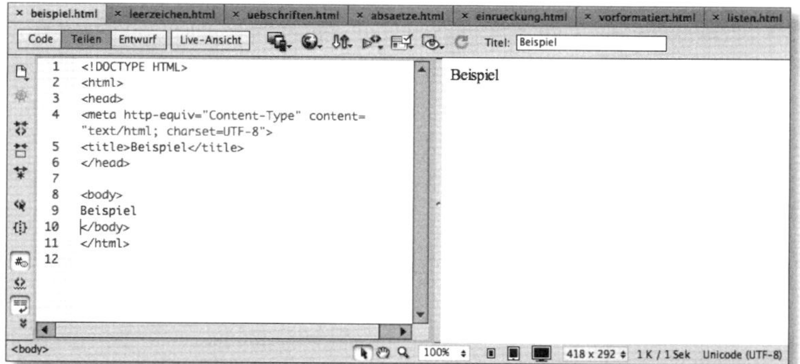

◄ **Abbildung 11.2**
Das Dokumentenfenster in der Teilen-Ansicht – links der HTML-Bereich und rechts der Entwurfsbereich

Die Teilen-Ansicht hat einen großen Vorteil: Geben Sie im rechten Bereich Inhalte ein oder bearbeiten diese, können Sie gleichzeitig im linken Bereich verfolgen, wie Dreamweaver Ihre Eingaben automatisch in HTML umsetzt.

Sie können nun mit der Eingabe eines Textes im Entwurfsbereich beginnen. Die einzelnen Elemente des Textes schauen wir uns jetzt an.

Sonderzeichen eingeben

In älteren Dreamweaver-Versionen wurden Sonderzeichen, wie zum Beispiel die deutschen Buchstaben ä, ü, ö und ß oder auch das Euro-Zeichen, bei der Eingabe automatisch in HTML-Entities umgewandelt. So schrieb man zum Beispiel »Müller« in HTML als `Müller`.

Dies ist jetzt nicht mehr notwendig, da Dreamweaver die HTML-Dokumente im sogenannten **Unicode-Zeichensatz** erstellt. Im Unicode-Format können fast alle Zeichen aller bekannten Schriftkulturen und Zeichensysteme eingegeben werden. Es können also nicht nur deutsche Umlaute, sondern zum Beispiel auch arabische Schriftzeichen direkt eingegeben werden (vorausgesetzt, Ihre Tastatur ist entsprechend eingestellt).

Sonderzeichen, die nicht über die Tastatur erreichbar sind, können Sie über EINFÜGEN • HTML • SONDERZEICHEN eingeben. Alternativ rufen Sie den Reiter TEXT ❷ (Abbildung 11.4) des EINFÜGEN-Bedienfelds auf. Ein Klick auf das Dreieck des letzten Symbols ❸ öffnet ein Menü mit einer Auswahl an Sonderzeichen.

HTML-Entities

Eine HTML-Entity stellt in HTML ein Sonderzeichen dar. HTML-Entities beginnen immer mit einem &-Symbol und enden mit einem Semikolon, wie zum Beispiel `€`. Auf diese Weise lassen sich viele internationale Symbole und Sonderzeichen auf Webseiten anzeigen.

Falls das gesuchte Sonderzeichen hier nicht eingetragen ist, können Sie über den Menüpunkt ANDERE ZEICHEN ❹ das gewünschte Sonderzeichen in einem Fenster auswählen und einfügen.

▲ **Abbildung 11.3**
Über den Menüpunkt ANDERE ZEICHEN können Sie ein Sonderzeichen im Dialogfenster auswählen und einfügen.

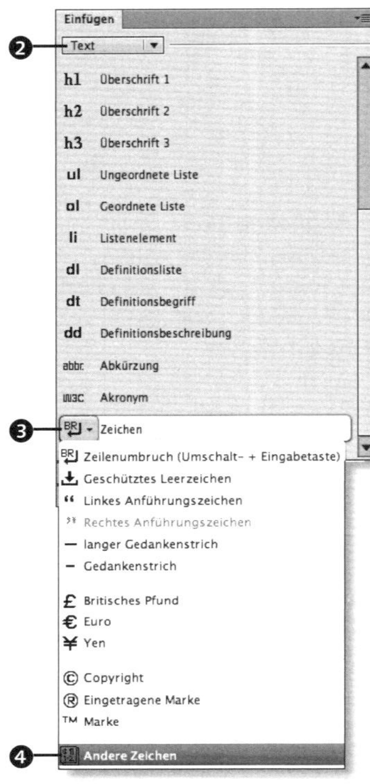

▲ **Abbildung 11.4**
Über die Schaltfläche ZEICHEN wählen Sie die Sonderzeichen aus.

Leerzeichen eingeben

Die Eingabe eines normalen Leerzeichens geschieht wie in jedem Programm über die Leertaste. Die Eingabe von zwei Leerzeichen hintereinander lässt Dreamweaver allerdings nicht zu. Dies ist aber keine Beschränkung von Dreamweaver, sondern von HTML. Mehrere Leerzeichen oder sogar Zeilenumbrüche interpretiert ein Browser immer nur als ein Leerzeichen bzw. als einen Zeilenumbruch.

Für die Eingabe von mehreren Leerzeichen können Sie ein **geschütztes Leerzeichen** verwenden. Dazu dient in HTML die Entity ` `. Im Webbrowser wird das Sonderzeichen einfach als Leerzeichen angezeigt. Damit können Sie beliebig viele Leerzeichen hintereinander eingeben.

Wählen Sie dazu im Menü EINFÜGEN • HTML • SONDERZEICHEN • GESCHÜTZTES LEERZEICHEN aus.

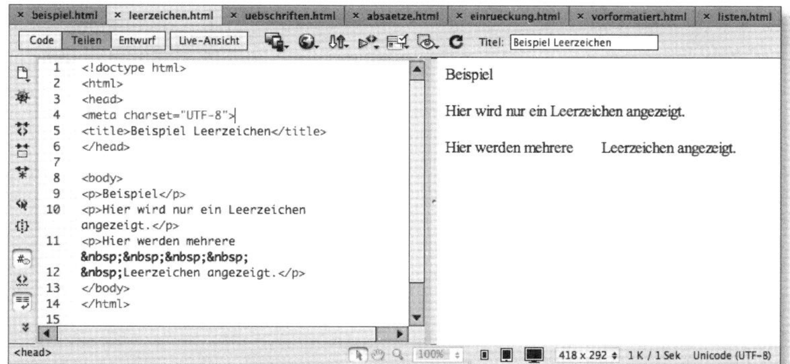

◂ **Abbildung 11.5**
Anzeige mehrerer Leerzeichen hintereinander mit der HTML-Entity

11.2 Inhalte strukturieren

Die Verwendung von HTML zur Gestaltung von Texten wird nach wie vor von den Browsern unterstützt, ist jedoch veraltet und nach dem letzten HTML-Standard nicht mehr gültig. Insbesondere die Verwendung des <font>-Tags ist nicht mehr zu empfehlen.

HTML wird nur zum Strukturieren von Inhalten benutzt. Es wird also damit beschrieben, ob ein Text eine Überschrift, einen Absatz, eine Liste oder eine Tabelle darstellt. Mit Cascading Stylesheets (siehe Kapitel 12, »Arbeiten mit CSS«) legen Sie dann fest, wie die Überschriften, Absätze usw. aussehen sollen.

Im folgenden Abschnitt wollen wir uns den wichtigsten HTML-Befehlen zur Strukturierung von Texten widmen.

Überschriften

In HTML gibt es nicht nur ein Überschriften-Tag, sondern sechs verschiedene: <h1>, <h2>, <h3>, <h4>, <h5> und <h6>. Für die oberste Ebene, also die Überschrift erster Ordnung, sollten Sie in Ihrem Dokument <h1> verwenden. Für eine Überschrift, die der Hauptüberschrift direkt untergeordnet (also zweiter Ordnung) ist, wählen Sie <h2> usw.

Um einen Text in Dreamweaver als Hauptüberschrift zu strukturieren, klicken Sie auf H1 im Reiter TEXT des EINFÜGEN-Bedienfelds oder wählen im EIGENSCHAFTEN-Bedienfeld unter FORMAT ❶ (Abbildung 11.6) die Option ÜBERSCHRIFT 1.

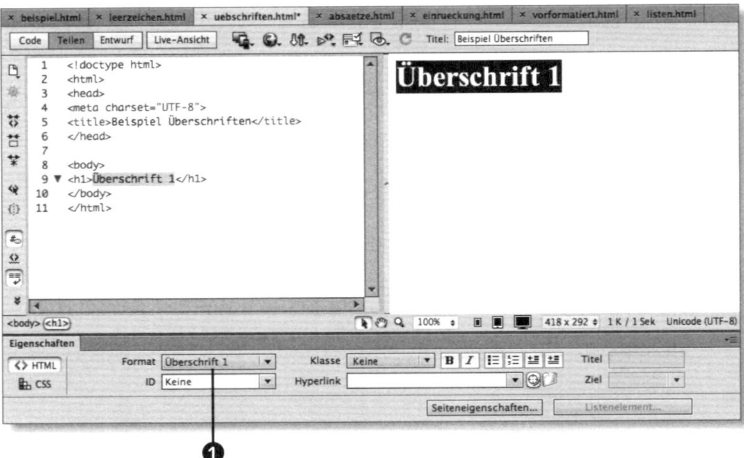

Abbildung 11.6 ►
Wahl des Überschriften-Formats im EIGENSCHAFTEN-Bedienfeld – ÜBERSCHRIFT 1 entspricht dem HTML-Tag <h1>.

Ohne Verwendung von Cascading Stylesheets werden die Überschriften 1 bis 6 vom Browser eigenständig formatiert. Später können Sie dann in der Stylesheet-Datei zum Beispiel ihre Größe und Schriftart ändern. Abbildung 11.7 zeigt Ihnen alle Überschriftenklassen an.

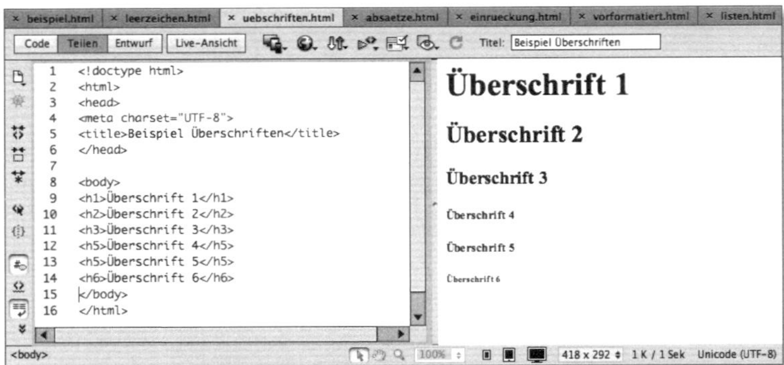

▲ Abbildung 11.7
Alle Überschriftenformate in der Übersicht

Absätze

Wenn Sie [↵] betätigen, legt Dreamweaver automatisch einen Absatz mit doppeltem Zeilenumbruch an. In HTML wird ein Absatz vom HTML-Tag <p> umgeben. Ein Absatz kann einen oder mehrere Sätze oder beliebig viele HTML-Elemente und -Objekte enthalten.

Die Größe der Absätze kann über kann mit Cascading Stylesheets eingestellt werden.

Im Webbrowser wird Text innerhalb eines Absatzes automatisch umbrochen, wenn das Fenster des Browsers nicht breit genug ist. Wird das Browserfenster wieder vergrößert, werden die Umbrüche flexibel neu gesetzt. Man nennt diese anpassbaren Umbrüche auch **weiche Umbrüche** ❷.

Um an einer bestimmten Stelle innerhalb eines Absatzes einen Umbruch zu erzwingen, betätigen Sie die Tasten ⇧ und ↵ gleichzeitig. Hierdurch wird das HTML-Tag `<br>` in den Quelltext eingefügt. Ein solcher Umbruch wird auf jeden Fall immer an derselben Stelle angezeigt, egal, wie groß das Browserfenster ist; er wird **harter Umbruch** genannt ❸.

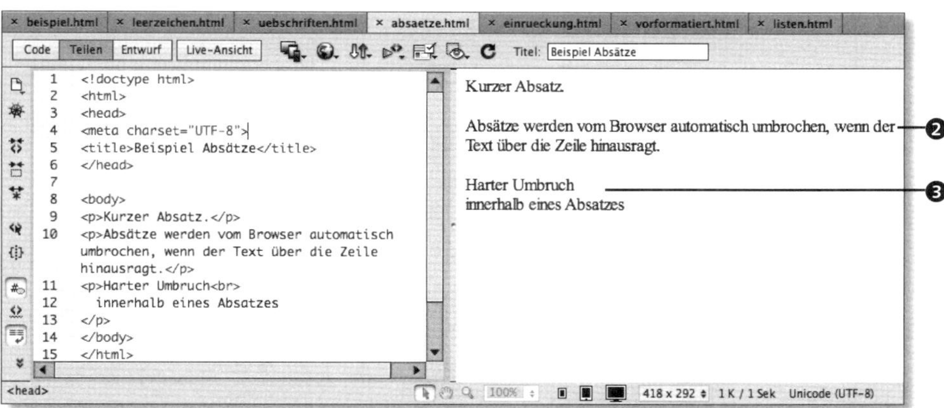

▲ **Abbildung 11.8**
Drei Absätze im Dokumentenfenster – im letzten Absatz wurde mit dem `<br />`-Tag der Text hart umbrochen.

Einrückungen

Absätze können mit dem `<blockquote>`-Tag eingerückt werden. Dieses Tag wird üblicherweise für Zitate verwendet. Markieren Sie dazu den Absatz, und klicken Sie im EIGENSCHAFTEN-Bedienfeld auf die Schaltfläche ❺ (Abbildung 11.9). Um die Einrückung wieder rückgängig zu machen, klicken Sie auf die Schaltfläche ❹ für die Ergänzung eines negativen Einzugs. Im Browser wird der Absatz dann um ca. 40 Pixel eingerückt. Über Cascading Stylesheets können Sie den Abstand später nach Ihren Wünschen einstellen.

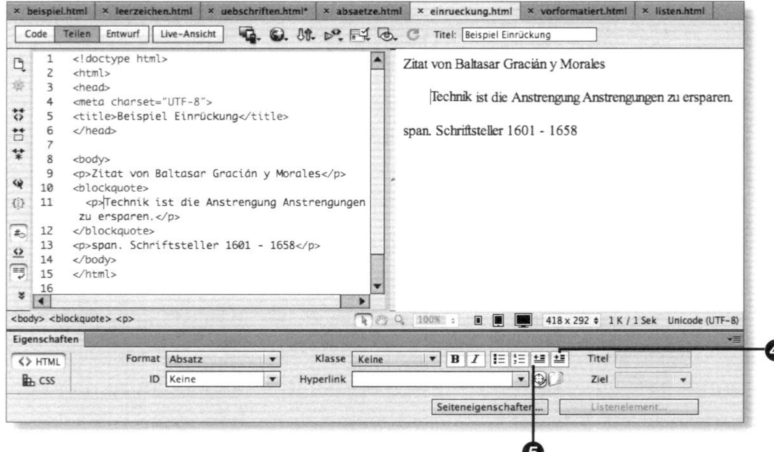

Abbildung 11.9 ▶
Das HTML-Tag `<blockquote>` rückt einen oder mehrere Absätze ein.

Vorformatierte Absätze

Diese Art des Absatzes eignet sich besonders, um HTML- oder Programmiercode anzuzeigen oder Texte, die mit Leerzeichen angeordnet werden sollen, wie zum Beispiel einfache Texttabellen.

Alle gesetzten Tabulatoren, Leerzeichen und Leerzeilen in vorformatierten Absätzen werden von HTML exakt übernommen. Im Browser wird die Schriftart Courier für die Anzeige vorformatierter Absätze verwendet. Der Font hat eine feste Breite und entspricht somit der Quelltextanzeige in Entwicklungsumgebungen.

Um einen vorformatierten Absatz zu erstellen, wählen Sie im Eigenschaften-Bedienfeld unter Format ❶ die Option Vorformatiert aus.

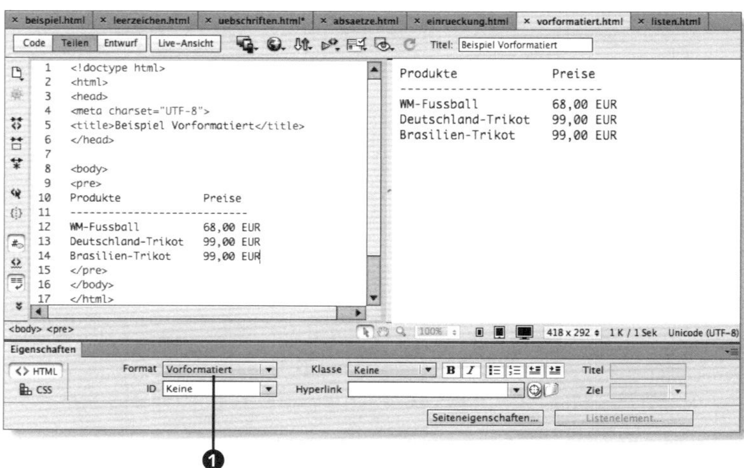

Abbildung 11.10 ▶
Ein Beispiel für vorformatierte Absätze

Listen

In HTML gibt es zwei Arten von Auflistungen:

- ungeordnete Listen, bei denen die Listenelemente nicht durch Zahlen, sondern durch Punkte gegliedert werden
- geordnete Listen, bei denen die Listenelemente durchnummeriert werden

Mit Cascading Stylesheets können Sie die Formatierung von Listen beeinflussen. So können Sie zum Beispiel die Nummerierung der geordneten Listen auf römische Zahlen umstellen oder die Kreise bei ungeordneten Listen durch kleine Grafiken ersetzen. Jetzt sehen wir uns aber zunächst an, wie eine Liste angelegt wird.

Schritt für Schritt
Erstellung einer Liste

1 Einfügemarke setzen

Positionieren Sie die Einfügemarke im Entwurfsbereich des Dokumentenfensters an einer beliebigen Stelle.

2 Listentyp bestimmen

Um eine Liste zu erstellen, klicken Sie im Eigenschaften-Bedienfeld entweder auf die Schaltfläche ❷ zur Erstellung einer ungeordneten Liste oder auf die Schaltfläche ❸ zur Erstellung einer geordneten Liste.

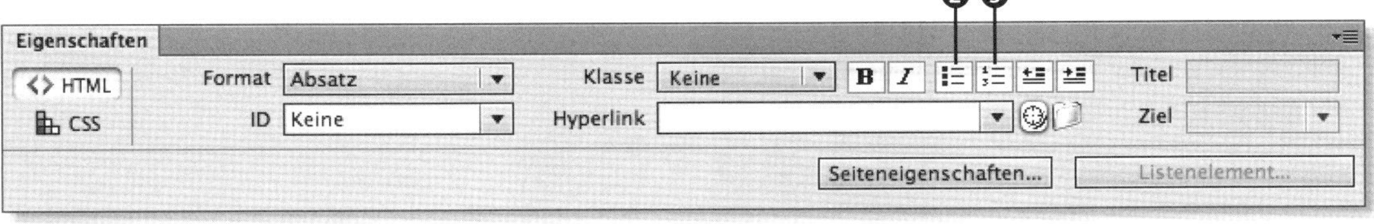

▲ **Abbildung 11.11**
Hier erstellen Sie Listen.

3 Elemente eingeben

Geben Sie nun den Text für das erste Listenelement ein. Wenn Sie [↵] drücken, wird ein neues Listenelement angefügt. Um in die nächste Zeile zu wechseln, ohne ein neues Listenelement zu erstellen, drücken Sie gleichzeitig [⇧] + [↵].

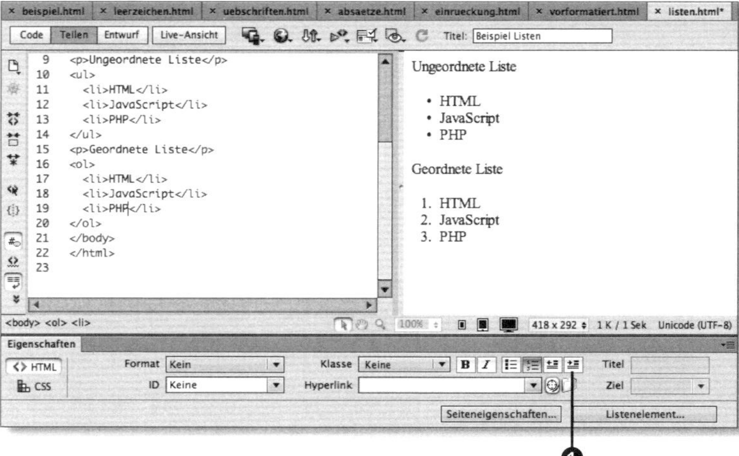

Abbildung 11.12 ▶
Per Eingabe wird ein neues Listenelement eingefügt.

4 Verschachtelte Liste einfügen

Um eine verschachtelte Liste anzulegen, rücken Sie den Text nach rechts ein, indem Sie im EIGENSCHAFTEN-Bedienfeld auf die Schaltfläche ❶ klicken.

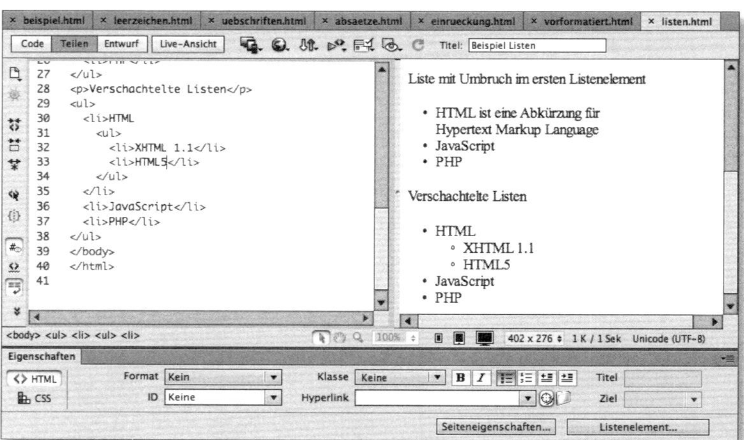

Abbildung 11.13 ▶
Verschachtelte Listen

5 Fertig

Wenn Sie zweimal [↵] drücken, wird die Liste beendet und automatisch eine neue Absatzmarke erstellt.

Hervorhebungen

HTML stellt zum Hervorheben von Textstellen gleich zwei Möglichkeiten zur Verfügung. Markieren Sie den gewünschten Teil

Ihres Textes, und klicken Sie auf die Schaltfläche B ❷ oder I ❸ im EIGENSCHAFTEN-Bedienfeld.

Mit dem <strong>-Tag wird der Textbereich stark hervorgehoben. Im Browser wird der Textbereich **fett** dargestellt, falls dem <strong>-Tag kein Cascading Stylesheet zugeordnet wurde, das die HTML-Formatierung überschreibt. Daher stammt auch die Bezeichnung der Schaltfläche: B steht für »bold« (Englisch für »fett«).

Mit dem <em>-Tag wird der Textbereich hervorgehoben. Wenn Sie zu diesem Tag kein Stylesheet definieren, wird der Textbereich *kursiv* dargestellt. Auch hier spiegelt die Bezeichnung der Schaltfläche im EIGENSCHAFTEN-Bedienfeld die Darstellung im Browser wider: I steht für »italic« (Englisch für »kursiv«).

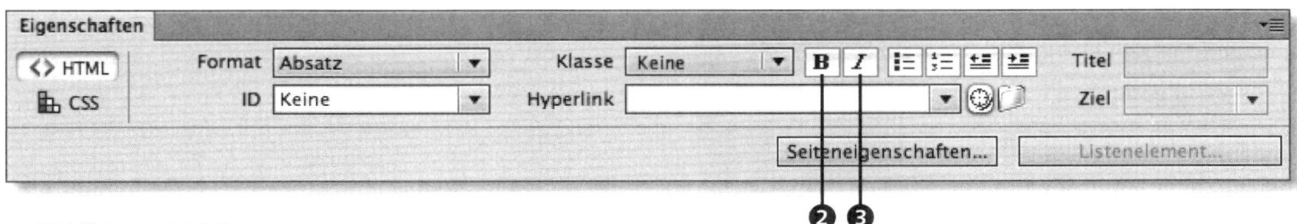

▲ **Abbildung 11.14**
Mit der Schaltfläche B wird der markierte Bereich fett, mit der Schaltfläche I kursiv hervorgehoben.

11.3 Importieren aus Word

Sehr häufig liegen Texte, die auf einer Webseite veröffentlicht werden sollen, bereits in Word vor. Es gibt mehrere Möglichkeiten, Word-Dokumente in Dreamweaver zu importieren.

Word-HTML optimieren

Word selbst bietet die Möglichkeit, Word-Dokumente ins HTML-Format zu exportieren. Sie können dann die exportierte HTML-Datei einfach in Dreamweaver über den Menüpunkt DATEI • ÖFFNEN aufrufen.

Auf den ersten Blick mag diese Funktion sehr praktisch sein. Beim näheren Hinsehen erkennen Sie jedoch schnell, dass der HTML-Code sehr viele unnötige Tags enthält. Dreamweaver bietet für einen solchen Fall eine sehr nützliche Funktion, die den

HTML-Code aus Word optimiert: Wählen Sie BEFEHLE • WORD-HTML OPTIMIEREN aus, nachdem Sie die aus Word exportierte HTML-Datei geöffnet haben.

Da Sie in der Regel sämtliche Aspekte des Dokuments optimieren möchten, aktivieren Sie alle Optionen und klicken auf OK, um die Optimierung zu starten.

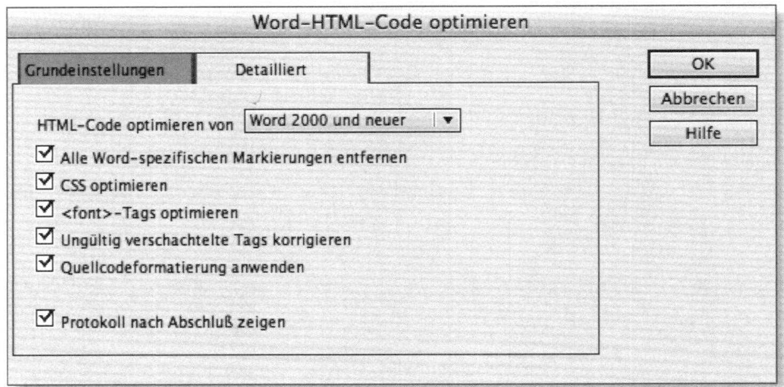

Abbildung 11.15 ▸
Mit der Word-HTML-Optimierungsfunktion wird unnötiger Ballast aus dem HTML-Code entfernt.

Texte aus der Zwischenablage einfügen

Wenn Sie statt eines gesamten Dokuments nur Textbereiche aus Word oder einem anderen Programm importieren möchten, können Sie dafür die Zwischenablage verwenden.

Im Gegensatz zu den meisten anderen Programmen bietet Dreamweaver die Möglichkeit, zu entscheiden, inwiefern die Formatierungen des Textes aus der Zwischenablage übernommen werden sollen. Wenn Sie BEARBEITEN • INHALTE EINFÜGEN wählen, stehen Ihnen dafür vier Optionen zur Verfügung.

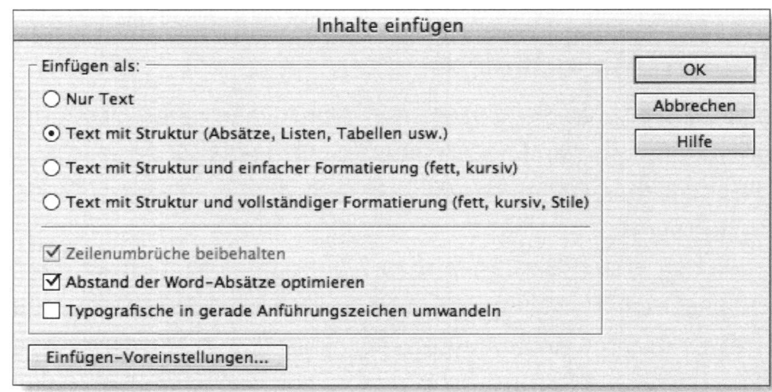

Abbildung 11.16 ▸
Wie sollen Formatierungen eines Textes aus der Zwischenablage in Dreamweaver eingefügt werden?

Die Einstellungsmöglichkeiten möchte ich einmal an dem folgenden Beispiel demonstrieren. Angenommen, wir haben eine Tabelle mit einer Überschrift aus Word in die Zwischenablage kopiert.

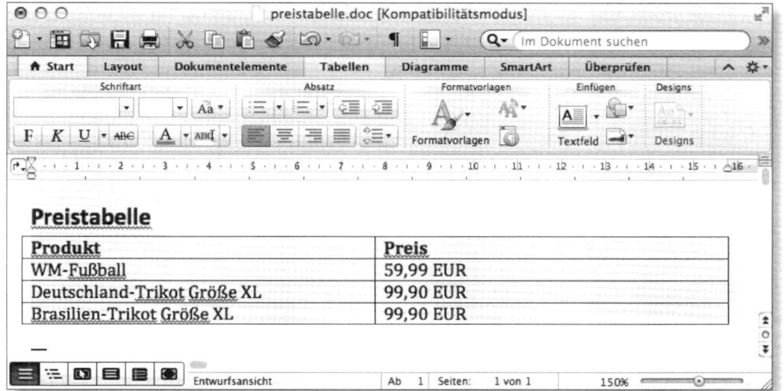

◂ **Abbildung 11.17**
Eine Tabelle mit Überschrift wird in Word über die Zwischenablage kopiert.

Wählen Sie Nur Text, wenn der Text ohne Formatierungen übernommen werden soll. Die Strukturen wie Tabellen und Listen werden in diesem Fall nicht übernommen.

◂ **Abbildung 11.18**
Die Word-Tabelle wurde mit der Option Nur Text eingefügt.

Um Strukturen wie Listen, Tabellen und Überschriften, nicht aber Formatierungen wie fett oder kursiv zu übernehmen, wählen Sie die Option Text mit Struktur. Wenn Sie das Beispiel betrachten, so erscheint es etwas widersprüchlich, dass die Überschrift fett dargestellt wird. Dies liegt jedoch daran, dass sie im Browser bzw. in Dreamweaver einfach standardmäßig größer und fett angezeigt wird.

Wenn Sie die Option Text mit Struktur und einfacher Formatierung wählen, werden beim Einfügen aus der Zwischenablage zusätzlich Formatierungen wie fett und kursiv übernommen. Diese Option wird auch automatisch gewählt, wenn Sie den Befehl Bearbeiten • Einfügen verwenden.

Abbildung 11.19 ►
Die Word-Tabelle wurde mit der Option Text mit Struktur eingefügt.

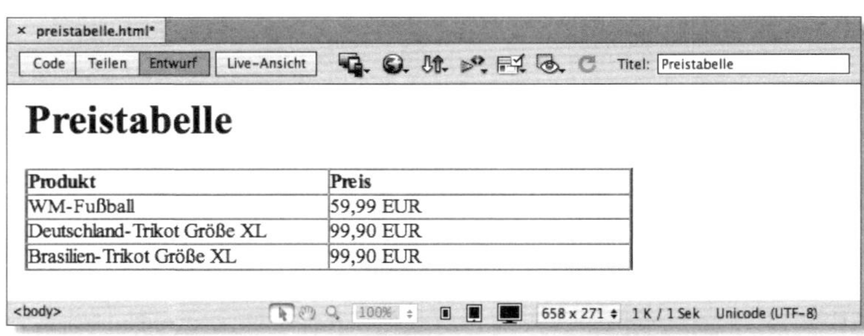

Abbildung 11.20 ►
Die Word-Tabelle wurde mit der Option Text mit Struktur und einfacher Formatierung übernommen.

Um auch Formatierungen wie Schriftart und Schriftgröße aus Word zu übernehmen, wählen Sie die Option Text mit Struktur und vollständiger Formatierung aus.

Abbildung 11.21 ►
Die Word-Tabelle wurde mit der Option Text mit Struktur und vollständiger Formatierung eingefügt.

Stylesheets und Word

Dreamweaver versucht, die Formate von Word mit Cascading Stylesheets zu übernehmen, wenn Sie die Option Text mit Struktur und vollständiger Formatierung wählen. Diese Stile werden jedoch nicht in einer getrennten Stylesheet-Datei gespeichert, sondern direkt im eingefügten Text mit dem <style>-Attribut. Dies sollten Sie aber nach Möglichkeit unterlassen, da interne Stylesheets schnell zu fehlerhaften Formatierungen führen. Die beste Methode für das Einfügen ist daher die Option TEXT MIT STRUKTUR UND EINFACHER FORMATIERUNG.

Nachdem wir nun verschiedene Arten von Textinhalten in unseren Webseiten angelegt haben, werden wir uns im nächsten Kapitel anschauen, wie wir sie mit Cascading Stylesheets gestalten.

Kapitel 12

Arbeiten mit CSS

So gestalten Sie Seiten mit Cascading Stylesheets

- Wie erstelle ich CSS?
- Wie gehe ich mit CSS-Stilen um?
- Wie verschiebe ich CSS-Stile?
- Welche fortgeschrittenen Techniken gibt es?

12 Arbeiten mit CSS

In Kapitel 9, »Das Design festlegen«, haben Sie bereits intensiv mit CSS gearbeitet, um das Design für die Beispielwebsite zu erstellen. In diesem Kapitel werden wir noch tiefer in die Welt von CSS eindringen.

12.1 Was sind Cascading Stylesheets?

Beispiel-Website mit CSS

Die hohe Kunst des CSS-Designs können Sie auf der Website *http://www.csszengarden.com* von Dave Shea bewundern. Der Autor zeigt dort, wie man nur durch Austausch der Stylesheets das Design völlig verändern kann. Die HTML-Datei, die nur die Struktur (wie Überschriften und Absätze) und den Inhalt der Seiten enthält, bleibt dabei unverändert.

Zur Formatierung von Seitenelementen wurde früher HTML eingesetzt. Heute benutzt man dafür CSS (Cascading Stylesheets). Mit dieser Sprache können Sie sogenannte **CSS-Stile** oder **CSS-Regeln** anlegen, die die Formatierung einzelner Elemente oder auch Tags übernehmen.

Sie können CSS entweder nur für die Formatierung der Schrift oder auch für das gesamte Layout einer Website einsetzen. Vieles ist damit möglich.

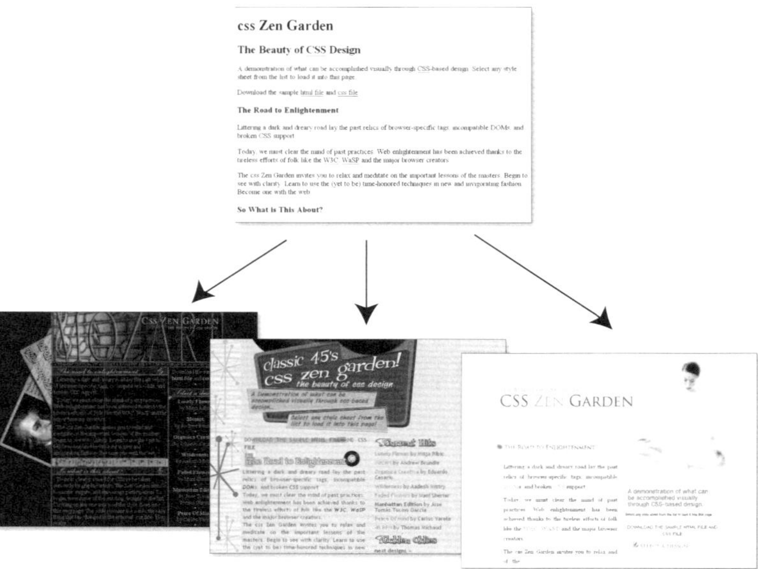

Abbildung 12.1 ▸ Alle drei Webseiten verwenden die gleiche HTML-Datei (oberes Bild) und unterscheiden sich nur durch den Einsatz unterschiedlicher CSS-Dateien.

Vorteile von CSS

Bei CSS-Websites ist die Verwendung von Tabellen zum Erstellen des Layouts absolut tabu. Das Layout wird allein durch die CSS-Datei definiert. Das hat folgende Vorteile:

- Erfüllung der aktuellen Webstandards zu 100% (siehe *http://w3c.org*)
- Redesign allein durch Austausch der CSS-Datei möglich
- HTML-Datei erheblich kleiner, dadurch schnellerer Aufbau der Seite
- Druckversion kann ein ganz anderes Aussehen haben
- Suchmaschinen können die Inhalte der Webseite besser erfassen
- Site ist barrierefrei (und zum Beispiel für Vorlesesysteme geeignet)

Externe und interne CSS

Stile können sowohl innerhalb (intern) einer Webseite definiert werden als auch außerhalb (extern) in einer extra dafür angelegten Stylesheet-Datei. **Interne Stile** sind nur innerhalb der Webseite gültig, in der sie angelegt wurden. Ihr Einsatz ist zum Beispiel sinnvoll, wenn eine Überschrift nur auf einer Webseite blau dargestellt werden soll.

Externe Stile, die für mehrere Webseiten gelten sollen, werden nicht in einer Webseite, sondern in einer separaten Stylesheet-Datei definiert.

Literaturhinweise

Da CSS ein komplexes Thema ist, sollten Sie weiterführende Literatur zu Rate ziehen. Folgende weiterführende Bücher zum Thema CSS kann ich Ihnen empfehlen:

- »Einstieg in CSS« von Elisabeth Wetsch, Galileo Computing
- »Fortgeschrittene CSS-Techniken« von Ingo Chao und Corina Rudel, Galileo Computing
- »CSS, Das umfassende Handbuch« von Kai Laborenz, Galileo Computing
- »Der CSS-Problemlöser« von Rachel Andrew, dpunkt.verlag
- »Zen und die Kunst des CSS-Designs« von Dave Shea, Addison-Wesley

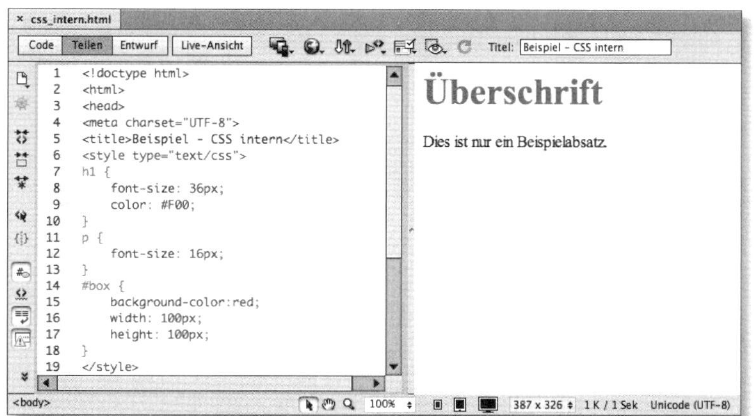

◂ **Abbildung 12.2**
Der interne Stil für <h1> gilt nur für Überschriften auf der Webseite, in die er eingebunden wird.

Interne und externe CSS kombinieren

Es ist auch möglich, interne und externe Stylesheets zusammen zu verwenden. Wenn ein Stil sowohl im internen als auch im externen Stylesheet definiert wird, hat immer der interne Stil Vorrang. Wenn zum Beispiel das `<h1>`-Tag in der externen Stylesheet-Datei als grau und intern als blau definiert wird, so wird die Überschrift in blauer Schrift angezeigt.

Die **Erstellung** von internen Stilen ist in Dreamweaver CS6 sehr einfach. Wie alle anderen Einstellungen für HTML-Elemente können auch sie über das Eigenschaften-Bedienfeld vorgenommen werden (siehe Abschnitt 12.3)

Externe Stylesheets werden in einer separaten Datei formuliert und auf dem Webserver abgelegt. Der Vorteil daran ist, dass sie ganz einfach in mehreren Webseiten eingesetzt werden können. Gleichzeitig wirken sich Änderungen in der CSS-Datei automatisch auf alle betroffenen Webseiten aus. Angenommen, Sie möchten die Farbe aller Überschriften Ihrer Website von Grün in Grau ändern, so müssen Sie nur den CSS-Stil in der Stylesheet-Datei anpassen.

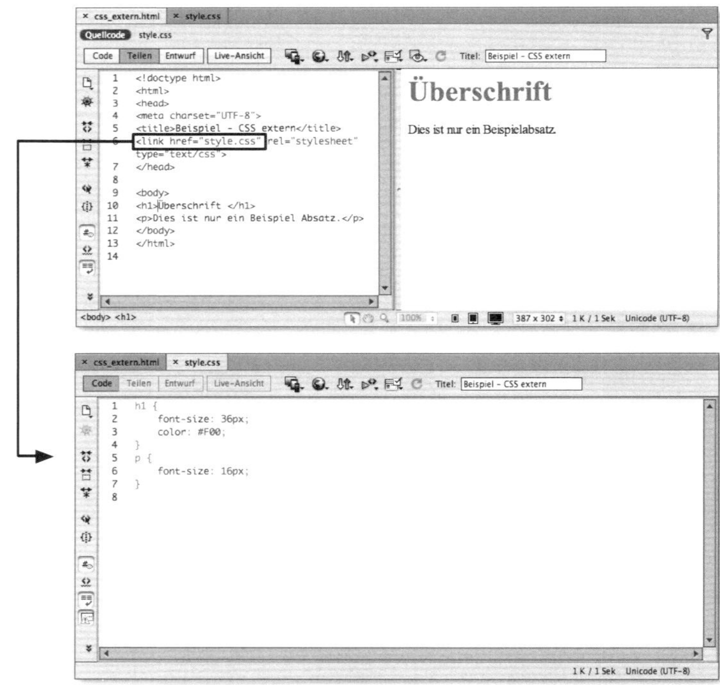

Abbildung 12.3 ►
Oben sehen Sie den Link zu einer separaten CSS-Datei, in der die Stile für das HTML-Dokument extern gespeichert werden.

CSS in Vorlagen einsetzen

Interne Stile beziehen sich normalerweise immer nur auf ein Dokument. Wenn Sie sie jedoch in eine Vorlage integrieren, werden sie auf alle Webseiten übertragen, die auf der Vorlage basieren.

12.2 Methoden zur CSS-Erstellung

In Dreamweaver gibt es verschiedene Möglichkeiten zur Erstellung von Cascading Stylesheets:

1. **Im Bedienfeld »CSS-Stile«**: Im Fenster CSS-STILE können Sie sowohl interne als auch externe Stile anzeigen und verwalten. Diese Methode ist die optimale, um Stile in Dreamweaver zu erstellen und zu bearbeiten.
2. **Im Eigenschaften-Bedienfeld**: Über das Fenster EIGENSCHAFTEN können Sie neue Stile sehr einfach durch die Definition von Schriftfarben und Schriftgrößen erstellen.
3. **In den Seiteneigenschaften**: Über das Menü MODIFIZIEREN • SEITENEIGENSCHAFTEN können Sie komfortabel Hintergrundfarbe, Standardschriftart und Hyperlink-Stile einstellen. Auch bei dieser Methode werden die Stile nur intern angelegt.
4. **Manuell im Quelltext**: In der Quelltext-Ansicht können Sie Stile selbst manuell eingeben. Dafür sind sehr gute Kenntnisse in CSS erforderlich. Die Methode wird in diesem Buch nicht behandelt, da wir uns hier nur über die weniger aufwendigen Menüs bewegen wollen.

Am einfachsten ist es, Stile zunächst nur über das EIGENSCHAFTEN-Bedienfeld und die Seiteneigenschaften zu erstellen. Wenn Sie mit der Zeit etwas mehr Erfahrung mit CSS gesammelt haben, können Sie die Stile über das Bedienfeld CSS-STILE verwalten.

12.3 CSS für Einsteiger

Wir werden für die Erstellung von CSS-Stilen zunächst ausschließlich das EIGENSCHAFTEN-Bedienfeld und die Funktion MODIFIZIEREN • SEITENEIGENSCHAFTEN verwenden. HTML- oder CSS-Kenntnisse sind dafür nicht erforderlich.

Die Stile werden intern abgespeichert. Glücklicherweise besteht in Dreamweaver CS6 auch die Möglichkeit, interne Stile in externe zu exportieren. Sie können die Formatierungen somit später auch für eine ganze Website gültig machen. Wie das geht, sehen wir gleich.

CSS über Seiteneigenschaften

Die wichtigsten Stile werden in Dreamweaver über die Seiteneigenschaften (Menü MODIFIZIEREN • SEITENEIGENSCHAFTEN) definiert. Folgende Eigenschaften können Sie dort einstellen:

- Schriftart, Schriftfarbe und Schriftgröße
- Hintergrundfarbe und Hintergrundbild sowie Einstellungen des Seitenrands
- Hyperlink-Stile und Rollover-Effekte

Wenn Sie die Seiteneigenschaften in einer Vorlage (Template) konfigurieren, so werden alle daraus erstellten Seiten automatisch damit formatiert. Wenn Sie hingegen die Seiteneigenschaften einer Webseite einrichten, so gelten die Einstellungen nur für diese Seite.

Schritt für Schritt
Seiteneigenschaften festlegen

1 Neue Seite erstellen

Erstellen Sie für die Übungen in diesem Kapitel eine neue HTML-Datei, indem Sie DATEI • NEU wählen und anschließend die Kategorie LEERE SEITE, den SEITENTYP HTML und unter LAYOUT den Eintrag KEIN. Speichern Sie die Datei zum Beispiel unter dem Dateinamen »css_uebung.html« ab.

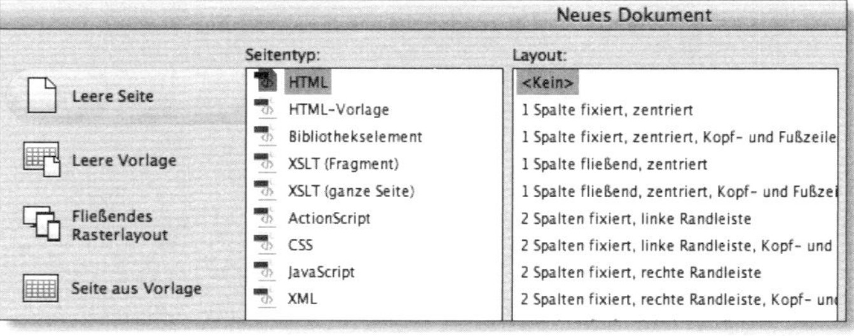

Abbildung 12.4 ▶
Eine leere HTML-Seite erzeugen

2 Text eingeben

Um die Auswirkungen der Stile zu sehen, muss Ihre Seite erst einmal Text enthalten. Erstellen Sie eine Überschrift mit dem Format ÜBERSCHRIFT 2, und fügen Sie darunter einen kurzen Absatz ein. Da wir gleich auch noch einen Stil für Datumsangaben anlegen, benötigen wir noch eine solche Datumsangabe. Erstellen Sie außerdem einen leeren Hyperlink (siehe Kapitel 15, »Hyperlinks einsetzen«).

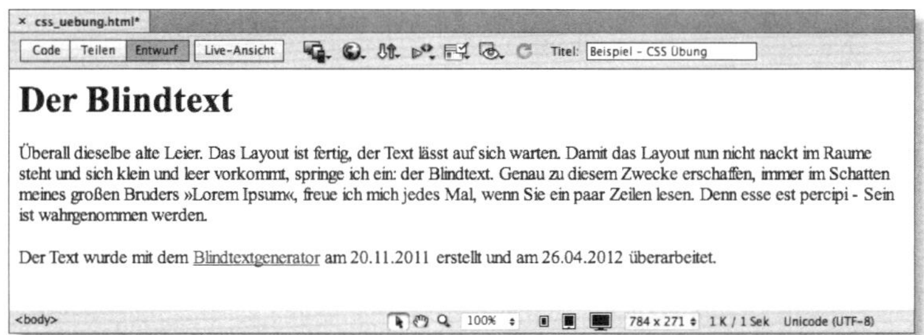

◂ **Abbildung 12.5**
Datei »css_uebung.html«

3 Menü »Seiteneigenschaften« öffnen

Wählen Sie Menü • Modifizieren • Seiteneigenschaften, oder klicken Sie im Eigenschaften-Bedienfeld auf die Schaltfläche Seiteneigenschaften.

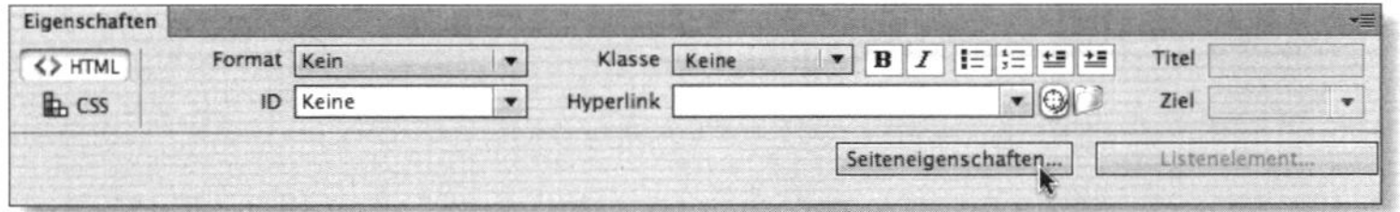

◂ **Abbildung 12.6**
Klicken Sie auf Seiteneigenschaften.

4 Kategorie »Erscheinungsbild (CSS)«

Es öffnet sich ein Einstellungsfenster, das in mehrere Kategorien unterteilt ist. In der ersten Kategorie, Erscheinungsbild (CSS), legen Sie die Eigenschaften der Schrift fest. Auch der Seitenrand lässt sich hier einstellen.

Blindtextgenerator

Grafiker und Webdesigner setzen gerne sogenannten Blindtext ein, wenn die endgültigen Texte noch nicht vorliegen. Somit können Sie bereits beim Layouten mit einem Beispieltext arbeiten. Auf der Website *http://www.blindtextgenerator.de* können Sie Blindtexte sehr komfortabel generieren lassen.

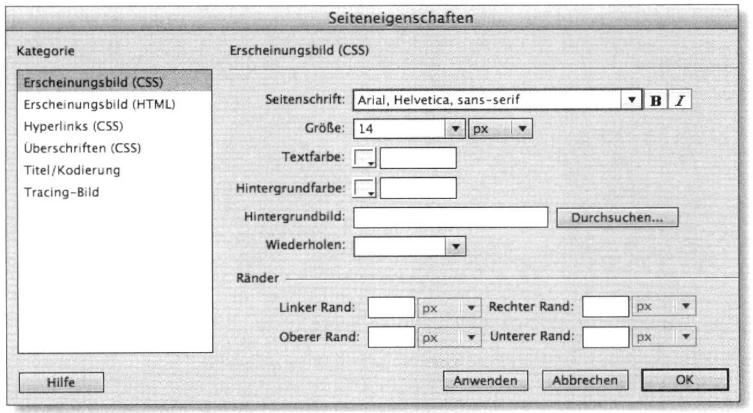

◂ **Abbildung 12.7**
Hier legen Sie die Schrifteigenschaften fest.

Die Kategorie ERSCHEINUNGSBILD (HTML) sollten Sie möglichst nicht verwenden, da hiermit die Formatierungseigenschaften ohne CSS definiert werden.

5 Kategorie »Hyperlinks (CSS)«

In der Kategorie HYPERLINKS (CSS) bestimmen Sie die Darstellung der Hyperlinks. Falls gewünscht, können Sie hier abweichend von der Standardschrift auch eine andere Schriftart und Schriftgröße einstellen.

Bei den Farbeinstellungen ist zu beachten, dass ein Hyperlink insgesamt vier Zustände aufweisen kann. Für jeden Zustand können Sie eine eigene Farbe definieren ❶:

- FARBE FÜR HYPERLINK bestimmt die Farbe für Links, die noch nicht besucht worden sind.
- BESUCHTE HYPERLINKS legt die Farbe für Hyperlinks fest, die der Besucher zuvor schon einmal angeklickt hat.
- ROLLOVER-HYPERLINKS definiert die Farbe, die angezeigt wird, wenn sich der Mauszeiger über dem Link befindet.
- AKTIVE HYPERLINKS legt die Farbe fest, die in dem Moment angezeigt wird, wenn der Besucher mit der Maustaste auf den Hyperlink klickt.

In der Liste UNTERSTREICHUNGSSTIL ❷ können Sie festlegen, ob überhaupt und, wenn ja, in welchen Fällen die Hyperlinks unterstrichen werden sollen.

Abbildung 12.8 ▼
Sollen Links unterstrichen werden?

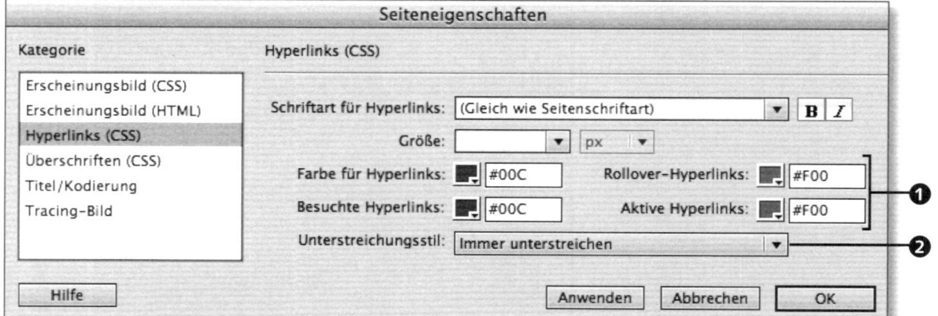

6 Kategorie »Überschriften (CSS)«

Neben der Schriftart können Sie für jedes Überschriftenformat eine individuelle Größe und Farbe definieren.

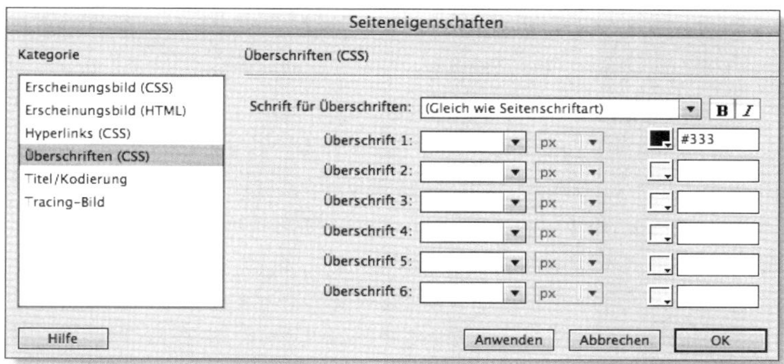

◂ **Abbildung 12.9**
Eigenschaften für Überschriften

7 Änderungen überprüfen

Die weiteren Kategorien beziehen sich nicht auf die CSS-Stile. Klicken Sie auf OK, um die vorgenommenen Einstellungen wirksam zu machen.

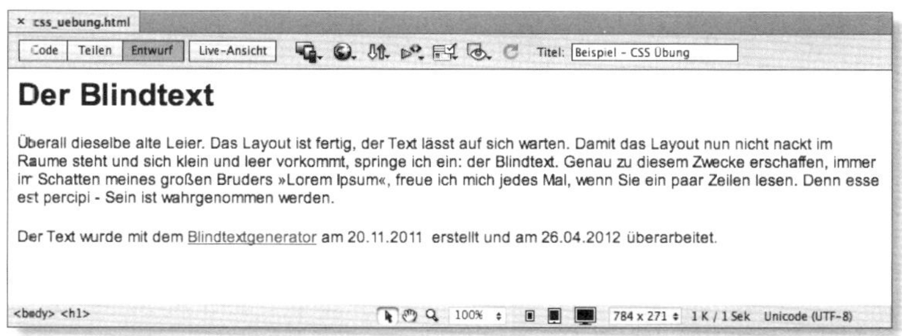

◂ **Abbildung 12.10**
Die Änderungen sind jetzt wirksam.

CSS über das Eigenschaften-Bedienfeld

Das Eigenschaften-Bedienfeld besitzt zwei Modi. Im HTML-Modus nehmen Sie Einstellungen vor, die den HTML-Code betreffen. Dazu gehört etwa die Einstellung der Formate (wie z. B. Überschrift 1 oder Absatz).

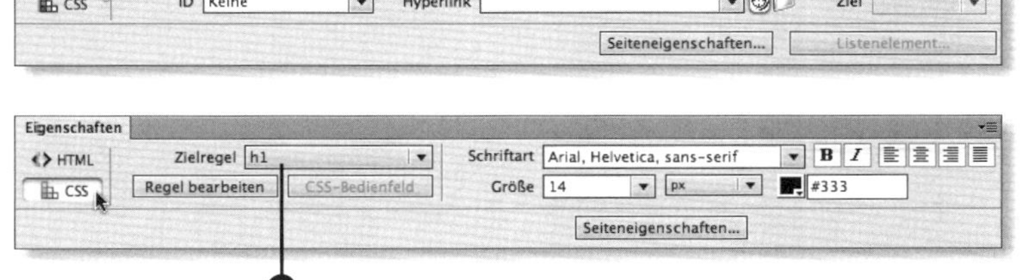

◂ **Abbildung 12.11**
HTML-Modus des Eigenschaften-Bedienfelds

◂ **Abbildung 12.12**
CSS-Modus des Eigenschaften-Bedienfelds

Im CSS-Modus bestimmen Sie die wichtigsten Stileigenschaften, wie z. B. Schriftart, Schriftgröße und Schriftfarbe.

Diese Angaben beziehen sich immer auf die im Feld Zielregel ❸ angegebenen Elemente (siehe Abbildung 12.12). In unserem Beispiel beziehen sich die Stileigenschaften auf `h1`. Im letzten Abschnitt wurde durch Einstellen der Seiteneigenschaften u. a. diese Regel automatisch angelegt.

Mit dem Eigenschaften-Bedienfeld können Sie einen Textbereich markieren und ihm anschließend Schriftart, Schriftgröße, Schriftfarbe und andere Attribute zuweisen. Daraufhin erstellt Dreamweaver einen neuen CSS-Stil. Diesen können Sie auch auf andere Textstellen anwenden, ohne die Schrifteinstellungen erneut durchführen zu müssen.

Schritt für Schritt
Neuen Stil im Eigenschaften-Bedienfeld erstellen

1 Datei öffnen

Öffnen Sie die Datei »css_uebung.html« aus der vorherigen Schritt-für-Schritt-Anleitung, oder erstellen Sie eine neue HTML-Datei, indem Sie Datei • Neu wählen und anschließend die Kategorie Leere Seite, den Seitentyp HTML und unter Layout den Eintrag Kein wählen.

2 Textstelle markieren

Markieren Sie eine Textstelle, die Sie formatieren möchten. Im folgenden Beispiel soll das Datum im Fließtext umgestaltet werden.

Abbildung 12.13 ▶
Das Datum soll gestaltet werden.

3 Schriftart, Schriftfarbe usw. einstellen

Im EIGENSCHAFTEN-Bedienfeld können Sie im Modus CSS die SCHRIFTART ❷, GRÖSSE ❸ und FARBE ❹ einstellen. Da wir eine neue CSS-Regel für die Auswahl erstellen möchten, achten Sie darauf, dass unter ZIELREGEL • NEUE CSS-REGEL ❶ ausgewählt ist.

Sobald Sie eine Einstellung, wie z. B. die Schriftfarbe, verändern, öffnet sich ein neues Dialogfenster, in dem Sie den Namen der neuen CSS-Regel festlegen.

4 Neuen Namen eingeben

Geben Sie im Dialogfenster einen Namen ein. Der Name sollte dabei nicht die Einstellungen des Stils beschreiben, sondern dessen Anwendungszweck. Wenn Sie zum Beispiel einen Termin in Rot formatieren möchten, so sollten Sie die CSS-Regel »termin« oder »datum« nennen und nicht etwa »rot«. Der Vorteil liegt darin, dass Sie später leichter das Format ändern können (zum Beispiel in die Farbe Blau), ohne dass Sie auch den Namen der CSS-Regel ändern müssen.

◄ **Abbildung 12.14**
Für das Datum legen wir eine CSS-Regel fest.

Unter SELEKTOR-TYP ❺ sollte KLASSE eingestellt werden, damit Sie einen Namen festlegen können.

5 Fertig stellen

Klicken Sie auf OK, um die CSS-Regel fertig zu stellen. In der Liste ZIELREGEL ❻ wird nun .DATUM angezeigt. Wenn Sie jetzt weitere

Einstellungen, wie z. B. eine Größenänderung, vornehmen, werden diese direkt für die CSS-Regel `.datum` übernommen, ohne dass sich das Dialogfenster erneut öffnet.

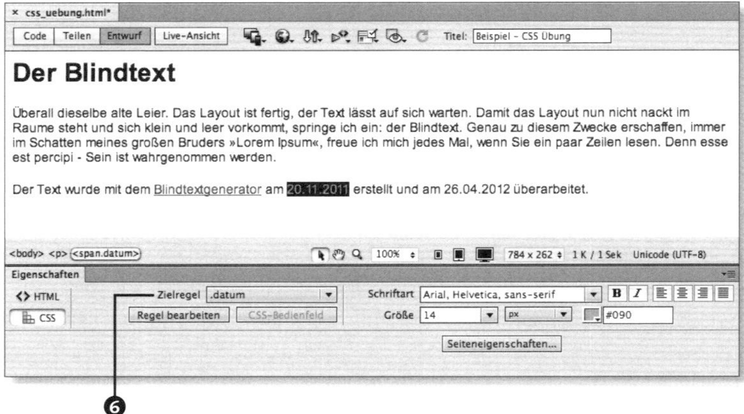

Abbildung 12.15 ▶
Diese Darstellung können Sie nun mehrfach anwenden.

Wenn Sie die CSS-Regel angelegt haben, ist es möglich, sie auf derselben Webseite mehrfach einzusetzen. Haben Sie die CSS-Regel in einer Vorlage erstellt, so steht sie auch auf jeder anderen Seite der Site zur Verfügung.

Schritt für Schritt
Bereits angelegten CSS-Stil anwenden

1 Markieren eines Bereichs

Markieren Sie eine Textstelle in unserem Übungsdokument »css_uebung.html«, auf die der zuvor erstellte CSS-Stil angewendet werden soll.

2 Stil auswählen

Da wir nun keine Änderungen am Stylesheet durchführen wollen, sondern nur eine CSS-Regel anwenden möchten, wählen wir im EIGENSCHAFTEN-Bedienfeld den CSS-Modus ❼. Wählen Sie in der Liste ZIELREGEL den gewünschten Eintrag (wie z. B. .DATUM in unserem Beispiel) aus. Wenn Sie auf den Eintrag KLASSE ENTFERNEN klicken, wird die CSS-Regel (Klasse) von der markierten Stelle wieder entfernt. Die CSS-Regel selbst wird damit nicht gelöscht.

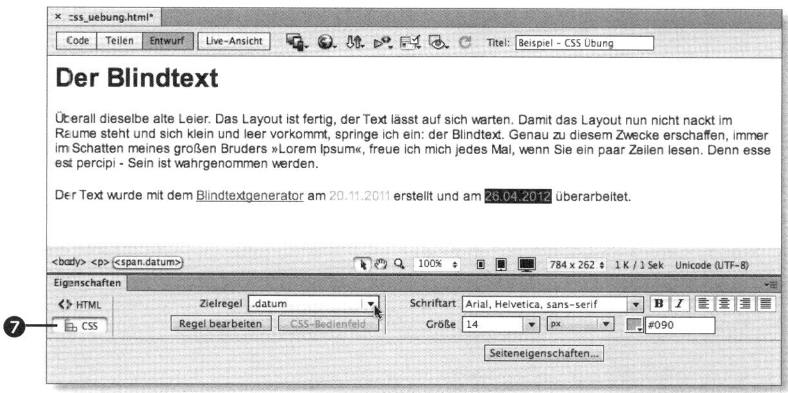

◂ **Abbildung 12.16**
Die Regel auf andere Texte anwenden

Wenn Sie bereits Kapitel 9, »Das Design festlegen«, gelesen haben, wird Ihnen auch das Bearbeiten von CSS-Regeln nicht schwerfallen. Aber auch allen Lesern, die sich hier zunächst über die Grundlagen von CSS informieren, sei gesagt: Dreamweaver nimmt Sie auch bei dieser Aufgabe an die Hand, und Sie müssen nicht etwa im Quellcode der CSS-Dateien arbeiten. Im folgenden Abschnitt werden wir darauf näher eingehen.

Über die Seiteneigenschaften festgelegte Stile können Sie jedoch ohne Probleme genauso verändern, wie Sie sie angelegt haben. Beachten Sie jedoch dabei, dass Sie bei Webseiten, die auf einer Vorlage basieren, die Seiteneigenschaften nur in der Vorlage ändern sollten.

12.4 Fortgeschrittene CSS-Techniken

In diesem Abschnitt erfahren Sie, wie Sie sowohl interne als auch externe Stile erstellen und verwalten. Im Gegensatz zum vorherigen Abschnitt, in dem wir die Seiteneigenschaften und das Eigenschaften-Bedienfeld für das Erstellen von Stilen verwendet haben, verwalten wir hier die Stile über das Bedienfeld CSS-Stile.

Für die Erstellung von Stylesheets in diesem Kapitel sind grundlegende HTML-Kenntnisse hilfreich. Werfen Sie dazu gegebenenfalls einen Blick in Kapitel 2, »Die Sprachen des Web«, und Kapitel 9, »Das Design festlegen«.

Das Fenster »CSS-Stile«

Im Bedienfeld CSS-STILE über FENSTER • CSS-STILE werden sowohl alle internen als auch alle externen Stile einer Site angezeigt. Sie finden hier auch die Stile, die Sie über das EIGENSCHAFTEN-Bedienfeld und die Seiteneigenschaften erstellt haben. Die CSS-Stile werden in Dreamweaver auch **CSS-Regeln** genannt.

Eine CSS-Regel besteht

- aus einem Selektor ❶ (wie zum Beispiel `h2` oder `.datum`) und
- den Eigenschaften ❷ (wie zum Beispiel der Farbe).

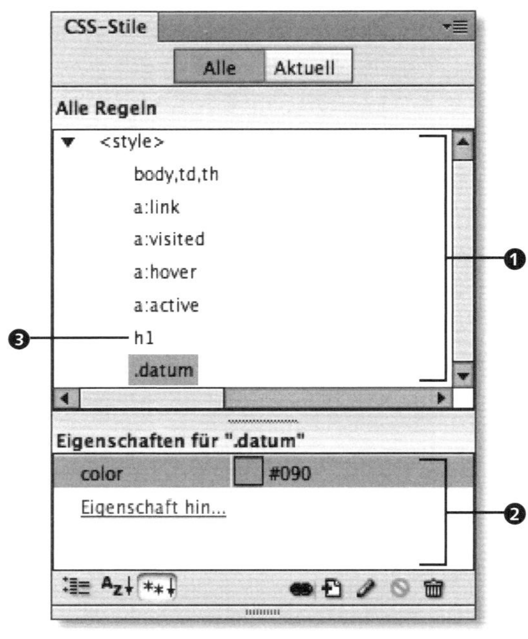

Abbildung 12.17 ▸ Im Bedienfeld CSS-STILE können Sie alle internen und externen Stile verwalten.

Anders als HTML: CSS-Syntax

Im Bedienfeld CSS-STILE werden die Formatierungen der Stile angezeigt. Um die Einstellungen zu verstehen, sind Kenntnisse in CSS erforderlich. Alle Angaben, die mit dem Zeichen # beginnen, definieren Farben. Die Abkürzung *px* steht für die Größeneinheit Pixel; sie wird unter anderem für Schriftgrößen und Abstände verwendet. Es gibt noch viele weitere Attribute. Wenn Sie Ihre Kenntnisse in diesem Bereich vertiefen möchten, empfehle ich Ihnen das ebenfalls bei Galileo Press erschienene Buch »CSS – Das umfassende Handbuch« von Kai Laborenz.

Die CSS-Regeln für die Elemente `body`, `a`, `h1` usw. wurden hier bereits in den Seiteneigenschaften und in der CSS-Regel `.datum` über das EIGENSCHAFTEN-Bedienfeld eingestellt.

Die CSS-Regel mit dem Selektor `h1` ❸ legt das Design für das HTML-Tag `<h1>` fest, das der Beschreibung von Überschriften vom Format ÜBERSCHRIFT 2 dient. Solche Selektoren werden **Tag-Selektoren** genannt.

Die Selektoren, die mit einem Punkt beginnen, heißen **Klassen-Selektoren**. Die CSS-Regel mit dem Klassen-Selektor `.datum` haben wir mit dem EIGENSCHAFTEN-Bedienfeld erstellt. Der Selektor wurde bereits für die Formatierung von Datumswerten definiert. Klassen-Stile können Sie im Gegensatz zu Tag-Stilen auf beliebige Textstellen anwenden.

Neuen CSS-Stil erstellen

Über das Bedienfeld CSS-Stile können Sie CSS-Regeln sowohl mit Tag- als auch mit Klassen-Selektoren erstellen. Gehen Sie dabei vor wie in der folgenden Anleitung.

Schritt für Schritt
Neuen CSS-Stil erstellen

1 Fenster »CSS-Stile« öffnen

Öffnen Sie das Bedienfeld CSS-Stile, über Fenster • CSS-Stile. Klicken Sie darin auf das Plussymbol ❹, um einen neuen Stil zu erstellen.

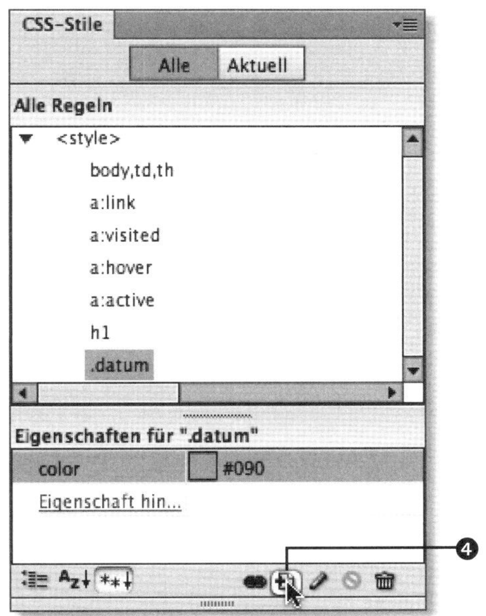

◂ **Abbildung 12.18**
Erstellen Sie einen neuen Stil.

2 Stilnamen und Stiltyp bestimmen

Es öffnet sich ein neues Fenster. Bevor Sie hier den Stilnamen eingeben, sollten Sie sich für einen Stiltyp (hier Selektor-Typ ❺ genannt) entscheiden (Abbildung 12.19).

Abbildung 12.19 ▲
Wählen Sie den Selektor-Typ aus.

Abbildung 12.20 ▼
Wählen Sie das Tag aus, das Sie formatieren möchten.

Möchten Sie einen **Klassen-Typ** erstellen, wählen Sie Klasse und geben unter Selektor-Name ❻ eine Bezeichnung ein, die mit einem Punkt beginnt. Um beispielsweise einen Stil zum Formatieren von Preisangaben zu erstellen, geben Sie ».preis« ein. Sie können den Punkt in Dreamweaver auch weglassen, da er intern automatisch hinzugefügt wird.

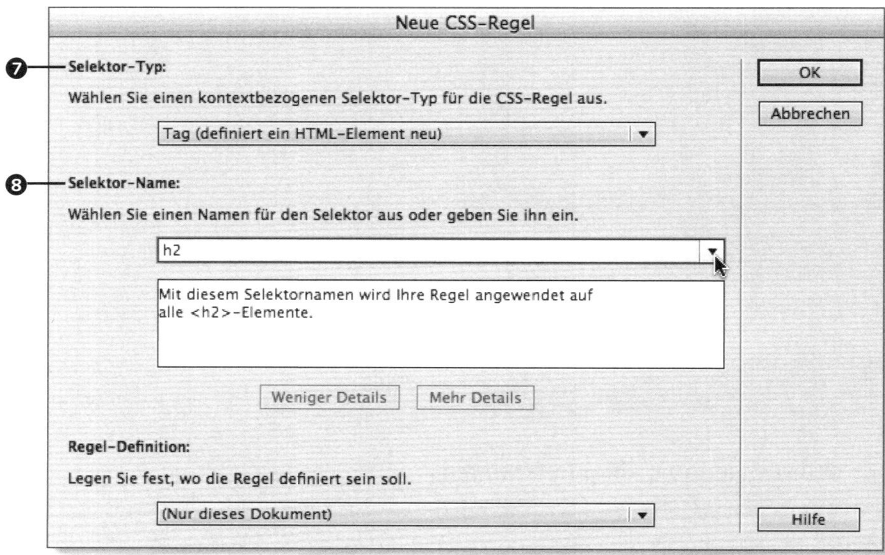

Um einen **Tag-Stil** zu erstellen, wählen Sie Selektor-Tag ❼ und geben dementsprechend unter Selektor-Name ein Tag ein ❽ (ohne < >), das Sie formatieren möchten. Beispiele hierfür sind `h2` oder `strong`. Anstatt dieses manuell einzugeben, können Sie auch auf die Pfeile neben dem Eingabefeld klicken und ein Tag aus der aufklappenden Liste wählen.

Der Stiltyp Erweitert ist für spezielle Stiltypen geeignet, die wesentlich komplexer sind und auf die wir deshalb hier nicht näher eingehen.

3 Internen oder externen Stil bestimmen

Möchten Sie einen internen Stil erstellen, wählen Sie die Einstellung Nur dieses Dokument ❾.

Um einen externen Stil in einer separaten Stylesheet-Datei zu erzeugen, wählen Sie die Option (Neue Stylesheet-Datei) aus. Falls Sie bereits eine Stylesheet-Datei erstellt haben, erscheint im ersten Optionspunkt der Name dieser Datei.

◂ **Abbildung 12.21**
Wählen Sie eine neue Stylesheet-Datei.

4 CSS-Datei speichern

Klicken Sie auf die Schaltfläche OK. Falls Sie die Option (Neue Stylesheet-Datei) gewählt haben, öffnet sich ein Fenster, in dem Sie den Namen und den Speicherort der neuen Stylesheet-Datei wählen können. Der Name muss die Endung ».css« haben, und es dürfen keine Sonderzeichen, Leerzeichen und Umlaute darin verwendet werden.

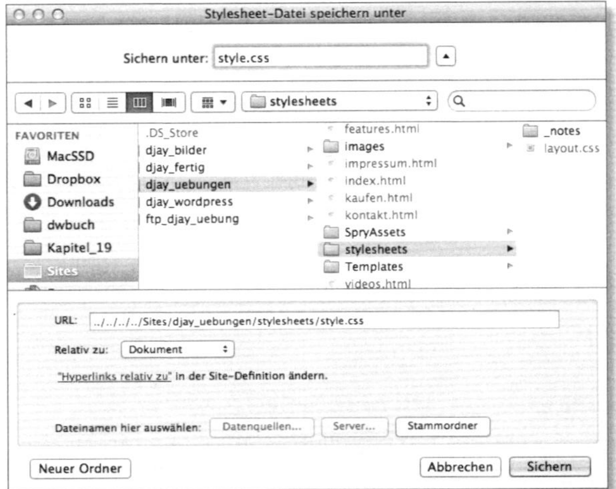

Abbildung 12.22 ▸
Speichern Sie die CSS-Datei.

Anschließend öffnet sich ein Dialogfenster, in dem Sie die CSS-Eigenschaften ändern können.

5 Kategorie »Schrift«

In der Kategorie SCHRIFT können Sie unter anderem die Schriftart (FONT-FAMILY), die Schriftgröße (FONT-SIZE) und die Schriftfarbe (COLOR) einstellen. Als Erstes fällt auf, dass die Beschriftungen nicht ins Deutsche übersetzt wurden, da sich die englischen Fachbezeichnungen auch hier durchgesetzt haben.

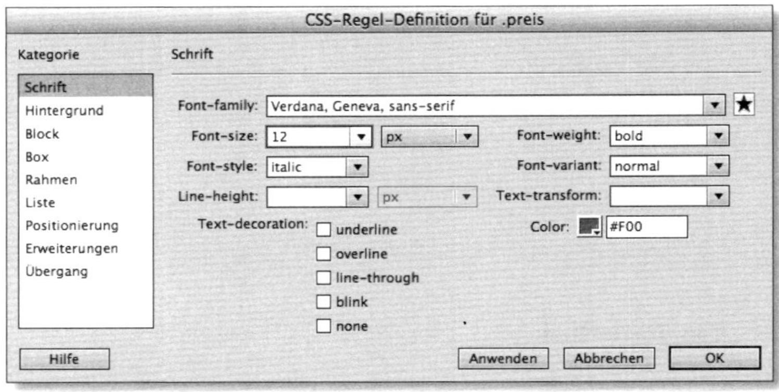

Abbildung 12.23 ▸
Die CSS-Regel-Definition für `.preis`

6 Kategorie »Hintergrund«

Wählen Sie die Kategorie HINTERGRUND aus, um eine Hintergrundfarbe (BACKGROUND-COLOR) oder ein Hintergrundbild (BACKGROUND-IMAGE) anzulegen.

◂ **Abbildung 12.24**
So stellen Sie den Hintergrund ein.

7 Kategorie »Block«

In der Kategorie Block können Sie die Wort- und Zeichenabstände (Word-spacing und Letter-spacing) festlegen. Es ist auch möglich, Einzüge und die Ausrichtung zu bestimmen. Hierbei bezeichnet *Vertical-align* die vertikale Ausrichtung und *Text-align* die horizontale Ausrichtung.*Text-indent* ist die Texteinrückung und *White*-space der Textumbruch. Mit Display legen Sie die Art der Anzeige eines Elements fest.

Die Einstellungen sind hier weitaus umfassender als in HTML und können auch viel exakter vorgenommen werden.

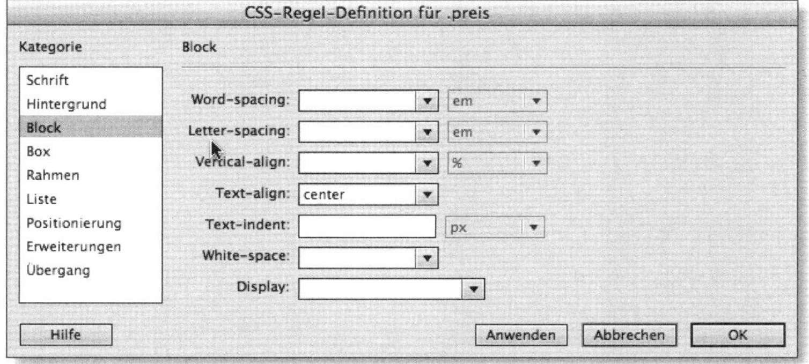

◂ **Abbildung 12.25**
Die Wort- und Zeichenabstände legen Sie unter Block fest.

8 Kategorie »Box«

Die Kategorie Box bestimmt Abstände, die ein Seitenelement zu seinen Nachbarelementen einhalten soll. Dies geschieht über Padding und Margin. Wenn für Ihr Seitenelement ein sichtbarer Rand eingestellt wird, so legt Padding den Innenabstand zum Rand und Margin den Außenabstand zu den umgebenden Elementen fest. Ist kein sichtbarer Rand eingestellt, so gibt es zwischen Padding und Margin keinen sichtbaren Unterschied. Wenn Sie FÜR ALLE GLEICH deaktivieren und z. B. unter LEFT einen Wert von 10 eingeben, werden neben dem Element immer 10 Pixel Platz gelassen.

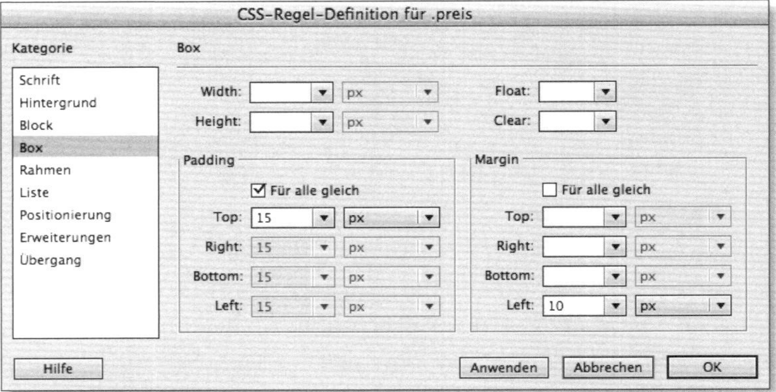

Abbildung 12.26 ▸
Die Einstellungen für MARGIN und PADDING

9 Kategorie »Rahmen«

Hier können Sie für ein HTML-Element einen sichtbaren Rahmen in einem Stil festlegen. Neben der Rahmenbreite (WIDTH) und -farbe (COLOR) können Sie auch den Darstellungstyp (STYLE) (zum Beispiel DOTTED, also gepunktet) wählen.

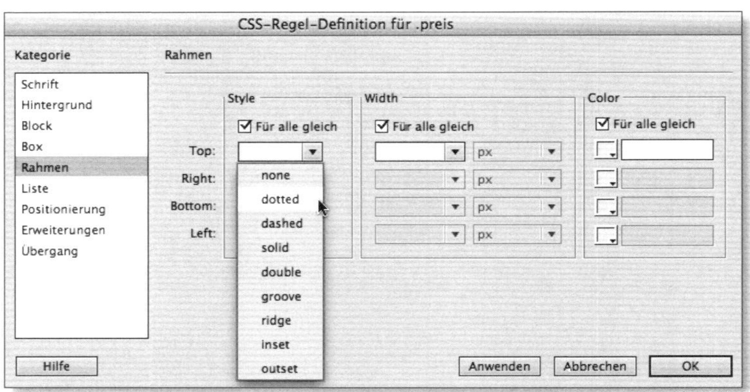

Abbildung 12.27 ▸
Ein Rahmen wird festgelegt.

10 Kategorie »Liste«

In der Dialogbox LISTE beeinflussen Sie das Aussehen von Listen. Bei geordneten Listen können Sie zum Beispiel mit der Option UPPER-ROMAN (groß-römisch) die Art der Nummerierung festlegen.

Bei ungeordneten Listen können Sie sogar ein eigenes Symbol für die Gliederungspunkte am Anfang der Listenelemente definieren. Erstellen Sie dazu in einem Grafikprogramm ein kleines Symbol, speichern Sie es als GIF ab, und wählen Sie es unter LIST-STYLE-IMAGE aus.

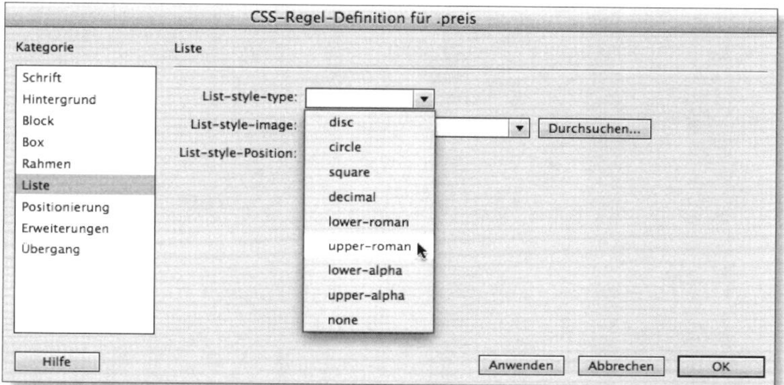

◂ **Abbildung 12.28**
Die Option LIST-STYLE-TYPE

11 Kategorie »Positionierung«

Mit der Kategorie POSITIONIERUNG können Sie die exakte Position eines Elements auf der Seite bestimmen. Dies ist nur von Interesse, wenn Sie Ihre Website komplett mit CSS layouten oder eine der CSS-Layoutvorlagen von Dreamweaver nutzen.

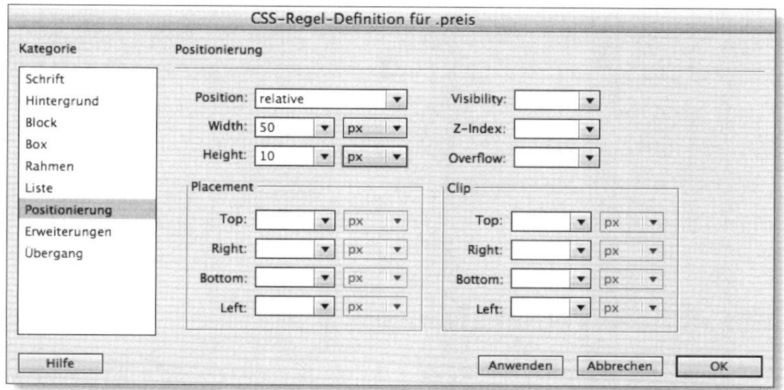

◂ **Abbildung 12.29**
Position festlegen

12 Kategorie »Erweiterungen«

Die Kategorie ERWEITERUNGEN sollten Sie aufgrund der Inkompatibilität mit den verschiedenen Browsern nicht einsetzen. Sie können dort zum Beispiel das Aussehen des Mauszeigers verändern, was aber nur in höheren Versionen des Internet Explorers funktioniert.

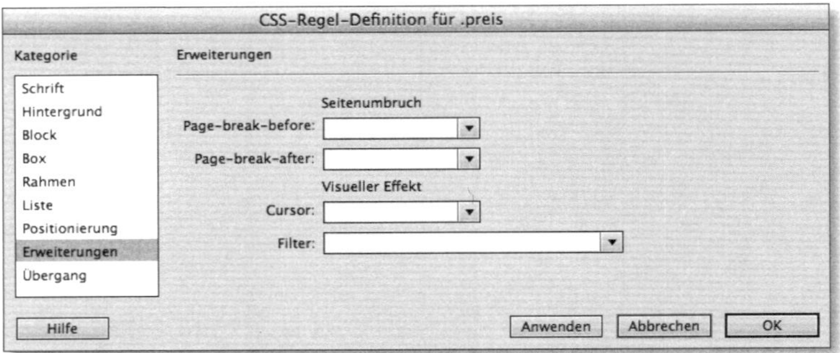

Abbildung 12.30 ▸
Die erweiterten Eigenschaften

Klicken Sie auf OK, wenn Sie Ihre Einstellungen für den CSS-Stil vorgenommen haben.

CSS-Stile bearbeiten

Stile können Sie sowohl über das Bedienfeld CSS-STILE als auch über das Bedienfeld TAG (erreichbar über FENSTER • TAG-INSPEKTOR) modifizieren.

Um einen Stil zu bearbeiten, markieren Sie zunächst im Bedienfeld CSS-STILE den zu verändernden Stil. Nun stehen Ihnen zwei Möglichkeiten zur Verfügung, um den Stil anzupassen: Sie können auf das Symbol BEARBEITEN ❶ oder doppelt auf die CSS-Regel (zum Beispiel `.datum`) im Fenster CSS-STILE klicken. Es öffnet sich dann wieder das Fenster CSS-REGEL-DEFINITION mit den eben beschriebenen Kategorien, in denen Sie die Änderungen vornehmen können.

▴ **Abbildung 12.31** ❶
Stile verändern Sie durch Klick auf das Symbol BEARBEITEN.

CSS-Stile-Eigenschaften

Stile können Sie auch direkt im unteren Bereich des Fensters CSS-STILE unter EIGENSCHAFTEN bearbeiten. Klicken Sie dazu einfach auf einen der Werte (zum Beispiel auf die Zahl für die Größe), und geben Sie einen neuen Wert ein.

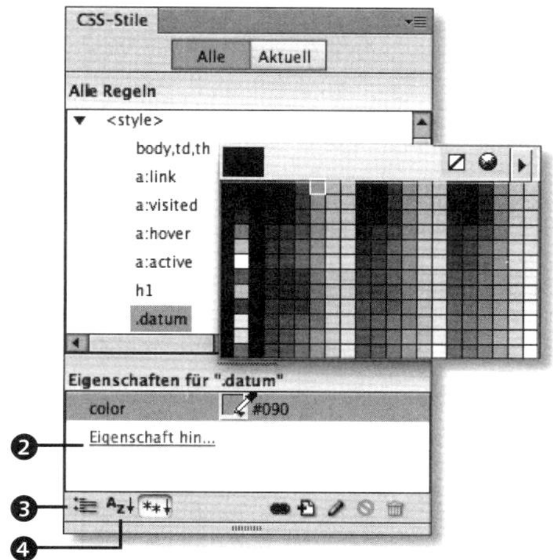

◀ **Abbildung 12.32**
Alternativ bearbeiten Sie die Werte des markierten Stils direkt.

Hier können Sie ebenfalls neue Eigenschaften (wie zum Beispiel die Hintergrundfarbe) eingeben, indem Sie auf Eigenschaften hinzufügen ❷ klicken.

Im unteren Bereich des Fensters werden normalerweise nur die Stile angezeigt, die mit einem Wert belegt sind. Um jedoch alle möglichen Eigenschaften direkt im Fenster CSS-Stile anzuzeigen, klicken Sie entweder auf das Symbol Listenansicht ❹, um eine alphabetische Liste aller Eigenschaften zu erhalten, oder auf das Symbol Kategorienansicht ❸, um eine kategorisierte Liste aller Eigenschaften zu sehen.

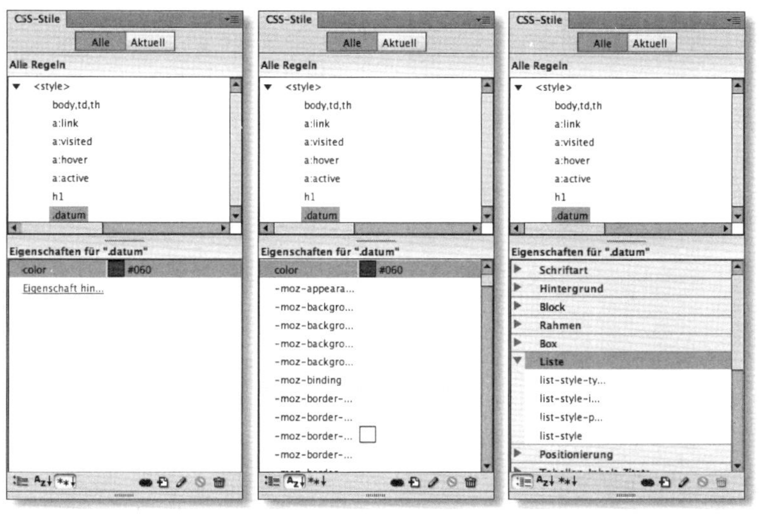

◀ **Abbildung 12.33**
Normale, alphabetische und kategorisierte Ansicht der CSS-Eigenschaften

Fehlende Übersetzung?

Bei näherem Hinsehen mag sich der eine oder andere Leser fragen, warum sich Adobe nicht die Mühe gemacht hat, die Namen der Eigenschaften (wie zum Beispiel FONT-SIZE) zu übersetzen. Der Grund ist ganz einfach: Die Namen der hier angezeigten CSS-Eigenschaften sind die Original-CSS-Attributnamen, wie sie auch im Quelltext stehen. Dies ist insbesondere für fortgeschrittene Anwender sehr sinnvoll.

Überprüfen-Modus

Wenn Sie die Schaltfläche LIVE-ANSICHT ❶ und dann die Schaltfläche ÜBERPRÜFEN ❷ aktivieren, zeigt Dreamweaver die Abstände zu den umliegenden Bereichen, über die Sie mit der Maus fahren, farbig an.

▲ **Abbildung 12.34**
Im Prüfmodus werden Abstände farbig dargestellt.

Zusätzlich ist es sehr hilfreich, wenn Sie in der CSS-STILE-Palette die Schaltfläche AKTUELL ❸ auswählen. In der CSS-STILE-Palette werden die CSS-Eigenschaften angezeigt, die für das Aussehen des Bereichs zuständig sind. Sie können dann direkt die CSS-Eigenschaften verändern. Diese Funktion wird Ihnen sehr viel Zeit ersparen, da Sie dann nicht mehr in den CSS-Dateien manuell nach den passenden Bereichen suchen müssen.

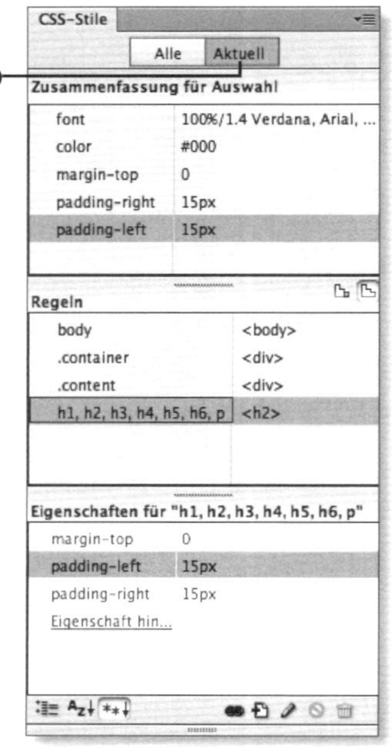

▲ **Abbildung 12.35**
CSS-STILE-Palette im Modus AKTUELL

CSS-Regeln löschen oder deaktivieren

Um eine CSS-Regel zu löschen, wählen Sie sie im Fenster CSS-STILE aus und klicken auf den Papierkorb ❺. Die CSS-Regel wird dann entfernt. Bitte beachten Sie, dass Sie sie dann nur noch über BEARBEITEN • RÜCKGÄNGIG wiederherstellen können und nicht über eine Wiederherstellen-Funktion, wie sie der Papierkorb unter Windows oder Mac OS X bietet.

Anstatt eine CSS-Regel zu entfernen, bietet Dreamweaver CS6 die Möglichkeit, CSS-Regeln zu deaktivieren. Dies ist sehr hilfreich, um festzustellen, welche Wirkung eine CSS-Regel auf die Website hat.

Um eine CSS-Regel zu deaktivieren, klicken Sie auf das Symbol ❹. Klicken Sie erneut auf das Symbol, um die CSS-Regel wieder zu aktivieren.

Die Deaktivierung wird in Dreamweaver dadurch erreicht, dass die CSS-Regel im Code auskommentiert wird. Daher zeigt die Deaktivierung auch in Webbrowsern Wirkung.

▲ **Abbildung 12.36**
Eine CSS-Regel löschen Sie mit einem Klick auf das Papierkorb-Symbol.

Klassen-Selektoren umbenennen

Wir haben in diesem Kapitel zwei Typen von CSS-Selektoren kennengelernt: Tag-Selektoren, die sich auf ein HTML-Tag wie zum Beispiel `<h2>` beziehen, und Klassen-Selektoren, die einen individuellen Namen besitzen und mit einem Punkt beginnen. Diese Klassen-Selektoren können Sie umbenennen, indem Sie mit der rechten Maustaste auf den entsprechenden Selektor klicken und KLASSE UMBENENNEN auswählen. Über das Kontextmenü können Sie auch weitere Befehle ausführen, wie zum Beispiel die CSS-Regel duplizieren oder verschieben.

◄ **Abbildung 12.37**
Umbenennen einer CSS-Klasse

CSS-Stile Texten zuweisen

Es gibt mehrere Möglichkeiten, Seitenelementen CSS-Stile vom Typ `Klasse` zuzuweisen.

- Eine besteht darin, einen Bereich im Dokumentenfenster zu markieren und den Stil anschließend im Fenster EIGENSCHAFTEN auszuwählen.

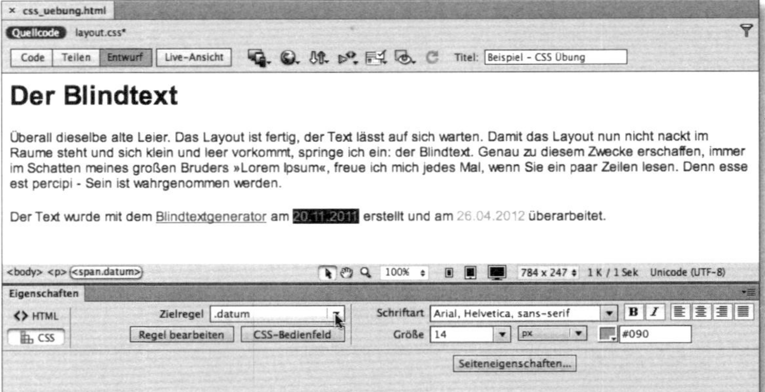

Abbildung 12.38 ▸
Stil zuweisen im Fenster EIGENSCHAFTEN

- Alternativ wählen Sie den Stil über das Kontextmenü aus, indem Sie mit der rechten Maustaste auf die markierte Stelle klicken und dann unter CSS-STILE den gewünschten Stil aussuchen.

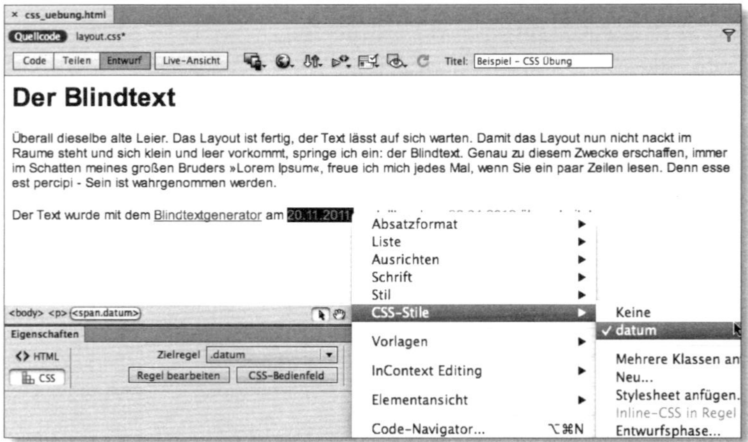

Abbildung 12.39 ▸
Zuweisung des CSS-Stils über das Kontextmenü

- Sie können Stile auch über die Statuszeile zuweisen. Möchten Sie zum Beispiel dem ganzen Absatz einen Stil zuweisen, klicken Sie mit der rechten Maustaste auf <p> (für »paragraph« = Absatz) und wählen unter KLASSE EINRICHTEN den gewünschten Stil aus. Wählen Sie hingegen KEINE, so wird die CSS-Zuweisung wieder entfernt.

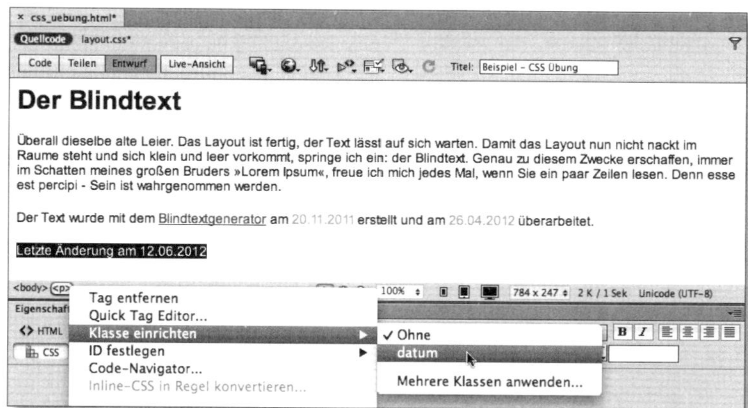

◂ **Abbildung 12.40**
Zuweisen eines Stils über die Statuszeile

Externe Stylesheets verknüpfen

Damit eine Webseite auf die Formatierungen in externen CSS-Stilen zugreifen kann, müssen Sie ihr zuerst die separate CSS-Datei mit den Stilen zuweisen.

Schritt für Schritt
Externe CSS-Datei in Seite einbinden

1 Webseite öffnen und vorbereiten

Öffnen Sie zuerst eine Webseite, der noch keine externe Stylesheet-Datei zugeordnet ist. Klicken Sie dann im Bedienfeld CSS-Stile auf das Symbol Stylesheet anfügen ❶.

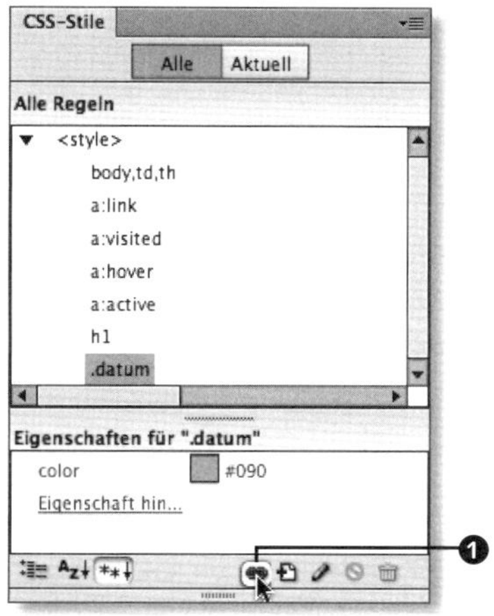

◂ **Abbildung 12.41**
Stylesheet anfügen

2 CSS-Datei auswählen

Wählen Sie eine vorhandene CSS-Datei aus Ihrem Site-Ordner aus ❶.

Verwenden Sie dafür unter HINZUFÜGEN ALS ❷ **nicht** die Option IMPORT, da sonst die Stile der externen Stylesheet-Datei als interne Stile übernommen werden. Nur durch die Option VERKNÜPFUNG wird sichergestellt, dass sich die Stile aus der externen Stylesheet-Datei auch von dort aus auf die Webseiten auswirken.

Unter MEDIEN ❸ können Sie einstellen, ob die Stylesheet-Datei zum Beispiel nur für die Darstellung auf dem Bildschirm oder für den Ausdruck mit dem Drucker bestimmt ist.

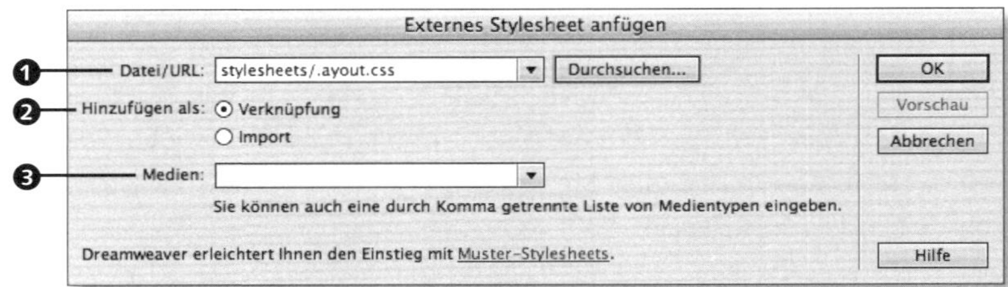

▲ **Abbildung 12.42**
Eine externe CSS-Datei wird ausgewählt.

3 Änderungen überprüfen

Klicken Sie auf OK, um den Vorgang abzuschließen. Im Fenster CSS-STILE werden der Name der CSS-Datei und die darin enthaltenen CSS-Stile angezeigt.

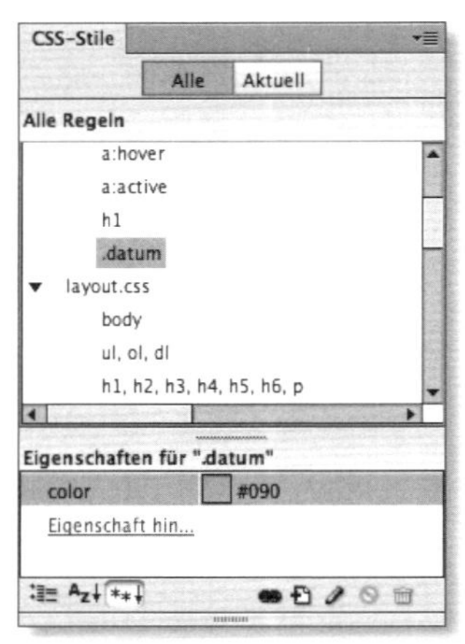

▲ **Abbildung 12.43**
Die Eigenschaften von »layout.css« werden angezeigt.

Stylesheets verschieben

In Dreamweaver ist es auch möglich, Stile in andere Dateien zu verschieben oder zu kopieren. Ziehen Sie dazu einfach mit der Maus die CSS-Regel im Fenster CSS-STILE an die gewünschte Position. So können Sie auch ganz leicht einen internen Stil Ihres Dokuments in eine externe Stylesheet-Datei einfügen.

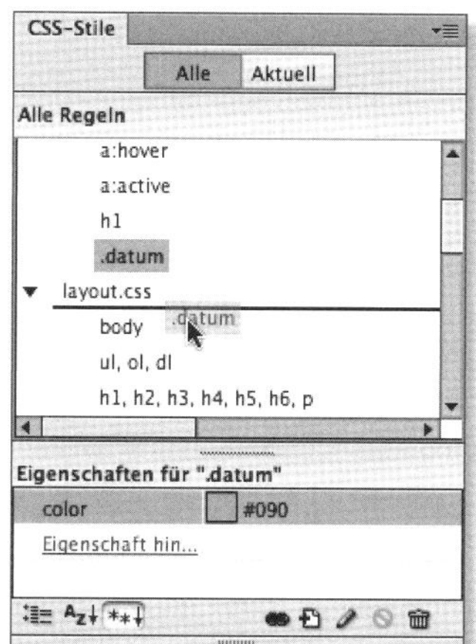

◄ **Abbildung 12.44**
CSS-Stile können Sie leicht von einer CSS-Datei zu einer anderen verschieben.

CSS-Übergänge

Im neuen CSS3-Standard können Sie Animations-Effekte mittels sogenannten **CSS-Tansitions** kreieren, ohne dass Sie JavaScript oder Flash verwenden müssen. In Dreamweaver CS6 wird die Funktion **CSS-Übergänge** genannt.

Mit CSS-Übergängen transformieren Sie einzelne CSS-Attribute, wie z.B. die Hintergrundfarbe (BACKGROUND-COLOR) von einer Farbe zu einer anderen. Dabei können Sie u.a. die Zeit, die für diesen Vorgang benötigt wird, einstellen. Es ist beispielsweise auch möglich, Elemente zu vergrößern, indem Sie etwa das CSS-Attribut WIDTH verändert wird.

Im folgenden Beispiel werden wir mittels CSS-Übergängen einen sogenannten Rollover- bzw. Hover-Effekt erstellen. Wenn der Webseitenbesucher mit der Maus über einen Link fährt, soll die Hintergrundfarbe von Gelb langsam nach Rot transformiert werden.

Browserkompatibilität

Leider unterstützt der Internet Explorer erst ab Version 10 die CSS-Übergänge. Das ist jedoch kein Argument, ganz auf die CSS-Übergänge zu verzichten. Im Internet Explorer vor Version 10 wird die Funktion einfach ignoriert – es kommt also zu keinem Fehler in der Darstellung.
Andere moderne Webbrowser wie z.B. der Safari, Chrome oder Firefox führen die CSS-Übergänge ohne Probleme aus.

▼ **Abbildung 12.45**
Hover-Effekt mittels CSS-Übergang realisiert

Schritt für Schritt
CSS-Übergang erstellen

1 Webseite vorbereiten

Erstellen Sie zunächst eine Seite mit einem Link.

Abbildung 12.46 ▸
Beispielseite mit einem Link

2 Neue CSS-Regel erstellen

Erstellen Sie eine neue CSS-Regel mit dem Namen `spezial`, indem Sie im Fenster CSS-STILE auf das Plussymbol klicken.

▴ Abbildung 12.47
Erstellen Sie eine neue CSS-Klasse

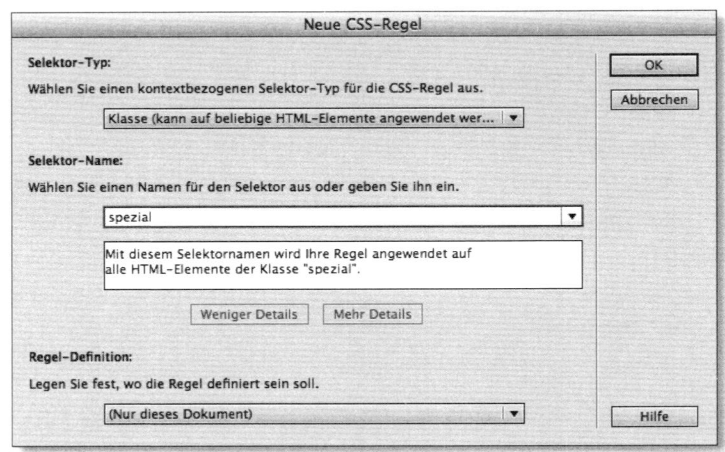

Abbildung 12.48 ▸
Wählen Sie den SELEKTOR-TYP KLASSE mit dem Namen `spezial`

3 CSS-Attribute festlegen

Stellen Sie in der Kategorie HINTERGRUND das CSS-Attribut BACKGROUND-COLOR z. B. auf eine gelbe Farbe. In der Kategorie RAHmen legen Sie unter Style den Wert solid (durchgezogene Linie) fest, stellen die Linienstärke (Width) auf 2 px ein und wählen als Linienfarbe (Color) Schwarz aus.

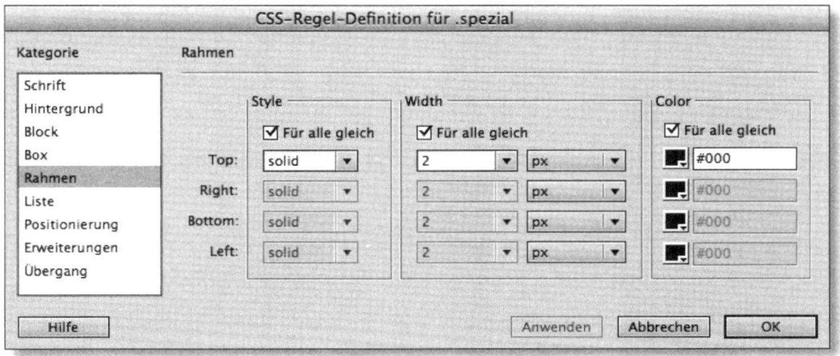

◂ **Abbildung 12.49**
Rahmenattribute einstellen

Klicken Sie nun auf die Schaltfläche OK. Im Bedienfeld CSS-Stile sollte nun die CSS-Regel `.spezial` angezeigt werden.

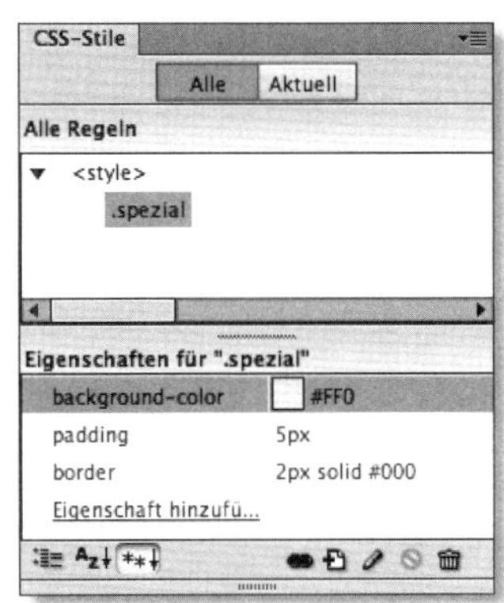

◂ **Abbildung 12.50**
Neue CSS-Regel `.spezial`

4 CSS-Übergang erstellen

Wählen Sie Fenster • CSS-Übergänge, um das Bedienfeld CSS-Übergänge zu öffnen. Klicken Sie auf das Plussymbol, um einen neuen CSS-Übergang zu erstellen.

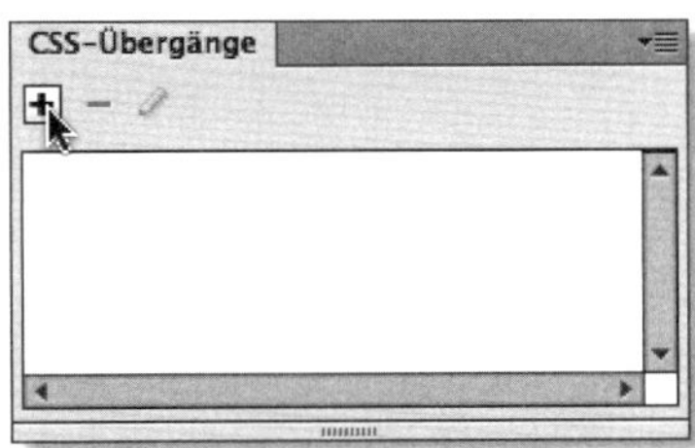

◂ **Abbildung 12.51**
CSS-Übergänge-Bedienfeld

5 Übergang einstellen

Um einen Übergang der Hintergrundfarbe nach Rot zu erstellen, nehmen Sie folgende Einstellungen vor: Wählen Sie unter ZIELREGEL ❶ die von uns eben erstellte CSS-Regel .SPEZIAL aus. Da wir einen Effekt erzielen möchten, der beim Überfahren mit der Maus entsteht, wählen wir unter ÜBERGANG BEI ❷ den Wert HOVER aus. Unter DAUER ❸ stellen Sie den Wert auf 1. Damit der Effekt sofort beginnt, legen Sie eine VERZÖGERUNG ❹ von 0 fest. Als ZEITFUNKTION ❺ wählen Sie LINEAR.

Da wir die Hintergrundfarbe verändern wollen, klicken Sie auf das Plussymbol ❻ und stellen dann die Eigenschaft BACKGROUND-COLOR ein.

Wählen Sie unter ❼ eine Farbe, z. B. Rot aus.

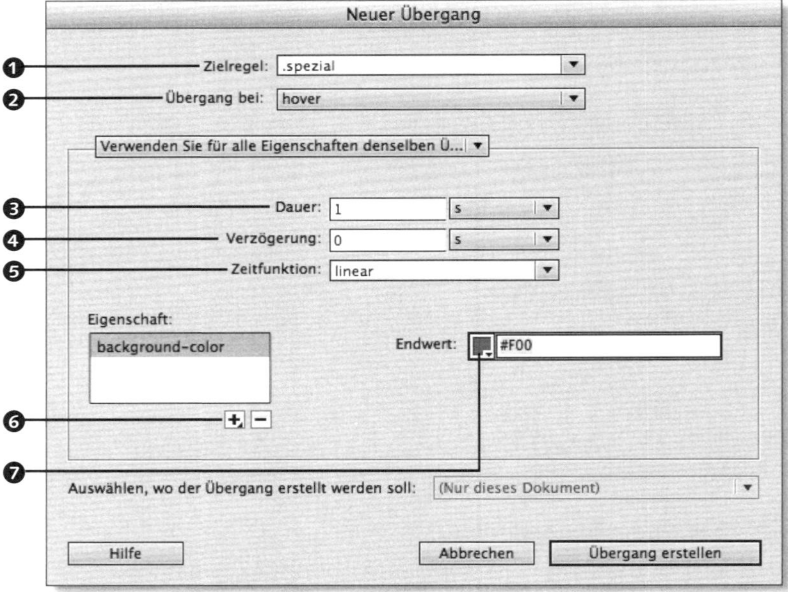

Abbildung 12.52 ►
CSS-Übergang einstellen

Klicken Sie anschließend auf die Schaltfläche ÜBERGANG ERSTELLEN.

6 CSS-Regel zuweisen.

Als Letztes weisen Sie die CSS-Regel `.spezial` noch dem Link zu, indem Sie den Link markieren, in der Statuszeile mit der rechten Maustaste (bzw. mit festgehaltener `Ctrl`-Taste auf dem Mac) auf <a> klicken und dann im Menü unter KLASSE EINRICHTEN die Option SPEZIAL auswählen.

◄ **Abbildung 12.53**
CSS-Regel zuweisen

7 Fertig

In der Code-Ansicht können Sie sehen, wie Dreamweaver für Sie den CSS-Code generiert hat. Den Effekt können Sie nun z. B. in der Live-Ansicht testen.

◄ **Abbildung 12.54**
Fertiger CSS-Übergang

Mit den CSS-Techniken aus diesem Kapitel können Sie Ihre Inhalte nicht nur optisch strukturieren, sondern auch ansprechend gestalten. CSS gibt Ihnen dafür viele Möglichkeiten an die Hand, die schon fast denen in richtigen Textverarbeitungen und Desktop-Publishing-Programmen entsprechen. Probieren Sie am besten über die beschriebenen Wege alles aus, was Ihnen Dreamweaver anbietet.

In den nächsten Kapiteln werden wir nun noch einmal einen gründlichen Blick auf die Seitenelemente werfen, die Sie in Ihre Webseiten und Vorlagen einfügen können. Den Anfang machen Grafiken und Bilder.

Kapitel 13

Bilder einfügen

So bringen Sie Farbe auf Ihre Webseiten

- Welches Bildformat nutze ich für welchen Zweck?
- Wie füge ich Grafiken, Platzhalter und Hintergründe ein?
- Wie bestimme ich die Bildgröße?
- Wie schneide ich Bilder zu, schärfe sie oder richte sie aus?

13 Bilder einfügen

Text allein ist langweilig, und Bilder sagen mehr als tausend Worte. In diesem Kapitel lernen Sie, wie Sie grafische Elemente in Ihre Webseiten einfügen und sie in Dreamweaver nachbearbeiten.

13.1 Bilder bearbeiten

Wenn Sie zum Beispiel Fotos mit Ihrer Digitalkamera machen, eignen sich die Bilder in der Regel noch nicht, um auf eine Webseite gestellt zu werden. Sie sollten sie zuerst in einem Bildbearbeitungsprogramm nachbessern, um etwa die Bildgröße anzupassen und ein wenig mehr Helligkeit und Schärfe in die Bilder zu bringen. Wenn Sie Dreamweaver in einem der diversen Creative-Suite-Pakete erworben haben, sind Sie bereits im Besitz von Photoshop und Fireworks. Beide Programme bieten viele hervorragende Werkzeuge, um Bilder zu bearbeiten und für die Darstellung auf Webseiten zu optimieren.

Möchten Sie aber nur einige grundsätzliche Anpassungen vornehmen, so können Sie auch in Dreamweaver Ihre Bilder direkt nachbearbeiten, ohne dass Sie dafür ein anderes Programm einsetzen müssten. Sie können zum Beispiel ein Foto aus Ihrer Digitalkamera direkt mit Dreamweaver in eine Webseite einfügen und dort das Bild verkleinern, Ausschnitte daraus freistellen und Helligkeitskorrekturen durchführen. Mehr dazu erfahren Sie in Abschnitt 13.4, »Bildeinstellungen«.

Ist Photoshop wirklich immer besser?

Adobe Photoshop ist die führende Software zum Bearbeiten von Fotos und Bildern aller Art. Aufgrund der vielfältigen Funktionen und der komplexen Bedienung ist die Einarbeitung in Photoshop jedoch ungleich schwieriger als in Fireworks. Für Webgrafiken ist Fireworks durchaus ausreichend, und es ist zudem leichter zu bedienen.

13.2 Bildformate für das Web

Bevor Sie Bilder in eine Webseite einfügen können, müssen Sie sie zunächst erstellen, bearbeiten und in einem Format abspeichern, das ein Webbrowser lesen kann. Die Wahl des richtigen Formats entscheidet über die Qualität des Bildes. Für das Web ist jedoch auch die Dateigröße relevant. Je kleiner die Datenmengen der Bilder, desto geringer sind die Wartezeiten für den Internetnutzer beim Laden der Seiten.

Jedes Grafikformat hat seine Vor- und Nachteile. Die drei wichtigsten und gebräuchlichsten Formate für Webseiten stelle ich hier kurz vor.

GIF

Das *GIF-Format (Graphics Interchange Format)* ist ideal für Bilder, die höchstens 256 Farben enthalten. Gezeichnete Grafiken fallen häufig darunter, insbesondere Illustrationen ohne Farbverläufe, die in einem Grafikprogramm wie Adobe Illustrator erstellt wurden.

GIF wird gern auch für Überschrifts- und Textgrafiken verwendet, wenn diese Schriften enthalten, die nicht bei jedem Benutzer installiert sind.

Für Fotos ist das GIF-Format wegen der wenigen Farben in der Regel ungeeignet. Auch Fotos, die scheinbar nur wenige Farben enthalten, kommen für dieses Format meist nicht in Frage, da zumindest einige Stellen darin – besonders Farbverläufe – in schlechter Qualität dargestellt werden.

▲ **Abbildung 13.1**
GIF-Bilder werden gern als Überschriften in einer Webseite verwendet, wenn der Text typografisch gestaltet werden soll.

Pixel- und Vektorgrafiken

Im Gegensatz zu Pixelgrafiken bestehen Vektorgrafiken nicht aus einzelnen Pixeln, sondern basieren auf elementaren Formen wie Linien, Kurven, Kreisen, Rechtecken usw. Das Besondere an Vektorgrafiken ist, dass sie auflösungsunabhängig immer neu skaliert werden können.

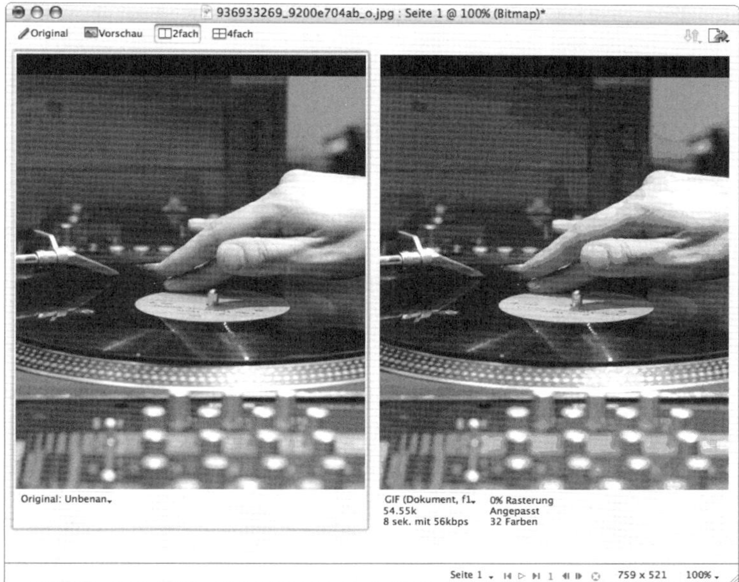

◂ **Abbildung 13.2**
Originalbild und GIF-Datei

1-Bit-Transparenz

GIF bietet nur eine sogenannte **1-Bit-Transparenz**. Das heißt, die Bildpunkte sind entweder transparent (durchsichtig) oder nicht. Genau das sind die beiden Zustände eines Bits. Das PNG-Format unterstützt sogar 8-Bit-Transparenz. Damit können Bildpunkte auch halbtransparent eingestellt werden. Insgesamt gibt es 256 (2 hoch 8) Abstufungen zwischen vollständig sichtbar und unsichtbar. Mit GIF und PNG lassen sich dadurch unsichtbare Stellen in einem Bild festlegen, was etwa freigestellte Bilder auf Webseiten ermöglicht.

In Abbildung 13.2 sehen Sie ein Beispiel dazu: Auf der linken Seite befindet sich das Originalbild und auf der rechten das Foto als GIF-Datei mit 64 der verfügbaren 256 Farben (bearbeitet in Fireworks).
Grafikprogramme wie Photoshop oder Fireworks bieten Funktionen an, mit denen Sie die Qualität der GIF-Bilder optimieren können. Allerdings steigt dann meist auch die Dateigröße.

GIF-Bilder können transparente Bereiche enthalten, die den Hintergrund durchscheinen lassen. Die Ergebnisse sind aber meist nicht sehr hochwertig, da die Ränder der transparenten Bereiche oft pixelig aussehen.

Sie können sogar mehrere Einzelbilder innerhalb eines GIF-Bildes speichern und hintereinander in einer Animation abspielen. GIF-Animationen eignen sich allerdings nur für kleinere Bilder (bis zu einer Größe von etwa 150 × 150 Pixeln), da sonst die Datenmenge zu groß wird. Für aufwendigere Animationen sollten Sie besser das Flash-Format wählen (siehe Abschnitt 19.4, »Adobe Flash CS6«).

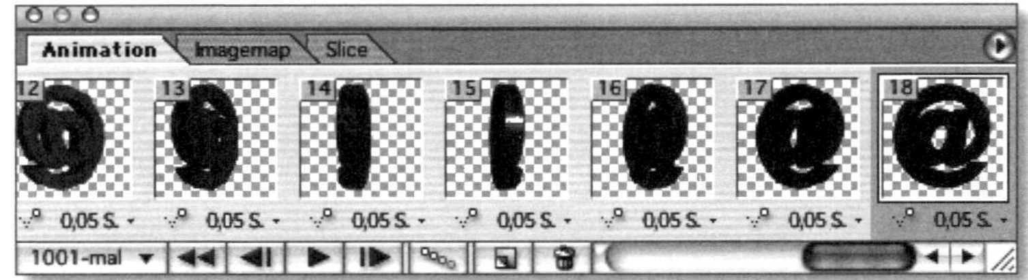

▲ **Abbildung 13.3**
Eine GIF-Animation mit ihren Einzelbildern in Fireworks

JPEG

Das *JPEG-Format (Joint Photographic Experts Group)* ist das ideale Format für die Darstellung von Fotos. Die Bilder können damit naturgetreu mit 16,7 Millionen Farben als JPEG-Datei gespeichert werden. Damit die Dateien nicht zu groß werden, werden die Bilder komprimiert. Die Kompression ist immer mit Verlust von Bildinformationen verbunden. Den Grad der Kompression stellen Sie im Grafikprogramm ein. Je stärker die Kompression, desto schlechter ist die Qualität des Fotos.

Das Originalfoto (oben links) in Abbildung 13.4 hat oben rechts eine Qualität von 80%, unten links von 10% und unten rechts von 50%. Das Bild unten links hat zwar eine kleine Dateigröße (6,28 KByte), ist aber aufgrund der schlechten Qualität nicht zu gebrauchen (bearbeitet in Fireworks CS5).

Viele Digitalkameras speichern die Fotos bereits im JPEG-Format ab. Somit müssen Sie die Bilder nicht einmal mehr umwandeln, um sie auf einer Webseite einzusetzen. Transparente Bereiche und Animationen werden vom JPEG-Format nicht unterstützt.

Die übliche Dateiendung von JPEG-Bildern ist nicht etwa »jpeg«, sondern »jpg«.

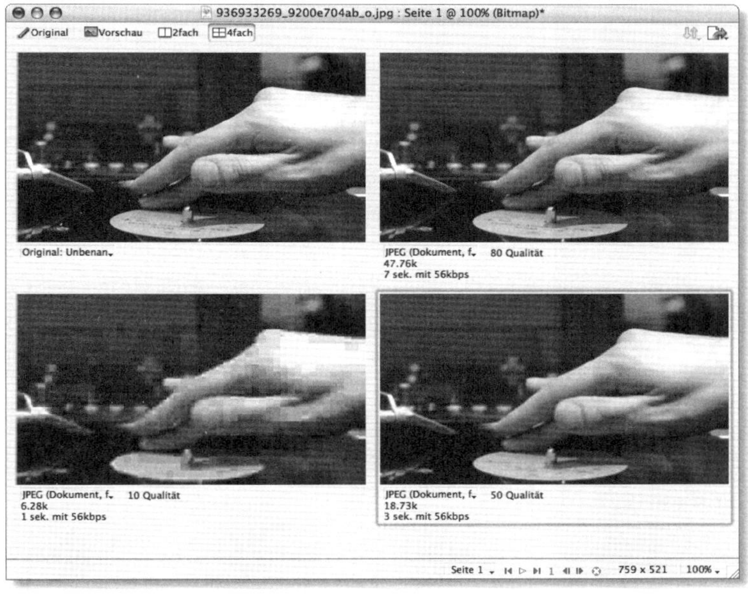

◀ **Abbildung 13.4**
Originalfoto (oben links) und JPEG-Version in unterschiedlichen Kompressionsstufen

PNG

Das *PNG-Format (Portable Network Graphics)* vereint die Vorteile von JPEG und GIF. Es speichert die Bilder verlustfrei mit mehreren Millionen Farben. Im Gegensatz zu GIF und JPEG unterstützt PNG sogar 256 Transparenzstufen (8-Bit-Transparenz). Diese Transparenz erlaubt es zum Beispiel, Bilder mit weichen Schlagschatten unabhängig vom Hintergrund zu erstellen.

Beachten Sie dabei, dass der Internet Explorer bis einschließlich Version 6 keine Transparenzen anzeigen kann. Microsoft hat die-

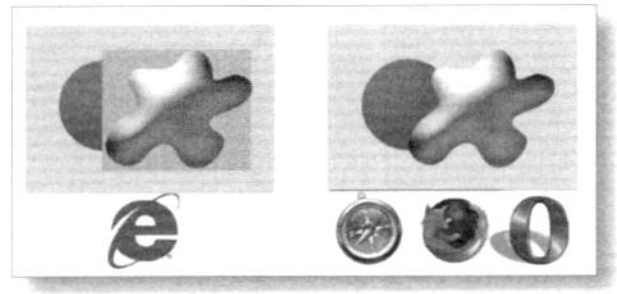

▲ **Abbildung 13.5**
Der Internet Explorer (links) stellt Transparenzen von PNG-Bildern bis einschließlich Version 6 nicht korrekt dar.

ses Problem erst mit dem Internet Explorer 7 in den Griff bekommen. Andere Browserhersteller wie Apple, Mozilla und Opera sind da vorbildlicher und unterstützen Transparenzen schon lange.

Die Größe von PNG-Dateien ist in der Regel höher als bei GIF- und JPEG-Bildern. Daher wird das PNG-Format meist nur eingesetzt, wenn Transparenzen notwendig sind.

13.3 Bilder, Platzhalter und Hintergründe

Bilder sind wichtige Elemente von Websites. Liegen Sie noch nicht vor, sollten Platzhalter verwendet werden.

Bilder einfügen

Wir werden nun ein Bild mit dem Format JPEG in unsere Seite einfügen. Erstellen Sie für die folgenden Übungen eine neue Datei »bilder.html« in unserer Site *djay Übungen*. Diese Datei wird nicht in der Hauptnavigation unserer Beispielsite verlinkt, da sie nur als »Spielwiese« für dieses Kapitel dient. Wenn Sie möchten, können Sie natürlich auch auf einer der Seiten der Djay-Site ein weiteres Bild einfügen.

Schritt für Schritt
Bild einfügen

1 Einfügemarke setzen

Setzen Sie die Einfügemarke im Entwurfsbereich an die Stelle, an der das Bild eingefügt werden soll.

2 Bild auswählen

Wählen Sie Einfügen • Bild. Es erscheint ein Dialogfenster, in dem Sie die einzufügende Grafik voranzeigen und auswählen können. Im Vorschaufenster finden Sie auch alle wichtigen Informationen zu dem Bild.

Alternativ können Sie ein Bild auch aus dem Dateien-Bedienfeldmit der Maus direkt in das Dokumentenfenster ziehen.

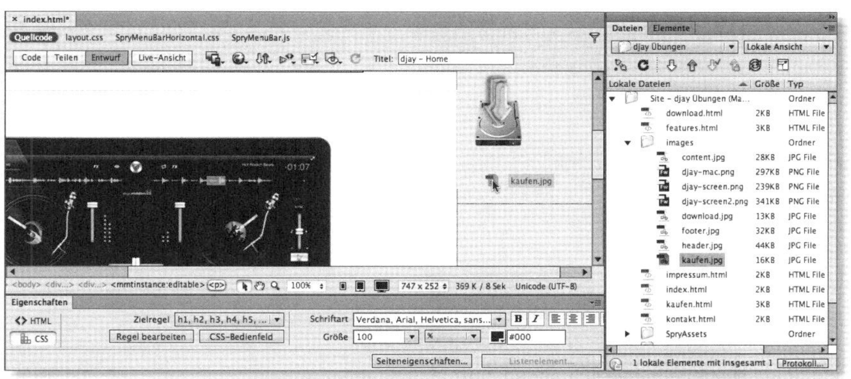

◂ **Abbildung 13.6**
Das DATEIEN-Bedienfeld

Noch übersichtlicher ist das ELEMENTE-Bedienfeld. Hier werden die Dateien nach ihrem Dateityp gruppiert.

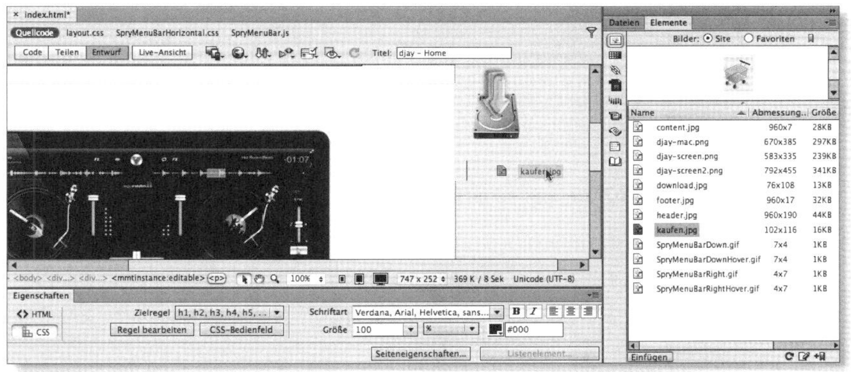

◂ **Abbildung 13.7**
Das ELEMENTE-Bedienfeld

3 Eingabehilfen

Es öffnet sich anschließend ein weiteres Fenster, in dem Sie einen Alternativtext eingeben können, der anstelle des Bildes angezeigt wird, falls dieses z. B. beim Benutzer nicht dargestellt werden kann.

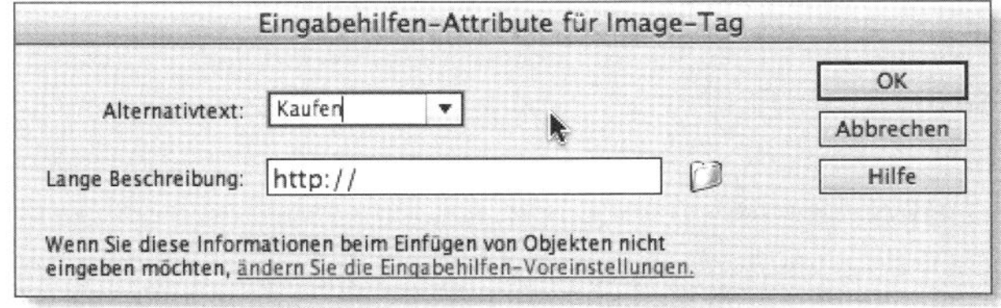

◂ **Abbildung 13.8**
Geben Sie einen Alternativtext für das Bild ein.

4 Überprüfen der Änderungen

Nachdem Sie das Bild eingefügt haben, sehen Sie in der Teilen-Ansicht von Dreamweaver, wie es im Quelltext mit Pfad und Grö-

Bilder in CSS

Bilder können auch in einem Cascading Stylesheet als Hintergrundgrafiken verwendet werden. Je nach Einstellungen können sie dort dann auch wiederholt aneinandergelegt (gekachelt) werden.

ßenangaben angelegt worden ist. Im Eigenschaften-Bedienfeld können Sie nun weitere Einstellungen vornehmen. Dazu kommen wir noch weiter unten in diesem Kapitel.

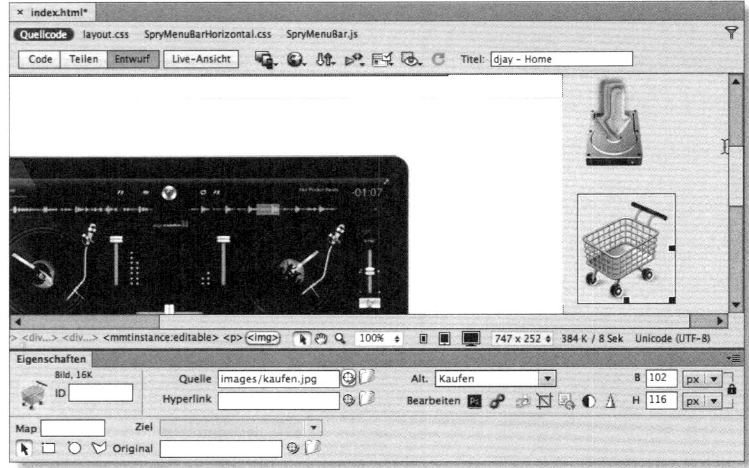

Abbildung 13.9 ▸
Das Eigenschaften-Bedienfeld

Bild-Platzhalter einsetzen

Es kommt nicht selten vor, dass Sie eine Webseite erstellen, für die das eine oder andere Bild noch nicht verfügbar ist. Anstatt nun die Stelle, an der das Bild platziert werden soll, freizulassen, können Sie mit Dreamweaver auch einen Bild-Platzhalter einsetzen. Dieser ist im Entwurfsbereich als rechteckiger Bereich sichtbar und in der Größe an das Layout anpassbar. Wenn später das richtige Bild für die Stelle vorliegt, können Sie den Platzhalter einfach durch dieses ersetzen.

Schritt für Schritt
Bild-Platzhalter einfügen

1 Einfügemarke setzen

Setzen Sie, wie beim Einfügen eines normalen Bildes, zunächst die Einfügemarke an die Position im Entwurfsbereich, an der das Bild später angezeigt werden soll.

2 Bild-Platzhalter einfügen

Wählen Sie Einfügen • Grafikobjekte • Bild-Platzhalter. Es erscheint ein Dialogfenster, in dem Sie Name, Breite und Höhe des später einzufügenden Bildes eingeben und eine Farbe für den Platzhalter auswählen. Unter Alternativtext sollten Sie eine Beschreibung für das Bild eingeben.

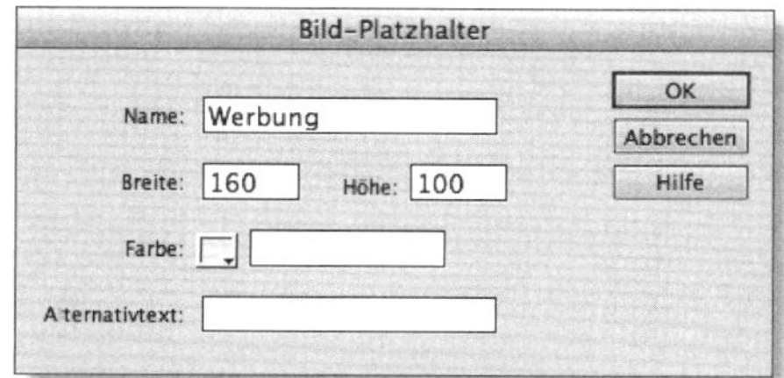

◂ **Abbildung 13.10**
Das Dialogfenster Bild-Platzhalter

3 Bild-Platzhalter überprüfen

Der Bild-Platzhalter wird in der gewählten Farbe im Dokumentenfenster angezeigt und kann später durch das richtige Bild ersetzt werden. Sie können so aber schon weiter an der Seite arbeiten, ohne dass sie sich durch das richtige Bild später noch bedeutend verändert.

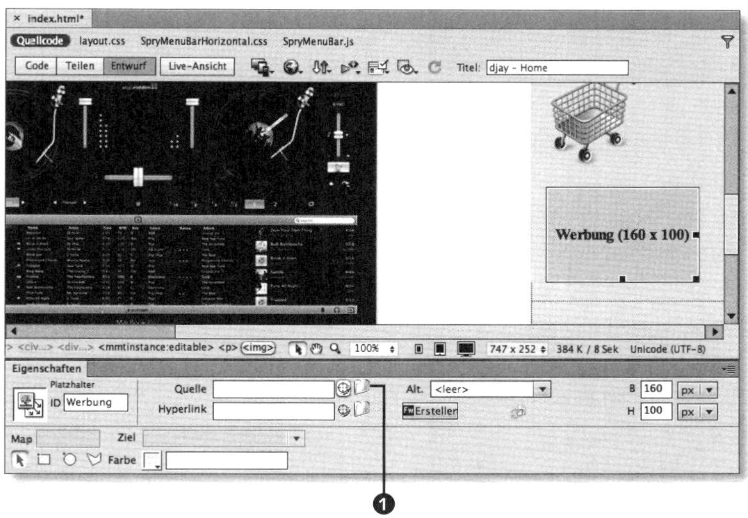

◂ **Abbildung 13.11**
So sieht der Platzhalter aus.

Bilder oder Platzhalter austauschen

Um ein bereits eingebautes Bild oder einen Bild-Platzhalter durch ein anderes Bild zu ersetzen, löschen Sie entweder das alte Bild oder den Platzhalter und fügen das neue Bild ein, oder Sie markieren das Bild im Dokumentenfenster und klicken im EIGENSCHAFTEN-Bedienfeld auf das Ordnersymbol rechts neben QUELLE ❶ (siehe Abbildung 13.11). Wählen Sie dann einfach eine neue Bilddatei aus.

Rollover-Bilder einsetzen

Ein Rollover-Bild besteht immer aus zwei Bildern. Je nachdem, ob sich der Mauszeiger über dem Rollover-Bild befindet oder nicht, wird entweder das eine oder das andere Bild angezeigt. Rollover-Bilder werden gern in Navigationen eingesetzt.

Für die Funktion ROLLOVER-BILD benötigen Sie zwei Bilder, die jeweils die gleiche Höhe und Breite aufweisen: Die Ausgangsgrafik soll angezeigt werden, wenn sich der Mauszeiger nicht über dem Menüpunkt befindet. Die Rollover-Grafik wird angezeigt, wenn sich der Mauszeiger über dem Menüpunkt befindet.

Abbildung 13.12 ▸
Mauszeiger außerhalb des Rollover-Bildes (links) und auf dem Bild (rechts)

In der Abbildung 13.12 befindet sich oben der Mauszeiger außerhalb des Rollover-Bildes, und der Button wird normal angezeigt. Unten ist der Mauszeiger direkt über dem Rollover-Bild, und das Bild wechselt die Darstellung.

Die genauen Einstellungen in der darauffolgenden Dialogbox erkläre ich in Abschnitt 16.3, »JavaScript über Menüs einfügen«.

Rollover-Effekte lassen sich in Dreamweaver CS6 auch mit CSS-Übergängen realisieren (siehe Kapitel 12, »Arbeiten mit CSS«).

13.4 Bildeinstellungen

Auch wenn man sich bereits Mühe gegeben hat, ein Bild für eine Webseite vorzubereiten, möchte man oft noch Kleinigkeiten daran verändern, nachdem man es tatsächlich in das Layout eingefügt hat. In Dreamweaver können Sie die wichtigsten Arbeitsschritte direkt durchführen, ohne dafür das Programm wechseln zu müssen. Klicken Sie einfach das Bild im Dokumentenfenster an – und Sie finden alle Werkzeuge für Bildbearbeitungen im EIGENSCHAFTEN-Bedienfeld.

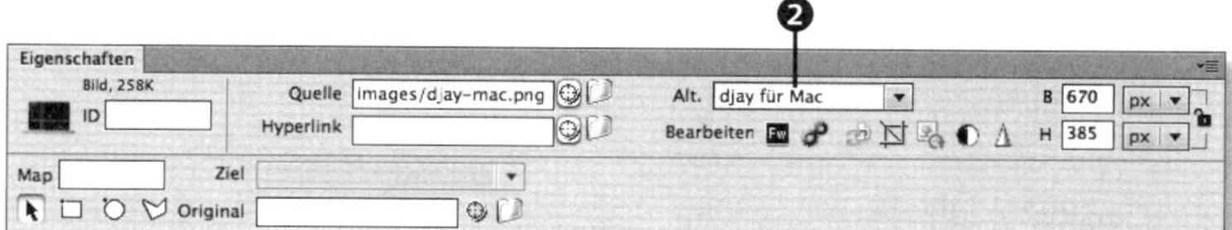

◀ **Abbildung 13.13**
EIGENSCHAFTEN-Bedienfeld bei ausgewähltem Bild

Alternativtext eingeben

Geben Sie unter ALT. ❷ einen passenden Namen für den Alternativtext ein, der das Bild aussagekräftig beschreibt. Eine Suchmaschine wie zum Beispiel Google kann den Alternativtext dann seinem Index hinzufügen. Der Eintrag ist auch für Browser wichtig, die keine Bilder anzeigen können, beispielsweise in Vorleseprogrammen für sehbeeinträchtigte Benutzer.

Wenn Sie eine Überschrift als Grafik in eine Webseite integrieren, sollten Sie unbedingt den Text der Überschrift als Alternativtext eintragen. Dasselbe gilt für Fotos, Schaltflächen, Menüs usw. Auch im Hinblick auf den XHTML-Standard sollten Sie immer einen Alternativtext für jedes Bild hinterlegen.

Bildgröße einstellen

Es gibt zwei Möglichkeiten, die Größe eines Bildes zu verändern:

- Ziehen Sie entweder den Rahmen des Bildes mit der Maus auf das gewünschte Format, oder
- geben Sie die Breiten- und Höhenwerte im EIGENSCHAFTEN-Bedienfeld ein.

Anschließend muss die Grafik neu aufgelöst werden, das Bild wird damit an die neue Größe angepasst und erneut gespeichert. Die alte Bilddatei wird dabei überschrieben. Es wird empfohlen, Bilder nicht zu vergrößern und immer nur zu verkleinern, um die Bildqualität nicht zu beeinträchtigen. Die besten Ergebnisse erzielen Sie jedoch, wenn Sie die Bilder in einem Grafikprogramm wie Fireworks oder Photoshop bearbeiten.

Schritt für Schritt
Größe eines Bildes in Dreamweaver verändern

1 Bild auswählen

Klicken Sie auf das gewünschte Bild. Es wird dann ein dünner Rand um die Grafik herum angezeigt und das EIGENSCHAFTEN-Bedienfeld mit den Bildeinstellungen eingeblendet.

2 Größe verändern

Halten Sie [⇧] gedrückt, klicken Sie mit der Maus auf die untere rechte Ecke des Bildes, und ziehen Sie dann den Rahmen nach links oben bzw. rechts unten, um es zu verkleinern bzw. zu vergrößern. Durch das Gedrückthalten der [⇧]-Taste während des Ziehens bleiben die Proportionen des Bildes erhalten, so dass es nicht gequetscht oder gestaucht wird.

Abbildung 13.14 ▼
Verändern der Bildgröße

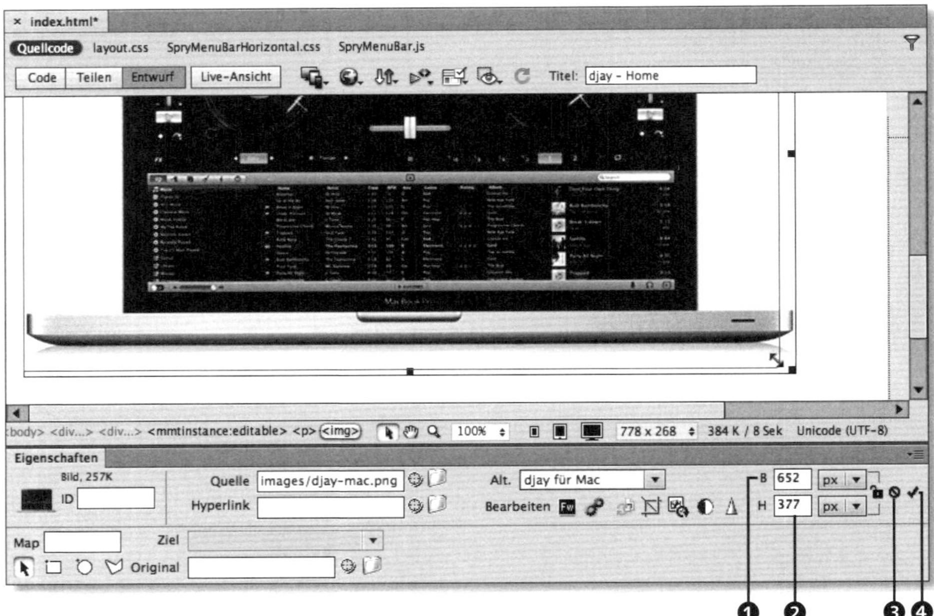

3 Neue Einstellungen vornehmen

Sie können die Größe auch durch Eingabe der Breite (B) ❶ und der Höhe (H) ❷ im EIGENSCHAFTEN-Bedienfeld direkt bestimmen. Falls Ihnen die Größe nicht gefällt, können Sie das Bild auch wieder auf die Originalgröße zurücksetzen, indem Sie auf das Icon AUF ORIGINALGRÖSSE ZURÜCKSETZEN ❸ klicken.

4 Bild neu auflösen

Klicken Sie anschließend auf den Haken ❹, damit das Bild in die neue Größe konvertiert und gespeichert wird.

Bilder zuschneiden

Sie können in Dreamweaver nicht nur die Bildgröße verändern, sondern auch einen Ausschnitt freistellen, um zum Beispiel überflüssige Randbereiche zu entfernen.

Schritt für Schritt
Bild zuschneiden

1 Bild auswählen

Klicken Sie wieder auf das gewünschte Bild, um es auszuwählen und das Eigenschaften-Bedienfeld für dieses Bild anzuzeigen. Wählen Sie hier das Zuschneiden-Werkzeug ❺ aus.

2 Rechteck anpassen

Innerhalb des Bildes im Dokumentenfenster finden Sie nun ein Rechteck, mit dem Sie bestimmen können, wie Sie das Bild beschneiden. Durch Ziehen an einer der Ecken verändern Sie die Größe des Bereiches, durch einen Klick und Ziehen mit gedrückter Maustaste verschieben Sie das Auswahlrechteck.

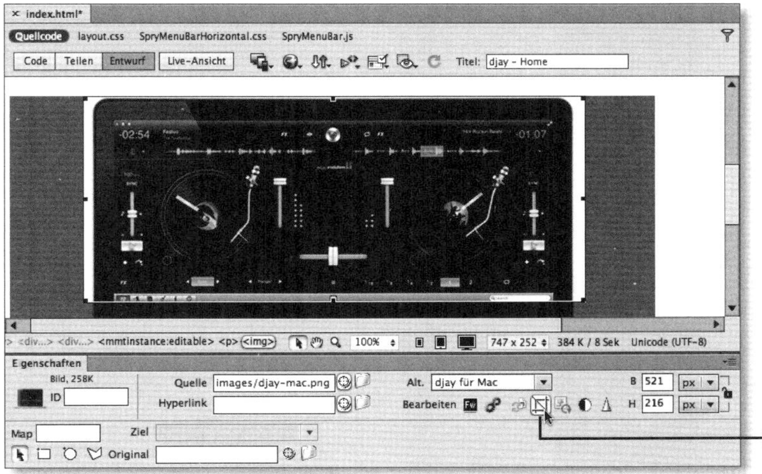

◂ **Abbildung 13.15**
Bildausschnitt freistellen

Wenn Sie den richtigen Ausschnitt mit dem Rechteck eingestellt haben, klicken Sie doppelt in das Rechteck hinein. Das ausgeschnittene Bild wird neu erstellt und in der Bilddatei gespeichert. Vorsicht: Das Originalbild wird dabei überschrieben.

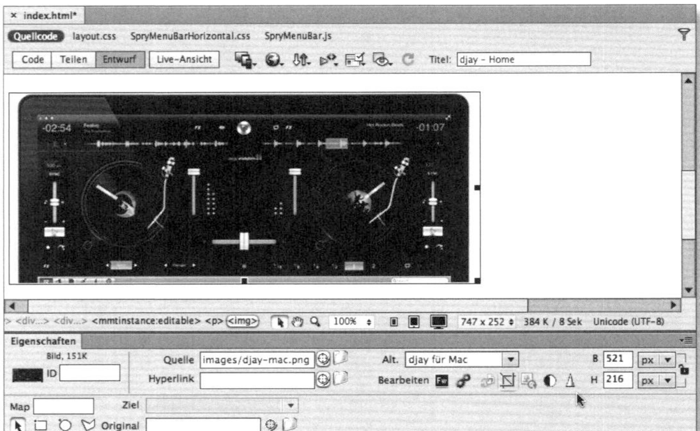

Abbildung 13.16 ▸ Klicken Sie am Ende doppelt in das Rechteck.

Helligkeit und Kontrast anpassen

Um Helligkeit und Kontrast eines Bildes zu verändern, klicken Sie im EIGENSCHAFTEN-Bedienfeld auf die Schaltfläche ❷. Im aufklappenden Dialogfenster können Sie dann mit den Schiebereglern die Einstellungen vornehmen. Wenn Sie die VORSCHAU ❶ aktiviert haben, können Sie die Veränderung direkt im Dokumentenfenster mitverfolgen.

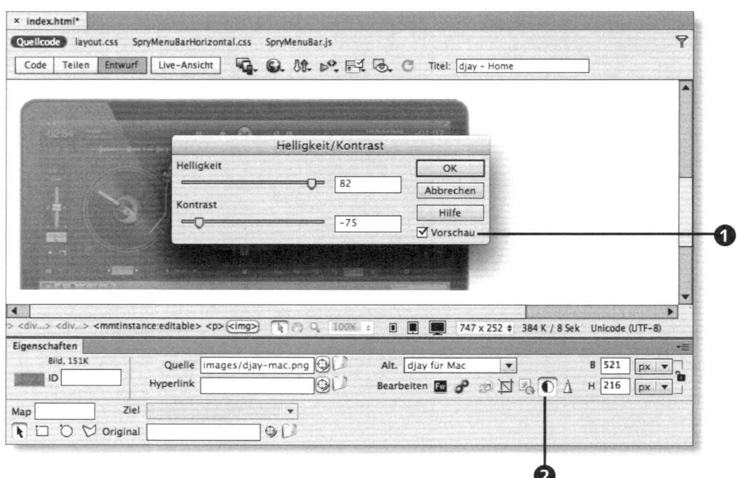

Abbildung 13.17 ▸ Verändern von Helligkeit und Kontrast eines Bildes

Bild scharf stellen

Die Schärfe des Bildes passen Sie mit der Schaltfläche ❸ an. Je weiter Sie den Regler nach rechts bewegen, desto schärfer wird das Bild.

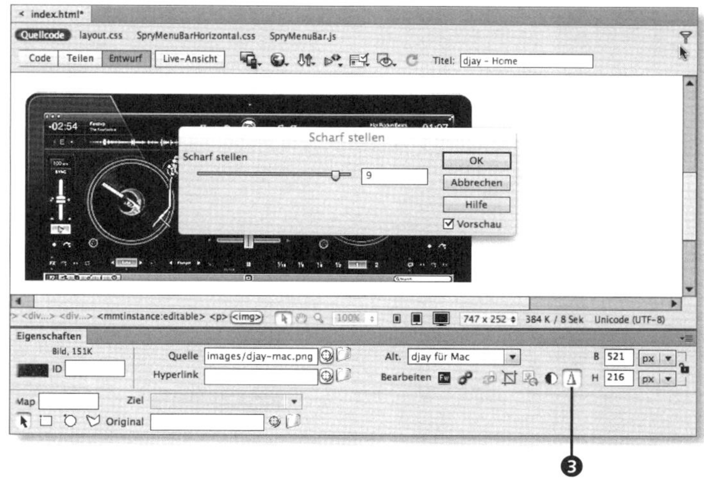

◄ **Abbildung 13.18**
Der Regler Scharf stellen

Vermeiden Sie es, einen zu hohen Wert für den Regler Scharf stellen zu wählen. Es kommt sonst zur Bildung von störenden Rändern, genannt Artefakte.

Für aufwendigere Bearbeitungen ist natürlich ein Programm wie Photoshop notwendig. In Kapitel 19, »Dreamweaver und die Creative Suite«, erfahren Sie unter anderem, wie Sie die Photoshop-Integration mit Dreamweaver CS6 nutzen können.

Kapitel 14

Tabellen erstellen

So bekommen Sie Tabellen in den Griff

- Wann sollte ich Tabellen nutzen?
- Wie stelle ich die passende Ansicht für eine Tabelle ein?
- Wie füge ich Tabellen ein, baue sie auf und bearbeite sie?
- Wie ändere ich Eigenschaften von Spalten, Zeilen und Zellen?

14 Tabellen erstellen

In diesem Kapitel lernen Sie, wie Sie in Dreamweaver fixierte sowie sich flexibel an das Browserfenster anpassende Tabellen erstellen. Sie erfahren, wie Sie Tabellen am geschicktesten markieren und welche Bearbeitungsmöglichkeiten Ihnen zur Verfügung stehen.

14.1 Tabellen für Daten und Layout

Tabellen sind aus vielen Office-Programmen wohlbekannt. Sie haben damit sicherlich auch schon in Word oder Excel gearbeitet. In Excel besteht sogar das gesamte Dokument aus einer einzigen großen Tabelle. In Word können Sie an jeder beliebigen Stelle Tabellen in allen Variationen einfügen.

In einer Textverarbeitung oder Kalkulation werden Tabellen normalerweise zur geordneten Darstellung von Daten – etwa bei der Zuordnung von Preisen oder Terminen – verwendet. Sie können dabei innerhalb von Tabellen nicht nur Texte, sondern auch Bilder benutzen, z. B. bei der Erklärung von Symbolen oder bei Kartenlegenden.

Abbildung 14.1 ▸
Eine herkömmliche Tabelle mit Preisangaben

Auch im Web werden Tabellen zum Strukturieren von Daten eingesetzt. In der Vergangenheit wurden Tabellen allerdings auch oft dazu benutzt, das Layout einer Website zu erstellen, um also Texte, Bilder oder auch ganze Bereiche einer Website anzuordnen. Die Tabellen selbst sind dann für den Betrachter der Webseite nicht erkennbar. Ihre Linien und Ränder werden einfach mit Breitenangaben von 0 Pixel als unsichtbar definiert.

Am besten ist es jedoch, für das Layout vollständig auf Tabellen zu verzichten und stattdessen Cascading Stylesheets (CSS) zu nutzen. Der Vorteil liegt unter anderem darin, dass weniger HTML-Text produziert wird und das Layout der gesamten Website durch Änderungen in der CSS-Datei ganz leicht neu gestaltet werden kann.

Der Hauptgrund, warum in der Vergangenheit Layouts mit Tabellen erstellt wurden, liegt in der Komplexität von CSS und darin, dass die verschiedenen Browser die CSS-Befehle unterschiedlich interpretieren. Dank der neuen CSS-basierten Layoutvorlagen in Dreamweaver stellt dies jedoch inzwischen kein Problem mehr dar (siehe Kapitel 6, »Eine Vorlage anlegen«, und Kapitel 12, »Arbeiten mit CSS«).

▼ Abbildung 14.2
Das Beispielprojekt zur Vorauflage dieses Buchs zu Dreamweaver 8 verwendete noch Tabellen für das Layout.

14.2 Verschiedene Tabellenansichten

Dreamweaver bietet Ihnen im Bedienfeld EINFÜGEN im Bereich LAYOUT verschiedene Ansichten für HTML-Tabellen an:

- Ansicht STANDARD
- Ansicht ERWEITERT

Im Folgenden wollen wir uns diese Ansichten genauer anschauen.

Standard-Ansicht

Die Ansicht STANDARD ist die wichtigste Ansicht für die Erstellung und Bearbeitung von Tabellen, da sie die meisten Funktionen zur Verfügung stellt.

▲ **Abbildung 14.3**
Eine Tabelle in der Ansicht STANDARD

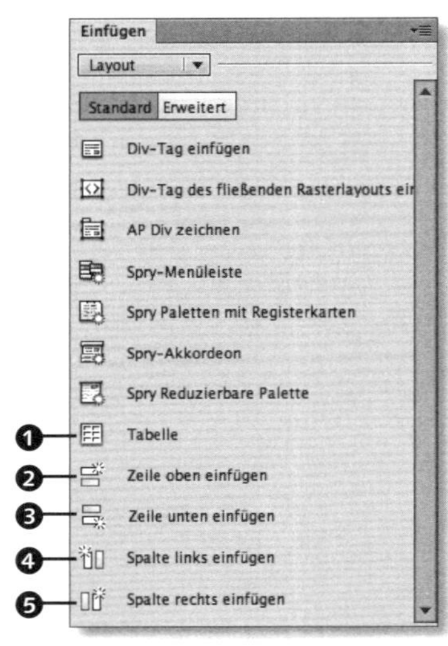

▲ **Abbildung 14.4**
Die Funktionen im Bedienfeld EINFÜGEN in der Rubrik LAYOUT: Mit der Schaltfläche ❶ können Sie eine neue Tabelle erstellen. Eine neue Zeile fügen Sie über der aktuell ausgewählten Zelle mit der Schaltfläche ❷ und eine Zeile darunter mit der Schaltfläche ❸ ein. Analog dazu können Sie eine neue Spalte links ❹ bzw. rechts ❺ der aktuell ausgewählten Zelle einfügen.

Um in die Standard-Ansicht zu wechseln, wählen Sie im Bedienfeld EINFÜGEN das Listenelement LAYOUT und darin die Ansicht STANDARD. Es stehen Ihnen dann die in Abbildung 14.4 dargestellten Werkzeuge zur Verfügung.

Erweiterte Ansicht

Diese Ansicht entspricht weitgehend der Standard-Ansicht, die Tabellenzellen und Zellabstände werden jedoch vergrößert dargestellt. Das erleichtert das Markieren von Zellbereichen.

Um in die Ansicht ERWEITERT zu wechseln, wählen Sie im Bedienfeld EINFÜGEN in der Rubrik LAYOUT die Ansicht ERWEITERT ❽ aus.

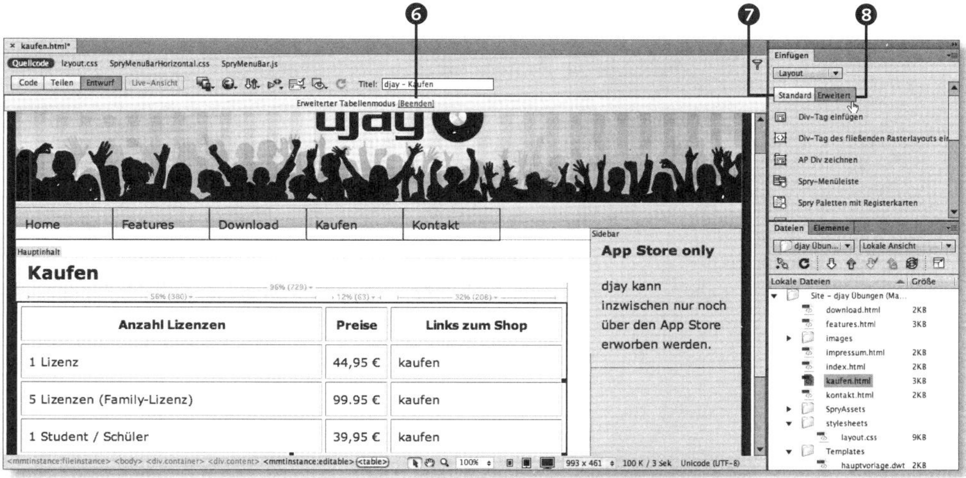

▲ **Abbildung 14.5**
In der erweiterten Ansicht können Tabellenbereiche besser ausgewählt und verschoben werden.

In dieser Ansicht stehen Ihnen die gleichen Werkzeuge wie in der Standard-Ansicht zur Verfügung. Nachdem Sie die gewünschten Einstellungen vorgenommen haben, wechseln Sie am besten immer wieder zurück in die Standard-Ansicht, um die Tabelle in der Originalgröße anzuzeigen, in der sie auch hinterher im Browser dargestellt wird.

Um die erweiterte Ansicht zu verlassen, klicken Sie entweder auf die Schaltfläche STANDARD ❼ im Bedienfeld EINFÜGEN oder auf BEENDEN ❻ im Dokumentenfenster.

Visuelle Hilfsmittel deaktivieren

Sie können die Tabellenlinien, die Bemaßungen etc. mit dem Menübefehl ANSICHT • VISUELLE HILFSMITTEL • ALLES AUSBLENDEN unsichtbar machen.

14.3 Erstellen einer Tabelle

Wir werden nun systematisch vorgehen und zunächst eine Tabelle erstellen. Wählen Sie dafür die Standard-Ansicht, und gehen Sie wie folgt vor:

Schritt für Schritt
Neue Tabelle erstellen

1 Einfügemarke setzen

Positionieren Sie die Einfügemarke an der Stelle im Entwurfsbereich, an der Sie die Tabelle in die Seite einfügen möchten. Sie können auch Tabellen in Tabellen erstellen. Die Vorgehensweise ist dieselbe.

2 »Einfügen«-Dialog für Tabellen starten

Wählen Sie im Menü EINFÜGEN • TABELLE. Es erscheint daraufhin ein Fenster, in dem Sie die Eigenschaften der neuen Tabelle bestimmen. Diese Einstellungen können Sie später auch noch ergänzen oder verändern.

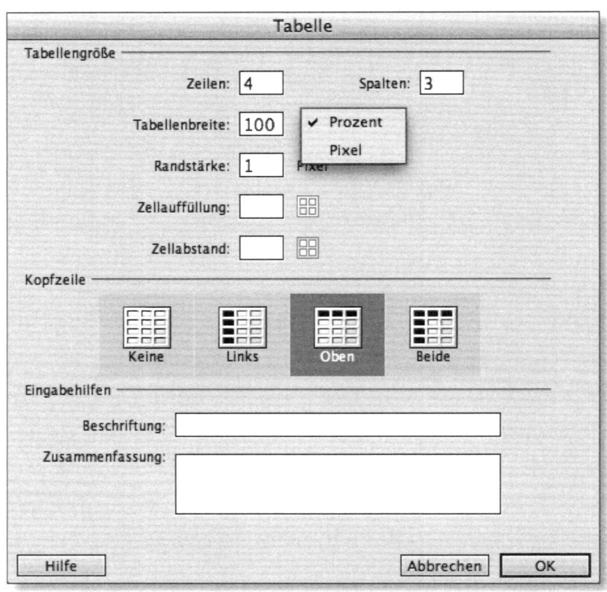

Abbildung 14.6 ▸
Das Dialogfenster TABELLE

3 Zeilen und Spalten festlegen

Geben Sie die Anzahl der ZEILEN und SPALTEN an. Sie können auch im Nachhinein weitere Spalten und Zeilen hinzufügen bzw. entfernen.

4 Tabellengröße definieren

Wenn sich die Tabelle automatisch an die Größe des Browserfensters anpassen soll, wählen Sie PROZENT und geben einen Prozentwert im Textfeld TABELLENBREITE ein. Wenn Sie zum Beispiel den Wert 50 eingeben, wird die Tabelle immer halb so breit wie das aktuelle Browserfenster dargestellt.

Für eine feste Tabellengröße wählen Sie PIXEL (Bildpunkte) aus. Geben Sie hier einen Wert von höchstens 950 ein. Nur so können Sie gewährleisten, dass die Tabelle bei der am häufigsten eingesetzten Bildschirmauflösung von 1.024 × 768 vollständig sichtbar ist.

5 Randstärke und Zellabstände einstellen

Die RANDSTÄRKE bestimmt die Stärke der Tabellenlinien. Meistens wird der Wert entweder auf 0 oder 1 gesetzt, da breitere Ränder einen unschönen 3D-Effekt aufweisen.

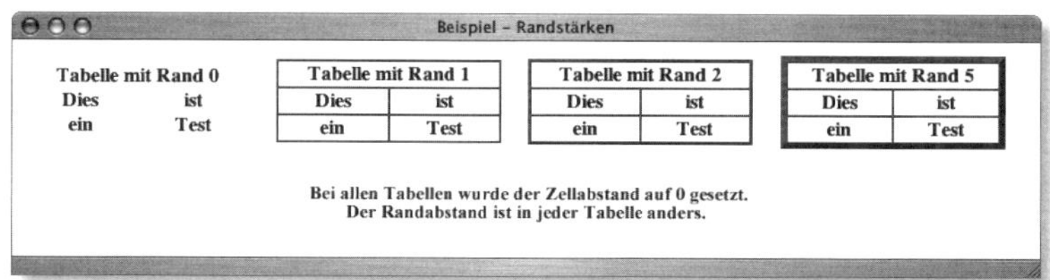

◄ **Abbildung 14.7**
Breite Ränder sehen meist unschön aus.

Die ZELLAUFFÜLLUNG legt den Abstand zwischen Tabelleninhalt und Tabellenrand fest.

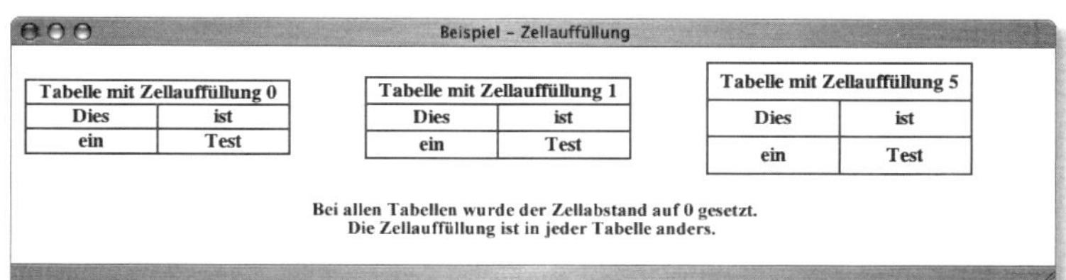

◄ **Abbildung 14.8**
Beispiele für die ZELLAUFFÜLLUNG

Der ZELLABSTAND bestimmt den Abstand der Tabellenzellen untereinander. In der Praxis wird meistens der Wert 0 gewählt, da Layoutabstände besser über die ZELLAUFFÜLLUNG eingestellt werden.

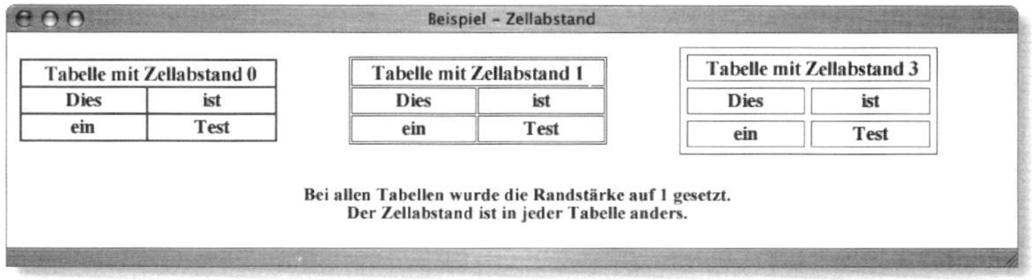

◄ **Abbildung 14.9**
Beispiele für den ZELLABSTAND

6 Kopfzeile einfügen

Unter KOPFZEILE legen Sie fest, in welchem Bereich der Tabelle die Tabellenüberschrift (genannt Kopfzeile) eingefügt werden soll. Texte, die in der Kopfzeile stehen, werden automatisch fett und zentriert dargestellt. Mit Cascading Stylesheets können Sie diese Formatierung nachträglich an Ihre Wünsche anpassen.

7 Eingabehilfen (Barrierefreiheit)

Die Einstellungen zu EINGABEHILFEN betreffen besonders Browser für sehbehinderte Benutzer, die zum Beispiel Vorlesegeräte einsetzen. Für diese ist die visuelle Darstellung nicht erkennbar. Daher sollten Sie auch eine Beschriftung und eine Zusammenfassung für die Tabelle festlegen. In einem Standardbrowser sind diese Einstellungen nicht sichtbar.

8 Fertige Tabelle anzeigen

Die Tabelle ist fertiggestellt. Klicken Sie auf OK, und sie wird mit sämtlichen Eigenschaften im Dokumentenfenster angezeigt. Sie können nun die Tabellenzellen mit Inhalten füllen.

14.4 Eigenschaften von Tabellen

Nachdem Sie eine Tabelle erstellt haben, können Sie noch einige weitere Einstellungen vornehmen. Neben Breiten- und Höhenangaben sind etwa auch Hintergrundfarben und Hintergrundbilder in die Zellen einzufügen. Bevor Sie solche Einstellungen im EIGENSCHAFTEN-Bedienfeld vornehmen können, müssen Sie immer die entsprechenden Tabellenbereiche mit der Maus ausgewählt haben.

Je nachdem, ob Sie die gesamte Tabelle oder nur einzelne Bereiche markieren, bietet Ihnen das EIGENSCHAFTEN-Bedienfeld unterschiedliche Einstellmöglichkeiten. Für die Gesamttabelle können Sie zum Beispiel die Randstärke oder die Zellabstände einstellen. Für einzelne Tabellenbereiche oder auch nur einzelne Zellen können Sie die Inhalte formatieren, die Ausrichtung festlegen und Tabellenzellen miteinander verbinden.

Tabellen markieren

Um Eigenschaften für eine ganze Tabelle zu definieren, markieren Sie diese zunächst. Es stehen Ihnen dazu die folgenden Möglichkeiten zur Verfügung:

- **Auf die linke obere Ecke der Tabelle klicken ❶**
  Diese Methode geht am schnellsten, ist jedoch bei verschachtelten Tabellen manchmal schwierig umzusetzen. In der Tabellenansicht ERWEITERT ist dies aber kein Problem, da der Zellraum automatisch größer angezeigt wird.

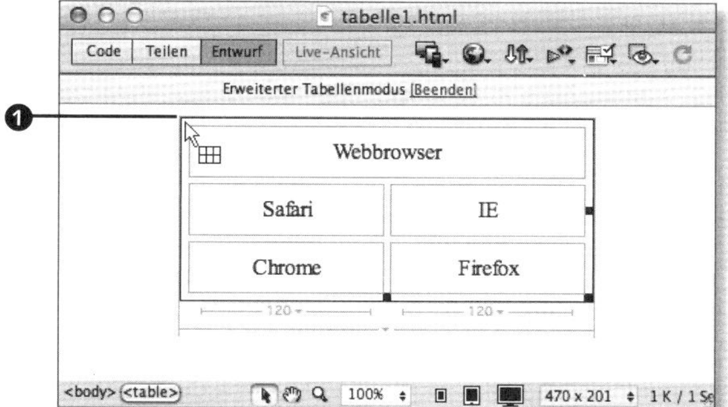

◂ **Abbildung 14.10**
Um die gesamte Tabelle auszuwählen, klicken Sie in die linke obere Ecke.

- **Über das Tabellenmenü**
  Klicken Sie im Dropdown-Menü neben der Breitenanzeige auf den kleinen schwarzen Pfeil ❷, und wählen Sie den Eintrag TABELLE AUSWÄHLEN. Dies ist die einfachste Technik in Dreamweaver – Sie müssen damit nicht auf einen bestimmten Punkt im Dokumentenfenster zielen.

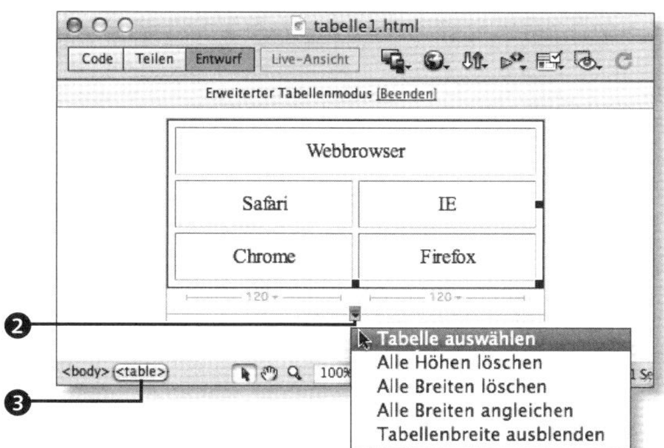

◂ **Abbildung 14.11**
Unterhalb der Tabelle können Sie diese über ein Menü vollständig markieren. In der Statuszeile können Sie auch einzelne Tags oder mit `<table>` die Tabelle auswählen.

- **Das Tag <table> anklicken**
  Klicken Sie in irgendeine Zelle der Tabelle und dann in der Statuszeile im unteren Fensterrahmen auf `<table>` ❸. Diese Technik wird gerne von Anwendern mit HTML-Kenntnissen eingesetzt, ist aber eigentlich sehr einfach anzuwenden.

Einstellungen für komplette Tabellen vornehmen

Wenn die Tabelle ausgewählt ist, können Sie im EIGENSCHAFTEN-Bedienfeld die Einstellungen für die Tabelle vornehmen.

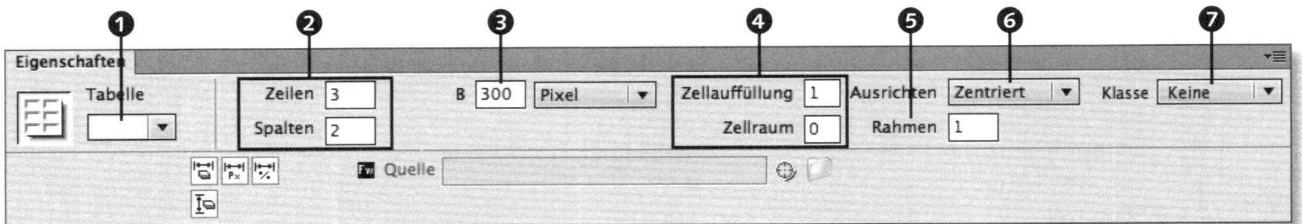

▲ **Abbildung 14.12**
Anzeige des EIGENSCHAFTEN-Bedienfelds, wenn die Gesamttabelle markiert ist

Für Gesamttabellen können Sie die folgenden Einstellungen im EIGENSCHAFTEN-Bedienfeld vornehmen:

- TABELLEN-ID ❶ und KLASSE ❼
  Diese Einstellungen betreffen den Einsatz von Cascading Stylesheets. Über die ID oder die Klasse weisen Sie einer Tabelle CSS-Stile zu.
- ZEILEN und SPALTEN ❷
  Wenn Sie die Anzahl der Zeilen oder Spalten erhöhen, werden diese entweder unten oder rechts hinzugefügt.
- B (Breite) ❸
  Hiermit können Sie die Breite der gesamten Tabelle festlegen. Die Höhe können Sie nicht vorgeben, damit sie sich immer automatisch an den Inhalt der Tabelle anpassen kann. Es ist jedoch möglich, sowohl Breite als auch Höhe zu ändern, indem Sie mit der Maus die Tabellenränder anfassen und verschieben.
- ZELLAUFFÜLLUNG und ZELLRAUM ❹
  Mit ZELLAUFFÜLLUNG legen Sie den Abstand zwischen Tabellenzellen und ihren Inhalten fest, mit ZELLRAUM stellen Sie den Abstand zwischen den Tabellenzellen ein. Der Zellraum wird auch als Zellabstand bezeichnet.
- AUSRICHTEN ❻
  Wählen Sie hier, ob die Inhalte in der Tabelle linksbündig, zentriert oder rechtsbündig ausgerichtet werden sollen.
- RAHMEN ❺
  Hier legen Sie die Rahmenstärke bzw. Dicke der Tabellenlinien fest.

Höhe und Breite anpassen und zurücksetzen

Durch Ziehen mit der Maus können Sie Spalten- und Zeilenbreiten direkt im Dokumentenfenster anpassen.

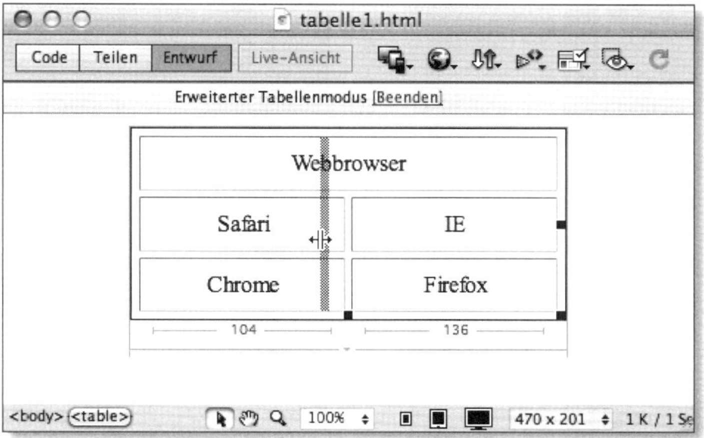

◂ **Abbildung 14.13**
Anpassen der Spaltenbreite mit der Maus im Dokumentenfenster

Wenn Sie mehrere Größenänderungen durchgeführt haben und mit dem Ergebnis nicht zufrieden sind, können Sie die Tabelle ganz einfach wieder zurücksetzen. Markieren Sie dafür zunächst die Gesamttabelle. Wenn Sie im EIGENSCHAFTEN-Bedienfeld dann auf das Symbol ❽ klicken, werden alle Breitenänderungen rückgängig gemacht. Analog setzen Sie mit dem Symbol ⓫ die Höhenänderungen zurück.

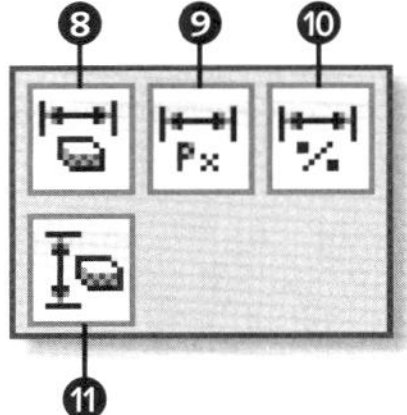

Wenn die Breiten in Prozent angegeben sind, passen sich Spalten und Zeilen immer automatisch der Größe des Browserfensters an. Um die automatische Anpassung abzustellen, klicken Sie auf das Symbol ❾, womit Sie die Breitenangaben von Prozent auf Pixel umstellen. Mit der Schaltfläche ❿ ändern Sie die Breitenangabe wieder von Pixel in Prozent.

14.5 Eigenschaften von Tabellenbereichen

Auch um Einstellungen für bestimmte Bereiche in einer Tabelle vorzunehmen, müssen Sie die Tabelle zunächst auswählen. Erst dann können Sie die Einstellungen im EIGENSCHAFTEN-Bedienfeld vornehmen.

Spalten, Zeilen und Zellen auswählen

Für das Auswählen von Spalten und Zeilen stehen Ihnen mehrere Möglichkeiten zur Verfügung:

- **Im Dokumentenfenster**
  Klicken Sie links neben die Zeile ❶, um sie zu markieren, oder über eine Spalte, um entsprechend eine Spalte zu markieren. In der Tabellenansicht ERWEITERT können Sie Spalten und Zeilen am einfachsten anklicken.

Abbildung 14.14 ▸ Klicken Sie links neben einer Zeile, um sie zu markieren.

- **Im Spaltenmenü**
  Öffnen Sie das Dropdown-Menü unter einer Spalte, und wählen Sie SPALTE AUSWÄHLEN ❸. Das Auswählen einer Zeile ist mit dieser Methode nicht möglich.

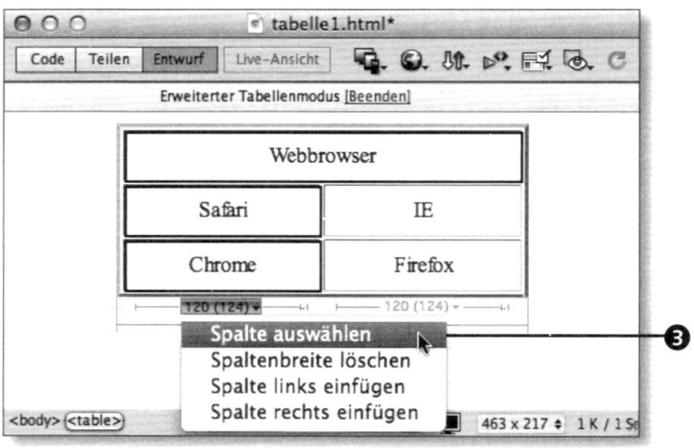

Abbildung 14.15 ▸ Auswahl einer Spalte über das Spaltenmenü

- **In der Tag-Leiste**
  Klicken Sie in die Zeile, die Sie markieren möchten, und anschließend im unteren Fensterrahmen in der Statusleiste auf

<TR> ❷ (in Abbildung 14.14). Diese Technik wird gerne von Anwendern mit HTML-Kenntnissen verwendet.

Das Markieren von einzelnen oder mehreren Tabellenzellen funktioniert ähnlich wie in Excel. Um nur eine einzige Zelle auszuwählen, klicken Sie einfach in sie hinein. Die Auswahl wird dann zwar nicht visuell durch einen fetten Rahmen angezeigt, Sie können aber trotzdem die Einstellungen für die Zelle im EIGENSCHAFTEN-Bedienfeld definieren.

Für das Auswählen zusammenhängender Tabellenzellen ziehen Sie die Maus einfach über die gewünschten Zellen ❹. Dafür ist besonders die Tabellenansicht ERWEITERT geeignet.

Mehrere einzelne Zellen markieren

Sie können auch mehrere vereinzelte Tabellenzellen markieren, indem Sie `Strg`/`Befehl` drücken und dabei mit der Maus nacheinander auf die gewünschten Tabellenzellen klicken.

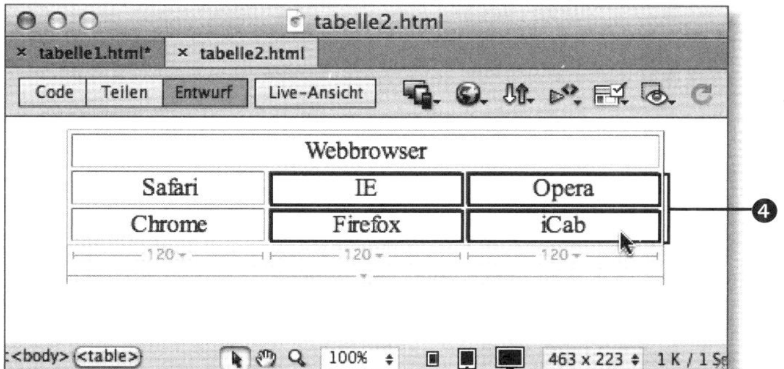

◂ **Abbildung 14.16**
Markieren von mehreren Tabellenzellen in der erweiterten Ansicht

Einstellungen für Tabellenbereiche

Unabhängig davon, ob Sie ganze Zeilen oder nur eine einzelne Zelle ausgewählt haben, wird immer das gleiche EIGENSCHAFTEN-Bedienfeld angezeigt. Dieser ist in zwei Bereiche aufgeteilt. Über den oberen Bereich können Sie die Inhalte formatieren und verlinken. Auf diese Einstellungsmöglichkeiten sind wir bereits im Kapitel 11, »Text eingeben und strukturieren«, eingegangen.

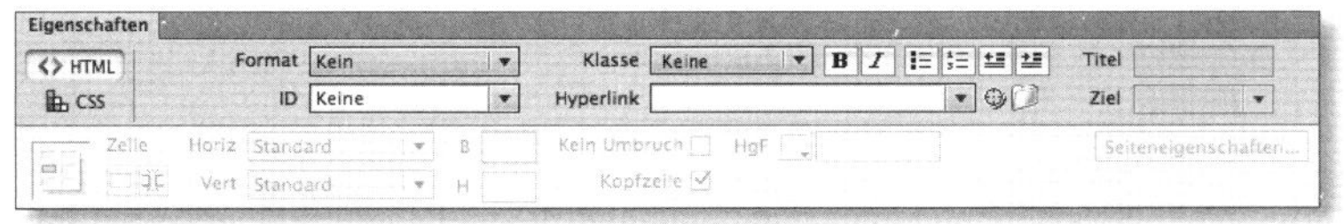

◂ **Abbildung 14.17**
Obere Hälfte des EIGENSCHAFTEN-Bedienfelds, wenn Tabellenbereiche markiert sind

Im unteren Bereich können Sie Tabelleneinstellungen wie Ausrichtung und Hintergrundfarbe auswählen.

▲ **Abbildung 14.18**
Unterer Bereich des EIGENSCHAFTEN-Bedienfelds bei ausgewählten Tabellenbereichen

Folgende Einstellungen können Sie im unteren Bereich des EIGENSCHAFTEN-Bedienfelds vornehmen:

- Sie können den Inhalt (Text, Grafik usw.) von Tabellenzellen sowohl horizontal ❶ als auch vertikal ❺ ausrichten. Horizontal können Sie für den Inhalt LINKSBÜNDIG, MITTIG oder RECHTSBÜNDIG festlegen. Vertikal stehen Ihnen OBEN, MITTE, UNTEN und GRUNDLINIE zur Verfügung. Die Einstellung VERTIKAL sollten Sie jedoch nicht einsetzen, da sie nicht in allen Browsern funktioniert.
- Unter B (Breite) ❷ und H (Höhe) ❻ können Sie die Breite und Höhe der Tabellenbereiche verändern. Einfacher ist es jedoch, wenn Sie die Breiten und Höhen mit der Maus anpassen.
- Das Kontrollfeld KEIN UMBRUCH ❸ verhindert, dass der Inhalt automatisch umbrochen wird. Dies funktioniert jedoch nur, wenn in der Tabellenzelle keine Breite angegeben wurde. In der Praxis wird diese Einstellung so gut wie nie eingesetzt.
- Tabellenbereiche, die als Überschriften dienen, sollten als KOPFZEILE ❼ markiert werden. Wie sie dann formatiert werden, können Sie mit Cascading Stylesheets festlegen. Ohne spezielle Formatierung werden Kopfzeilen zentriert und in fetter Schrift dargestellt.
- Die Hintergrundfarbe der markierten Tabellenbereiche stellen Sie mit HG (**H**inter**g**rund) ❹ ein.

Unterer Bereich nicht sichtbar?
Falls der untere Bereich des EIGENSCHAFTEN-Bedienfelds nicht sichtbar ist, klicken Sie auf das kleine Dreieck rechts unten in der oberen Hälfte des Fensters, um den unteren Bereich einzublenden.

Breitenwerte für Spalten festlegen
Unterhalb der Tabelle und unterhalb der einzelnen Spalten werden die Breitenwerte angezeigt. Falls Sie unter einer Spalte noch keinen Wert sehen, so haben Sie für diese noch keine Breite festgelegt.

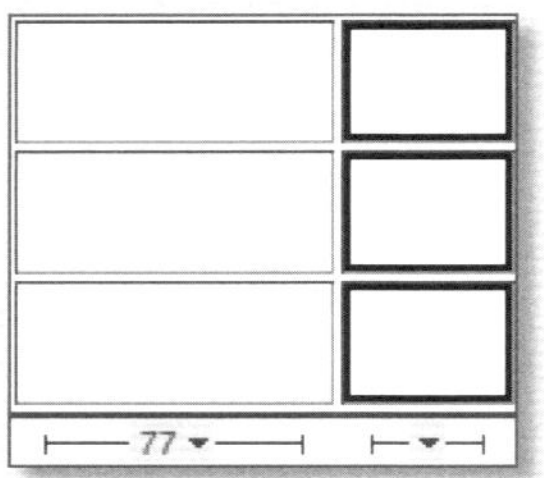

Tabellenzellen gruppieren

In komplexeren Tabellen werden oft mehrere Zellen zu einer Zelle zusammengefasst. Dies ist notwendig, wenn zum Beispiel eine Beschriftung über mehrere Spalten hinweg verlaufen soll. Um Zellen zu gruppieren, gehen Sie wie folgt vor:

Schritt für Schritt
Tabellenzellen gruppieren

1 Tabellenzellen für Gruppierung auswählen

Markieren Sie zunächst die Tabellenzellen, die Sie zusammenfassen möchten.

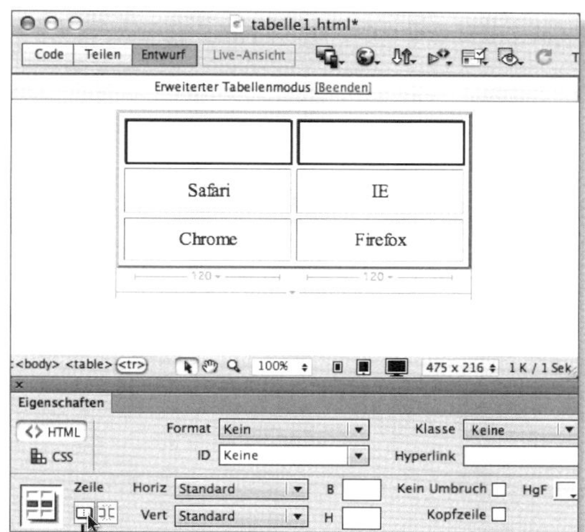

◂ **Abbildung 14.19**
Tabellenzellen zusammenfassen

2 Tabellenzellen zusammenfassen

Klicken Sie auf das Symbol ❽, um die markierten Zellen zu vereinen. Sie können nun in der zusammengefassten Zelle Inhalte eingeben.

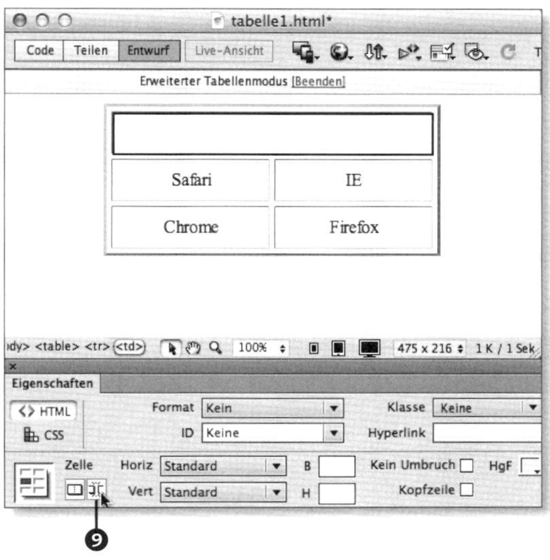

◂ **Abbildung 14.20**
Tabellenzellen trennen

3 Tabellenzellen trennen

Um eine Tabellenzelle wieder in ihre Ausgangszellen zu zerlegen, wählen Sie einfach die entsprechende gruppierte Zelle aus und klicken auf das Symbol ❾.

Spalten und Zeilen hinzufügen und löschen

▲ **Abbildung 14.21**
Funktion zum Einfügen von Spalten und Zeilen

Um eine Spalte oder Zeile hinzuzufügen, gibt es in Dreamweaver mehrere Möglichkeiten:

- Über die rechte Maustaste (Windows) oder [ctrl] + Maustaste (Mac): Positionieren Sie die Maus auf der Tabelle, und wählen Sie über das Kontextmenü der Maus den Menüpunkt TABELLE aus.
- Über das Bedienfeld EINFÜGEN: In der Rubrik LAYOUT stehen Ihnen vier Funktionen zur Verfügung, mit denen Sie neue Zeilen oberhalb oder unterhalb und neue Spalten rechts oder links anlegen können.
- Über die [⇆]-Taste: Wenn Sie die Einfügemarke in der untersten rechten Zelle positionieren und dann die Taste [⇆] drücken, wird automatisch eine neue Zeile hinzugefügt.
- Über das Spaltenmenü: Unterhalb einer jeden Spalte befindet sich ein Spaltenmenü, über das Sie neue Spalten hinzufügen können.

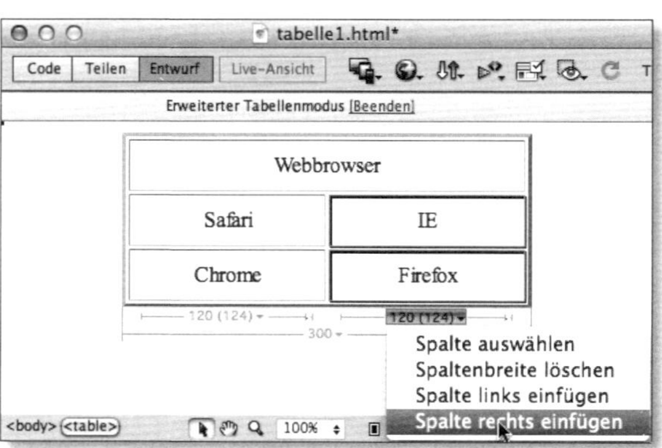

Abbildung 14.22 ▶
Eine Spalte kann über den kleinen Pfeil eingefügt werden.

Um eine Spalte oder Zeile zu löschen, markieren Sie einfach die Spalte oder die Zeile und drücken die Taste [Entf].

14.6 Tabellen sortieren

Mit Dreamweaver können Sie Tabellen auch ganz einfach sortieren. Wählen Sie zuerst die Gesamttabelle aus, und klicken Sie dann auf BEFEHLE • TABELLE SORTIEREN. Im sich öffnenden Dialogfenster legen Sie anschließend fest, nach welcher Spalte die Tabelle sortiert werden soll.

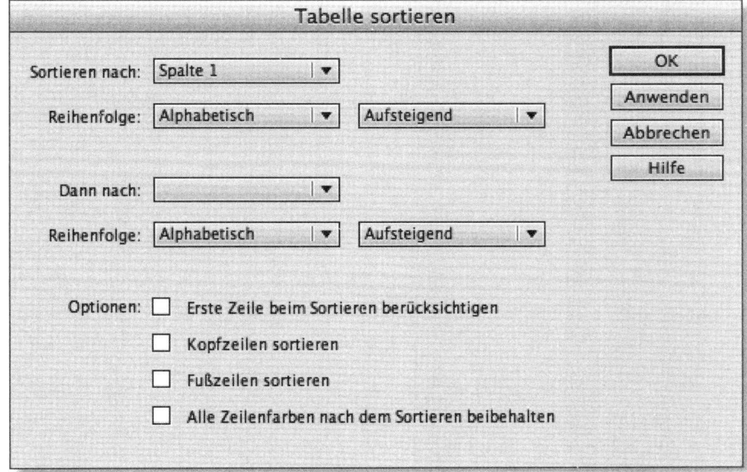

◂ **Abbildung 14.23**
Sortieren von Daten über die Funktion TABELLE SORTIEREN

Kapitel 15

Hyperlinks einsetzen

So halten Sie Ihre Website mit Verknüpfungen zusammen

- Wie funktionieren Hyperlinks überhaupt?
- Was sind interne und externe Links?
- Wie ermögliche ich eine Navigation mit Ankerpunkten?
- Wie richte ich E-Mail-, Imagemap- und Download-Links ein?
- Wie funktioniert eine automatische Weiterleitung?

15 Hyperlinks einsetzen

Ohne Hyperlinks würde das Web nicht funktionieren, denn dass man Seiten miteinander verknüpft, ist das Besondere am WWW. In diesem Kapitel lernen Sie verschiedene Arten von Hyperlinks kennen: angefangen bei einfachen Links zwischen den Seiten einer Site über Hyperlinks zwischen verschiedenen Sites bis hin zu automatischen Weiterleitungen.

15.1 Navigieren mit Hyperlinks

Jeder, der schon einmal im Internet gesurft hat, kennt Hyperlinks. Sie fallen in unterschiedlichen Formen ins Auge, wenn Sie auf eine Seite kommen: Es gibt zum Beispiel die ganz normalen, blau unterstrichenen Hyperlink-Texte oder verlinkte Bilder, wie bei Navigations-Schaltflächen. Hyperlinks sind jedoch nicht immer als solche erkennbar. Mit Cascading Stylesheets kann man ihr Aussehen leicht verändern und die Unterstreichung abstellen sowie ihre typische blaue Farbe verändern. Manchmal wird ein solcher Hyperlink erst sichtbar, wenn Sie mit der Maus über ihn fahren und sich die Buttongrafik per Rollover-Effekt oder der Mauspfeil verändert.

Hyperlinks und JavaScript

Es gibt Hyperlinks, die nur in Zusammenarbeit mit der Skriptsprache JavaScript funktionieren. Dazu gehören zum Beispiel der Zurück-Link, der zur vorher besuchten Seite führt, und das Öffnen einer neuen Webseite in einem neuen Fenster mit festlegbarer Größe. Hyperlinks mit JavaScript behandeln wir in Kapitel 16, »Interaktivität mit JavaScript«.

Funktionsweise von Hyperlinks

Hyperlinks werden nicht nur eingesetzt, um einzelne Webseiten miteinander zu verknüpfen. Eine andere Anwendungsmöglichkeit sind E-Mail-Links, bei denen sich automatisch das E-Mail-Programm des Benutzers öffnet, wenn er auf den Link klickt. Auch Download-Links, über die man Dateien herunterladen kann, kommen häufig zum Einsatz.

Hyperlinks benötigen nicht immer einen Klick durch den Benutzer, sie können auch automatisch ausgelöst werden. So besteht sogar die Möglichkeit, eine Weiterleitung in die Webseite zu integrieren, bei der der Benutzer ohne eigenes Zutun automatisch nach einer voreingestellten Zeit auf eine andere Seite geleitet wird.

Das Wichtigste: die URL

Das Ziel, auf das ein Hyperlink verweist, wird durch eine sogenannte **URL** (Uniform Resource Locator) angegeben. Die URL ist das, was Sie bei einer Seite in der Adressleiste des Webbrowsers sehen. Wenn Sie zum Beispiel dort nur »google.de« tippen, wird Ihre Eingabe automatisch in die vollständige URL *http://www.google.de* umgewandelt.

Wenn Sie auf einen Link klicken, gelangen Sie zu einer neuen Webseite, die in der Adressleiste als URL angezeigt wird. Anhand des Google-Beispiels *http://www.google.de/intl/de/help.html* wollen wir uns den Aufbau einer URL genau anschauen:

- **http**
  Der erste Teil der URL gibt das Protokoll an, über das der Webbrowser mit dem Webserver kommuniziert. **http** (Hypertext Transfer Protocol) ist das Standardprotokoll im Web. **https** (Hypertext Transfer Protocol Secure) ist das Protokoll für verschlüsselte Datenübertragungen (zum Beispiel für Bestellformulare mit Kreditkarteninformationen). **ftp** (File Transfer Protocol) ist für die Übertragung von ganzen Dateien zuständig.
- **www.google.de**
  Dieser Teil gibt die Adresse des Webservers an. Er entspricht der Domain mit Subdomain und Top-Level-Domain. Statt des Domainnamens kann auch die IP-Adresse des Servers angegeben werden (zum Beispiel 66.102.11.99 bei Google).
- **/intl/de/**
  Dieser Teil gibt das Verzeichnis an, in dem sich die Datei der Webseite auf dem Webserver befindet. In diesem Fall liegt die Datei »help.html« im Verzeichnis DE, das sich wiederum in einem Ordner namens INTL befindet.
- **help.html**
  Dies ist der Name der im Browser angezeigten Datei. Es handelt sich hier um eine HTML-Seite – zu erkennen an der Dateiendung. Es sind auch viele andere Dateitypen möglich, wie zum Beispiel PHP, JSP, ASP und viele weitere.

15.2 Hyperlinks anlegen in Dreamweaver

Wir werden in diesem Kapitel verschiedene Arten von Hyperlinks in Dreamweaver anlegen. Öffnen Sie dafür entweder eine vorhandene Webseite aus unserer Site *djay Übungen*, oder erstellen Sie eine neue Seite.

Sowohl Text- als auch Bildelemente können mit Hyperlinks hinterlegt werden. Wenn Sie in Dreamweaver im Dokumentenfenster einen Text oder ein Bild auswählen, können Sie im EIGENSCHAFTEN-Bedienfeld das Ziel der Verknüpfung einstellen. Das EIGENSCHAFTEN-Bedienfeld bietet unterschiedliche Funktionen an, je nachdem, ob Sie Text (Abbildung 15.1) oder ein Bild (Abbildung 15.2) selektieren. Die Funktion HYPERLINK bleibt jedoch dieselbe.

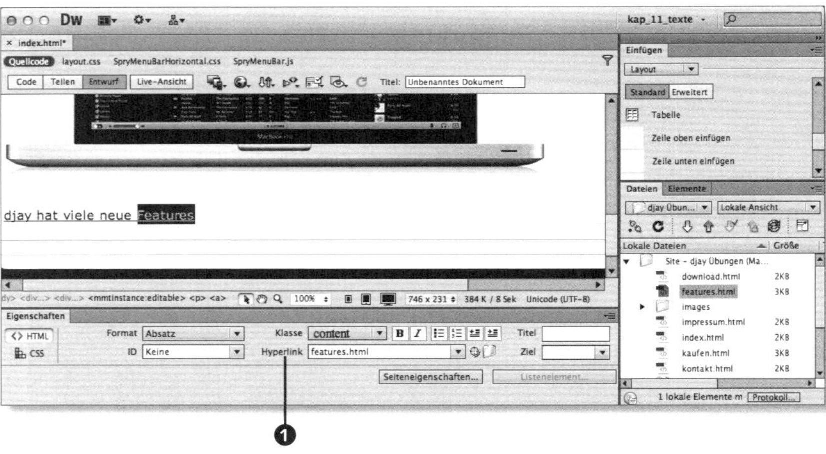

Abbildung 15.1 ▸ Das EIGENSCHAFTEN-Bedienfeld, nachdem ein Text markiert wurde – unter HYPERLINK ❶ definieren Sie die Verknüpfung.

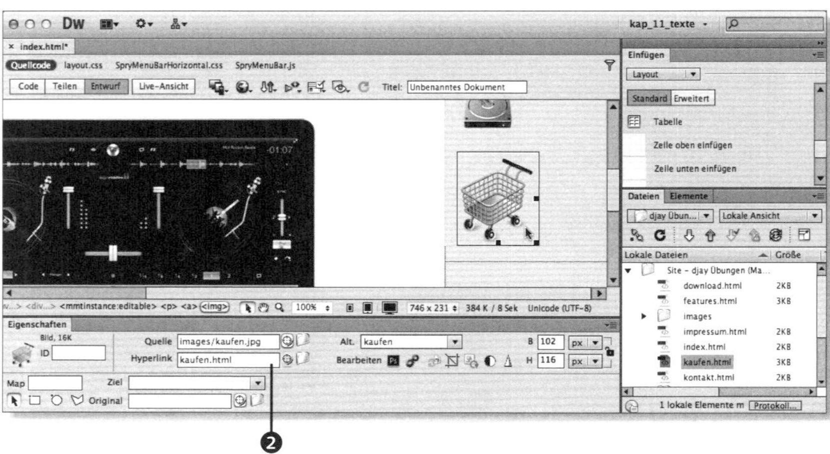

Abbildung 15.2 ▸ Das EIGENSCHAFTEN-Bedienfeld, nachdem ein Bild markiert wurde – die Funktion HYPERLINK ❷ bleibt dieselbe.

Externe und interne Hyperlinks

Wenn Sie einen Link zu einer externen Website anlegen möchten, geben Sie einfach deren vollständige URL in das Textfeld ❶ bzw. ❷ ein (zum Beispiel *http://www.dreamweaver-buch.de*). Achten Sie unbedingt darauf, dass Sie am Anfang »http://« eingeben. Solche Links werden als **absolute Links** bezeichnet.

Sie können auch Links auf lokale Webseiten, also zu Seiten innerhalb derselben Website, in das Textfeld eingeben. Solche internen Hyperlinks werden **relative Links** genannt – nicht der absolute Pfad der Zielseite wird darin angegeben, sondern nur der relative Pfad.

Um einen internen Link zu einer anderen Webseite der Site zu erstellen, gibt es in Dreamweaver zwei praktische Methoden. Wählen Sie für beide immer zuerst das Bild oder das Textelement aus, das Sie verlinken wollen.

- Methode 1: Klicken Sie dann auf das Ordnersymbol ❹, um die Zielseite im Dateibrowser auszuwählen. Dreamweaver legt dann einen entsprechenden relativen Pfad in Ihrem HTML-Dokument an.
- Methode 2: Das Fadenkreuz ❸. Ziehen Sie dieses einfach in das Bedienfeld Dateien und auf das Dokument, das die Zieldatei für den Hyperlink sein soll. Wenn Sie die Maus loslassen, erstellt Dreamweaver den Link automatisch. Eine sehr praktische Methode.

Absolute und relative Pfadangaben

Absolute Pfadangaben zeigen den ganzen Weg zu einer Datei an und beginnen mit dem Rechnernamen oder der Domain einer Seite. **Relative Pfadangaben** geben nur den Weg an von der Ausgangsdatei, von der aus verlinkt wird. Über »..« springen Sie ein Verzeichnis zurück. In ein Schwesterverzeichnis gelangen Sie also so: *../Mutter/Schwester/Zieldatei.html*.

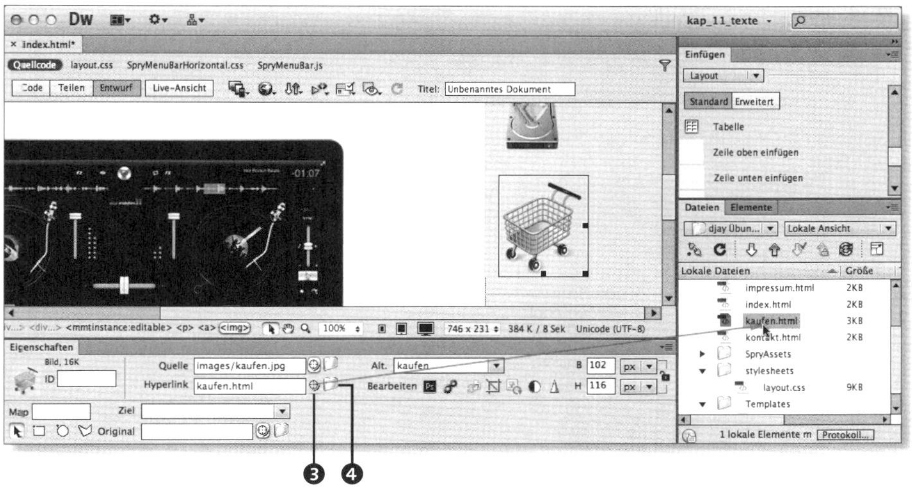

▼ **Abbildung 15.3**
Text für den Hyperlink auswählen und Hyperlink-Fadenkreuz auf die Zieldatei ziehen

Links innerhalb einer Webseite

Mit Hyperlinks können Sie nicht nur zu anderen Webseiten verlinken, sondern auch zu Stellen innerhalb derselben Webseite. Dies ist vor allem bei sehr langen Seiten sinnvoll.

Um einen Link zu einer Stelle innerhalb desselben Dokuments anlegen zu können, müssen Sie die Stellen, auf die verlinkt werden soll, zunächst mit sogenannten **Ankerpunkten** markieren. Diese können Sie dann als Zielpunkt in einem Hyperlink verwenden.

Abbildung 15.4 ▸
Die Ankerpunkte ❶ dienen als Sprungmarken, zu denen die Hyperlinks verweisen. Sie sind nur in Dreamweaver sichtbar, nicht etwa im Browser.

Schritt für Schritt
Ankerpunkte anlegen und darauf verlinken

1 Zielelement auswählen

Um einen Ankerpunkt anzulegen, setzen Sie die Einfügemarke an die gewünschte Stelle ❷. Achten Sie dabei darauf, dass Sie die Einfügemarke wirklich nur setzen und nicht etwa ein Wort oder Bild markieren.

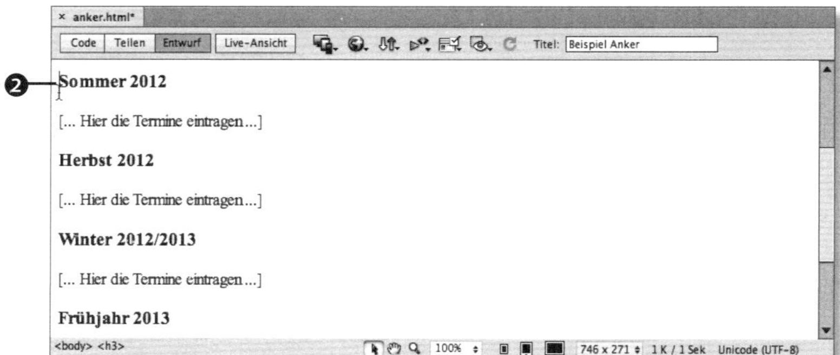

Abbildung 15.5 ▸
Einfügemarke setzen

2 Ankerpunkt anlegen

Klicken Sie EINFÜGEN • BENANNTER ANKERPUNKT. Geben Sie dem Ankerpunkt in der Dialogbox einen passenden Namen, der die ausgewählte Textstelle beschreibt. Verwenden Sie dabei keine Leer- oder Sonderzeichen, sondern nur Buchstaben (keine Umlaute), Zahlen und Unterstriche. Außerdem muss der Ankername mit einem Buchstaben beginnen. Klicken Sie dann auf OK.

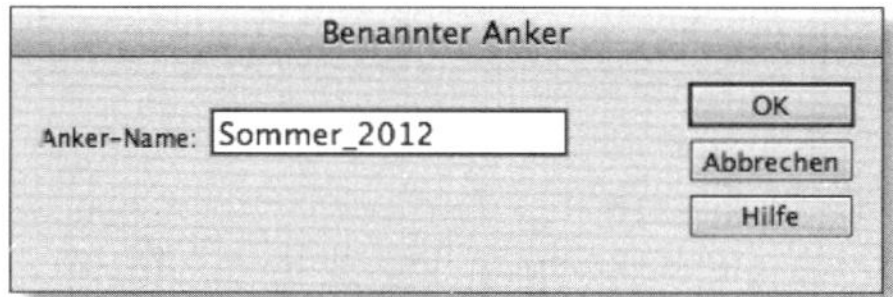

◂ **Abbildung 15.6**
Dialogfenster BENANNTER ANKER

3 Ankerpunkte im Dokumentenfenster anzeigen

Ankerpunkte werden im Dokumentenfenster mit kleinen gelben Ankern gekennzeichnet. Ihre jeweiligen Namen können Sie im EIGENSCHAFTEN-Bedienfeld ablesen, wenn Sie die Ankerpunkte anklicken.

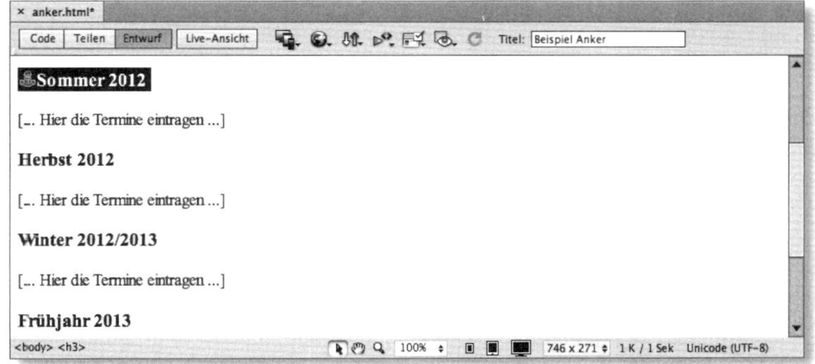

◂ **Abbildung 15.7**
So werden Ankerpunkte angezeigt.

4 Hyperlink anlegen

Nachdem Sie einen Ankerpunkt erstellt haben, können Sie einen Hyperlink anlegen, der auf den Ankerpunkt verweist. Wählen Sie dafür das Element auf Ihrer Seite aus, das ein anklickbarer Link werden soll.

Abbildung 15.8 ▶ Legen Sie den Link fest, der auf den Ankerpunkt verweisen soll.

5 Fadenkreuz auf Ankerpunkt ziehen

Gehen Sie mit der Maus in das Eigenschaften-Bedienfeld, und ziehen Sie das Fadenkreuz neben Hyperlink auf den Ankerpunkt.

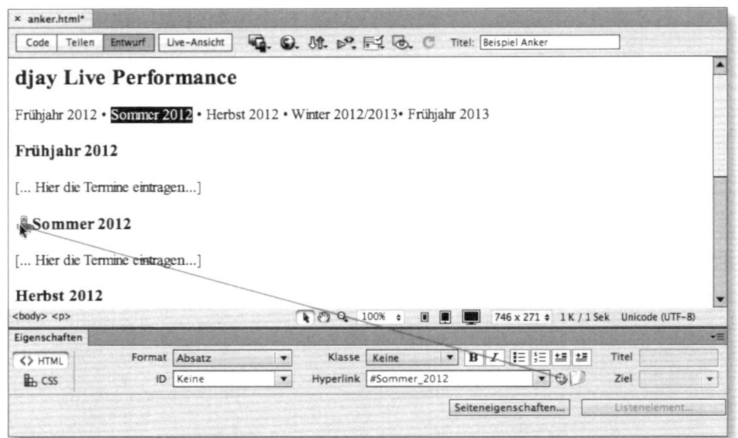

Abbildung 15.9 ▶ Ziehen Sie das Fadenkreuz auf den Ankerpunkt.

6 Ankerpunkte prüfen

Im Feld Hyperlink des Beispiels wird der Name des Ankerpunktes, #Sommer _ 2010, angezeigt. Das Rautezeichen gibt an, dass es sich um einen benannten Ankerpunkt handelt.

Wenn Sie nun auf den Link klicken, springt die Anzeige im Browser automatisch an die Stelle, auf die der Hyperlink verweist.

Auf benannte Anker können Sie nicht nur von derselben Seite aus verlinken, sondern auch von anderen Seiten oder gar anderen Websites aus. Die einzige Voraussetzung ist, dass die entsprechenden Ankerpunkte im Zieldokument angelegt sind. Außerdem können Sie dann nicht die Fadenkreuz-Methode anwenden, sondern müssen den Namen des Dokuments und des Ankerpunktes wie folgt im Feld HYPERLINK eingeben: URL#ANKERNAME. Um zum Beispiel von der eigenen Webseite auf die Wikipedia-Site zum Begriff »Internet« auf den Anker »Geschichte« zu verlinken, geben Sie im Feld HYPERLINK »http://de.wikipedia.org/wiki/Internet#Geschichte« ein.

Löschen von Hyperlinks

Um einen Hyperlink zu entfernen, markieren Sie einfach den Text oder das Bild, für das der Hyperlink definiert ist, und löschen dann im EIGENSCHAFTEN-Bedienfeld den Eintrag unter HYPERLINK. Alternativ wählen Sie im Menü MODIFIZIEREN • HYPERLINK ENTFERNEN.

15.3 Spezielle Hyperlinks anlegen

Kommen wir nun zu einigen Sonderfällen von Links, die häufig in Webseiten integriert werden.

Leere Links

Während der Erstellung einer Website kommt es häufig vor, dass Sie einen Link zu einer Webseite erstellen möchten, die noch nicht vorhanden ist. In einem solchen Fall können Sie einfach einen leeren Link (auch **Dummy-Link** genannt) anlegen.

Geben Sie dazu im EIGENSCHAFTEN-Bedienfeld unter HYPERLINK statt der URL nur ein Rautenzeichen (#) ein.

Leerer Link ohne Auswirkung

Bei einigen Browsern haben leere Links eine unschöne Nebenwirkung: Klickt man auf sie, scrollt das Fenster einfach an den Seitenkopf. Um diesen Effekt zu vermeiden, können Sie statt der Raute auch den Ausdruck »JavaScript:« eingeben. Damit wird dieser Effekt vermieden.

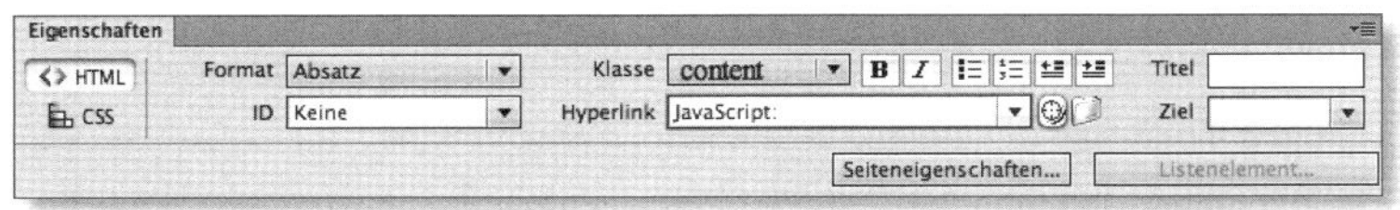

◂ **Abbildung 15.10**
Einen leeren Link (ohne Auswirkung) erstellen Sie am besten durch den Eintrag »JavaScript:« im Feld HYPERLINK.

E-Mail-Links

Über Hyperlinks können Sie nicht nur Webseiten miteinander verknüpfen, sondern auch Webseiten mit E-Mail-Adressen. Klickt der Besucher auf einen solchen Link, wird automatisch ein

E-Mail-Programm mit einem Mailfenster geöffnet, in dem bereits die Adresse des Empfängers eintragen ist.

Sie haben in Dreamweaver zwei Möglichkeiten, E-Mail-Links zu erstellen. Markieren Sie für beide Wege zunächst das Element, das als Link fungieren soll. Für einen E-Mail-Link kann das etwa ein Foto oder ein Name sein.

1. Geben Sie nun im Eigenschaften-Bedienfeld unter Hyperlink die E-Mail-Adresse an, und schreiben Sie davor »mailto:«. Achten Sie darauf, dass Sie an dieser Stelle kein Leerzeichen eingeben, sonst funktioniert der Link später nicht.

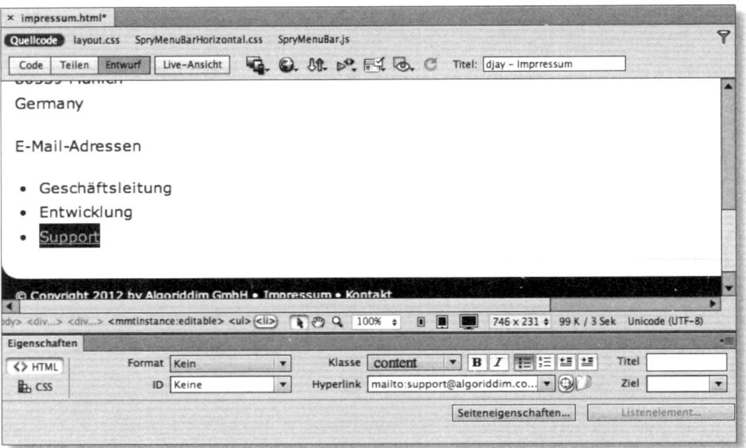

Abbildung 15.11 ▸
Ein E-Mail-Link

2. Der zweite Weg führt über den Menübefehl Einfügen • E-Mail-Verknüpfung. Dazu müssen Sie nur die Einfügemarke an die gewünschte Stelle im Dokument setzen und das Menü aufrufen. Es erscheint ein Dialogfenster, in dem Sie den zu verlinkenden Text und die E-Mail-Adresse eingeben. Nach dem Anklicken der OK-Schaltfläche erstellt Dreamweaver einen Link mit *mailto:*, gefolgt von der E-Mail-Adresse.

Abbildung 15.12 ▸
Über Einfügen • E-Mail-Verknüpfung können Sie ganz einfach E-Mail-Links erstellen.

Testen Sie die Webseite im Browser, indem Sie zum Beispiel im Menü Datei • Vorschau im Browser auswählen. Wenn Sie jetzt auf den E-Mail-Link klicken, sollte sich Ihr Mailprogramm öffnen und die E-Mail-Adresse, die Sie eingetragen haben, in der neuen Nachricht als Empfängeradresse erscheinen.

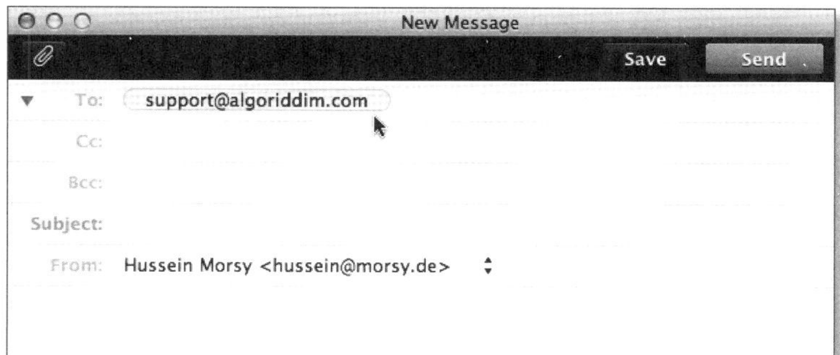

◂ **Abbildung 15.13**
Nach einem Klick auf den E-Mail-Link wird automatisch ein Fenster mit bereits eingetragener Mailadresse geöffnet.

Imagemaps

In Dreamweaver ist es nicht nur möglich, ein Bild als Ganzes zu verlinken, sondern auch ausgewählte Bildbereiche. Solche komplex verlinkten Bilder tragen die Bezeichnung **Imagemaps** oder **Hotspots**.

Mit Imagemaps können Sie Bildbereiche durch Kreise und Vielecke innerhalb eines Bildes definieren. Jeder Bereich kann separat verlinkt werden. Sinnvoll ist das zum Beispiel bei Gruppenfotos, in denen jede Person auf dem Bild anders verlinkt werden soll.

Mailfenster mit vordefinierter Betreffzeile

Wenn auf einen E-Mail-Link geklickt wird, öffnet sich das E-Mail-Programm mit einer leeren Nachricht, in der bereits die Empfängeradresse eingetragen ist. Sie können auch die Betreffzeile der E-Mail festlegen, indem Sie unter Hyperlink im Eigenschaften-Bedienfeld den Link folgendermaßen ergänzen: *mailto:webmaster@djay-software.com?subject=Anfrage*
Die Bezeichnung *subject* steht dabei für den Betreff (»Anfrage« in unserem Beispiel).

Schritt für Schritt
Eine Imagemap erstellen

1 Bild auswählen

Wählen Sie zuerst ein Bild im Dokumentenfenster aus, für das die Imagemap erstellt werden soll.

2 Form des zu verlinkenden Bereichs auswählen

Im Eigenschaften-Bedienfeld stehen Ihnen drei Formen für Imagemaps zur Verfügung: ein Rechteck ❷, ein Kreis ❸ und ein Vieleck ❹ (Abbildung 15.14). Mit dem Pfeilsymbol ❶ können Sie die gezeichneten Elemente verschieben bzw. deren Größe anpassen.

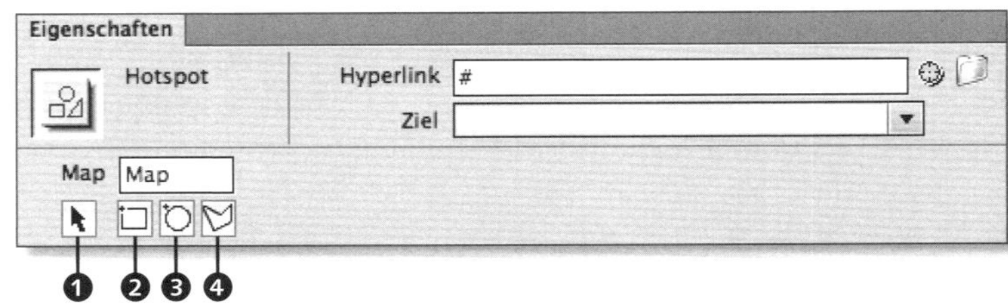

Abbildung 15.14 ▶
Formen von Imagemaps

3 Bereich in das Bild zeichnen

Zeichnen Sie mit dem ausgewählten Werkzeug den Bereich ❺ auf das Bild, der verlinkt werden soll. Dieser ist nur während der Bearbeitung in Dreamweaver sichtbar. Mit dem Pfeil können Sie den Bereich dann exakt anpassen und an die richtige Stelle verschieben.

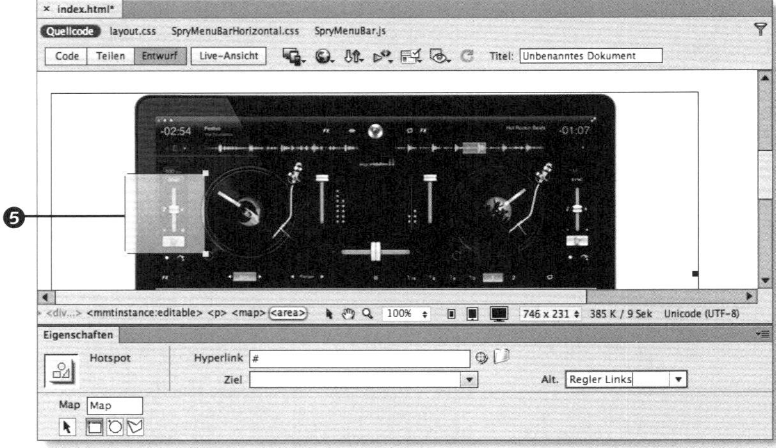

Abbildung 15.15 ▶
Imagemaps erstellen

4 Zieladresse für Hyperlink angeben

Im EIGENSCHAFTEN-Bedienfeld geben Sie nun die Zieladresse für den Hyperlink ein. Sie können zu einer Webseite oder zu einer E-Mail-Adresse verlinken.

5 Wiederholen

Wiederholen Sie die Schritte 2 bis 4 für weitere Bereiche, und Ihre Imagemap entsteht Bereich für Bereich.

Download-Links

Sie können für Ihre Besucher nicht nur Verweise auf Webseiten, Ankerpunkte oder E-Mail-Adressen anlegen, sondern auch auf Dateien, wie zum Beispiel PDF- oder Word-Dokumente oder auch komprimierte ZIP-Dateien mit beliebigen Inhalten. Diese kann der Benutzer dann über das Internet herunterladen, wenn er den entsprechenden Hyperlink anklickt.

Um eine Datei zum Herunterladen anzubieten, müssen Sie sie zunächst auf den Webserver kopieren. Es ist empfehlenswert, dafür einen neuen Ordner (zum Beispiel mit dem Namen DOWNLOADS) innerhalb der Website anzulegen.

Um einen Link zu einer Datei herzustellen, klicken Sie im EIGENSCHAFTEN-Bedienfeld auf das Ordnersymbol neben HYPERLINK und wählen die entsprechende Datei für den Download aus.

PDF-Dateien im Browser anzeigen

Wenn Sie eine PDF-Datei zum Download anbieten und der Besucher der Webseite auf den Link klickt, wird die PDF-Datei entweder heruntergeladen oder direkt im Browser angezeigt. Das hängt davon ab, ob der Acrobat Reader für den Browser installiert wurde. Sie als Anbieter der Webseite haben keinen Einfluss auf diesen Vorgang. Wenn die PDF-Datei jedoch als ZIP-Datei komprimiert wird, wird sie nicht direkt angezeigt und auf jeden Fall nur zum Download angeboten.

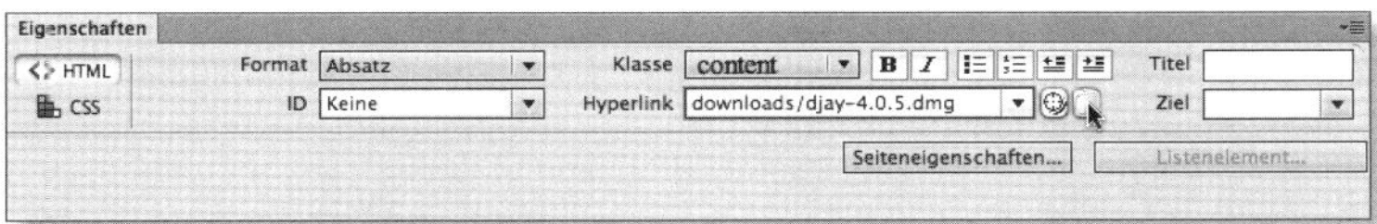

▲ **Abbildung 15.16**
Das Ordnersymbol im EIGENSCHAFTEN-Bedienfeld

Sie sollten darauf achten, dass zum Download angebotene Dateien nicht zu groß sind, und die Dateigröße jeweils auf die Webseite neben den Link schreiben. Je nachdem, welchen Browser der Besucher benutzt, wird ihm nicht unbedingt automatisch mitgeteilt, wie groß die Zieldatei ist und wie lange er voraussichtlich auf den kompletten Download warten muss.

Automatische Weiterleitung

Vielleicht müssen Sie eines Tages mit Ihrer Website auf eine andere Domain umziehen. Trotzdem werden viele Besucher versuchen, Ihre Site unter dem alten Namen zu erreichen. Hilfreich ist in einem solchen Fall der Einbau einer automatischen Umleitung.

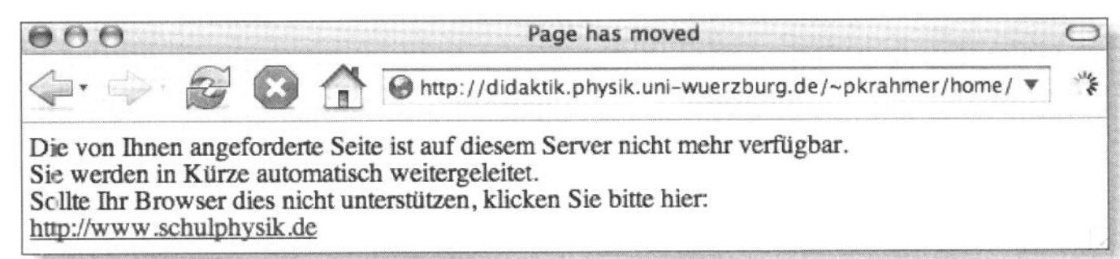

◀ **Abbildung 15.17**
Integration einer automatischen Weiterleitung

Um eine Weiterleitung einzurichten, müssen Sie nicht Ihren Webserver administrieren oder Ihren Provider informieren. Sie können alle Einstellungen einfach in Dreamweaver selbst vornehmen.

Wählen Sie Einfügen • HTML • Head-Tags • Aktualisieren. Es öffnet sich ein Fenster, in dem Sie die Einstellungen für die Weiterleitung vornehmen können.

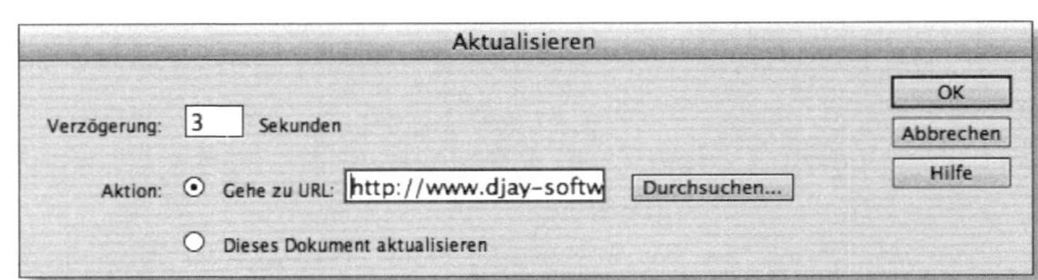

Abbildung 15.18 ▶
Eine Weiterleitung mit Zeitverzögerung erstellen

Weiterleitungen sind keine Hyperlinks
Genau genommen sind Weiterleitungen keine Hyperlinks, da sie nicht anklickbar sind. Hyperlinks werden mit dem `<a>`-Tag in den Body-Bereich des HTML-Codes integriert. Weiterleitungen werden im Head-Bereich mit dem `<meta>`-Tag eingefügt. Damit die Suchmaschine die neue Webseite finden kann, sollten Sie zusätzlich einen Hyperlink in die Seite einbauen.

Geben Sie unter Verzögerung die Zeit in Sekunden und unter Gehe zu URL die Zielseite für die Umleitung an. Klicken Sie dann auf OK, um die Weiterleitung in das Dokument einzufügen.

Wenn Sie nun Ihre Website auf dem Webserver aktualisieren, werden fortan alle Besucher, die auf Ihre alte Webadresse gelangen, nach drei Sekunden automatisch zur neuen URL weitergeleitet.

Wenn Sie die Einstellungen für die Weiterleitung **ändern** oder die Weiterleitung **entfernen** möchten, wählen Sie Ansicht • Head-Inhalt. Im oberen Teil des Dokumentenfensters ❶ werden mit Icons alle Elemente angezeigt, die sich im Head-Bereich des HTML-Dokuments befinden. Klicken Sie auf das Symbol ❷, und drücken Sie die Taste [Entf]. Übertragen Sie die Seite dann auf den Webserver, und die Weiterleitungsfunktion ist gelöscht.

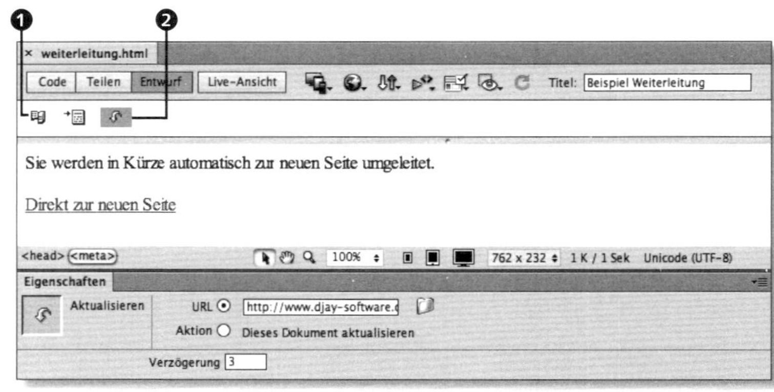

Abbildung 15.19 ▶
Über dem Dokumentenfenster wird der Inhalt des Head-Bereichs eines Dokuments angezeigt. Hier ist auch die Weiterleitung untergebracht und kann ganz einfach wieder gelöscht werden.

Kapitel 16

Interaktivität mit JavaScript

So bringen Sie mit JavaScript Bewegung in Ihre Website

- Wie programmiert man JavaScript?
- Wie erstelle ich eigene Skripte in Dreamweaver?
- Wie verwalte ich JavaScript in Dreamweaver?
- Was ist eigentlich dieses Spry?

16 Interaktivität mit JavaScript

JavaScript ist die Programmiersprache Nummer eins, wenn es darum geht, Webseiten interaktiv zu machen. Mit ihr können Sie Rollover-Bilder einfügen, neue Browserfenster in festen Größen öffnen und komplette Pulldown-Menüs anlegen. Adobe stellt Ihnen dafür verschiedene Möglichkeiten zur Verfügung, die Sie in diesem Kapitel kennenlernen werden.

16.1 Wie funktioniert JavaScript?

JavaScript ist eine Programmiersprache, die einfach in den HTML-Code eingefügt wird. Stellen Sie sich ein solches Skript als eine Ansammlung von verschiedenen Befehlen vor, die durch einen Klick auf einen Hyperlink oder ein anderes Ereignis ausgelöst und abgearbeitet werden.

JavaScript kann zwar auch mit anderen Ereignissen zusammenarbeiten, wir beschränken uns in diesem Kapitel jedoch ausschließlich auf Aktionen, die durch Hyperlinks ausgelöst werden. JavaScript in Verbindung mit Formularen behandeln wir in Kapitel 17, »Formulare erstellen«.

Ereignisse in JavaScript
JavaScript-Code kann nicht nur durch einen Klick (`onClick`) auf einen Hyperlink ausgelöst werden, sondern auch, wenn eine Webseite geladen (`onLoad`) oder geschlossen (`onUnload`) wird. Es ist sogar einstellbar, dass JavaScript allein durch eine Mausberührung aktiviert wird (`onRollover`).

Seit der Integration des JavaScript-Frameworks Spry ist es in Dreamweaver möglich, sehr ansprechende Benutzeroberflächen, wie zum Beispiel ausklappbare Menüs, zu erstellen (siehe Abschnitt 16.5, »Das JavaScript-Framework Spry«).

Es gibt in Dreamweaver verschiedene Techniken, JavaScript in eine Seite einzubauen:

- Über das Feld HYPERLINK können Sie im EIGENSCHAFTEN-Bedienfeld direkt kurze JavaScript-Befehle eingeben, die ausgeführt werden, wenn der Benutzer auf den Hyperlink klickt. Eine Aufzählung der möglichen Kommandos finden Sie im nächsten Abschnitt.
- Über das Menü EINFÜGEN stehen Ihnen mehrere Menüpunkte zur Verfügung, die automatisch Skripte in Ihre Webseite inte-

grieren. Im Einzelnen sind dies die Befehle EINFÜGEN • GRAFIKOBJEKTE • ROLLOVER-BILD, EINFÜGEN • GRAFIKOBJEKTE • NAVIGATIONSLEISTE und EINFÜGEN • FORMULAR • SPRUNGMENÜ (siehe Kapitel 17, »Formulare erstellen«) für auf der Seite aufklappende Navigationsmenüs.

- Über FENSTER • VERHALTEN können Sie über 25 JavaScript-Funktionen auswählen und in Ihre Webseite integrieren. JavaScript-Kenntnisse sind hierfür nicht erforderlich. Als Beispiel werden wir in diesem Kapitel einen Link erstellen, der in einem neuen Fenster eine Webseite mit festgelegter Breite und Höhe öffnet.
- Mit dem EINFÜGEN-Bedienfeld im Reiter SPRY stehen Ihnen 13 Funktionen zur Verfügung, mit denen Sie zum Beispiel ausklappbare Menüs in Ihre Webseite einfügen können.
- Im Internet finden Sie Tausende selbstgeschriebene Skripte, sogenannte Widgets, die Sie in Ihre Webseite übernehmen können. Bevor Sie ein solches einsetzen, prüfen Sie jedoch immer, ob Dreamweaver nicht schon einen eingebauten Befehl für den Zweck besitzt.

Netscape Resize-Fix

Im Menü BEFEHLE befindet sich das Kommando NETSCAPE RESIZE-FIX HINZUFÜGEN/ENTFERNEN, das JavaScript-Code zum Ausgleichen eines Fehlers in Netscape Version 4 hinzufügt bzw. wieder entfernt. Diesen Befehl brauchen Sie normalerweise nicht aufzurufen, da Dreamweaver ihn selbständig in Ihre Seite einfügt.

16.2 JavaScript im Eigenschaften-Bedienfeld

Bei der einfachsten Methode, JavaScript direkt in der Webseite zu programmieren, tragen Sie den JavaScript-Code direkt im EIGENSCHAFTEN-Bedienfeld ein.

Um zum Beispiel einen Link zu erstellen, der beim Anklicken ein neues (JavaScript-)Fenster mit einer kurzen Nachricht anzeigt, markieren Sie einfach einen Text oder ein Bild im Dokumentenfenster und geben folgenden JavaScript-Befehl im Feld HYPERLINK ein: `JavaScript:alert('Hallo Welt');`.

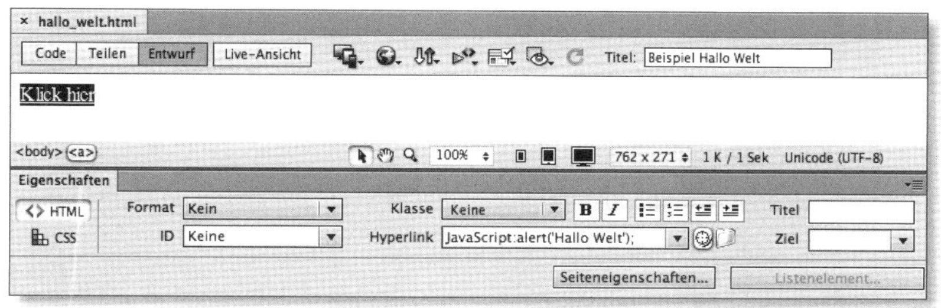

◄ **Abbildung 16.1**
Hyperlink mit JavaScript, um ein kleines Fenster mit einer Nachricht anzuzeigen

Sie können die Seite nun entweder in einem Webbrowser oder direkt in Dreamweaver mit der Live-Ansicht testen.

Abbildung 16.2 ▸
JavaScript-Beispiel mit der Live-Ansicht in Dreamweaver

Syntax von JavaScript

Der Text `JavaScript:` ist erforderlich, damit der Browser den Befehl `history.back()` überhaupt als JavaScript-Funktion erkennt. Das Semikolon trennt mehrere Befehle voneinander. Bei nur einem Befehl wie in unserem Beispiel ist das Semikolon daher nicht erforderlich.

In der folgenden Tabelle finden Sie weitere nützliche JavaScript-Befehle, die Sie auf die gleiche Weise anwenden können.

JavaScript-Befehl	Funktion
`JavaScript:history.back();`	zurück zur vorherigen Seite
`JavaScript:history.forward();`	zur nächsten Seite
`JavaScript:history.go(-2);`	zwei Seiten zurück
`JavaScript:windows.close();`	Fenster schließen
`JavaScript:windows.moveTo(1,1);`	Fenster in Ecke oben links bewegen
`JavaScript:window.moveBy(10,-5);`	Fenster um 10 Pixel nach rechts und 5 Pixel nach oben bewegen
`JavaScript:window.resizeTo(400,200);`	Fenstergröße auf 400 × 200 Pixel einstellen
`JavaScript:window.print();`	aktuelles Fenster drucken

▴ Tabelle 16.1
JavaScript-Befehle für das EIGENSCHAFTEN-Bedienfeld

16.3 JavaScript über Menüs einfügen

Im Menü EINFÜGEN • GRAFIKOBJEKTE finden Sie mit ROLLOVER-BILD und NAVIGATIONSLEISTE zwei bereits in Dreamweaver vorgefertigte Skripte. Sie können diese einfach per Mausklick in Ihre Webseite einfügen. Mit dem Befehl EINFÜGEN • GRAFIKOBJEKTE • NAVIGATIONSLEISTE können Sie mehrere Rollover-Bilder auf einmal erstellen, zum Beispiel, um ein Menü aufzubauen. Eine Navigationsleiste ist nur für den Einsatz von Frames sinnvoll.

Ein Rollover-Bild ist eine Grafik, die bei Mausberührung durch ein anderes Bild ausgetauscht wird. Verlässt der Mauszeiger das Bild, wird wieder das ursprüngliche Bild angezeigt. Dieses Verhalten wird auch als **Hover-Effekt** bezeichnet.

Für die Erstellung eines Rollover-Bildes benötigen Sie zwei exakt gleich große Grafiken. Zudem ist ein Skript nötig, das die Bilder gegeneinander austauscht. Dreamweaver erstellt den Code automatisch, wenn Sie EINFÜGEN • GRAFIKOBJEKTE • ROLLOVER-BILD wählen.

Schritt für Schritt
Rollover-Bild einfügen

1 Einfügemarke setzen

Setzen Sie, wie beim Einfügen eines normalen Bildes, zunächst die Einfügemarke an die Position im Entwurfsbereich, an der das Bild später angezeigt werden soll.

2 Rollover-Bild einfügen

Wählen Sie EINFÜGEN • GRAFIKOBJEKTE • ROLLOVER-BILD. Das Dialogfenster aus Abbildung 16.3 öffnet sich.

◂ **Abbildung 16.3**
So fügen Sie ein Rollover-Bild ein.

Geben Sie unter BILDNAME ❶ einen eindeutigen Namen für den Button ein. Der Bildname ist für den Betrachter der Webseite unsichtbar; er wird nur benötigt, damit das Rollover-Verhalten von Dreamweaver automatisch mit JavaScript programmiert werden kann.

Als ORIGINALBILD ❷ wählen Sie jenes Bild aus, das angezeigt werden soll, wenn sich der Mauszeiger nicht über dem Bild befindet. Als ROLLOVER-BILD ❸ legen Sie das Bild fest, das angezeigt werden soll, wenn sich der Mauszeiger über dem Bild befindet.

Das Kontrollkästchen ROLLOVER-BILD VORAUSLADEN ❹ sollte aktiviert sein, damit das Rollover-Bild bereits beim Laden der Webseite mitgeladen wird. Dadurch kommt es bei dem Effekt zu keiner Verzögerung.

Geben Sie jetzt noch einen ALTERNATIVTEXT ❺ für das Bild ein, damit Nutzer, bei denen das Bild nicht angezeigt werden kann, wissen, womit sie es zu tun haben. Für einen HOME-Button könnten Sie zum Beispiel »Hier geht es zur Homepage« eingeben.

Um das Rollover-Bild zu verlinken, klicken Sie auf die Schaltfläche DURCHSUCHEN in der Zeile WENN ANGEKLICKT, GEHE ZU URL ❻. Wählen Sie dann im Dialogfenster die Webseite aus, zu der verlinkt werden soll.

3 Vorschau im Browser

Im Browser oder in der Live-Ansicht von Dreamweaver können Sie den Effekt dann testen.

Abbildung 16.4 ▸
Der Effekt im Test

16.4 JavaScript über Verhalten integrieren

Das zentrale Fenster zum Verwalten und automatischen Erstellen von JavaScript ist das Bedienfeld VERHALTEN (zu erreichen auch über FENSTER • VERHALTEN). Darin finden sich fertige Skripte, die in Dreamweaver *Verhalten* genannt werden. Dreamweaver bietet über 25 Verhalten, die noch durch sogenannte Extensions erweiterbar sind. Anhand eines Rollover-Bildes erläutern wir nun, was Verhalten genau sind und wie sie funktionieren.

Funktionsweise eines Verhaltens

Verhalten sind immer Objekten zugeordnet, die das Skript auslösen können. Mögliche Objekte sind Texte mit Hyperlinks, Bilder mit Hyperlinks oder auch eine Webseite selbst mit Hyperlinks.

Um für unser Beispiel ein solches Objekt zu erzeugen, erstellen Sie, wie im letzten Abschnitt beschrieben, ein Rollover-Bild. Um die zugeordneten Verhalten anzuzeigen, klicken Sie auf das Rollover-Bild im Dokumentenfenster und öffnen das Bedienfeld VERHALTEN. Falls das Bedienfeld nicht sichtbar ist, wählen Sie im Menü FENSTER · VERHALTEN aus.

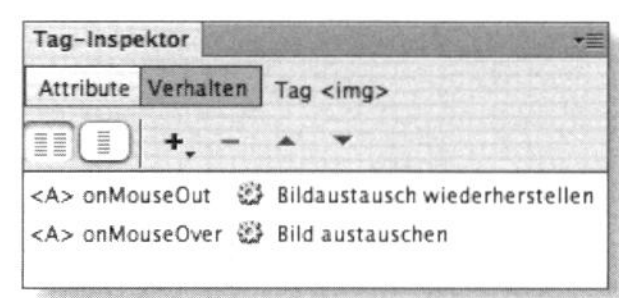

▲ **Abbildung 16.5**
Im Bedienfeld VERHALTEN verwalten Sie JavaScript-Funktionen.

Das Bedienfeld VERHALTEN besteht aus zwei Spalten. In der ersten werden die **Ereignisse** und in der zweiten die damit verbundenen **Aktionen** angezeigt. Für das Rollover-Bild werden zwei Verhalten angeboten. Das untere enthält die Aktion BILD AUSTAUSCHEN. Das auslösende Ereignis für diese Aktion ist `<A> onMouseOver` und bedeutet, dass die Aktion BILD AUSTAUSCHEN nur ausgeführt wird, wenn sich die Maus über (`onMouseOver`) einem Link (`<A>`-Tag) befindet.

In dem zweiten Verhalten wird die Aktion BILDAUSTAUSCH WIEDERHERSTELLEN ausgeführt, wenn das Ereignis `<A> onMouseOut` zutrifft. Das bedeutet, dass beim Herausfahren (`onMouseOut`) des Mauszeigers aus dem Link (`<A>`-Tag) wieder das ursprüngliche Bild erscheint.

Wie wir im Beispiel gesehen haben, besteht ein Verhalten aus drei Elementen:

1. **Objekt**
   Das Objekt ist zum Beispiel ein Hyperlink-Text oder ein Hyperlink-Bild. Sie müssen keine normalen Links verwenden, die zu einer anderen Webseite verweisen, sondern können auch leere Links einsetzen, in denen an der Stelle der URL ein Rautenzeichen steht. Jedem Objekt können Sie eine oder mehrere Aktionen zuordnen.

2. **Aktion**
   Aktionen (auch **Verhalten** genannt) sind vorgefertigte JavaScript-Befehle in Dreamweaver. Mögliche Aktionen finden Sie im Bedienfeld VERHALTEN, darunter zum Beispiel BILD AUSTAUSCHEN, BROWSERFENSTER ÖFFNEN und SOUND ABSPIELEN.
3. **Ereignis**
   Ereignisse legen fest, wodurch eine Aktion ausgelöst wird. Ein Ereignis kann ein Klick (`onClick`) auf ein Objekt oder eine Mausberührung sein (`onMouseOver`).

Ein Verhalten einfügen

Wir werden nun in Dreamweaver das Verhalten BROWSERFENSTER ÖFFNEN in eine Seite einbauen. Damit wird nach einem Klick auf einen Hyperlink eine Webseite in einem neuen Fenster geöffnet.

Schritt für Schritt
Seite in neuem Fenster öffnen

1 Die beiden Webseiten erstellen
Erstellen Sie eine HTML-Datei (»bild_klein.html«) mit einem kleinen Bild und eine HTML-Datei (»bild_gross.html«) mit einem großen Bild.

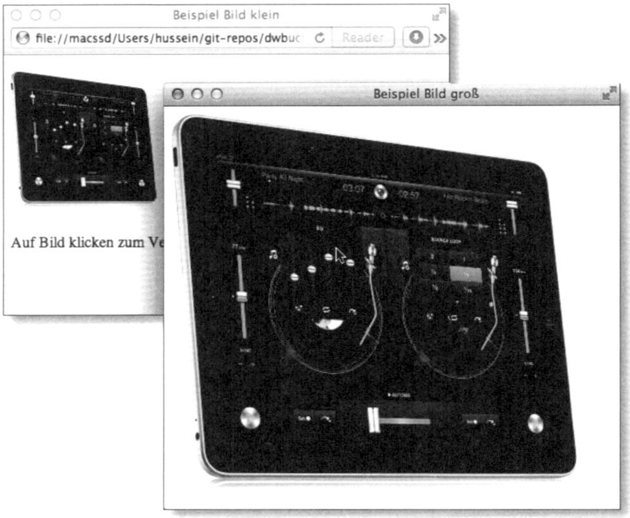

Abbildung 16.6 ▸
Eine Seite im neuen Fenster öffnen

2 Leeren Link erstellen

Öffnen Sie nun die Seite »bild_klein.html«, von der aus die Webseite »bild_gross.html« geöffnet werden soll.

Markieren Sie dann einen Text oder ein Bild ❶, mit dem das Fenster geöffnet werden soll, und erstellen Sie einen leeren Link, indem Sie im EIGENSCHAFTEN-Bedienfeld unter HYPERLINK ❷ nur das Rautenzeichen # eingeben.

▼ **Abbildung 16.7**
Die HTML-Datei für das kleine Bild

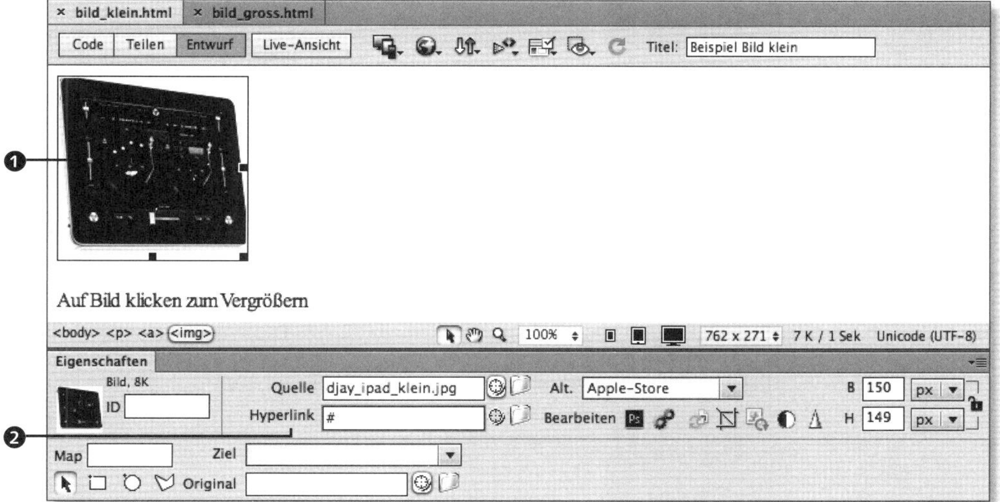

3 Verhalten im Bedienfeld auswählen

Klicken Sie im Bedienfeld VERHALTEN auf das Symbol mit dem Pluszeichen, und wählen Sie aus der aufklappenden Liste BROWSERFENSTER ÖFFNEN aus.

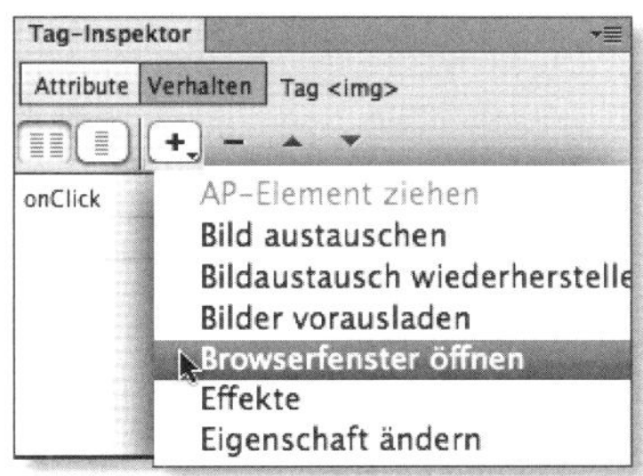

◀ **Abbildung 16.8**
Hier legen Sie das Verhalten fest.

4 Einstellungen für Verhalten vornehmen

Nach der Auswahl des Verhaltens öffnet sich ein Fenster, in dem Sie folgende Einstellungen vornehmen können.

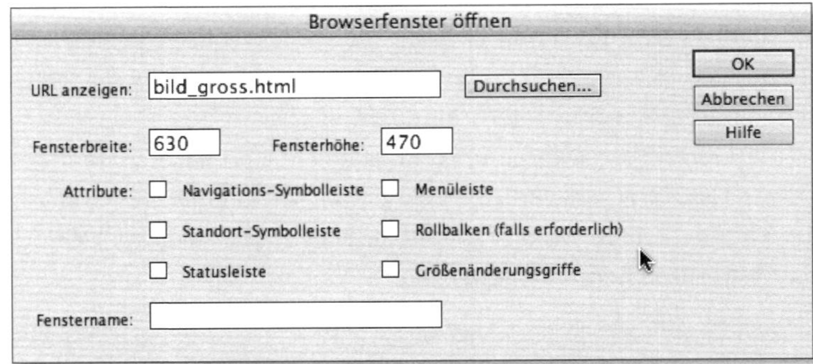

Abbildung 16.9 ▸
Geben Sie hier die URL der Datei ein, die angezeigt werden soll.

Geben Sie unter URL ANZEIGEN entweder eine URL ein, oder klicken Sie auf DURCHSUCHEN, um in Ihrer Site eine Seite auszuwählen, die in dem neuen Fenster geöffnet werden soll. In unserem Fall muss auf »bild_gross.html« verlinkt werden.

Tragen Sie unter FENSTERBREITE und FENSTERHÖHE die Maße des neuen Fensters in Pixeln ein. Wenn Sie keines der ATTRIBUTE auswählen, wird das neue Fenster ohne Menüleiste, Symbolleiste usw. angezeigt. Wenn Sie dem Benutzer ermöglichen möchten, die Größe des Fensters zu verändern, aktivieren Sie GRÖSSENÄNDERUNGSGRIFFE. Klicken Sie auf OK, um das Verhalten in die Webseite zu integrieren.

5 Ereignis »onClick« auswählen

Im Bedienfeld VERHALTEN müssen Sie nun noch das Ereignis festlegen, bei dem das neue Fenster geöffnet werden soll.

In unserem Beispiel soll sich die Webseite bei einem Klick auf den Hyperlink – also auf das Bild oder den darunter stehenden Text – öffnen. Wählen Sie daher aus der linken Spalte das Ereignis `onClick` aus.

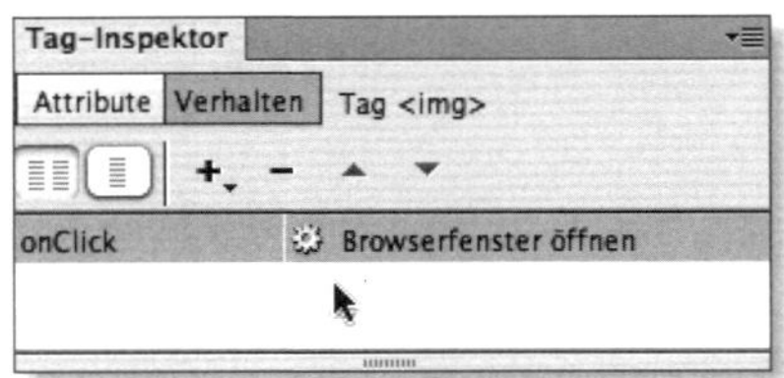

Abbildung 16.10 ▸
Änderungen können Sie per Doppelklick vornehmen.

6 Verhalten testen

Das Verhalten ist nun aktiviert, und Sie können es bereits im Dokumentenfenster oder im Webbrowser testen. Wenn Sie die

Änderungen in der Live-Vorschau durchführen, müssen Sie in der neuen Dreamweaver-Version unter Windows die [Strg]-Taste bzw. die Taste [⌘] auf dem Mac beim Klick auf das Bild festhalten. Dies ist immer dann in Dreamweaver erforderlich, wenn eine andere Webseite geöffnet wird.

7 Änderungen vornehmen

Um Änderungen am Verhalten durchzuführen, markieren Sie den Link und klicken im Bedienfeld VERHALTEN doppelt auf das entsprechende Verhalten.

Aktionen hinzufügen

Wir werden uns in diesem Abschnitt anschauen, welche Aktionen Sie in Dreamweaver einem Hyperlink zuweisen können. Wählen Sie daher zuerst einen Hyperlink auf einer beliebigen Seite aus, oder erstellen Sie einen neuen mit einer URL oder einem Rautenzeichen als Zielangabe.

Im Bedienfeld VERHALTEN können Sie durch Klicken auf das Plussymbol verschiedene JavaScript-Aktionen zuweisen.

◂ **Abbildung 16.11**
Auswahl von Aktionen über das Menü

Einige Punkte sind grau hinterlegt. Diese Menüpunkte sind dann mit dem aktuell ausgewählten Objekt nicht verwendbar. Die Aktion FORMULAR ÜBERPRÜFEN ist zum Beispiel deshalb nicht anwählbar, weil kein Formular, sondern ein Hyperlink als Objekt ausgewählt wurde.

In der folgenden Tabelle erläutern wir die wichtigsten Aktionen in Dreamweaver.

Manuell JavaScript eingeben

In Dreamweaver CS6 können Sie JavaScript-Funktionen im Bedienfeld VERHALTEN auch von Hand eingeben. Tragen Sie dazu an der Stelle, an der normalerweise die Aktion steht, einen eigenen JavaScript-Befehl ein, zum Beispiel `window.close();`, um ein Fenster zu schließen.

Aktion	Bedeutung
BILD AUSTAUSCHEN	Tauscht ein Bild gegen ein anderes aus.
BILDAUSTAUSCH WIEDERHERSTELLEN	Macht den Tausch eines Bildes wieder rückgängig.
BILDER VORAUSLADEN	Lädt eines oder mehrere Bilder, ohne sie anzuzeigen. Wird in Verbindung mit der Aktion BILD AUSTAUSCHEN verwendet.
BROWSERFENSTER ÖFFNEN	Öffnet eine URL in einem neuen Browserfenster mit einstellbarer Fenstergröße.
FORMULAR ÜBERPRÜFEN	Prüft vor dem Versenden, ob ein Formular korrekt ausgefüllt wurde.
GEHE ZU URL	Wird in framebasierten Websites verwendet, um nach Klick auf einen Hyperlink mehr als nur einen Frame zu aktualisieren.
PLUG-IN ÜBERPRÜFEN	Hiermit können Sie zum Beispiel überprüfen, ob das Flash-Plugin im Browser des Besuchers installiert ist.
POPUP-MELDUNG	Öffnet ein Fenster mit einem einstellbaren Text.

▲ **Tabelle 16.2**
Die wichtigsten Aktionen in Dreamweaver

Aktionen bearbeiten und löschen

Um eine bestehende Aktion zu bearbeiten, klicken Sie im Bedienfeld VERHALTEN doppelt auf deren Namen. Es öffnet sich dann ein Fenster, in dem Sie die Einstellungen ändern können.

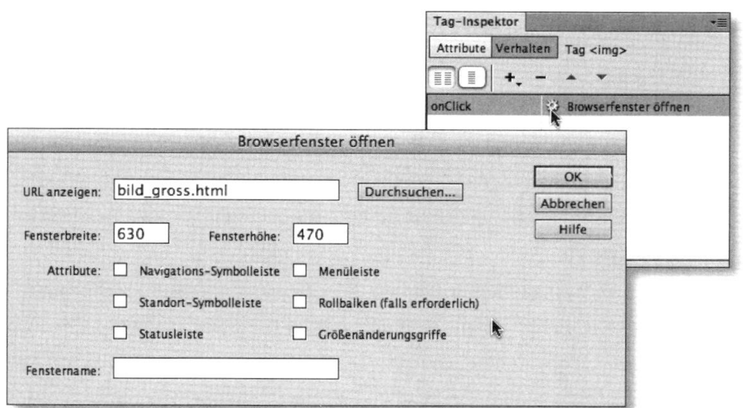

◂ **Abbildung 16.12**
Dialogfenster für Einstellungen zur Aktion BROWSERFENSTER ÖFFNEN

Über die Schaltfläche mit dem Minuszeichen im Bedienfeld VERHALTEN löschen Sie ein Verhalten.

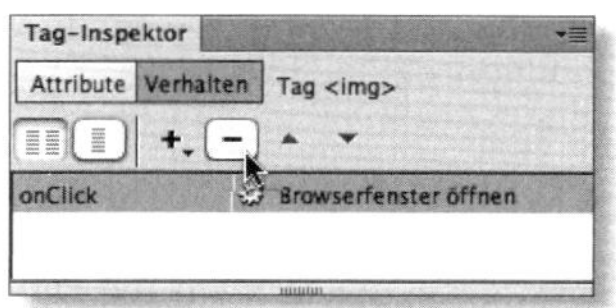

▴ **Abbildung 16.13**
Löschen eines Verhaltens

Ereignis festlegen

Wenn Sie auf ein vorhandenes Ereignis klicken, erscheint im Bedienfeld VERHALTEN eine Liste aller möglichen Ereignisse. Wählen Sie aus der Liste ein Ereignis aus, das das Verhalten eines Objekts auslösen soll.

Tabelle 16.3 erläutert die wichtigsten Ereignisse. Mit ihnen können Sie die oben genannten Verhalten auslösen.

Ereignis	Bedeutung
`onClick`	Mausklick auf Objekt
`onDblClick`	Doppelklick auf Objekt
`onMouseDown`	Maustaste ist auf dem Objekt gedrückt.
`onMouseOut`	Mauszeiger befindet sich außerhalb des Objekts.
`onMouseOver`	Mauszeiger befindet sich auf dem Objekt.
`onMouseUp`	Maustaste wird über dem Objekt losgelassen.
`onAbort`	Webseite wird durch Schließen des Browserfensters oder Klicken auf ein Objekt verlassen.
`onLoad`	Webseite ist vollständig im Browser geladen.

▴ **Tabelle 16.3**
Die wichtigsten Ereignisse

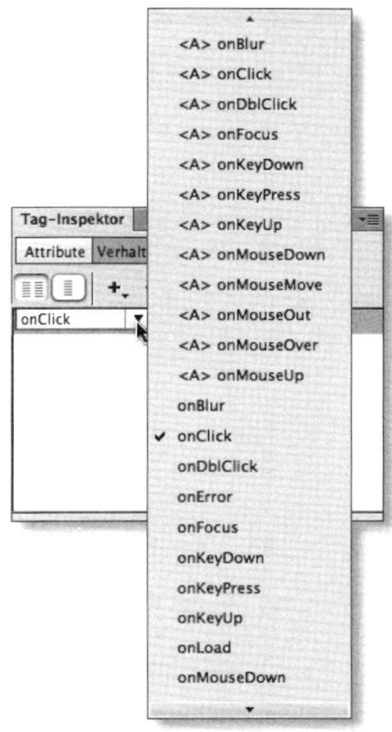

▴ **Abbildung 16.14**
Wählen Sie aus der Liste ein gewünschtes Ereignis aus.

16.5 Das JavaScript-Framework Spry

Weiter oben haben Sie gesehen, wie Sie einfache JavaScript-Befehle zum Beispiel zum Öffnen von neuen Seiten in eine Webseite einbauen. Mit JavaScript können Sie aber auch komplexere Aufgaben realisieren, wie etwa Pulldown-Menüs oder aufklappbare Bereiche.

Mithilfe von **Ajax** (siehe Abschnitt 2.5, »Ajax«) ist es sogar möglich, komplexe Internetanwendungen zu programmieren, die sich ähnlich wie richtige Programme bedienen lassen. Ein bekanntes Beispiel hierfür ist Google Text & Tabellen (*http://docs.google.com* und *http://spreadsheets.google.com*). Auf diesen Webseiten können Sie direkt in Ihrem Webbrowser Texte und Tabellen bearbeiten, ohne dass Word oder Excel auf dem eigenen Rechner installiert sein müssen.

Abbildung 16.15 ▼
Mit der Internetanwendung Google Text & Tabellen können Sie Excel-Tabellen im Browser bearbeiten.

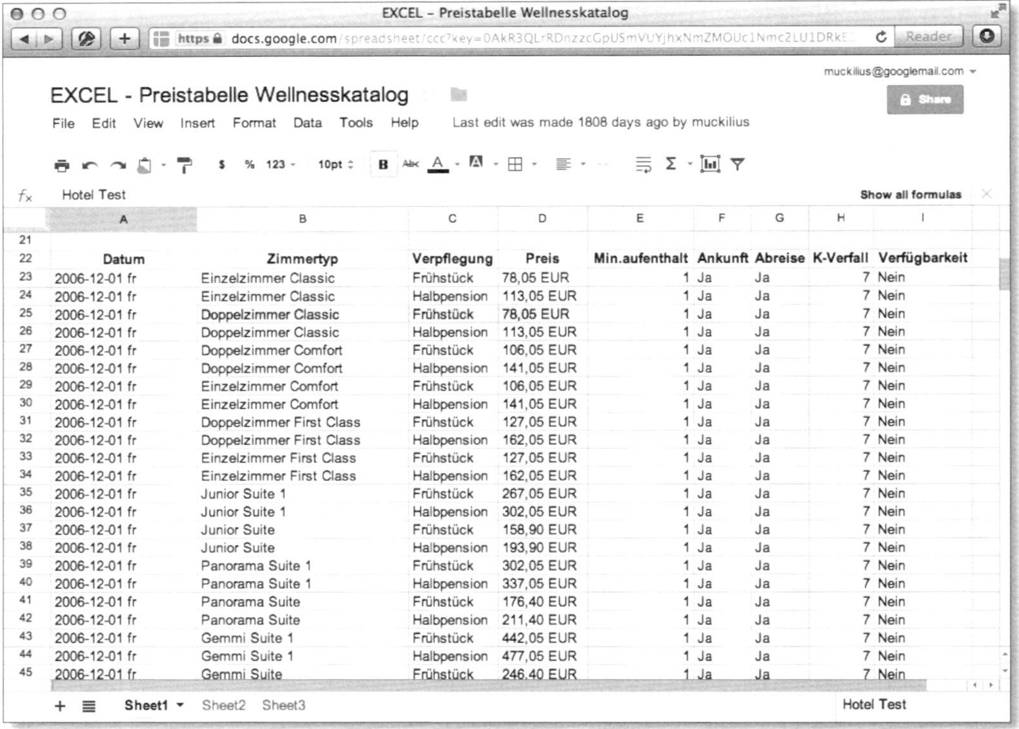

Datum	Zimmertyp	Verpflegung	Preis	Min.aufenthalt	Ankunft	Abreise	K-Verfall	Verfügbarkeit
2006-12-01 fr	Einzelzimmer Classic	Frühstück	78,05 EUR	1	Ja	Ja	7	Nein
2006-12-01 fr	Einzelzimmer Classic	Halbpension	113,05 EUR	1	Ja	Ja	7	Nein
2006-12-01 fr	Doppelzimmer Classic	Frühstück	78,05 EUR	1	Ja	Ja	7	Nein
2006-12-01 fr	Doppelzimmer Classic	Halbpension	113,05 EUR	1	Ja	Ja	7	Nein
2006-12-01 fr	Doppelzimmer Comfort	Frühstück	106,05 EUR	1	Ja	Ja	7	Nein
2006-12-01 fr	Doppelzimmer Comfort	Halbpension	141,05 EUR	1	Ja	Ja	7	Nein
2006-12-01 fr	Einzelzimmer Comfort	Frühstück	106,05 EUR	1	Ja	Ja	7	Nein
2006-12-01 fr	Einzelzimmer Comfort	Halbpension	141,05 EUR	1	Ja	Ja	7	Nein
2006-12-01 fr	Doppelzimmer First Class	Frühstück	127,05 EUR	1	Ja	Ja	7	Nein
2006-12-01 fr	Doppelzimmer First Class	Halbpension	162,05 EUR	1	Ja	Ja	7	Nein
2006-12-01 fr	Einzelzimmer First Class	Frühstück	127,05 EUR	1	Ja	Ja	7	Nein
2006-12-01 fr	Einzelzimmer First Class	Halbpension	162,05 EUR	1	Ja	Ja	7	Nein
2006-12-01 fr	Junior Suite 1	Frühstück	267,05 EUR	1	Ja	Ja	7	Nein
2006-12-01 fr	Junior Suite 1	Halbpension	302,05 EUR	1	Ja	Ja	7	Nein
2006-12-01 fr	Junior Suite	Frühstück	158,90 EUR	1	Ja	Ja	7	Nein
2006-12-01 fr	Junior Suite	Halbpension	193,90 EUR	1	Ja	Ja	7	Nein
2006-12-01 fr	Panorama Suite 1	Frühstück	302,05 EUR	1	Ja	Ja	7	Nein
2006-12-01 fr	Panorama Suite 1	Halbpension	337,05 EUR	1	Ja	Ja	7	Nein
2006-12-01 fr	Panorama Suite	Frühstück	176,40 EUR	1	Ja	Ja	7	Nein
2006-12-01 fr	Panorama Suite	Halbpension	211,40 EUR	1	Ja	Ja	7	Nein
2006-12-01 fr	Gemmi Suite 1	Frühstück	442,05 EUR	1	Ja	Ja	7	Nein
2006-12-01 fr	Gemmi Suite 1	Halbpension	477,05 EUR	1	Ja	Ja	7	Nein
2006-12-01 fr	Gemmi Suite	Frühstück	246,40 EUR	1	Ja	Ja	7	Nein

Um solche Anwendungen zu realisieren, sind komplexe JavaScript-Befehle notwendig. Aufgrund der vielen unterschiedlichen Browser und Inkompatibilitäten ist es selbst für erfahrene Programmierer schwer, in JavaScript zu programmieren. Daher gibt es sogenannte JavaScript-Bibliotheken, die die Programmierung erheblich vereinfachen, indem zum Beispiel mehrere komplexe Befehle zu einem einfachen Kommando zusammengefasst werden. Diese JavaScript-Bibliotheken werden auch **JavaScript-Frameworks** genannt. Es existiert inzwischen eine Reihe von verschiedenen JavaScript-Frameworks, die im Prinzip alle die Programmierung vereinfachen, aber ganz unterschiedliche Ansätze haben.

Auch Adobe hat mit Spry ein eigenes JavaScript-Framework entwickelt, das direkt in Dreamweaver CS6 integriert ist. Dadurch ist es in Dreamweaver CS6 recht schnell und einfach möglich, selbst komplexe dynamische Benutzeroberflächen visuell zu entwerfen.

Sryp-Funktionen einfügen

Mit den sogenannten **Spry-Widgets** können Sie die benötigten Spry-Funktionen über das EINFÜGEN-Bedienfeld in Ihre Webseite einbinden. Die Widgets kann man in drei Gruppen unterteilen.

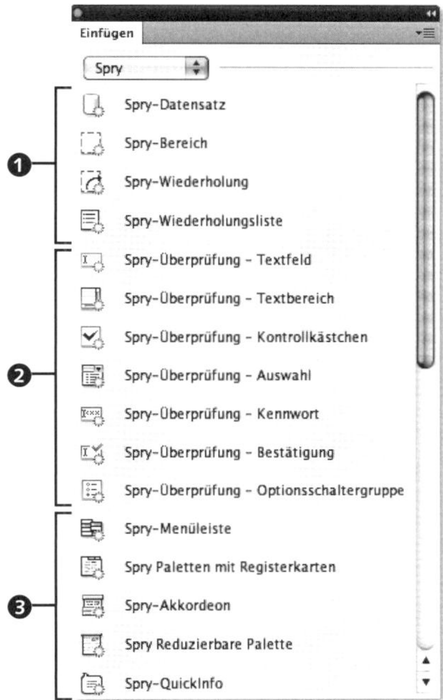

◀ **Abbildung 16.16**
Spry-Widgets binden Sie über das EINFÜGEN-Bedienfeld ein.

Mit den ersten vier Widgets ❶ können Sie XML-gesteuerte Listen und Tabellen realisieren. Da diese Funktionen eher selten verwendet werden und für Einsteiger auch recht komplex sind, werden wir hier auf dieses Thema nicht genauer eingehen.

Die zweite Gruppe ❷ enthält Widgets für die Überprüfung von Formularelementen. Damit können Sie Pflichtfelder in Formularen realisieren, bei denen direkt neben oder unter dem Formular eine Fehlermeldung angezeigt wird, falls das Formularelement vom Benutzer nicht korrekt ausgefüllt wurde. In Kapitel 17, »Formulare erstellen«, zeige ich ausführlich, wie Sie die Formularelemente mit der Funktion SPRY-ÜBERPRÜFUNG einsetzen.

Die dritte Gruppe ❸ enthält Funktionen, mit denen Sie dynamische Benutzeroberflächen realisieren können:

- aufklappbare Menüs
- Paletten mit Registerkarten
- Akkordeon-Menüs
- reduzierbare Paletten
- QuickInfos, mit denen Bereiche eingeblendet werden

Akkordeon-Menüs

Ein Akkordeon-Menü besteht aus einem Satz reduzierbarer Paletten. Die Besucher der Website blenden die im Akkordeon gespeicherten Inhalte durch einen Mausklick auf die Titelleisten der Paletten ein oder aus. Akkordeon-Menüs erlauben es, große Datenmengen auf kleinstem Raum unterzubringen.

Bei der Erstellung der Beispielwebsite *djay Übungen* haben wir bereits das Spry-Framework eingesetzt: Die Navigation wurde in Kapitel 8, »Erstellen einer Navigation«, mit der Funktion SPRY-MENÜLEISTE realisiert. Auch die anderen Widgets fügen Sie auf die gleiche Weise ein.

16.6 Widgets: Skripte übernehmen

Dreamweaver CS6 kann durch Widgets erweitert werden. Widgets sind fertig programmierte Komponenten, die aus HTML, CSS und JavaScript bestehen. Mit dem Widget-Browser können Sie aus dem Internet neue Widgets, wie z. B. eine Bildergalerie, laden. Im Laufe der Zeit werden immer wieder neue kostenlose Widgets ins Web gestellt. Es lohnt sich also, ab und zu mit dem Widget-Browser nach neuen Widgets Ausschau zu halten.

▲ **Abbildung 16.17**
Dreamweaver lässt sich durch zahlreiche Widgets erweitern.

Rufen Sie Einfügen • Widgets auf, um ein Widget in Ihre Website zu integrieren. Unter Widget ❹ wählen Sie das Widget aus, das Sie installieren möchten. Beim ersten Aufruf stehen Ihnen noch keine Widgets zur Verfügung. Über den Link Widget Browser ❻ können Sie Widgets auswählen und installieren.

Lightbox Widget

Mit dem »Clearbox Lightbox«-Widget können Sie z. B. schöne Bildergalerien mit dem sogenannten Lightbox-Effekt erstellen, bei dem ein Bild vergrößert und der Hintergrund abgedunkelt wird.

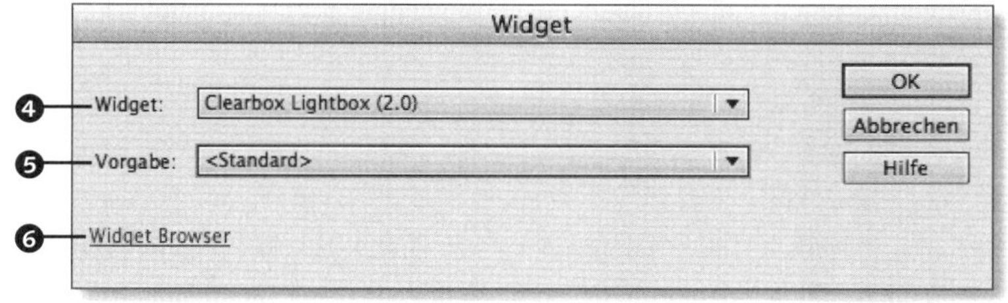

▲ **Abbildung 16.18**
Einfügen von Widgets

Unter Vorgabe ❺ können Sie abhängig vom gewählten Widget eine bestimmte Variante des Widgets wählen, bei einer Bildergalerie z. B. ein Design.

Kapitel 17

Formulare erstellen

So lassen Sie Ihre Besucher zu Wort kommen

- Wie funktionieren Formulare auf Webseiten?
- Wie baue ich Formulare ein?
- Welche Formularelemente gibt es?
- Wie gestalte ich mein Formular?
- Wie lasse ich Formulare mit dem Spry-Framework überprüfen?

17 Formulare erstellen

Formulare erlauben es dem Besucher einer Website, Eingaben vorzunehmen und automatisch an den Anbieter der Website übermitteln zu lassen. In diesem Kapitel werden wir Schritt für Schritt ein Kontaktformular erstellen und uns dabei alle Eigenschaften und Elemente von Formularen anschauen.

17.1 Eigenschaften von Formularen

In erster Linie werden dem Besucher auf Webseiten Inhalte unterschiedlichster Art angeboten. Die Kommunikation geht dabei jedoch immer nur in eine Richtung. Dieses Prinzip lässt sich mit Formularen durchbrechen.

Über Eingabefelder, Buttons, Checkboxen und Auswahllisten können Sie dem Besucher die Möglichkeit geben, Inhalte einzutragen und an den Webserver zu senden. Dort können die Daten dann ausgewertet (wie zum Beispiel bei der Bestellannahme in einem Onlineshop), auf der Website veröffentlicht (wie zum Beispiel in einem Forum) oder als Auslöser für spezielle Aktionen (wie zum Beispiel bei einer Suchmaschine) genutzt werden.

Was ist ein Formularbereich?

Ein Formularbereich ist in HTML nicht mehr als ein Bereich innerhalb eines Dokuments, der mit den Tags `<form>` und `</form>` umschlossen wird. Alle Formularelemente müssen innerhalb dieses Bereichs platziert werden. Wenn Sie zum Beispiel zwei unabhängige Formulare an verschiedenen Stellen auf einer Seite unterbringen möchten, sollten Sie zwei Formularbereiche im Dokument anlegen.

Eine einfache und beliebte Form im Web sind Kontaktformulare. Darin kann der Besucher Ihrer Website seine Kontaktdaten, wie Name und E-Mail-Adresse, eintragen und ein Anliegen mitteilen. Sie als Betreiber der Website erhalten dann eine automatisch erzeugte E-Mail mit den Eingaben des Besuchers.

Jede Website sollte die Möglichkeit bieten, Kontakt mit ihrem Betreiber aufzunehmen. Ein einfacher E-Mail-Link kann ein Kontaktformular nicht ersetzen: In vielen Internetcafés sind zum Beispiel keine E-Mail-Programme auf den Systemen installiert, ein derartiger Link funktioniert somit nicht. Kontaktformulare hingegen funktionieren vollständig im Browser und somit auf jedem Internetrechner.

Ein Formular besteht immer aus zwei Teilen:

1. **dem Formular auf der Webseite** selbst mit Textfeldern, Listen, Schaltflächen usw. und
2 **einem Skript oder Programm auf dem Webserver**, das die Formulardaten entgegennimmt und auswertet, indem zum Beispiel die Eingaben überprüft und weitergeschickt werden.

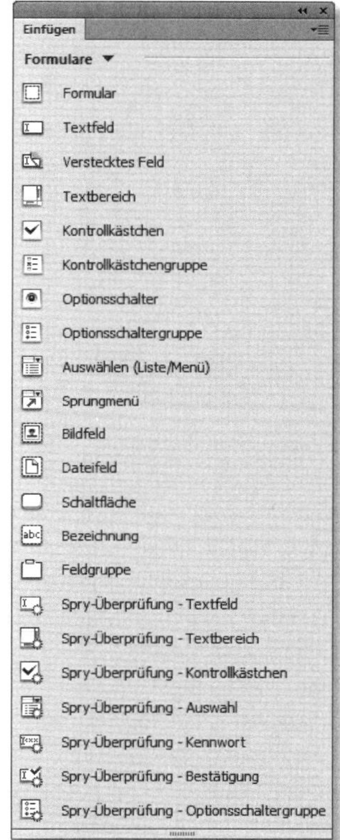

▲ **Abbildung 17.1**
Elemente der Kategorie FORMULARE im Bedienfeld EINFÜGEN

17.2 Erstellen von Formularen

Wir widmen uns zunächst dem ersten Punkt, der Erstellung des Formulars auf der Webseite. Wählen Sie dafür im Bedienfeld EINFÜGEN die Kategorie FORMULARE aus, um alle Werkzeuge zum Einfügen von Formularelementen angezeigt zu bekommen.

Formularbereich einrichten

Bevor Sie die Formularelemente wie Textfelder, Kontrollfelder usw. in Ihr Dokument einfügen können, müssen Sie einen **Formularbereich** (in Dreamweaver kurz Formular genannt) erstellen, in dem die sichtbaren Elemente des Formulars Platz finden.

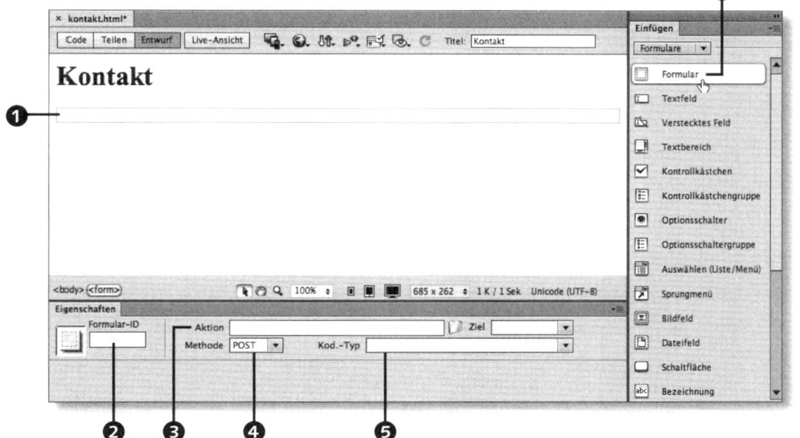

◂ **Abbildung 17.2**
Alle Elemente des Formulars müssen innerhalb des umrandeten Formularbereichs ❶ eingefügt werden.

Um einen Formularbereich zu erstellen, klicken Sie im Bedienfeld EINFÜGEN im Reiter FORMULARE auf das Icon FORMUAR ❻. Im Bedienfeld EIGENSCHAFTEN können Sie dann die folgenden Einstellungen vornehmen:

Im Textfeld ❷ legen Sie den Namen des Formulars fest. Wichtiger ist die Einstellung bei AKTION ❸. Hier geben Sie die URL des PHP- oder Perl-Skripts an, das die Formulareingaben auf dem Webserver entgegennimmt und verarbeitet, indem es zum Beispiel eine E-Mail aus den Angaben des Besuchers generiert und an Sie verschickt. Wir gehen in Abschnitt 17.6, »Benutzereinfaben per Skript auslesen«, darauf noch genauer ein.

Abhängig vom verwendeten Skript müssen Sie als METHODE ❹ für das Versenden der Benutzereingaben entweder POST oder GET auswählen. In den meisten Fällen ist POST die richtige Wahl.

Daten über Get oder Post versenden?

Mit GET werden die Formulardaten über die URL der Webseite übertragen. Die Eingabe wird dann einfach vom Browser hinter die URL in der Adresszeile geschrieben und zurück an den Server geschickt. Diese Methode ist besonders einfach, aber leider unsicher und nicht für alle Formulardaten einsetzbar.
Mit der POST-Methode können beliebig viele Formulardaten bis zu einer Größe von mehreren Megabyte verschickt werden. Sie ist sicherer, da die Eingaben nicht direkt in der URL sichtbar sind.

Das Feld KOD.-TYP (Kodierungstyp) ❺ bleibt meistens leer. Wenn Sie dem Besucher ermöglichen wollen, über ein Formular Dateien auf den Webserver zu laden, müssen Sie APPLICATION/X-WWW-FORM-URLENCODED auswählen.

17.3 Formularelemente

Bisher haben wir nur die Grundeigenschaften eines Formulars besprochen, die für das Funktionieren des Formulars wichtig sind. Jetzt wollen wir auf unserer Seite **Formularelemente** einbinden, über die der Besucher Eingaben durchführen kann.

Aufbau eines Formularelements

Zunächst schauen wir uns den grundsätzlichen Aufbau von Formularelementen an.

Ein Formularelement besteht normalerweise

- aus einer **Beschriftung** und
- aus dem eigentlichen **Formularelement**, wie z. B. einem Textfeld, einer Schaltfläche oder einer Auswahlliste.

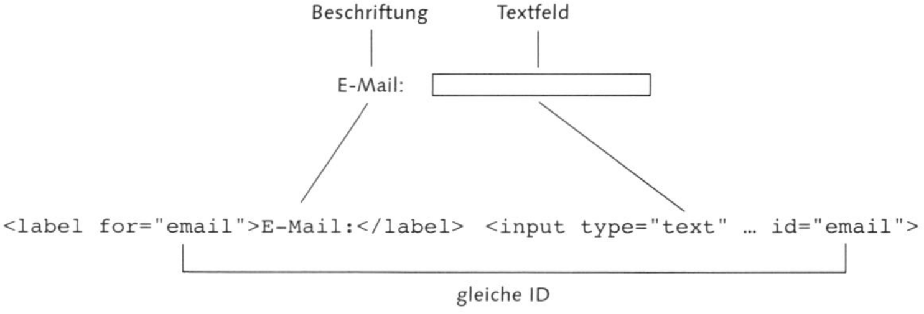

Abbildung 17.3 ▸
Aufbau von Formularen

Um Formulare zu verstehen, sind ein wenig HTML-Kenntnisse von großem Nutzen: Die Beschriftung entspricht nämlich in HTML dem `<label>`-Tag. Das Textfeld wird in HTML durch den `<input>`-Tag repräsentiert.

Die Zugehörigkeit einer Beschriftung zu einem Formularelement wird mittels einer eindeutigen **ID** hergestellt. In unserem Beispiel wurde als ID `email` gewählt. Pro Formular darf die ID nur einmal vergeben werden.

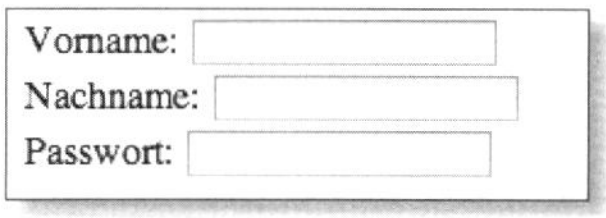

▲ **Abbildung 17.4**
Das Formularelement »Textfeld« mit den Beschriftungen VORNAME, NACHNAME und PASSWORT.

Formularelemente einfügen

Nun aber genug von der Theorie. In den folgenden Beispielen werden Sie sehen, wie leicht Sie mit Dreamweaver Formularelemente mit Beschriftungen erstellen können. Dreamweaver kümmert sich dabei automatisch um die Generierung des HTML-Codes.

Allen Formularelementen gleich ist, dass man sie über das EINFÜGEN-Bedienfeld und dort den Reiter FORMULARE auswählen muss. Klicken Sie hier z. B. auf die Auswahl TEXTFELD, KONTROLLKÄSTCHEN oder SCHALTFLÄCHE (siehe Abbildung 17.1). Alternativ können Sie auch über die Menüleiste EINFÜGEN • FORMULAR • TEXTFELD auswählen.

Danach öffnet sich in den meisten Fällen das Dialogfeld EINGABEHILFEN-ATTRIBUTE FÜR INPUT-TAG, das wir uns hier kurz ansehen wollen. Öffnet sich bei der Erstellung eines Formularelements ein anderes Dialogfeld, werden wir dieses gesondert betrachten.

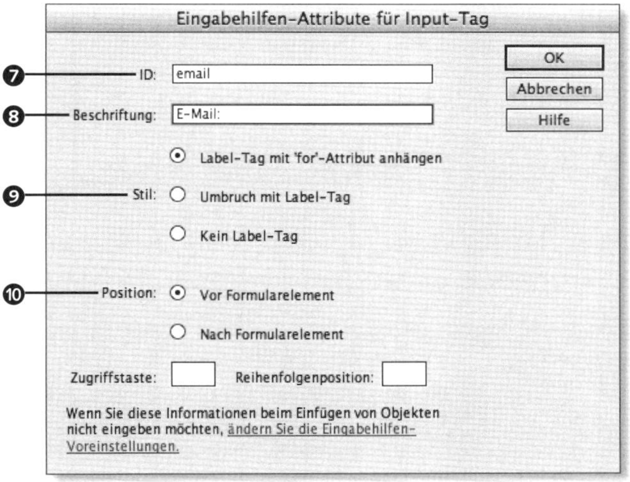

◄ **Abbildung 17.5**
Dialogfenster EINGABEHILFEN-ATTRIBUTE FÜR INPUT-TAG, dass sich bei der Erstellung fast aller Formularelemente öffnet.

Geben Sie unter ❼ einen eindeutigen Namen (ID) für das Formularelement an. Verwenden Sie für den Namen keine Leer- oder Sonderzeichen sowie Umlaute. Unterstriche sind jedoch erlaubt. Der Name sollte aussagekräftig sein, da er zum Beispiel in der E-Mail des Kontaktformulars verwendet wird. Wählen Sie beispielsweise bei einem Textfeld für eine E-Mail-Adresse den Namen `email`. Unter ❽ geben Sie die den Text für die Beschriftung des Formularelements ein, wie z. B. »E-Mail:«.

Unter ❾ legen Sie fest, mit welchem Stil Dreamweaver den HTML-Code für das Formularelement generiert. Wählen Sie hier den ersten Punkt, Label-Tag mit ›for‹-Attribut anhängen, aus.

Da wir die Beschriftung vor dem Formularelement anzeigen möchten, wählen wir unter Position ❿ Vor Formularelement aus. Klicken Sie anschließend auf OK, um die Erstellung des Formularelements abzuschließen.

▲ **Abbildung 17.6**
So sähe das Formularelement Textfeld mit der Beschriftung E-Mail aus.

Einfache Textfelder

In Textfeldern kann der Besucher beliebige Eingaben machen. Um ein Textfeld zu erstellen, setzen Sie die Einfügemarke in Ihrem Dokument innerhalb des rot umrandeten Formularbereichs und klicken in der Symbolleiste Formulare auf das Icon Textfeld.

Im folgenden Beispiel haben wir drei Textfelder erstellt.

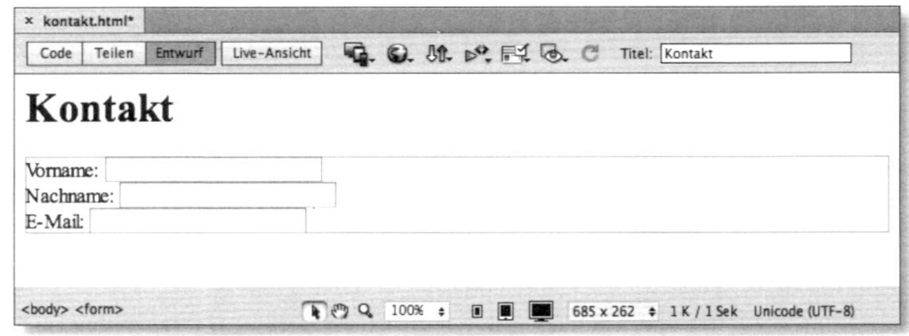

Abbildung 17.7 ►
Drei Textfelder jeweils mit Beschriftungen.

Formularelemente gestalten

In Abschnitt 17.4, »Formulare gestalten«, zeige ich, wie Sie das Formular schöner darstellen können.

Wenn Sie auf ein Textfeld klicken, können Sie im Bedienfeld Eigenschaften verschiedene Einstellungen vornehmen.

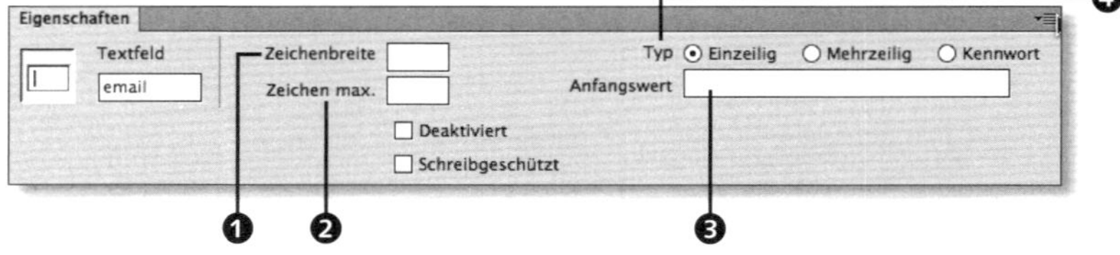

Abbildung 17.8 ►
Einstellungsmöglichkeiten für ein Textfeld im Bedienfeld Eigenschaften

Der Eintrag ZEICHENBREITE ❶ gibt an, wie breit das Textfeld angezeigt wird. Da die eingegebenen Werte von den Browsern sehr unterschiedlich interpretiert werden, sollten Sie die Breite der Textfelder besser über CSS festlegen und das Feld frei lassen (siehe Abschnitt 17.4, »Formulare mit gestalten«).

Wie viele Zeichen der Besucher eingeben kann, legen Sie unter ZEICHEN MAX. ❷ fest. Dieser Eintrag hat keinen Einfluss auf die dargestellte Breite des Textfeldes.

Wenn das Textfeld später im Formular mit einem Text vorbelegt sein soll, geben Sie einen Text unter ANFANGSWERT ❸ ein. Bei einem Textfeld für die Eingabe einer URL könnten Sie etwa *http://* als Anfangswert einstellen.

Verschlüsselung

Beachten Sie, dass Passwort-Textfelder nicht wirklich verschlüsselt übertragen werden. Die Eingaben werden nur nicht auf dem Bildschirm angezeigt. Um die Formulardaten verschlüsselt zu versenden, muss der Webserver **SSL** (Secure Socket Layer) unterstützen. Informieren Sie sich bei Ihrem Webspace-Provider, ob er SSL unterstützt und wie Sie es auf Ihrer Seite einsetzen können.

Kennwortfelder

Als TYP ❹ stellen Sie entweder EINZEILIG, MEHRZEILIG oder KENNWORT ein. Wenn Sie die Option KENNWORT auswählen, erstellen Sie ein Textfeld, bei dem die Eingaben nur durch schwarze Punkte angezeigt werden. Dieser Typ wird zum Beispiel für Passwort-Abfragen verwendet.

▲ **Abbildung 17.9**
Textfeld vom Typ KENNWORT

Mehrzeilige Textfelder/Textbereich

Aus einem einzeiligen Textfeld machen Sie leicht ein mehrzeiliges, indem sie im EIGENSCHAFTEN-Fenster unter TYP ❹ die Option MEHRZEILIG wählen.

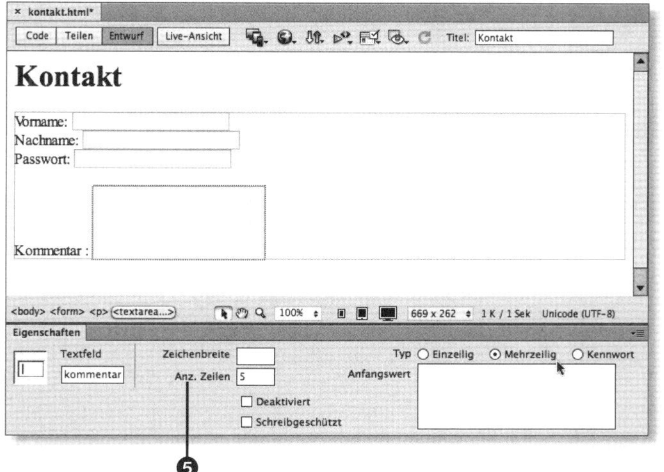

◀ **Abbildung 17.10**
Mehrzeilige Textfelder geben dem Benutzer die Möglichkeit, einen längeren Text einzutippen.

Alternativ erstellen Sie ein mehrzeiliges Textfeld durch Klicken auf das Element TEXTBEREICH im Bedienfeld EINFÜGEN.

Die Zahl der Zeilen legen Sie im Bedienfeld EIGENSCHAFTEN unter ANZ. ZEILEN ❺ fest.

Auswahllisten

Auswahllisten enthalten beliebig viele Einträge, aus denen der Besucher einen oder mehrere auswählen kann. Auswahllisten werden zum Beispiel für die Angabe eines Landes verwendet.

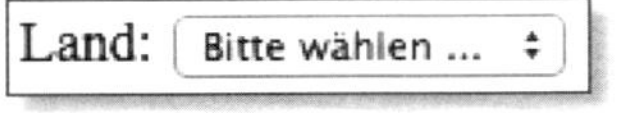

▲ **Abbildung 17.11**
Beispiel einer Auswahlliste für die Länderauswahl

Um ein Auswahlmenü zu erstellen, klicken Sie in der Symbolleiste FORMULARE auf AUSWÄHLEN (LISTE/MENÜ). Es öffnet sich das bekannte Dialogfenster EINGABEHILFEN-ATTRIBUTE FÜR INPUT-TAG, in dem Sie u.a. die ID und die Beschriftung festlegen können. Geben Sie für die Länderauswahl z.B. die ID `land` und als Beschriftung »Land« ein.

Klicken Sie jetzt mit der Maus in das Formularelement AUSWAHLLISTE, um im Bedienfeld EIGENSCHAFTEN Einstellungen vornehmen zu können.

▼ **Abbildung 17.12**
Bedienfeld EIGENSCHAFTEN für Auswahllisten

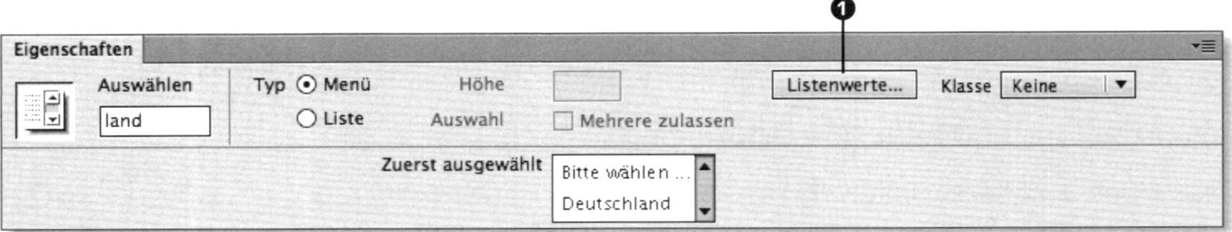

Die Einträge Ihrer Auswahlliste geben Sie unter LISTENWERTE ❶ ein. Klicken Sie den Eintrag LISTENWERTE, und es öffnet sich ein Dialogfenster.

Abbildung 17.13 ►
Listenwerte für die Auswahlliste

Geben Sie in der ersten Spalte die Texte ein, die in der Auswahlliste erscheinen sollen. Die zweite Spalte gibt an, welcher WERT beim Versenden des Formulars abgeschickt wird. Im Beispiel wird bei Auswahl von DEUTSCHLAND der Wert GERMANY übertragen. Soll kein Wert übertragen werden, geben Sie ein Leerzeichen ein. Dies ist z. B. bei der Auswahl BITTE WÄHLEN ... sinnvoll.

◄ **Abbildung 17.14**
Auswahllisten können als LISTE auch direkt angezeigt werden.

Falls in der Spalte WERT nichts eingegeben ist (also auch kein Leerzeichen), wird bei der Übertragung der Eintrag aus der ersten Spalte verschickt. Wenn in unserem Beispiel ÖSTERREICH ausgewählt wird, wird auch ÖSTERREICH gesendet.

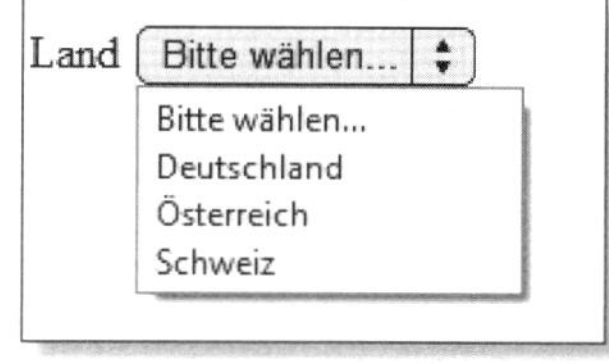

▲ **Abbildung 17.15**
So sieht unsere Auswahlliste in der Live-Ansicht aus.

Kontrollkästchen

Kontrollkästchen ermöglichen es dem Benutzer, Elemente durch Ankreuzen auszuwählen. Sie werden meist in einer Gruppe von mehreren Kästchen verwendet. Im folgenden Beispiel kann der Besucher wählen, welchen Newsletter er erhalten möchte, und dabei kein, ein oder beide Kontrollkästchen ankreuzen. Wenn der Benutzer ein Kontrollkästchen anhakt, wird der Wert beim Abschicken des Formulars übertragen.

◄ **Abbildung 17.16**
Kontrollkästchen

Zum Einfügen eines Kontrollkästchens klicken Sie in Im EINFÜGEN-Bedienfeld unter FORMULARE auf KONTROLLKÄSTCHEN. Um mehrere Kontrollkästchen gleichzeitig einzufügen, wählen Sie KONTROLLKÄSTCHENGRUPPE (siehe Abbildung 17.1).

Es öffnet sich ein spezielles Dialogfenster. Geben Sie hier unter NAME ❷ den Namen des Kontrollkästchens ein. Wie bei Textfeldern dürfen Sie für den Namen keine Leer- und Sonderzeichen verwenden. Wir haben unser Kontrollkästchen `newsletter` genannt.

Abbildung 17.17 ▸
Dialogfenster zum Erstellen einer Kontrollkästchengruppe

Geben Sie nun für jedes Kontrollkästchen eine BESCHRIFTUNG und einen WERT ein. In den meisten Fällen ist es sinnvoll, für BESCHRIFTUNG und WERT ❸ das Gleiche einzutragen.

Auf Wunsch kann ein Kontrollkästchen bereits vorausgewählt sein. Stellen Sie dazu im EIGENSCHAFTEN-Bedienfeld unter ANFANGSSTATUS ❹ die Option AKTIVIERT ein.

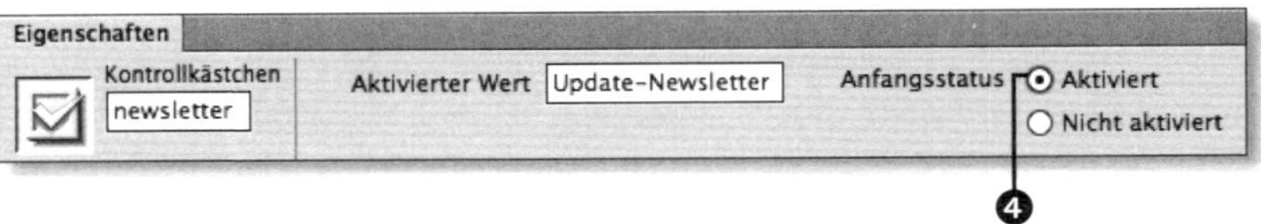

Abbildung 17.18 ▸
ANFANGSSTATUS von Kontrollkästchen auf AKTIVIERT gestellt

Optionsschalter

Optionsschalter werden auf die gleiche Weise wie Kontrollkästchen erstellt; der entscheidende Unterschied liegt in der Auswahlmöglichkeit für den Nutzer: Bei einer Gruppe von Optionsschaltern kann der Besucher im Gegensatz zu Kontrollkästchen immer nur eine Option aktivieren. Daher werden Optionsschalter häufig für die Auswahl von »Ja« oder »Nein« verwendet. Die Einstellungsmöglichkeiten sind die gleichen wie bei Kontrollkästchen.

Mehrere Optionsschalter in einer Gruppe können Sie im Bedienfeld EINFÜGEN auch über das Symbol OPTIONSSCHALTERGRUPPE erstellen.

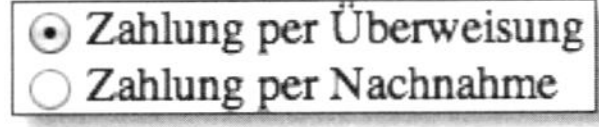

▴ Abbildung 17.19
Optionsschalter

Schaltflächen

Um eine Schaltfläche zu erstellen, klicken Sie im Bedienfeld EINFÜGEN im Reiter FORMUALRE auf den gleichnamigen Eintrag SCHALTFLÄCHE. Es öffnet sich das Dialogfenster für die Eingabe der ID und der BESCHRIFTUNG. Klicken Sie auf OK, **ohne etwas einzugeben**. Die ID `button` wird für die Schaltfläche automatisch vergeben.

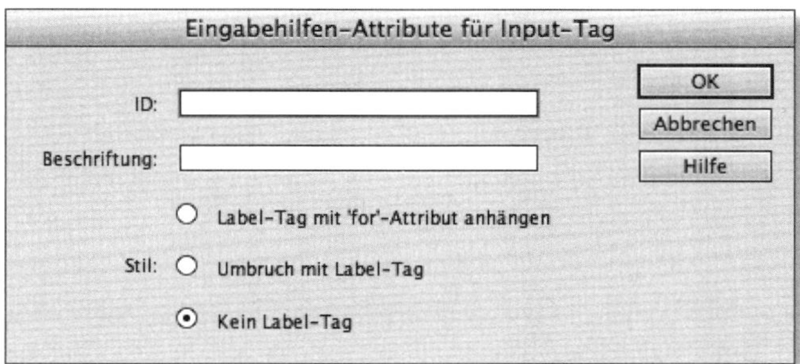

◄ **Abbildung 17.20**
Keine Eingabe bei Schaltflächen!

In Formularen gibt es drei Arten von Schaltflächen, die Sie im Bedienfeld EIGENSCHAFTEN unter AKTION ❻ einstellen können: ABSCHICKEN, ZURÜCKSETZEN und KEINE.

Die Schaltfläche »Zurücksetzen«

In den meisten Formularen wird die ZURÜCKSETZEN-Schaltfläche eingesetzt. Diese ist jedoch in der Regel eher hinderlich, denn es kommt nicht selten vor, dass der User unabsichtlich auf ZURÜCKSETZEN statt auf SENDEN klickt.

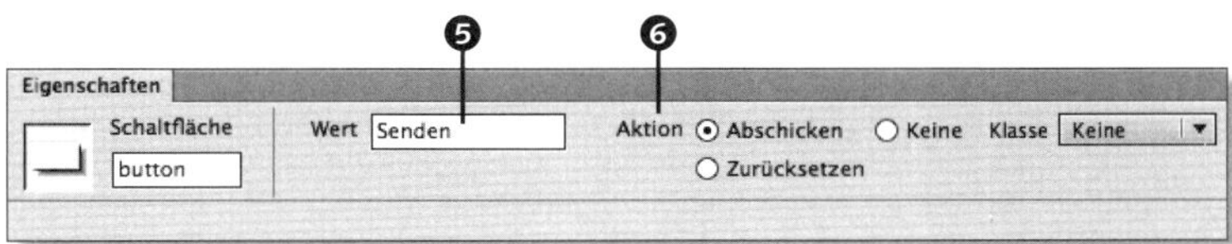

▲ **Abbildung 17.21**
Bedienfeld EIGENSCHAFTEN für Schaltflächen

- Wählen Sie ABSCHICKEN aus, um eine Schaltfläche zum Senden des Formulars zu erstellen.
- Wählen Sie ZURÜCKSETZEN für eine Schaltfläche, die sämtliche Einträge im Formular löscht.
- Schaltflächen mit der Einstellung KEINE haben beim Klicken keine Auswirkung. Sie werden meist in Verbindung mit speziellen JavaScript-Befehlen eingesetzt. Alternativ können Sie statt einer Schaltfläche vom Typ KEINE auch ein Bildfeld verwenden, in dem Sie eine Grafik als Schaltfläche festlegen.

▲ **Abbildung 17.22**
Schaltflächen zum Versenden und Zurücksetzen des Formulars

Die Beschriftung Ihrer Schaltfläche können Sie unter WERT ❺ verändern.

Versteckte Felder

Versteckte Felder werden im Browser nicht angezeigt. Mit ihnen ist es möglich, Daten versteckt, das heißt für den Benutzer unsichtbar, zu verschicken. Sie werden oft eingesetzt, um Einstellungen (wie zum Beispiel die E-Mail-Adresse des Empfängers) an ein PHP- oder Perl-Skript zu übertragen.

Um ein verstecktes Feld einzufügen, wählen Sie im Bedienfeld EINFÜGEN im Reiter FORMULARE den Eintrag VERSTECKTES FELD. In diesem Fall öffnet sich kein eigenes Dialogfeld, es wird im Eigenschaften-Bedienfeld die ID `hiddenField` voreingestellt. Den Namen des Textfeldes sollten Sie mit dem verwendeten PHP- oder Perl-Skript auf dem Server abstimmen.

Bei einigen PHP-Skripten für Kontaktformulare wird als Name `recipient` und als WERT die E-Mail-Adresse des Empfängers der Formulardaten eingetragen.

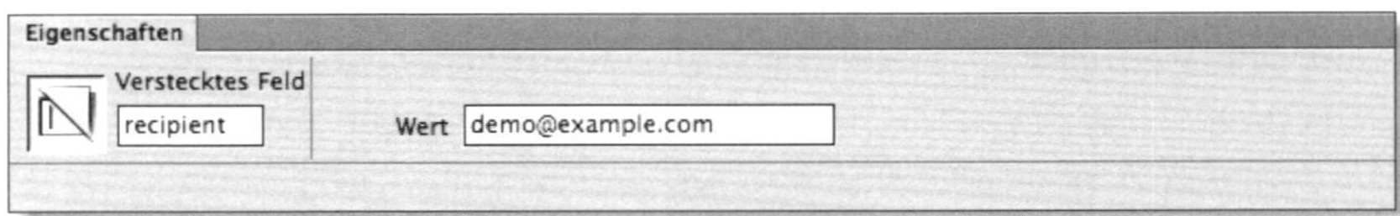

▲ **Abbildung 17.23**
Versteckte Felder werden eingesetzt, um Daten für den Benutzer unsichtbar zu verschicken.

Dateifeld

Sie können es Ihren Besuchern sogar ermöglichen, Dateien von ihren lokalen Rechnern auf Ihren Webserver zu übertragen. Fügen Sie dazu ein Dateifeld in das Formular ein (z. B. über EINFÜGEN • FORMULAR • DATEIFELD). Der Benutzer gelangt dann über einen Button DURCHSUCHEN in ein Dateiauswahl-Menü; die ausgewählte Datei wird in das Feld eingefügt. Der **Upload** findet dann beim Abschicken des Formulars statt.

▲ **Abbildung 17.24**
Eine Datei kann hochgeladen werden.

Feldgruppe

Wenn Sie aus mehreren Formularelementen ein ganzes Ensemble erstellt haben, können Sie dieses auch visuell mit dem Formularelement FELDGRUPPE gruppieren. Der Besucher wird sich so in einer komplexen Formularstruktur besser zurechtfinden.

Ihre Kontaktdaten

Vorname

Nachname

E-Mail

◄ **Abbildung 17.25**
Aus den Kontaktdaten kann man auch optisch eine Gruppe erstellen.

17.4 Formulare gestalten

Ohne Layout sieht ein Formular nicht sehr ansehnlich aus. Für das Layouten von Formularen haben Sie entweder die Möglichkeit, Tabellen einzusetzen oder CSS. Die Methode, Formulare auch mit Tabellen zu gestalten, ist zwar antiquiert, aber relativ einfach. Das Gestalten von komplexen Formularen mit CSS ist selbst für Profis keine leichte Angelegenheit. Wir werden aber gleich sehen, dass Sie durchaus in der Lage sein werden, mit Dreamweaver CS6 und CSS ein einfaches Formular zu layouten.

Formulare mit Tabellen gestalten

Formulare können am einfachsten mit einer zweispaltigen Tabelle gestaltet werden, damit die Beschriftungen und die Formularelemente selbst übersichtlich nebeneinander angeordnet werden können. In der ersten Spalte fügen Sie dann die Beschriftungen ein und in der zweiten Spalte die Formularelemente.

Platzieren Sie Ihre Einfügemarke dazu innerhalb des rot umrandeten Formularbereichs, und wählen Sie EINFÜGEN • TABELLE. Fügen Sie eine zweispaltige Tabelle ein, in der Sie die Beschriftungen und die Formularelemente anordnen.

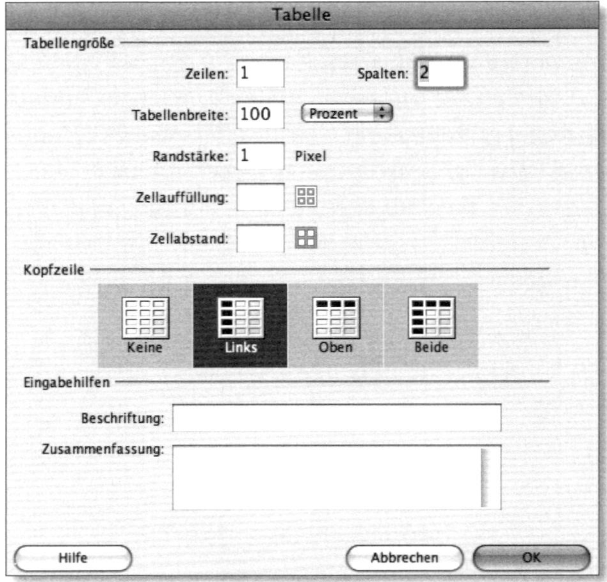

Abbildung 17.26 ▸
Tabelle einfügen

Auch ein bestehendes Formular kann in ein Tabellenlayout überführt werden: Ziehen Sie einfach die Beschriftungen in die linke Spalte der Tabelle und die Formularelemente in die rechte.

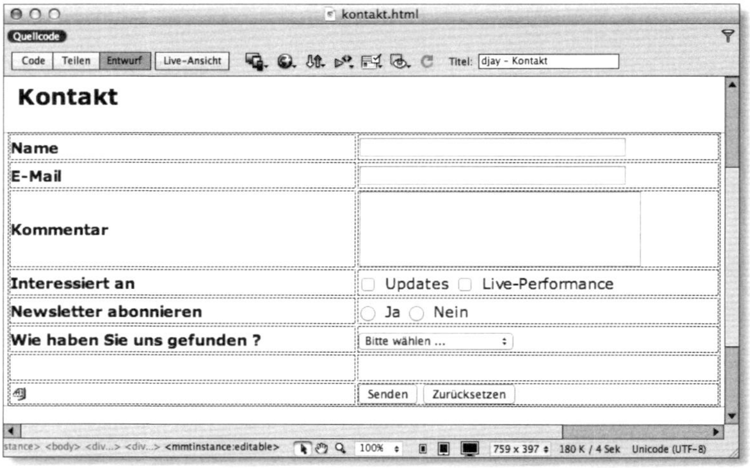

kontakt.html
Kontakt
Name
E-Mail
Kommentar
Interessiert an – Updates – Live-Performance
Newsletter abonnieren – Ja – Nein
Wie haben Sie uns gefunden ? – Bitte wählen ...
Senden – Zurücksetzen

Abbildung 17.27 ▸
Ein Formular, das mit Tabellen layoutet wurde

Formulare mit CSS gestalten

Sie werden im folgenden Beispiel sehen, wie Sie mit wenigen Schritten ein ansehnliches Formular mit CSS erstellen.

Schritt für Schritt
Beschriftungen mit CSS gestalten

1 Neue CSS-Regel erstellen

Legen Sie ein neues Formular an, in dem die Textfelder VORNAME, NACHNAME, PASSWORT und KOMMENTAR vorkommen. Wir wollen das Formular so gestalten, dass die Beschriftungen jeweils direkt über den Formularelementen stehen.

Vorname:
Nachname:
Passwort:
Kommentar:

◂ **Abbildung 17.28**
Legen Sie ein einfaches Formular über das Bedienfeld EINFÜGEN an.

Erstellen Sie eine neue CSS-Regel, indem Sie im CSS-STILE-Fenster auf das Plussymbol ❶ klicken.

◂ **Abbildung 17.29**
Erstellen Sie eine neue CSS-Regel.

2 CSS-Regel für »label«-Tag

Da Beschriftungen im HTML-Code von `<label>`-Tags umschlossen sind, wollen wir eine CSS-Regel für das Tag `<label>` erstellen. Wählen Sie dafür im Dialogfenster unter SELEKTOR-TYP ❷ TAG aus, und tragen Sie unter Selektor-Name ❸ `label` ein. Klicken Sie anschließend auf OK.

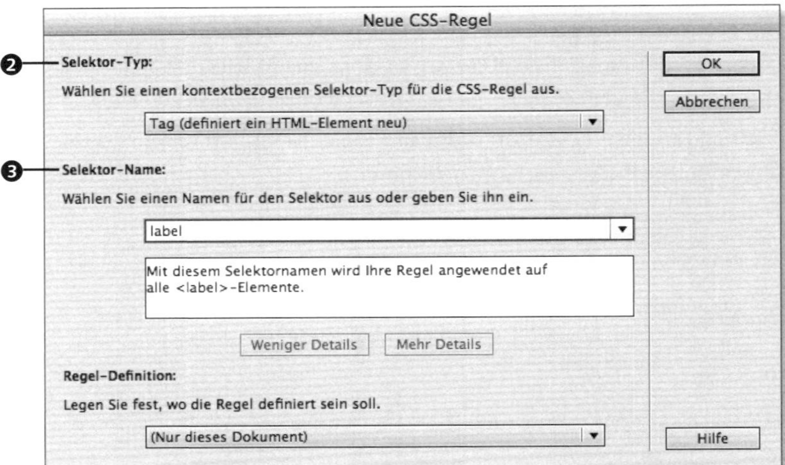

Abbildung 17.30 ▶
Wählen Sie als Selektor-Typ Tag und als Selektor-Name label aus.

3 Fette Schrift auswählen

Es öffnet sich das Dialogfeld CSS-Regel-Definition für label.

Wählen Sie in der Kategorie Schrift unter Font-weight ❹ bold aus, um die Beschriftung in fetter Schrift darzustellen. Außerdem können Sie u. a. die Textfarbe unter Color ändern.

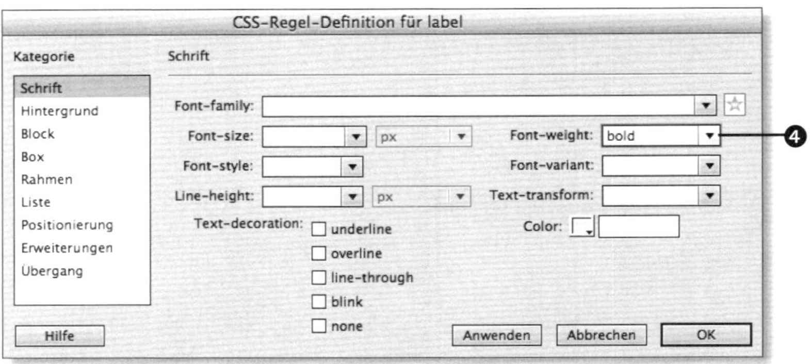

Abbildung 17.31 ▶
Wählen Sie bold im Feld Font-weight aus.

4 Beschriftung in eigener Zeile

Damit Beschriftungen in einer eigenen Zeile stehen, wählen Sie in der Kategorie Block unter Display ❺ block aus. Anschließend klicken Sie auf OK, um die Regel abzuschließen.

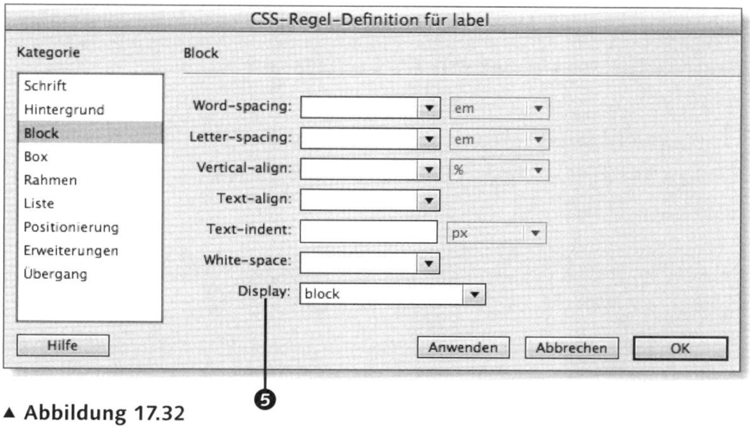

▲ **Abbildung 17.32**
Wählen Sie unter DISPLAY den Wert BLOCK aus.

5 Fertig

Die Beschriftungen stehen jeweils in einer eigenen Zeile.

◄ **Abbildung 17.33**
Das Ergebnis

Nach dem wir uns um das Stylen der Beschriftungen gekümmert haben, wenden wir uns nun der Breite der Textfelder zu. In der folgenden Schritt-für-Schritt-Anleitung zeigen wir, wie Sie für jedes Formularelement getrennt die Breite einstellen.

Darstellungstypen

Überschriften wie z. B. das <h1>-Tag werden normalerweise in einer eigenen Zeile dargestellt, da sie automatisch vom Darstellungstyp BLOCK sind. Beschriftungen sind jedoch normalerweise vom Darstellungstyp INLINE. Per CSS können Sie den Darstellungstyp über die Kategorie BLOCK und den Eintrag DISPLAY jedoch leicht ändern.

Schritt für Schritt
Breiten für Textfelder mit CSS einstellen

1 Textfeld selektieren

Klicken Sie in der Entwurfsansicht mit der Maus auf ein Textfeld, um es zu selektieren.

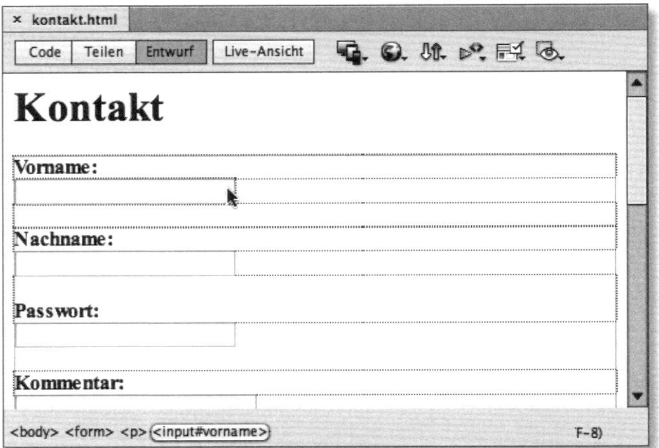

Abbildung 17.34 ▶
Selektieren eines Textfeldes

2 Neue CSS-Regel für Textfeld erstellen

Erstellen Sie eine neue CSS-Regel, indem Sie im CSS-Stile-Fenster auf das Plussymbol klicken. Da Sie zuvor das Formularelement ausgewählt haben, sollten im Dialogfenster bereits alle Einstellungen automatisch vorgenommen worden sein.

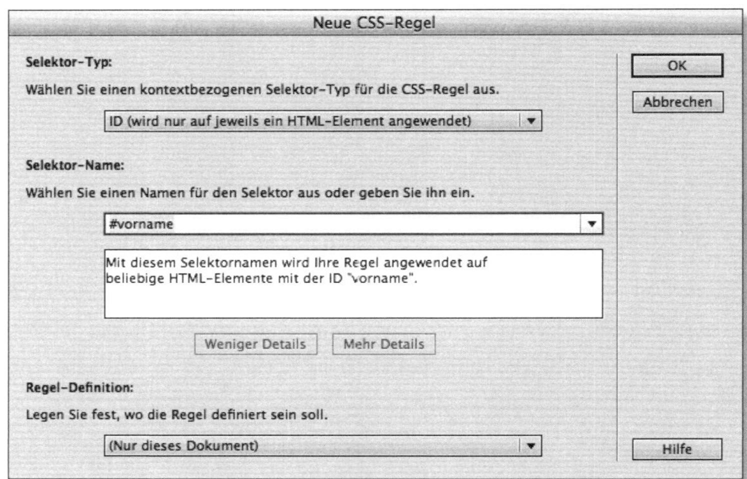

Abbildung 17.35 ▶
Erstellen Sie eine neue CSS-Regel

3 Breite festlegen

Im sich öffnenden Dialogfeld CSS-REGEL-DEFINITION FÜR #VORNAME legen Sie in der Kategorie Box nun im Feld WIDTH die Breite des Textfeldes fest.

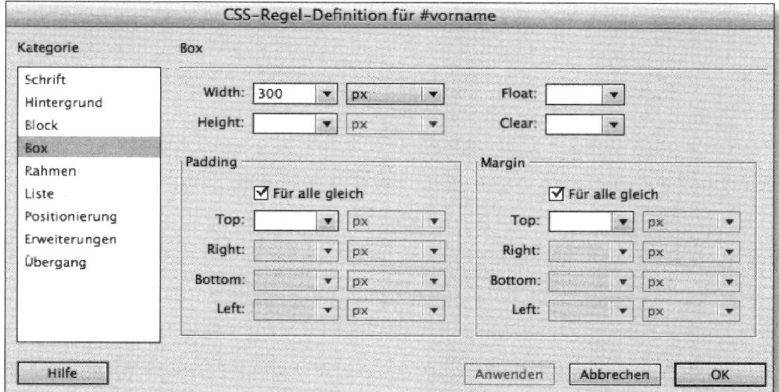

◂ **Abbildung 17.36**
Wählen Sie im Feld WIDTH die Breite des Textfeldes aus.

4 Schritte für jedes Textfeld wiederholen

Wiederholen Sie die vorherigen Schritte jeweils für die weiteren Textfelder.

CSS-Trick

Anstatt für jedes Textfeld einzeln die Breite festzulegen, ist dies auch mit nur einer CSS-Regel möglich. Wählen Sie dazu unter SELEKTOR-TYP ZUSAMMENGESETZTER AUSDRUCK, und tragen Sie BEI SELEKTOR-NAME den folgenden Ausdruck ein: `"input[type=text], textarea`. Anschließend geben Sie in der Kategorie Box die Breite unter WIDTH ein.

5 Fertig

Nachdem wir die Breiten für die Textfelder festgelegt haben, können wir unser Formular nun der Öffentlichkeit zeigen.

Kontakt
file:///Users/hussein/git-repos/dwbuch
Reader
Kontakt
Vorname:
Nachname:
Passwort:
Kommentar:

◂ **Abbildung 17.37**
Fertiges Formular im Safari-Webbrowser

17.5 Formularüberprüfung einbauen mit Spry

Eine äußerst hilfreiche Funktion ist die Überprüfung von Formulareingaben, bevor diese an den Webserver geschickt werden. Falsche E-Mail-Schreibweisen oder unpassende Eingaben wie Text in Zahlenfeldern können somit von vornherein vermieden werden. Die Fehlerüberprüfung kann entweder serverseitig über ein PHP- oder Perl-Skript erfolgen oder auch im Browser über JavaScript.

In Dreamweaver CS6 ist eine nützliche Formularvalidierungs-Funktion integriert, die auf dem JavaScript-Framework Spry basiert. Mit dieser Funktion können Sie unter anderem festlegen, für welche Textfelder Einträge erforderlich sind. Neben oder unter dem Formularfeld werden dann bei Bedarf Fehlermeldungen für die Felder angezeigt, die Pflichtfelder sind. Textfelder können zusätzlich auf die korrekte Schreibweise z. B. einer E-Mail-Adresse hin überprüft werden. Wird dann ein E-Mail-Textfeld nicht oder falsch ausgefüllt, wird neben dem Formularfeld eine Fehlermeldung angezeigt.

Abbildung 17.38 ►
Neben bzw. unter den Formularfeldern werden bei Pflichtfeldern Fehlermeldungen angezeigt.

Wir werden im folgenden Beispiel die Formularfelder NAME, E-MAIL und KOMMENTAR der Kontakt-Seite unserer Beispielwebseite mit Hilfe von Spry als Pflichtfelder definieren. Beim Feld E-MAIL legen wir zusätzlich fest, dass nur Eingaben, die dem Format einer E-Mail-Adresse entsprechen, zugelassen werden.

Felder überprüfen

Mit Spry können Textfelder, Textbereiche, Kontrollkästchen, Auswahllisten, Kennwörter, Bestätigungen und Optionsschaltergruppen überprüft werden.

Um z. B. ein Textfeld zu überprüfen, markieren Sie es im Dokumentenfenster und wählen im Bedienfeld EINFÜGEN im Reiter FORMULARE den Eintrag SPRY-ÜBERPRÜFUNG – TEXTFELD ❶ aus.

Im Bedienfeld EIGENSCHAFTEN können Sie jetzt weitere Einstellungen vornehmen.

▲ **Abbildung 17.39**
Für diverse Eingabefelder gibt es SPRY-ÜBERPRÜFUNG-Funktionen im Bedienfeld EINFÜGEN.

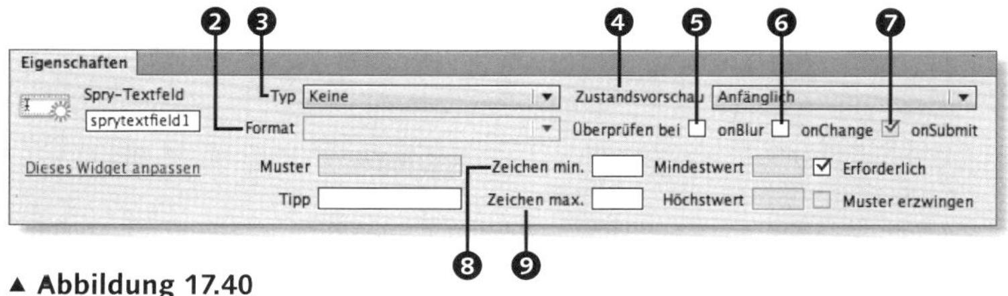

▲ **Abbildung 17.40**
Im Bedienfeld EIGENSCHAFTEN treffen Sie die Einstellungen für die Spry-Überprüfung von Texten.

Unter TYP ❸ legen Sie den Typ der Eingabe fest. Wählen Sie KEINE, wenn es sich einfach um einen Text handelt (wie zum Beispiel beim Namen). Folgende Typen stehen zur Verfügung:

- KEINE (beliebige Eingabe)
- GANZZAHL (z. B. »324«)
- E-MAIL-ADRESSE (z. B. *info@djay-software.com*)
- DATUM (z. B. »30.08.1970«)
- UHRZEIT (z. B. »12:10«)
- KREDITKARTE (z. B. »Visa«)
- PLZ (z. B. »40211«)
- TELEFONNUMMER
- SOZIALVERSICHERUNGSNUMMER
- WÄHRUNG (z. B. »31,85 €«)
- REELLE ZAHL/EXPONENTIALSCHREIBWEISE

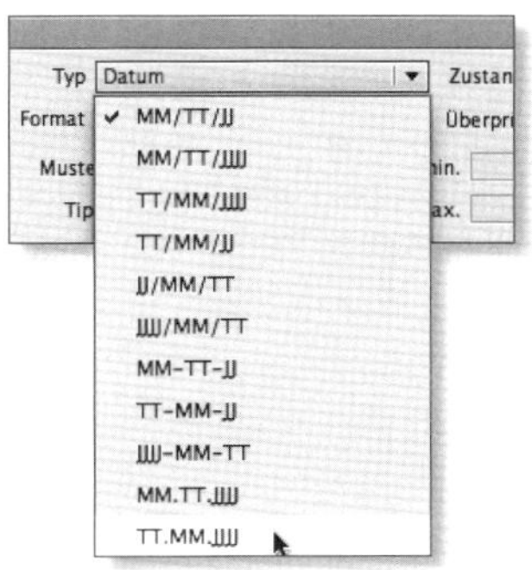

▲ **Abbildung 17.41**
Beim Typ DATUM steht eine Reihe von Formaten zur Verfügung.

- IP-Adresse
- URL
- Benutzerdefiniert

Bei einigen Typen, wie zum Beispiel dem Datum, können Sie zusätzlich das Format ❷ bestimmen. Dies ist nicht nur beim Datum sinnvoll, da es in vielen Ländern unterschiedliche Formatierungen für Währungen, Telefonnummern, Postleitzahlen etc. gibt.

Sie können im Bedienfeld Eigenschaften die minimale ❽ und maximale ❾ Anzahl an erlaubten Zeichen im Textfeld festlegen.

Unter Überprüfen bei geben Sie den Zeitpunkt der Überprüfung ein.

- Setzen Sie ein Häkchen neben onBlur ❺, findet die Überprüfung statt, wenn der Benutzer in das Textfeld geklickt hat und es wieder verlässt.
- Bei onChange ❻ findet die Überprüfung statt, während der Benutzer das Textfeld ändert.
- Sind die Häkchen nicht gesetzt, erfolgt die Überprüfung erst nach Betätigen der Senden-Schaltfläche (onSubmit) ❼.

Eigene Fehlermeldungen festlegen

Je nach Art des Eingabefeldes werden unterschiedliche Fehlermeldungen neben dem Textfeld angezeigt.

Mit der Zustandsvorschau ❹ können Sie Dreamweaver anweisen, direkt im Dokumentenfenster eine Vorschau für die Fehlermeldung anzuzeigen.

Zustandsvorschau ./. Browservorschau

Beachten Sie, dass die Zustandsvorschau nichts mit der Vorschau im Browser zu tun hat. Vielmehr wird im Dokumentenfenster der Zustand simuliert, wenn der Benutzer etwas Falsches eingibt.

Das Listenfeld Zustandsvorschau kann unter anderem folgende Elemente enthalten:

- Anfänglich: Es wird der Zustand angezeigt, wenn das Formular neu geladen wird.
- Erforderlich: Es wird der Zustand angezeigt, wenn der Benutzer das Formular leer gelassen hat. Es wird der Fehlertext Es muss ein Wert angegeben werden angezeigt.
- Ungültiges Format: Es wird der Zustand angezeigt, wenn der Benutzer ein falsches Format eingegeben hat. Der Fehlertext lautet Ungültiges Format.

- GÜLTIG: Es wird der Zustand angezeigt, wenn der Benutzer das Formularfeld korrekt ausgefüllt hat.
- Geben Sie in den Feldern ZEICHEN MIN. ❽ und ZEICHEN MAX. Werte ❾ ein, so können Sie auch die Zustandsvorschau MIN. ZEICHENANZAHL UNTERSCHRITTEN und MAX. ZEICHENANZAHL ÜBERSCHRITTEN anzeigen lassen.

Diesen Text der Fehlermeldungen können Sie im Dokumentenfenster nach Ihren Wünschen ändern.

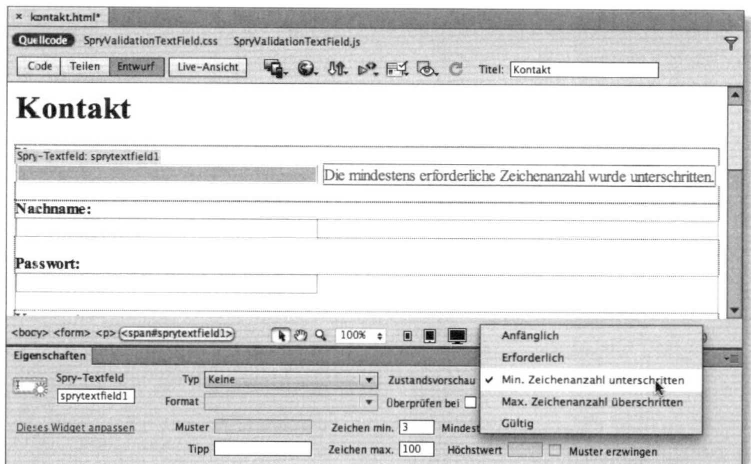

◂ **Abbildung 17.42**
Mit der ZUSTANDSVORSCHAU können Sie Fehlermeldungen anzeigen und bearbeiten.

Spry-Überprüfungen bearbeiten

Um die SPRY-ÜBERPRÜFUNG-Einstellungen im EIGENSCHAFTEN-Bedienfeld anzuzeigen, wählen Sie erst das Formularfeld an und klicken dann oberhalb des Formularfeldes auf SPRY-TEXTFELD.

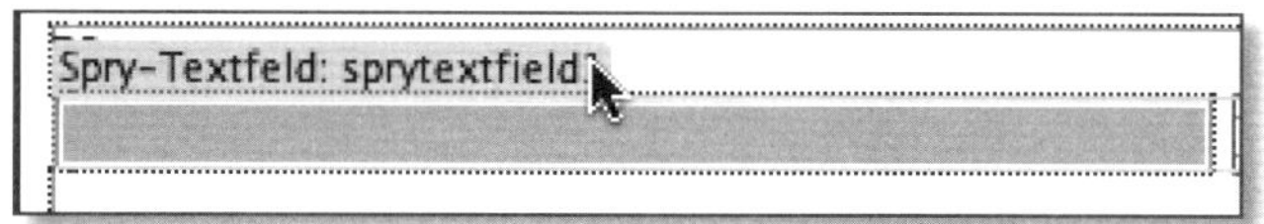

◂ **Abbildung 17.43**
Klicken Sie auf SPRY-TEXTFELD, um Einstellungen vorzunehmen.

17.6 Benutzereingaben per Skript auslesen

Wir haben sie alle Elemente eines Formulars kennengelernt. Nun fehlt noch das Skript für unseren Webserver, das die Benutzereingaben ausliest und sie uns per E-Mail zusendet. Es gibt hierzu verschiedene Skripte. Auf der Website zum Buch unter *http://www.dreamweaver-buch.de* finden Sie ein passendes Skript zum Herunterladen. Eine wichtige Voraussetzung für das Funktionieren des Kontaktformulars ist, dass Ihr Server PHP unterstützt.

Um das Formular in Dreamweaver CS6 fertigzustellen, gehen Sie einfach wie folgt vor:

Schritt für Schritt
Skript für Kontaktformular einbauen

1 PHP-Skript herunterladen und kopieren

Auf der Website zum Buch können Sie sich das PHP-Skript generieren lassen und es herunterladen. Kopieren Sie das Skript »myFormMail.php« in den Ordner, in dem auch das Formular gespeichert ist.

2 Skript in Formular einbauen

Markieren Sie das Formular durch einen Klick auf den roten Rand im Dokumentenfenster, oder klicken Sie in der Statusleiste das `<form>`-Tag ❶ an. Geben Sie im Bedienfeld Eigenschaften unter Aktion ❷ »myFormMail.php« ein.

▼ **Abbildung 17.44**
Das Bedienfeld Eigenschaften für das Formular

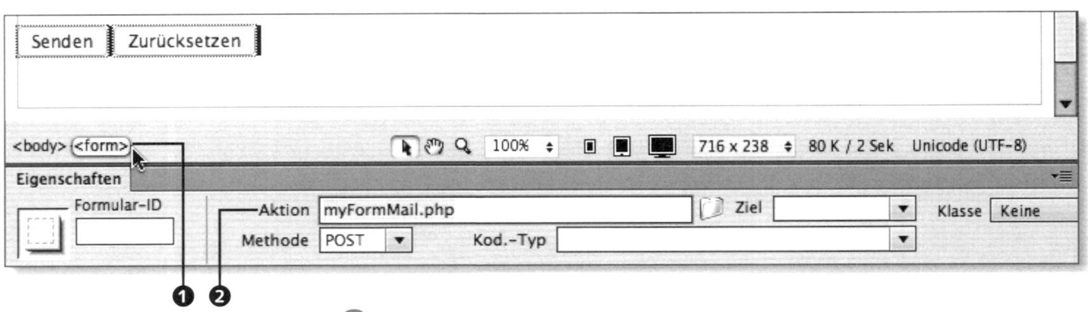

3 Danke-Seite erstellen

Erstellen Sie eine Webseite mit dem Dateinamen »danke.html«, die angezeigt wird, wenn der Benutzer das Formular korrekt ausgefüllt und abgeschickt hat.

▲ **Abbildung 17.45**
Diese Datei wird bei korrekt ausgefülltem Formular angezeigt.

4 Auf Webserver übertragen

Kopieren Sie die neuen Dateien auf Ihren Webserver, und schon funktioniert das Formular. Füllt ein Besucher das Formular aus, erhalten Sie eine E-Mail mit den Inhalten.

Kapitel 18

Mobiles Web

So erstellen Sie Websites, die auch auf Smartphones und Tablets gut aussehen

- Wie erstelle ich Websites für verschiedene Geräte?
- Wie erstelle ich Websites, die sich automatisch der Größe des Anzeigegeräts anpassen?
- Wie erstelle ich Web-Apps mit jQuery Mobile?
- Was ist PhoneGap?

18 Mobiles Web

Eine große Herausforderung für jeden Webdesigner ist es, Websites zu erstellen, die nicht nur auf Notebooks und Desktoprechnern gut aussehen, sondern auch auf mobilen Endgeräten wie Smartphones, Tablets etc.

18.1 Websites für mobile Geräte entwickeln

Vor der Smartphone-Revolution, die Apple 2007 mit dem iPhone auslöste, war die Welt des Webdesigners noch einfach. Eine Website wurde in erster Linie für den Desktoprechner entwickelt, und häufig wurde eine Standardbreite von 960 Pixeln verwendet.

Heutzutage werden Webseiten immer mehr mit mobilen Geräten wie Smartphones und Tablets wie dem iPad besucht. Es wird nicht mehr lange dauern, bis Websites in erster Linie auf mobilen Geräten betrachtet werden.

Es gibt heute im Wesentlichen drei Kategorien von Geräten zum Betrachten einer Website:

- Smartphones wie das iPhone und Android-Geräte wie z. B. Samsung Galaxy
- Tablet-PCs wie z. B. das iPad
- Desktop-PCs/Notebooks

Jedes dieser Gerät besitzt unterschiedliche Bildschirmmaße. Außerdem können Websites auf Smartphones Smartphones und Tablets auch noch sowohl im Hochkant- als auch im Querformat betrachtet werden, was die Anforderungen an den Webdesigner noch einmal erhöht.

In diesem Kapitel stellen wir zwei Lösungen vor, mit denen mobile Websites erstellt werden können:

- **Responsive Webdesign**: Diese Lösung ist für die meisten Websites sinnvoll, da hier eine universelle Website erstellt wird, die sich automatisch den verschiedenen Gerätegrößen anpasst.

- **Mobile Web-Apps mit jQuery Mobile**: Bei dieser Lösung wird eine separate Version der Website für mobile Geräte erstellt. Die Inhalte und das Design werden speziell für Geräte mit Touch-Bildschirmen angepasst.

18.2 Responsive Webdesign

Mit der Technik des Responsive Webdesigns lässt sich eine Website automatisch an die Bildschirmmaße des Anzeigegeräts anpassen. »Responsive« bedeutet, dass das Seitenlayout und die Inhalte sich an die Endgeräte anpassen. Webseiten können mit dieser Technik daher auf praktisch allen Geräten betrachtet werden.

Websites, die mit der Technik des Reponsive Webdesigns erstellt wurden, erkennen Sie meist daran, dass sich das Layout anpasst, wenn Sie das Browserfenster verkleinern.

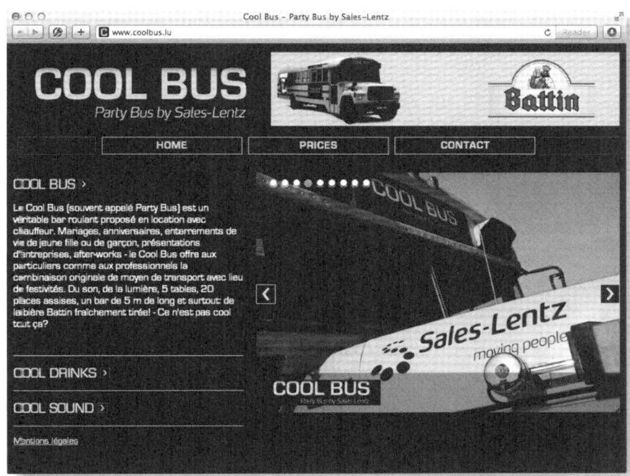

▲ **Abbildung 18.1**
Website »coolbus.lu« in Desktopbreite

▲ **Abbildung 18.2**
Website »coolbus.lu« in einem schmalen Fenster

Wie funktioniert Responsive Webdesign?

Beispiele

Auf der Website *http://mediaqueri.es* werden viele Websites gelistet, die dem Responsive Webdesign folgen.

Drei Elemente sind für das Funktionieren des Responsive Webdesigns wichtig:

- **Flexible Layouts**: Durch die Angabe der Layoutgröße als Prozentwert werden die Layoutelemente in den unterschiedlichen Bildschirmauflösungen immer den gleichen Layoutanteil behalten.
- **Flexible Schriftgrößen**: Schriftgrößen werden nicht mehr in Pixeln, sondern in Prozent angegeben, so dass jeder Browser sie optimal interpretieren kann.
- **Media Queries**: Mithilfe des in CSS3 definierten media-Befehls werden hierbei die Eigenschaften des Anzeigegeräts abgefragt und die Website automatisch angepasst. Abgefragt werden können z.B. die Breite und Höhe des Browserfensters (`width/height`) und des Geräts (`device-width/device-height`), die Ausrichtung (Quer- oder Hochformat, `orientation`) und natürlich die Bildschirmauflösung (`resolution`).

Seite mit flexiblem Layout anlegen

Sehen wir nun, wie eine Website auf der Grundlage des Responsive Webdesigns mit Dreamweaver erstellt werden kann. Seit Dreamweaver CS 6 gibt es die Funktion FLIESSENDES RASTERLAYOUT im Menü DATEI, mit der Sie auf einfache Art und Weise sich anpassende Websites anlegen können.

Die in Dreamweaver integrierte Lösung hat folgende Vorteile:

- Eine Cross-Browser-Unterstützung, also eine Unterstützung für die meisten Browser – sowohl auf Desktop- als auch auf mobilen Geräten.
- Sie basiert auf dem modernen HTML5-Standard.
- Sie enthält eine integrierte Anzeigenvorschau für Desktoprechner, Tablets und mobile Endgeräte.
- Es gibt ein Raster zum genauen Ausrichten der Elemente.

Schritt für Schritt
Webseite mit fließendem Rasterlayout erstellen

1 Neue Website

Erstellen Sie eine neue Website über Site • Neue Site ...

Für unsere Beispielsite verwenden wir den Namen »responsive Website-Übungen«. Alternativ öffnen Sie eine vorhandene Site über das Dateien-Bedienfeld.

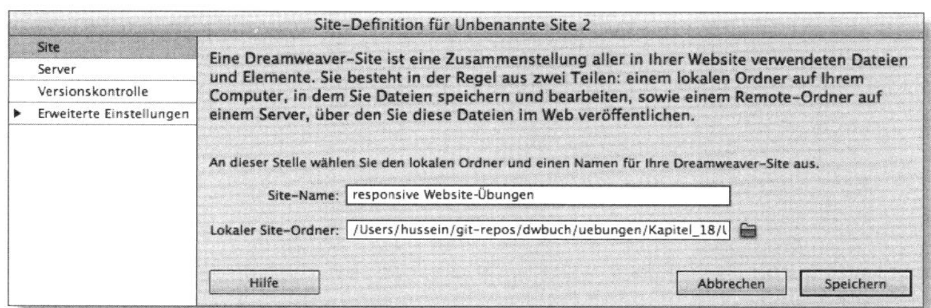

◂ **Abbildung 18.3**
Dialogfenster für eine neue Site

2 Neue Seite erstellen

Wählen Sie danach Datei • Neues fliessendes Rasterlayout. Im folgenden Dialogfenster können Sie jetzt u.a. die Anzahl der gewünschten Spalten für das Layout einstellen. Für unser Beispiel wählen Sie 2 für Mobil, 4 für Tablet und 8 für Desktop. Klicken Sie nun auf Erstellen.

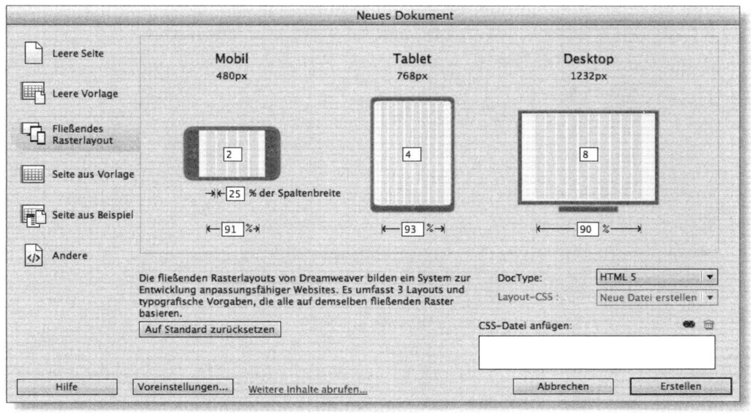

◂ **Abbildung 18.4**
Einstellungen des Rasters

3 Speichern

Speichern Sie anschließend die HTML-Datei direkt z.B. unter dem Namen »index.html«. Es öffnet sich ein Dialogfenster, das Ihnen mitteilt, dass noch abhängige Dateien gespeichert werden. Dies sind alle notwenigden CSS- und JavaScript-Files für die drei unterschiedlichen Layouts, die Dreamweaver automatisch generiert. Klicken Sie auf KOPIEREN.

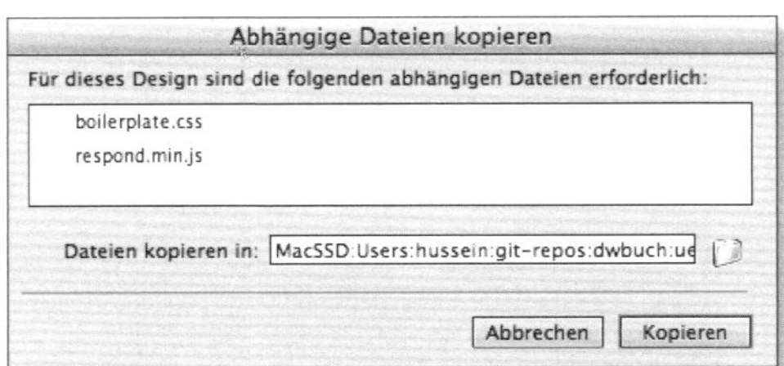

Abbildung 18.5 ▸
Abhängige Dateien speichern

4 Erstellte Layouts betrachten

Für jede der drei Gerätegrößen hat Dreamweaver jetzt ein eigenes Layoutraster erstellt.

Sie können zwischen den Gerätegrößen wechseln, indem Sie in der Statuszeile des Dokumentenfensters auf ❶ für mobile Geräte, ❷ für Tablet-PCs oder ❸ für Desktop-PCs klicken.

Abbildung 18.6 ▾
Mobile-, Tablet- und Desktop-Ansicht

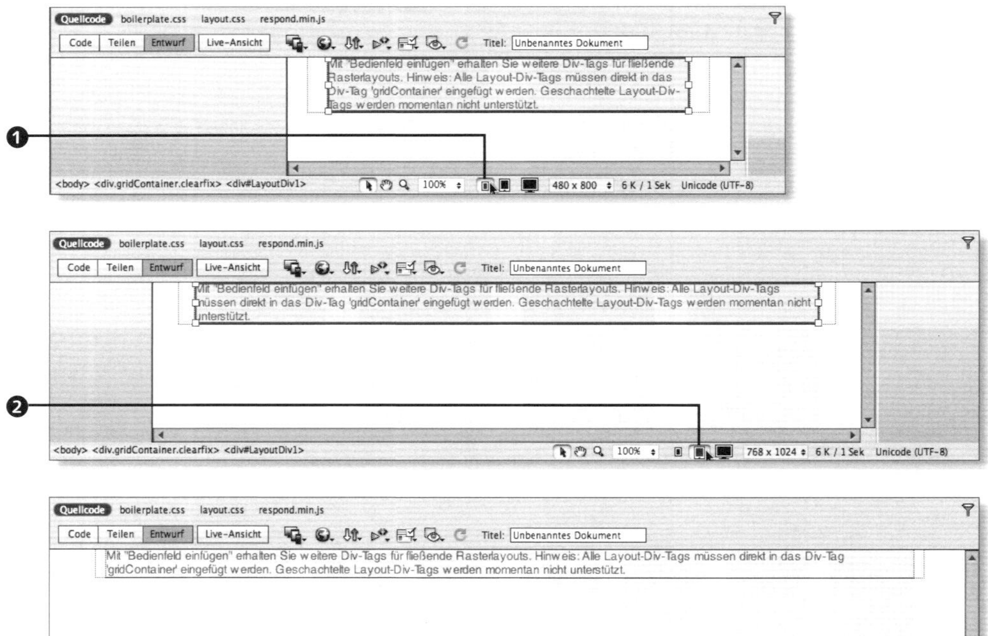

Wir werden nun Schritt für Schritt das Layout für die verschiedenen Gerätegrößen anpassen.

Layout für mobile Geräte

Als Erstes kümmern wir uns um das Layout für Smartphones, wie z. B. das iPhone. Erst später beschäftigen wir uns mit dem Desktoplayout. Der Ansatz, sich zuerst um mobile Geräte zu kümmern, wird auch als **Mobile First** bezeichnet.

Wie sieht ein Layout für mobile Geräte aus?
Eine Beschreibung des typischen Mobile-Layouts finden Sie in Abschnitt 18.3, »Mobile Web Apps mit jQuery Mobile«.

Schritt für Schritt
Layout für mobile Geräte festlegen

1 Wechseln in Ansicht »Mobile Geräte«

Klicken Sie auf Mobilgerätgrösse ❹ in der Statuszeile des Dokumentenfensters, um in die Ansicht für mobile Geräte zu gelangen.

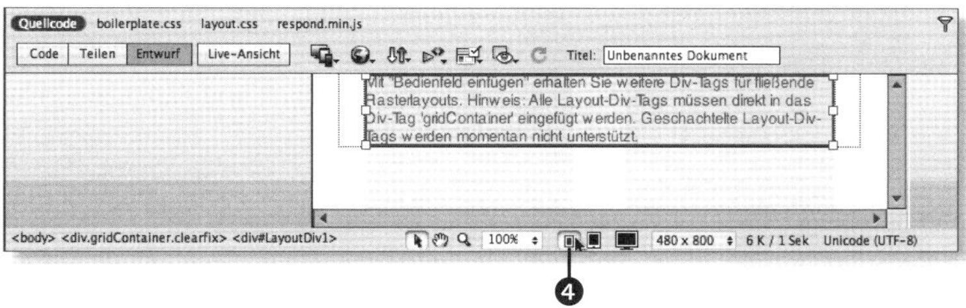

◄ **Abbildung 18.7**
Sie befinden sich im Grundgerüst für mobile Geräte.

2 Inhalt im ersten Div-Tag

Klicken Sie zunächst in den umrandeten Bereich und geben Sie einen Text für dieses erste `Div`-Tag an. Zusätzlich können Sie im Eigenschaften-Bedienfeld das Format Überschrift 1 für den Text auswählen.

Was ist ein Div-Tag?
Ein `Div`-Tag markiert in HTML einen allgemeinen Bereich. Hier ist der (in der Dreamweaver-Ansicht blau zu sehende) Bereich ❺ gemeint.

◄ **Abbildung 18.8**
Erstellen Sie den Kopfbereich der Einfachheit halber hier nur mit dem Platzhaltertext Kopfbereich. Natürlich können Sie den Text auch anpassen.

3 Einfügemarke setzen

Setzen Sie als Nächstes die Einfügemarke direkt rechts unter den grünen Kasten. Wenn dieser Schritt nicht richtig erfolgt, können Sie weitere Div-Tags nicht korrekt einfügen.

Abbildung 18.9 ▶
Einfügemarke setzen unterhalb des Div-Tags

4 Div-Tag einfügen

Klicken Sie im Einfügen-Bedienfeld in der Kategorie Layout auf Div-Tag des fliessenden Rasterlayouts einfügen, um eine neue Box zu erstellen.

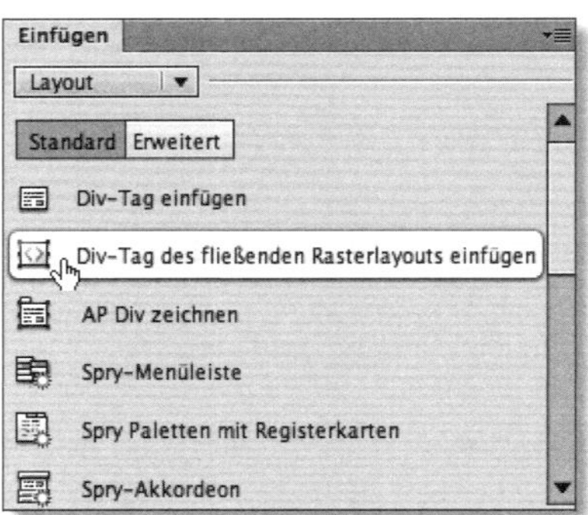

Abbildung 18.10 ▶
Einfügen-Bedienfeld

5 ID festlegen

Im sich öffnenden Dialog können Sie die ID für das Div-Tag festlegen. Wir benennen unsere Div-Tags mit den Namen Infobox1 bis Infobox4. Sie können aber auch den automatischen Wert Layout-Div2 stehenlassen und das Dialogfenster mit OK bestätigen.

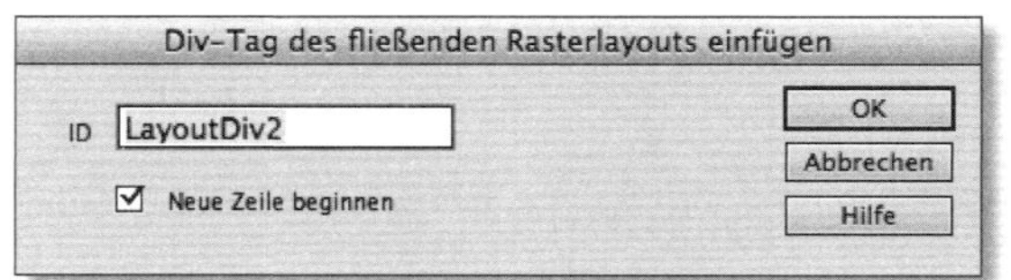

Abbildung 18.11 ▶
Festlegen der ID für Div-Tags

6 Inhalt eingeben

Sie können nun Inhalte wie z.B. Text oder Bilder in Ihren neu erstellen Bereich einfügen.

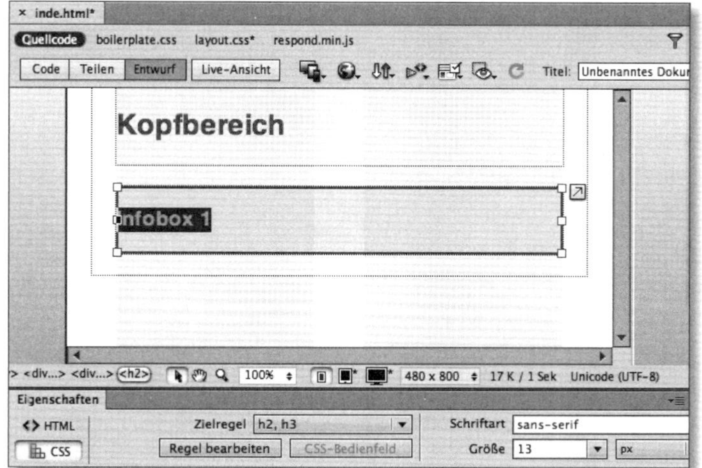

◂ Abbildung 18.12
In der neu erstellen Box können Sie Ihren Text einfügen.

7 Weitere Div-Tags anlegen

Legen Sie für unser Beispiel weitere `Div`-Tags an.

◂ Abbildung 18.13
Fertiges Layout für mobile Geräte

Layout für Tablet-Geräte

Nach dem Layout für mobile Geräte kümmern wir uns nun um das Layout für Tablet-Geräte, wie z. B. das iPad. Da uns bei Tablet-Geräten mehr Platz zur Verfügung steht, werden wir zwei Boxen (Div-Tags) jeweils in einer Zeile anordnen.

Schritt für Schritt
Layout für Tablet-Geräte festlegen

1 In Tablet-Ansicht wechseln

Wechseln Sie in die Tablet-Ansicht, indem Sie in der Statusleiste auf Tablet-PC-Grösse ❶ klicken.

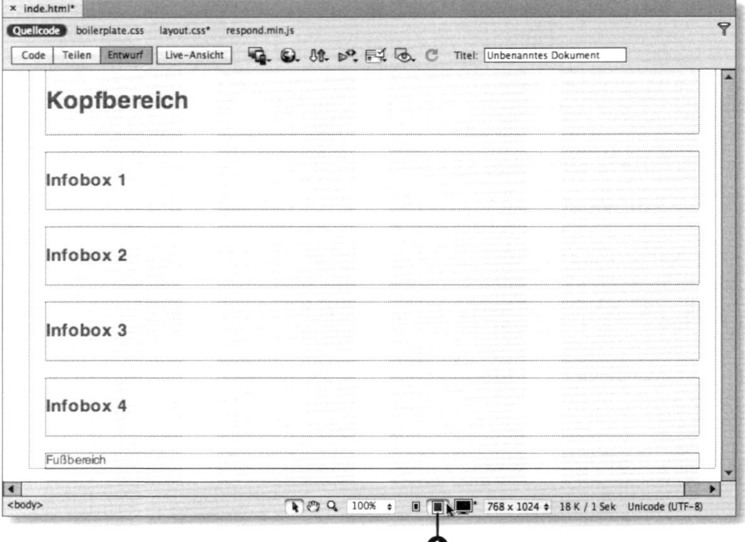

▲ **Abbildung 18.14**
Wechseln in die Table-Layout-Ansicht

2 Div-Tags verkleinern

Verkleinern Sie zunächst alle Div-Tags außer den Kopfbereich auf eine Breite von zwei Spalten. Selektieren Sie dazu die Box, und ziehen Sie sie dann kleiner.

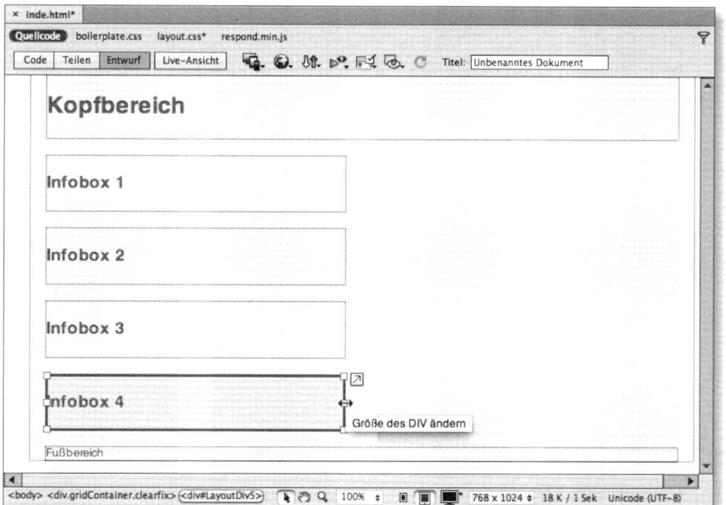

◂ **Abbildung 18.15**
Div-Tags auf zwei Spalten verkleinern

3 Mehrere Div-Tags in einer Zeile

Selektieren Sie zunächst die Infobox 2, und klicken Sie auf das obere rechte Symbol, um das Div-Tag nach oben zu verschieben. Wiederholen Sie den Schritt für die Infobox 4.

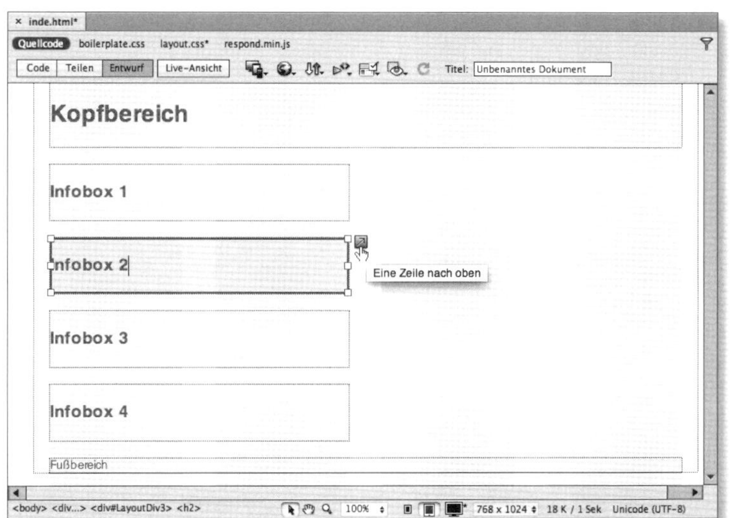

◂ **Abbildung 18.16**
Über das kleine Symbol können Sie die Box verschieben.

4 Fertig

Auf diese einfache Art und Weise haben Sie Ihr Layout für die Ausgabe auf Tablet-PCs angepasst.

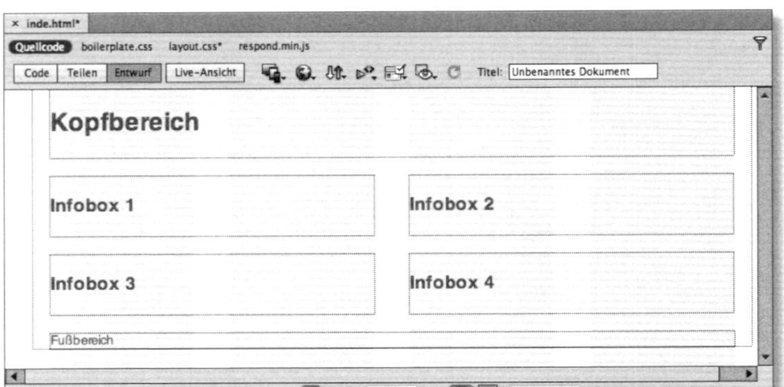

Abbildung 18.17 ▸
Fertiges Layout für Tablet-Geräte

Layout für Desktopgeräte

Als Letztes widmen wir uns dem Layout für Desktopgeräte. Da wir ein 8er-Raster haben, können wir alle vier neu angelegten `Div`-Tags mit Namen Infobox 1 bis 4 in einer Reihe anordnen.

Schritt für Schritt
Layout für Desktop-Geräte festlegen

1 Ansicht

Klicken Sie in der Statuszeile auf DESKTOPGRÖSSE ❶, um in die Desktop-Ansicht zu wechseln.

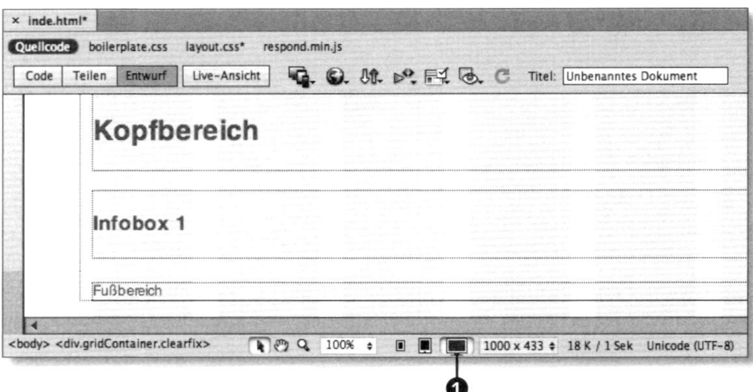

Abbildung 18.18 ▸
Nach einem Klick auf ❶ befinden Sie sich in der Desktop-Ansicht.

2 Div-Tags verkleinern

Verkleinern Sie die `Div`-Tags Infobox 1 bis Infobox 4 auf eine Breite von zwei Spalten.

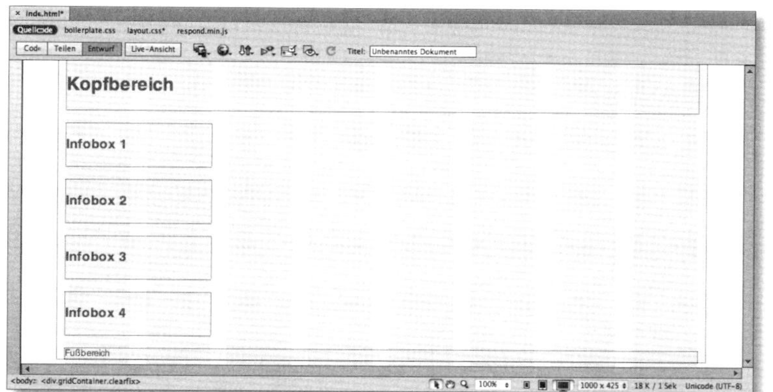

◀ **Abbildung 18.19**
Div-Tags verkleinert

3 Div-Tags in eine Reihe

Verschieben Sie die Infoboxen 2 bis 4 jeweils in eine Zeile, wie Sie das bereits bei dem Layout für das Tablet gemacht haben.

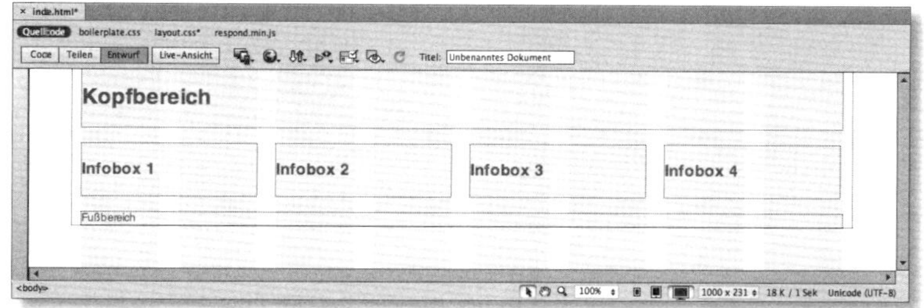

◀ **Abbildung 18.20**
Fertiges Desktop-Layout

Sie können die Seite jetzt im Webbrowser öffnen und durch Verändern der Breite des Browserfensters überprüfen, ob sich das Layout anpasst.

Sie haben nun gesehen, wie elegant Sie mit dem neuen flexiblen Layoutraster in Dreamweaver Webseiten erstellen können, die sich der Größe der mobilen Geräte anpassen.

Buchempfehlungen

Wenn Sie sich in die Thematik der mobilen Apps noch weiter einarbeiten möchten, kann ich Ihnen die folgenden beiden Bücher wärmstens empfehlen: »Apps mit HTML5 und CSS3« von Florian Franke und Johannes Ippen (erschienen bei Galileo Computing) sowie »Mobiles Web von Kopf bis Fuß« von Lyza Danger Gardner und Jason Grigsby (erschienen bei O'Reilly).

18.3 Mobile Web-Apps mit jQuery Mobile

Ein anderer Weg, das Problem der verschiedenen Gerätegrößen zu lösen, ist es, unterschiedliche Versionen der Website zu erstellen, z. B. eine Desktopversion und eine Mobile-Version (oder gegebenenfalls noch eine Tablet-Version).

Ein Beispiel ist die Website von der Bahn. Unter *www.bahn.de* erreichen Sie die normale Website, unter *mobile.bahn.de* die mobile Version.

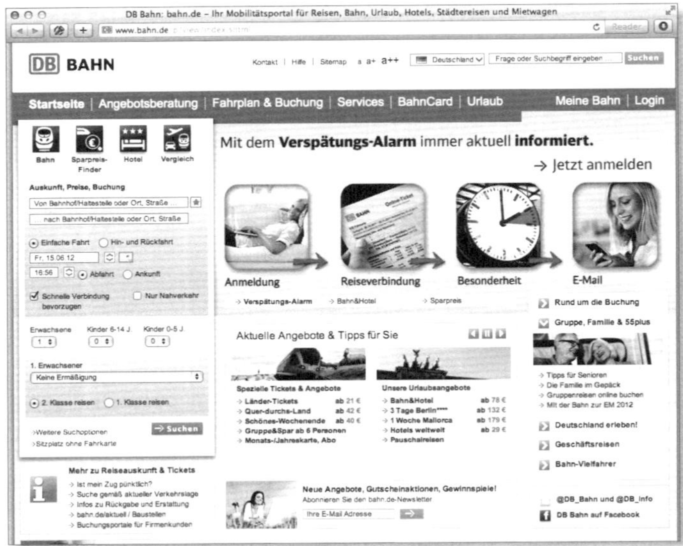

▲ **Abbildung 18.21**
Website der Bahn

▲ **Abbildung 18.22**
Mobile Version der Bahn auf einem iPhone

Charakteristika von mobilen Websites

Native Apps und Web-Apps: Definition

Native Apps sind nur auf bestimmten Endgeräten, z. B. dem iPhone, lauffähig, wohingegen Web-Apps auf allen Web-fähigen Endgeräten, also auf Smartphones, Tablets und anderen mobilen Geräten. Dabei wird die Applikation aus dem Web geladen.

Mobile Websites bestehen meist aus einer Navigation in Listenform ❶ bzw. als einspaltige Tabelle. Klickt man auf ein Element, so gelangt man zu einer weiteren Seite.

Meist ähnelt das Design der mobilen Websites dem einer nativen App, wie Sie sie aus dem AppStore laden können. Daher werden die mobilen Websites, die einer nativen Applikation gleichen, auch **Web-Applikationen** (kurz **Web-Apps**) genannt. Mit jQuery Mobile können Sie relativ leicht solche Web-Apps erstellen.

Eine separate Website für mobile Geräte zu erstellen, bietet die folgenden Vorteile:

- Ein eigenes Design für die mobile Version
- Eine Reduzierung der Inhalte
- Nur die Informationen, die für unterwegs geeignet sind, werden angezeigt.

Der größte Nachteil besteht in dem Aufwand, eine getrennte Version zu entwickeln. Es gibt jedoch ein Projekt namens jQuery Mobile, mit dem Sie relativ einfach mobile Websites erzeugen.

Was ist jQuery Mobile?

jQuery Mobile ist ein sogenanntes Web-Framework, das ein Grundgerüst für die Entwicklung mobiler Web-Applikationen zur Verfügung stellt.

jQuery Mobile basiert auf den Technologien HTML5, CSS3 und JavaScript bzw. Ajax. Mit der Ajax-Technologie ist es u.a. möglich, dass mithilfe von http-Anfragen Teile einer Seite nachgeladen werden, ohne dass die gesamte Seite geladen werden muss. Somit werden die Seiten schneller geladen.

Es ist auch möglich, manuell ohne jQuery Mobile Web-Apps zu erstellen, jedoch ist dann ein größerer Aufwand erforderlich, um viele verschiedene mobile Geräte zu unterstützen.

Es gibt inzwischen zahlreiche Web-Apps, die mit jQuery Mobile entwickelt wurden. Hier einige Beispiele von Websites mit getrennter mobiler Version:

- *m.ikea.com*
- *m.stanford.edu*
- *mobile.oberschwarzach.at*
- *m.disneyworld.disney.go.com*

Meist werden die mobilen Websites über die Subdomain *m.* statt *www.* aufgerufen, wie z.B. *m.ikea.com*.

jQuery-Mobile-Websites laufen u.a. auf folgenden mobilen Systemen:

- Apple iOS (iPhone und iPad)
- Android (z.B. Samsung Galaxy)
- BlackBerry ab Version 6.0 (ältere Versionen werden nur zum Teil unterstützt

Mehr zu jQuery Mobile

Um sich mit den Funktionen von jQuery Mobile vertraut zu machen, öffnen Sie am besten die Demo-Seite von jQuery Mobile, *http://jquerymobile.com/demos*, auf Ihrem Smartphone. Selbstverständlich können Sie die Seite auch auf Ihrem Rechner aufrufen.

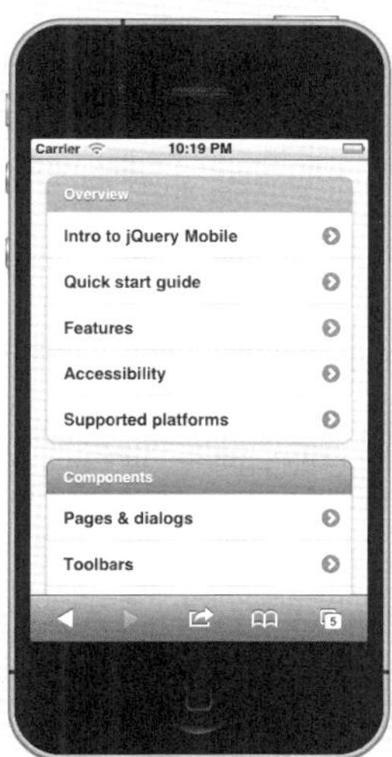

▲ **Abbildung 18.23**
Demo Web-App
jquerymobile.com/demos

Eine Web-App mit Dreamweaver CS6 erstellen

Seit Dreamweaver CS5.5 ist die Erstellung von Web-Apps mit jQuery Mobile relativ leicht möglich. Der Einstieg besteht darin,

Sencha Touch

Es gibt auch Alternativen zu jQuery Mobile. Sencha Touch (*http://www.sencha.com/products/touch*) bietet noch mehr Möglichkeiten als jQuery Mobile. Mit Sencha Touch erstellte Web-Apps sehen meist zu 100% wie native Apps aus. Jedoch ist Sencha Touch im Vergleich zu jQuery Mobile schwieriger zu verwenden.

die in Dreamweaver integrierte jQuery-Mobile-Vorlage zu öffnen, die bereits vier Beispielseiten enthält.

Schritt für Schritt
Neues jQuery-Mobile-Projekt erstellen

1 Neue Website

Erstellen Sie eine neue Website über SITE • NEUE SITE …

Für unsere Beispielsite verwenden wir den Namen »jquery Mobile-Übungen«. Alternativ öffnen Sie eine vorhandene Site über das DATEIEN-Bedienfeld.

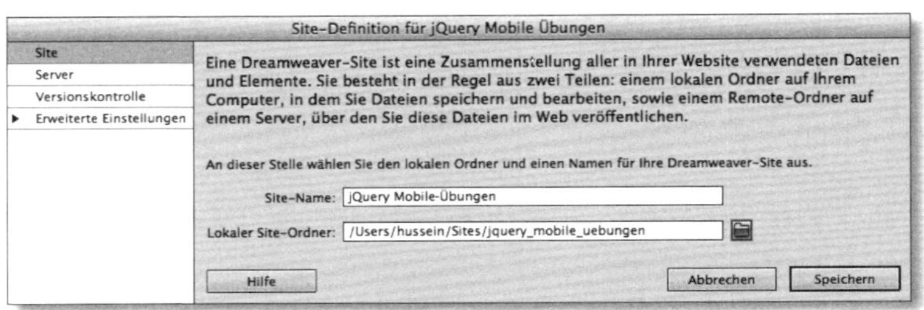

Abbildung 18.24 ▸
Dialogfenster für eine neue Site

2 Neue Seite erstellen

Wählen Sie dazu im Menü NEUES DOKUMENT den Reiter SEITE AUS BEISPIEL und dann den Beispielordner MOBILE STARTER. Unter BEISPIELSEITE wählen Sie dann JQUERY MOBILE MIT THEMA (LOKAL).

Abbildung 18.25 ▾
Erstellen einer jQuery-Mobile-Beispielseite

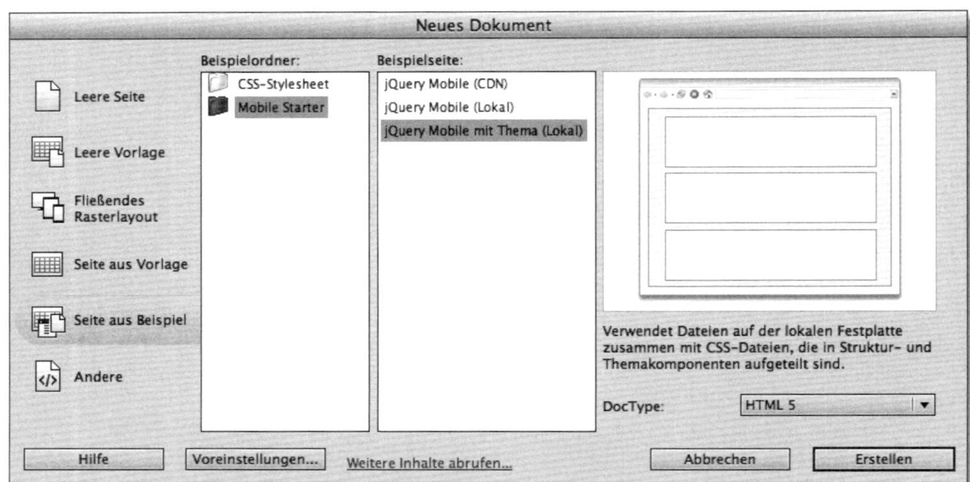

3 Meta-Tag für mobile Geräte einstellen

Damit die Seite auf mobilen Geräten korrekt skaliert wird, sollten Sie ein Meta-Tag in das neue Dokument einfügen. Wählen Sie dazu EINFÜGEN • HTML • HEAD-TAGS • META, und tragen Sie unter WERT ❷ VIEWPORT und unter INHALT ❶ WIDTH=DEVICE-WIDTH, INITIAL-SCALE=1 ein.

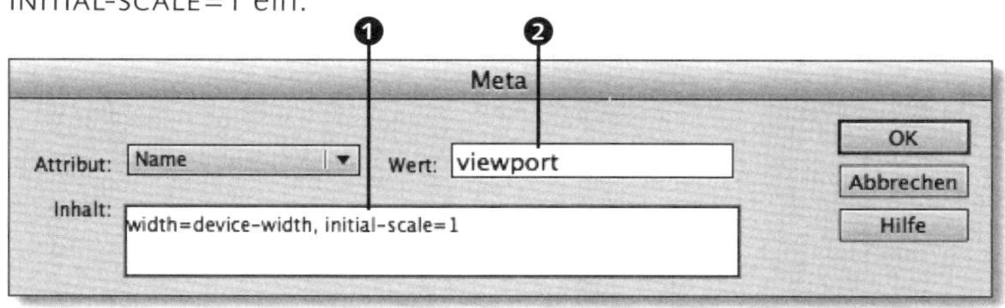

◄ **Abbildung 18.26**
Meta-Tag `viewport` hinzufügen

4 Speichern

Wenn Sie die HTML-Datei speichern, wird ein Dialogfenster angezeigt, das Sie darauf hinweist, dass weitere Dateien, die zu jQuery Mobile gehören, automatisch angelegt und in Ihrem Verzeichnis abgespeichert werden. Bestätigen Sie die Meldung mit OK.

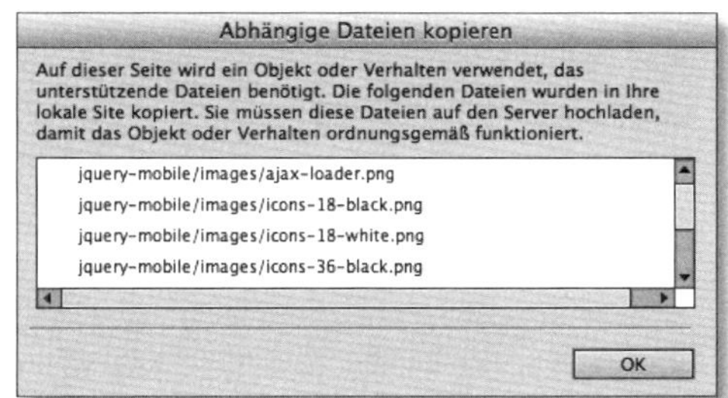

◄ **Abbildung 18.27**
Abhängige Dateien werden kopiert.

5 Fertig

In der Entwurfsansicht des Dokumentenfensters sehen Sie nun das Ergebnis.

Anfangs sicherlich ungewohnt ist, dass in einer HTML-Datei mehrere jQuery-Mobile-Seiten angelegt sind.

Eine jQuery-Mobile-Seite besteht normalerweise aus

- einer Kopfzeile (Header) ❹,
- einem Inhaltsbereich (Content) ❺ und
- einer Fußzeile (Footer) ❻.
- Die erste Seite ❸ dient der Navigation, verlinkt also zu den anderen Seiten.

Abbildung 18.28 ▶
jQuery-Beispiel in der Entwurfsansicht

Wenn das HTML-Dokument geladen wird, so werden alle Seiten geladen. Es wird jedoch zunächst nur die erste Seite angezeigt. Wenn nun der Benutzer eine andere Seite durch einen Klick auf einen bestimmten Link aufruft, so wird mit einem schönen Übergangseffekt zur neuen Seite gewechselt.

Dies können Sie leicht überprüfen, indem Sie die Seite speichern und z. B. in Google Chrome oder Safari öffnen.

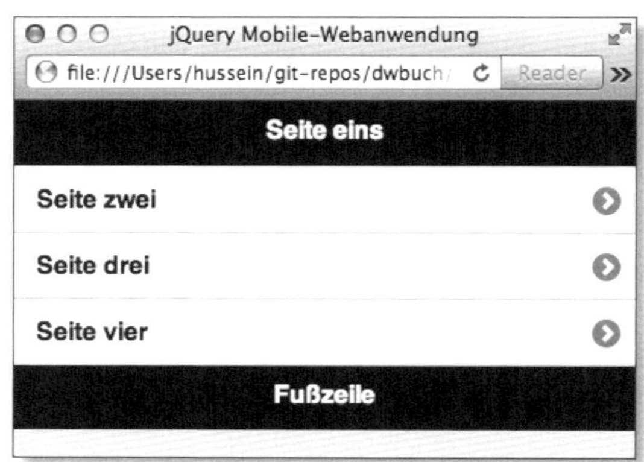

Abbildung 18.29 ▶
Beispiel »Seite eins« im Safari-Browser

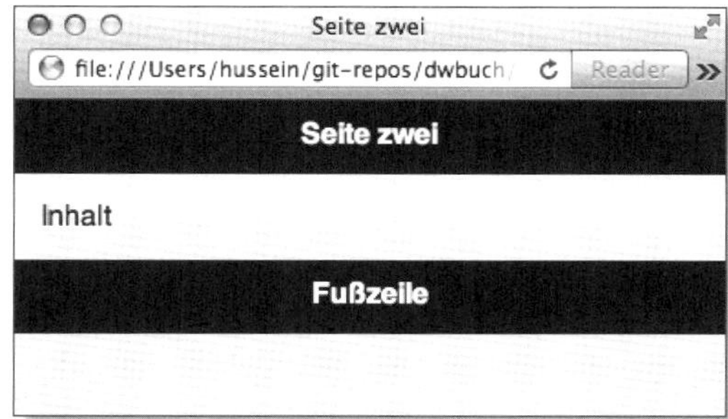

◂ **Abbildung 18.30**
Beispiel »Seite zwei« im Safari-Browser

Sie können in Dreamweaver die einzelnen Seiten mit Inhalten, z. B. Texten und Bildern, befüllen.

Neue Seite hinzufügen und verlinken

Falls Ihnen vier Seiten nicht genügen, fügen Sie mit Dreamweaver leicht weitere Seiten ein.

Dazu steht im EINFÜGEN-Bedienfeld die Kategorie JQUERY MOBILE zur Verfügung. Alternativ können Sie die Elemente auch über das Menü EINFÜGEN • JQUERY MOBILE einfügen.

◂ **Abbildung 18.31**
JQUERY MOBILE im EINFÜGEN-Bedienfeld

Schritt für Schritt
Seite hinzufügen und verlinken

1 Einfügemarke positionieren

Um eine neue Seite am Ende der HTML-Datei zu positionieren, wechseln Sie am einfachsten in die Code-Ansicht und positionieren die Einfügemarke direkt oberhalb des </body>-Tags.

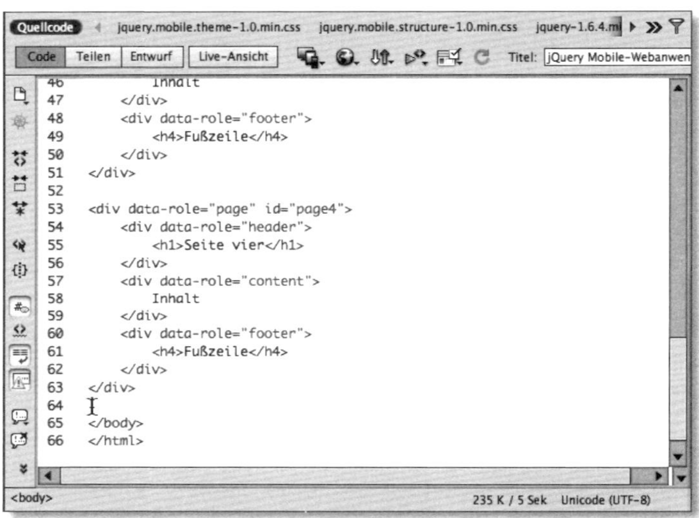

Abbildung 18.32 ▶ Einfügemarke oberhalb des </body>-Tags.

Wechseln Sie anschließend wieder in die Entwurfsansicht.

2 jQuery-Mobile-Seiten hinzufügen

Wählen Sie EINFÜGEN • JQUERY MOBILE • SEITE.

Es öffnet sich ein Fenster, in dem Sie eine Seiten-ID für die neue Seite festlegen. Dreamweaver wählt für Sie automatisch die ID »page5«. Sie können aber auch eine eigene ID vergeben. Jedoch muss die ID pro HTML-Datei eindeutig sein. Sonderzeichen, Umlaute und Leerzeichen dürfen Sie nicht verwenden. Die Seiten-ID wird später für die Verlinkungen der Seiten untereinander verwendet.

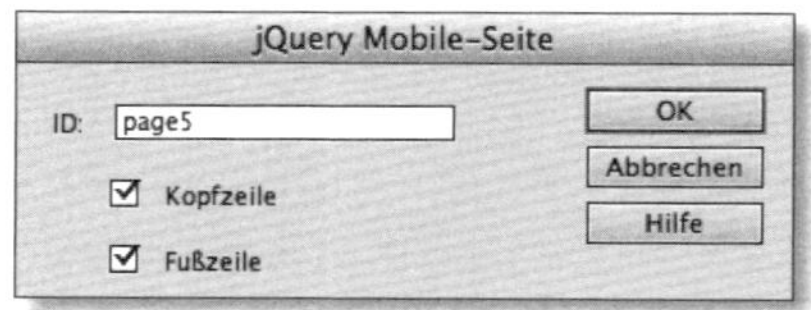

Abbildung 18.33 ▶ Dialogfenster beim Erstellen einer neuen Seite

Des Weiteren können Sie festlegen, ob eine KOPF- und eine FUSSZEILE erstellt werden soll.

3 Fertig

Wenn Sie auf OK klicken, fügt Dreamweaver die neue Seite am Ende des Dokuments hinzu.

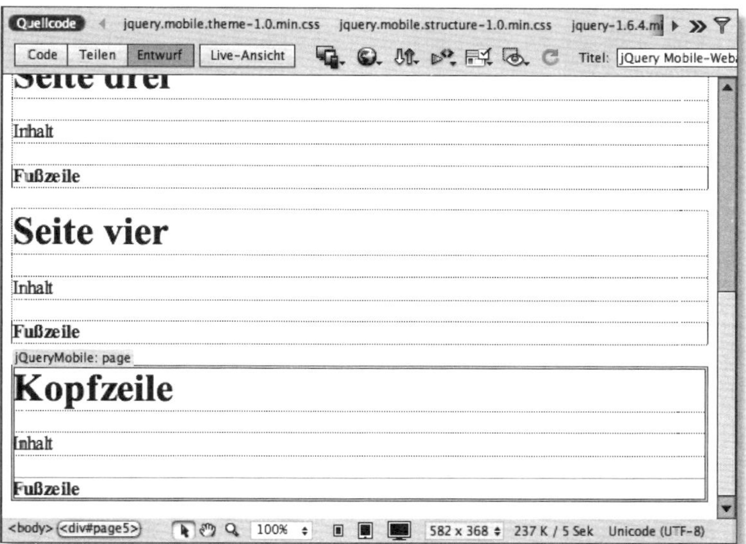

▲ **Abbildung 18.34**
Neu hinzugefügte jQuery-Mobile-Seite

Als Nächstes soll auf der ersten Seite, die der Navigation dient, noch ein Link zur neuen Seite hinzugefügt werden.

Schritt für Schritt
Seite verlinken

1 Neues Listenelement erstellen

Setzen Sie die Einfügemarke auf der ersten Seite an das Ende des letzten Listenelements, und drücken Sie die [↵]-Taste, um eine neues Listenelement zu erstellen.

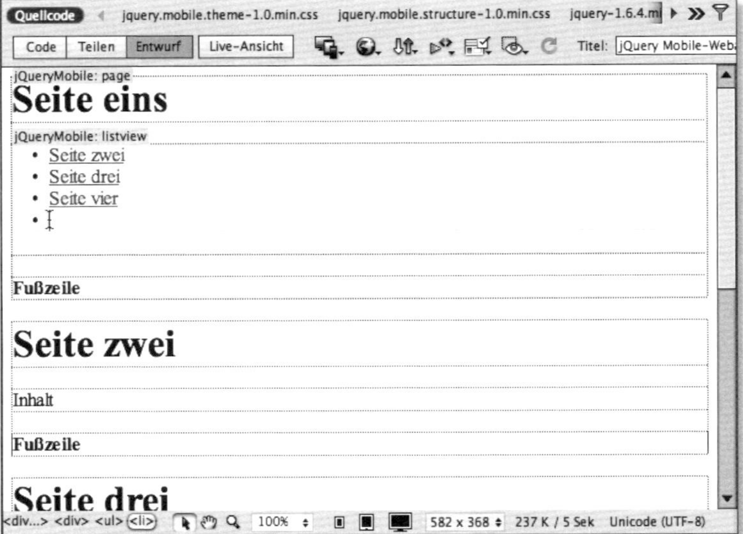

Abbildung 18.35 ▸
Neues Listenelement

2 Link erstellen

Geben Sie einen Text ein, und markieren Sie ihn. Im Eigenschaften-Bedienfeld geben Sie unter Hyperlink das Raute-Zeichen (#) ein, gefolgt von der ID der Seite, die Sie verlinken möchten. Wenn Sie wie weiter oben eine Seite mit der ID `page5` angelegt haben, tragen Sie in dieses Feld #page5 ein.

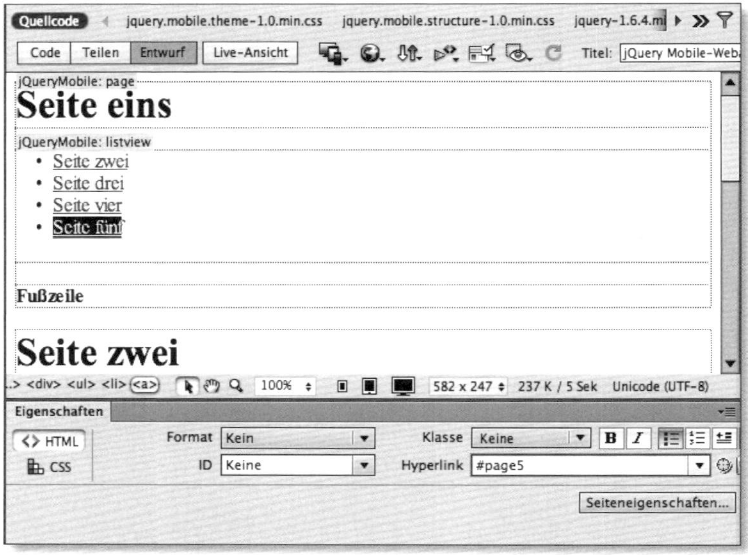

Abbildung 18.36 ▸
Verlinkung der Seite

3 Fertig

In der Live-Ansicht oder im Webbrowser können Sie überprüfen, ob der Link auch tatsächlich zur neuen Seite führt.

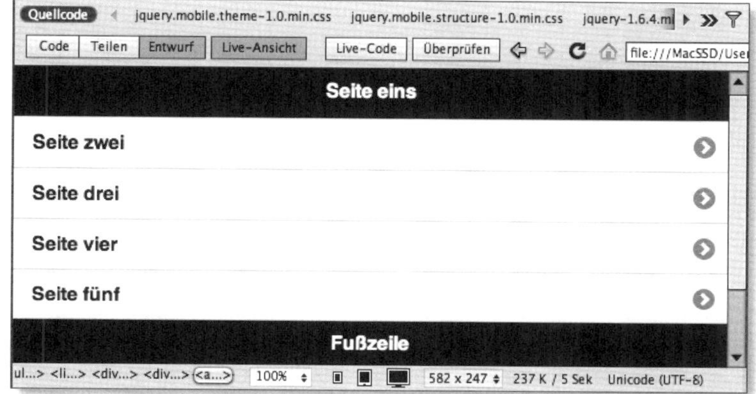

◂ **Abbildung 18.37**
Ergebnis in der Live-Ansicht

18.4 Native mobile Apps mit PhoneGap – ein Ausblick

Jeder, der ein Smartphone besitzt, hat sicherlich schon Apps von einem AppStore geladen. Diese Apps sind entweder kostenpflichtig oder kostenlos. Jede mobile Plattform hat ihre eigenen Stores. Bei Apple ist es z. B. der iTunes AppStore.

Apps, die für den AppStore entwickelt sind, werden bei Apple in der Programmiersprache Objective-C geschrieben. Für die Android-Plattform werden Apps in der Programmiersprache Java entwickelt.

Die Entwicklung solcher Apps hat normalerweise nichts mit HTML, CSS oder JavaScript zu tun und ist in der Regel sehr zeitaufwändig. Es gibt jedoch ein relativ neues Projekt namens **PhoneGap**, das die Brücke zwischen HTML und nativer App herstellt. PhoneGap wurde 2011 von Adobe erworben und in Dreamweaver integriert.

Mit PhoneGap können Sie Ihre mobile App, die Sie z. B. mit jQuery Mobile und HTML erzeugt haben, in eine native App verpacken. Aufwändige Apps wie z. B. Spiele lassen sich auf diese Weise aber nicht erstellen, da nur native Apps die maximale Geschwindigkeit und sämtliche Möglichkeiten bieten.

Um Apps beispielsweise für Apples AppStore bereitzustellen, ist eine kostenpflichtige Entwickler-Mitgliedschaft bei Apple notwendig. Die Apps müssen dann bei Apple eingereicht werden. Meist bekommt man innerhalb von zwei Wochen das Okay oder eine Ablehnung für den AppStore.

Da der Prozess, eine App in den AppStore zu stellen, relativ kompliziert ist, werden wir PhoneGab nicht in diesem Buch behandeln. Am einfachsten ist es, wenn Sie Ihr jQuery-Mobile-Projekt einem App-Entwickler geben, der sich dann um den Rest kümmert.

Auf der Website *http://build.phonegap.com/* gibt es einen Service, der Ihnen bei der Erstellung der Apps für die verschiedenen Stores behilflich ist. Hier können Sie sich registrieren und dann einfach Ihr jQuery-Mobile-Projekt hochladen und erhalten anschließend die fertigen nativen Apps für verschiedene Plattformen. Bei diesem Service müssen Sie keine Software auf Ihrem Rechner installieren. Preisangaben finden Sie auf der genannten Website.

Alternativ können Sie auch direkt aus Dreamweaver CS6 heraus Ihr Projekt über SITE • PHONEGAP BUILD SERVICE hochladen.

Teil IV

Über Dreamweaver hinaus

Kapitel 19

Dreamweaver und die Creative Suite

So gut versteht sich Dreamweaver mit den anderen Programmen der Creative Suite

- Wie importiere und bearbeite ich Photoshop-Dateien?
- Wie importiere und bearbeite ich Fireworks-Dateien?
- Wie integriere ich Flash-Filme?
- Wie füge ich Flash-Text und -Schaltflächen ein?

19 Dreamweaver und die Creative Suite

Wenn Sie Dreamweaver im Bundle mit der Creative Suite Design Premium oder Web Premium gekauft haben, sind Sie auch stolzer Besitzer von Adobe Photoshop CS6 und Adobe Fireworks CS6. Dreamweaver arbeitet mit beiden Programmen hervorragend zusammen, aber auch mit Flash ist einiges möglich – selbst wenn Sie die Software gar nicht installiert haben.

19.1 Die Creative Suite 6

Sie können Dreamweaver entweder einzeln oder im Paket erwerben. Adobe bietet verschiedene Pakete (genannt **Suiten**) an, die neben Dreamweaver auch andere Programme enthalten, die zur Erstellung von Websites nützlich sind – denn in der Regel benötigen Sie außerdem ein Grafikprogramm wie Photoshop oder Fireworks, um Ihre Bilder für das Web aufzubereiten.

Dreamweaver ist in den folgenden Paketen enthalten:

- Adobe Creative Suite Design und Web Premium (u.a. Flash, Photoshop Extended, Fireworks, InDesign, Illustrator, Acrobat Pro und Bridge)
- Adobe Creative Suite Master (enthält alle Programme)
- Adobe Creative Cloud (enthält alle Programme, Abonnement)

Welche Suite ist die richtige?
Eine übersichtliche Tabelle, in der die verschiedenen Suiten verglichen werden, finden Sie unter der URL *http://www.adobe.com/de/products/creativesuite/buying-guide.html*.

Wenn Sie ein Abonnement für die Adobe Creative Cloud abschließen, haben Sie Zugriff auf sämtliche Programme (außer ein paar wenigen Ausnahmen wie z.B. Lightroom) für Windows und Mac sowie in unterschiedlichen Sprachen.

Im Folgenden stellen wir uns mit der Zusammenarbeit von Dreamweaver CS6 mit den für das Webdesign wichtigsten Programmen aus der Creative Suite.

19.2 Adobe Photoshop CS6

Neben Dreamweaver benötigen Sie für die Erstellung von Websites immer auch ein Programm für die Bildbearbeitung. Der Rolls-Royce unter den Grafikprogrammen ist Adobe Photoshop. Es ist das am häufigsten eingesetzte Bildbearbeitungsprogramm im Grafikdesign-Bereich und ist dort absoluter Standard. Es bietet die besten Funktionen zum Bearbeiten von Bildern.

Das Dateiformat von Photoshop heißt **PSD** (Photoshop Document). In diesem Format bleiben sämtliche Ebenen, Texteingaben usw. verlustfrei für die nachträgliche Bearbeitung erhalten.

Für Webseiten benötigen Sie jedoch das GIF-, JPEG- oder PNG-Format, in dem die Bildinformation in komprimierter Form gespeichert wird. Daher muss man PSD-Dateien vorher in die entsprechenden Formate umwandeln.

Testversion

Adobe stellt auf der Firmenwebsite *http://www.adobe.com/de* Testversionen für alle Programme aus den Creative-Suite-Paketen zur Verfügung. Sie sind voll funktionsfähig und können 30 Tage lang getestet werden. Danach müssen Sie eine Seriennummer erwerben, um weiter mit den Programmen arbeiten zu können.

Photoshop-Dateien in Dreamweaver importieren

In Dreamweaver können Sie Photoshop-Dateien direkt importieren und dabei in eines der gewünschten Bildformate konvertieren. Dreamweaver erlaubt es sogar, das Bild zu verkleinern und einen Teilausschnitt zu wählen. Es ist dazu nicht einmal erforderlich, dass Photoshop auf Ihrem Rechner installiert ist.

Schritt für Schritt
Photoshop-Datei in Dreamweaver importieren

1 Photoshop-Datei einfügen

Fügen Sie die Photoshop-Datei mit der Endung ».psd« entweder über den Menüpunkt EINFÜGEN • BILD ein, oder ziehen Sie sie einfach aus dem Fenster DATEIEN in das Dokumentenfenster.

Es öffnet sich ein Fenster zur Bildoptimierung, in dem Sie einige Einstellungen vornehmen können, bevor Sie das Bild endgültig in Dreamweaver importieren.

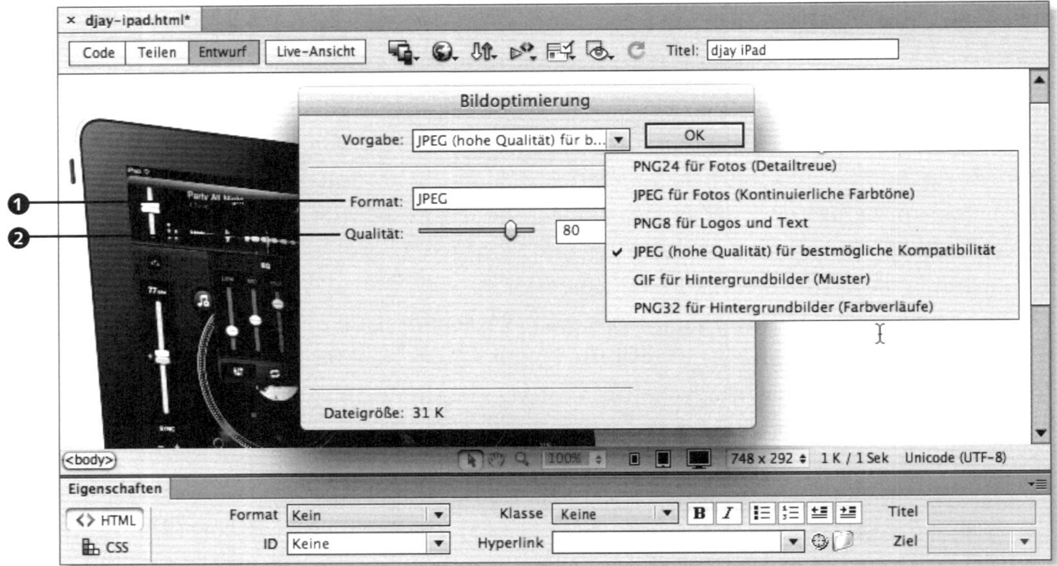

Abbildung 19.1 ▲
Einstellungen für die Bildoptimierung

2 Format einstellen

Wählen Sie im Listenfeld FORMAT ❶ das gewünschte Dateiformat aus. Für Fotos eignet sich am besten das JPEG-Format. Im Feld QUALITÄT ❷ können Sie einstellen, wie stark das Bild komprimiert werden soll. Hohe Werte führen zwar zu einer besseren Bildqualität, dadurch steigt jedoch die Dateigröße an. Die Wirkung der Einstellungen auf das Bild wird unmittelbar angezeigt.

3 Bild importieren

Klicken Sie auf OK, um das Bild zu konvertieren und den Import abzuschließen. Es öffnet sich ein Dialogfenster, in dem Sie den Namen der neuen Datei und ihren Speicherort festlegen.

Anschließend erscheint ein weiteres Fenster, in dem Sie die Möglichkeit haben, einen Alternativtext für das Bild einzugeben. Dies ist unter anderem für Suchmaschinen wichtig.

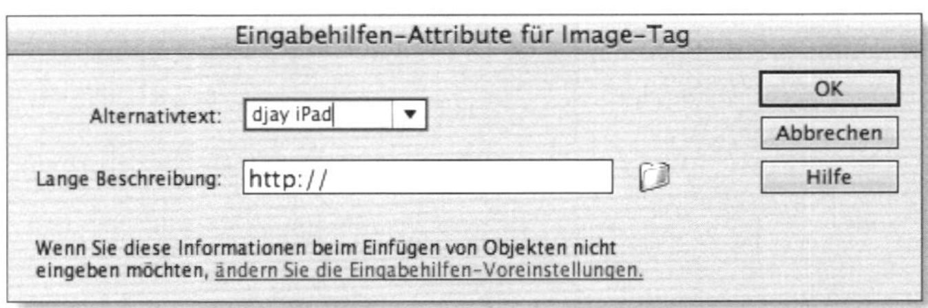

Abbildung 19.2 ►
Alternativtext eingeben

4 Bildeinstellungen bearbeiten

Wenn Sie im EIGENSCHAFTEN-Bedienfeld auf das Zahnrad-Symbol ❸ klicken, können Sie Einstellungen für die Bildoptimierung wieder anpassen.

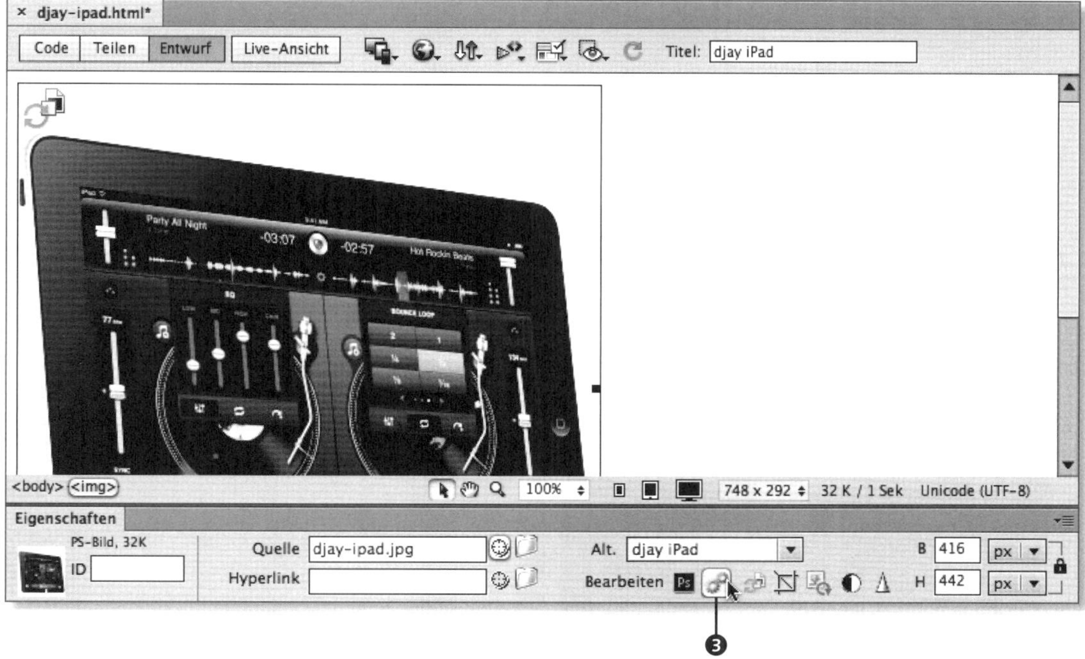

▼ **Abbildung 19.3**
Bildoptimierung ändern über das Zahnrad-Symbol

Bilder aus der Zwischenablage einfügen

Sind Sie selbst stolzer Besitzer von Photoshop CS6, können Sie vom Zusammenspiel der beiden Programme sogar noch weiter profitieren. Anstatt eine ganze Photoshop-Datei in Dreamweaver zu importieren, ist es nämlich auch möglich, in Photoshop einfach einen Bereich in einem Bild zu markieren und diesen per Copy & Paste in Dreamweaver einzufügen. Dazu kopieren Sie den markierten Bereich in Photoshop über BEARBEITEN • KOPIEREN in die Zwischenablage und fügen ihn anschließend in Dreamweaver über BEARBEITEN • EINFÜGEN ein.

Es öffnet sich dann das Fenster BILDVORSCHAU, mit dem Sie, wie in der vorherigen Schritt-für-Schritt-Anleitung beschrieben, das Bild in das gewünschte Format konvertieren.

Bilder in Photoshop bearbeiten

Auch Bilder, die bereits in die Webseite eingefügt wurden, können Sie nachträglich in Photoshop bearbeiten. Dazu markieren Sie zunächst das Bild und klicken anschließend im EIGENSCHAFTEN-Bedienfeld auf das Photoshop-Symbol ❹. Daraufhin wird die Datei in Photoshop geöffnet.

Das Besondere ist hier, dass nicht die konvertierte JPEG-Datei in Photoshop geöffnet wird, sondern die Original-PSD-Datei, denn beim Importieren der Photoshop-Datei hat sich Dreamweaver die Datei gemerkt. Nach der Bearbeitung in Photoshop können Sie die Datei einfach speichern und schließen.

▼ **Abbildung 19.4**
Bilder können durch einen Klick auf das Photoshop-Symbol ❹ direkt in Photoshop geöffnet werden.

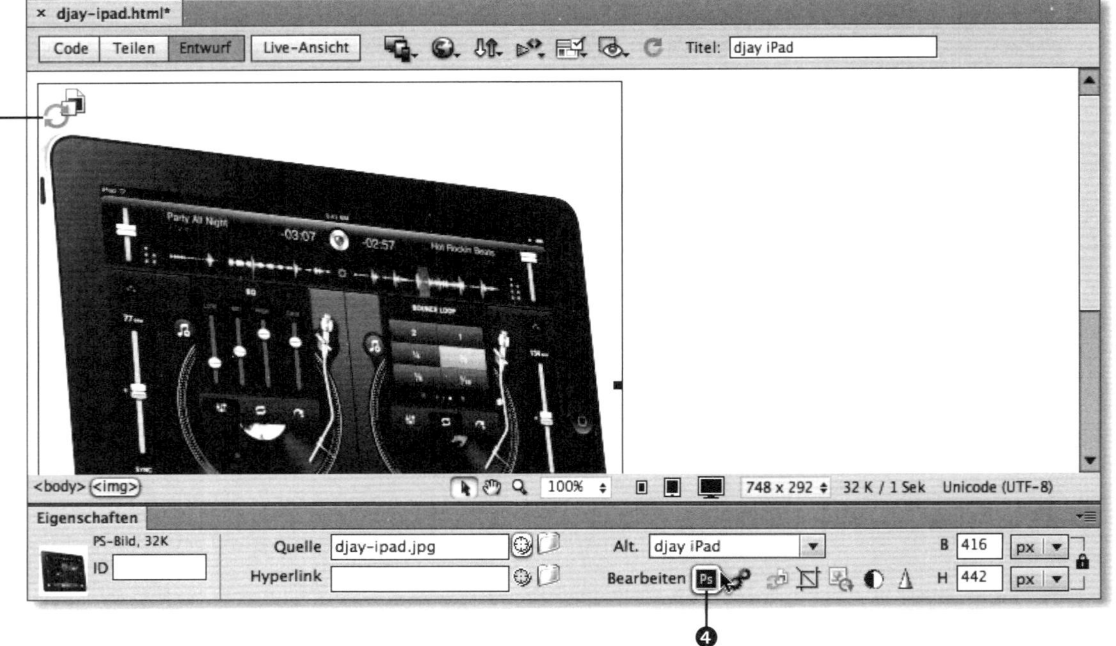

Nachdem Sie in Photoshop das Bild gespeichert haben und wieder zu Dreamweaver zurückgekehrt sind, werden Sie zunächst keine Veränderung an dem Bild feststellen. In der oberen linken Ecke des Bildes ❸ wird ein Indikator-Symbol eingeblendet, das Ihnen anzeigt, ob die Grafik mit der Original-Photoshop-Datei synchron ist. Zwei grüne Pfeile signalisieren, dass die Bilddatei mit der Originaldatei übereinstimmt. Ist der untere Pfeil rot, so muss die Datei synchronisiert werden.

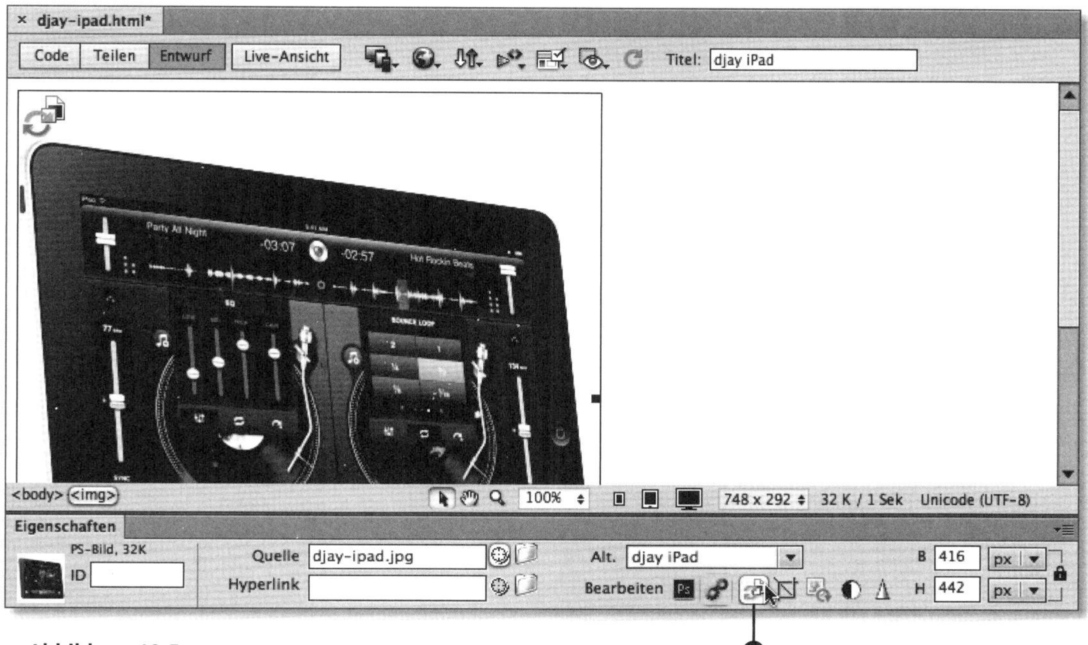

▲ **Abbildung 19.5**
Über die Schaltfläche ❺ übertragen Sie die Änderungen von der Original-Photoshop-Datei auf das Bild in Dreamweaver.

Klicken Sie im Eigenschaften-Bedienfeld auf die Schaltfläche ❺, um die Bilddatei zu aktualisieren. Dabei werden die Einstellungen für die Größe und die Bildqualität, die Sie beim Einfügen der Grafik gewählt haben, automatisch angewendet.

Voreinstellungen

Falls bei Ihnen statt des Photoshop-Symbols ein Fireworks- oder ein anderes Symbol angezeigt wird, müssen Sie folgende Einstellung vornehmen, damit Dreamweaver stattdessen mit Photoshop zusammenarbeitet:

Öffnen Sie in den Voreinstellungen die Kategorie Dateitypen / Editoren. Klicken Sie anschließend auf die Erweiterungen .jpg .jpe .jpeg. Im Bereich Editoren stellen Sie nun Photoshop als Primär ein. Klicken Sie dazu auf Adobe Photoshop CS6 und anschließend auf die Schaltfläche Zu primärem Editor machen. Wiederholen Sie dies auch für die Dateierweiterung .gif.

Spezialverzeichnis »_notes«

Wenn Sie Bilder aus Photoshop oder Fireworks in Dreamweaver einfügen, wird automatisch ein Ordner _notes angelegt. Für jedes eingefügte Bild werden in diesem Ordner jeweils Dateien mit der Endung ».mno« gespeichert, in der Dreamweaver u. a. Informationen über die Original-Photoshop-Dateien speichert. Ohne diese Informationen kann Dreamweaver nicht die Originaldatei aus Photoshop oder Fireworks nicht zuordnen.

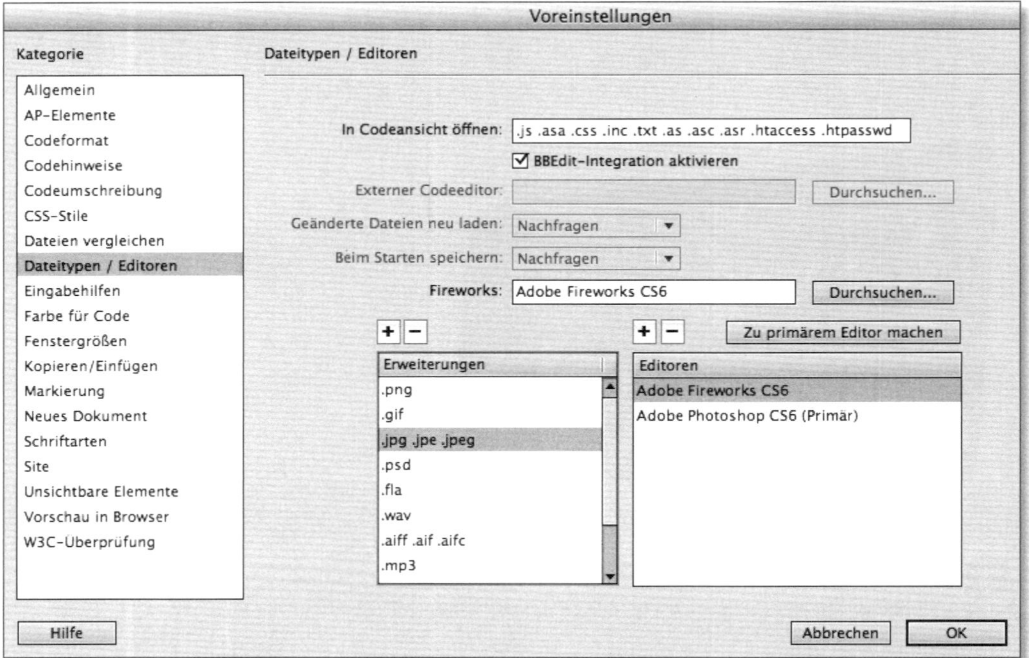

Abbildung 19.6 ▲
In den VOREINSTELLUNGEN können Sie Photoshop als bevorzugten Editor einrichten.

19.3 Adobe Fireworks CS6

Eine Alternative zu Adobe Photoshop ist Adobe Fireworks. Im Gegensatz zu Photoshop ist diese Software speziell für die Bearbeitung und Erstellung von Webgrafiken konzipiert und erspart so viele Arbeitsschritte, etwa beim Anlegen transparenter Bildbereiche. Fireworks zeichnet sich besonders dadurch aus, dass man sowohl bearbeitbare Vektorgrafiken (wie bei Illustrator) als auch Bitmaps (wie bei Photoshop) für das Web erstellen kann. Sie können mit Fireworks hervorragend Prototypen der Website entwerfen, bevor Sie diese dann in Dreamweaver konkret umsetzen. Fireworks kann außerdem Photoshop-Dateien öffnen und speichern.

Dreamweaver arbeitet hervorragend mit dem Bildbearbeitungsprogramm Fireworks zusammen. Im Prinzip funktioniert die Integration von Fireworks ähnlich wie die von Photoshop. Es sind jedoch ein paar Punkte zu beachten.

Das Standard-Speicherformat von Fireworks ist PNG. Der Vorteil dieses Formats ist, dass Sie PNG-Dateien ohne Umwandlung in ein anderes Format direkt in Webseiten einsetzen können. Der Nachteil ist jedoch, dass diese PNG-Dateien in der Regel um ein Vielfaches größer sind als JPEG-Dateien. PNG-Dateien werden meist dann eingesetzt, wenn die Bilder transparente Bereiche aufweisen sollen.

Fireworks-Dateien in Dreamweaver importieren

Sie können Fireworks-PNG-Dateien direkt in Dreamweaver einfügen, ohne dass sich das BILDVORSCHAU-Fenster wie bei Photoshop-PSD-Dateien öffnet. Um jedoch die Dateigröße zu verringern, sollten Sie die PNG-Datei in das JPEG-Format umwandeln.

Schritt für Schritt
PNG-Datei importieren und umwandeln

1 PNG-Datei einfügen

Fügen Sie die Fireworks-Datei mit der Endung ».png« entweder über den Menüpunkt EINFÜGEN • BILD ein, oder ziehen Sie sie einfach aus dem Fenster DATEIEN in das Dokumentenfenster. Anders als beim Einfügen einer Photoshop-Datei wird nicht die Bildoptimierung geöffnet, sondern das Bild direkt in die Seite eingefügt. Allerdings werden Sie vorher noch nach einem Alternativtext für das Bild gefragt.

2 Optimieren

Klicken Sie anschließend auf das Symbol BILDEINSTELLUNGEN BEARBEITEN ❷ im EIGENSCHAFTEN-Bedienfeld.

▼ Abbildung 19.7
Bilder optimieren

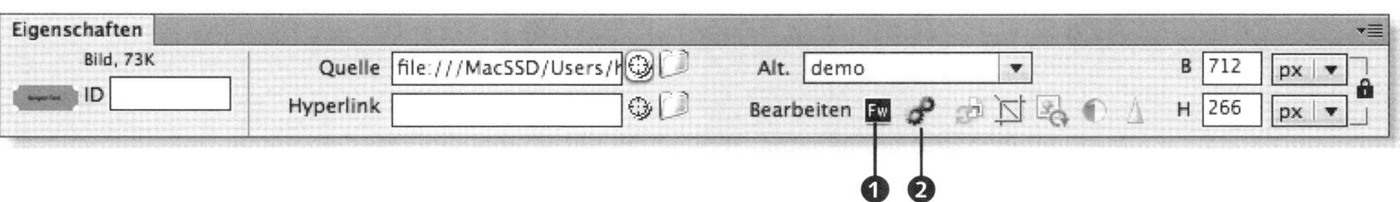

Daraufhin öffnet sich das Fenster BILDOPTIMIERUNG, in dem Sie – wie oben in der Schritt-für-Schritt-Anleitung »Photoshop-Datei in Dreamweaver importieren« beschrieben – das Bild ins JPEG-Format konvertieren können.

Bilder in Fireworks bearbeiten

Wie bei Photoshop-Dateien können Sie auch in Fireworks das eingefügte Bild nachbearbeiten. Dazu klicken Sie einfach im EIGENSCHAFTEN-Bedienfeld auf das FIREWORKS-Icon ❶.

Falls dieses Symbol dort nicht angezeigt wird, müssen Sie in den VOREINSTELLUNGEN für die JPG/JPEG-Erweiterung in der Kategorie DATEITYPEN / EDITOREN Fireworks zum primären Editor machen (siehe Abschnitt »Bilder in Photoshop bearbeiten« in Abschnitt 19.2).

19.4 Adobe Flash CS6

Flash ist die Software Nummer eins für die Erstellung von Animationen und interaktiven Navigationen. Mit Flash lassen sich auch interessante Anwendungen wie zum Beispiel Spiele programmieren oder ganze Datenbankapplikationen wie etwa Shops erstellen. Der Vorteil von Flash besteht darin, dass die Inhalte mit entsprechendem Flash-Plugin auf jedem Browser gleich aussehen. Mit Flash lassen sich zudem hervorragend Videos passend für das Internet konvertieren. In Flash Professional ist die sehr mächtige objektorientierte Programmiersprache ActionScript integriert, mit der auch die Programmierung von komplexen Spielen möglich ist.

Dreamweaver CS6 bietet viele Funktionen, mit deren Hilfe Sie Flash-Filme einfach in Ihre HTML-Seiten integrieren können. Sogar in Dreamweaver können Sie in den Flash-Dateien noch Veränderungen vornehmen.

So funktioniert Flash

Das Flash-Format ist eigentlich nicht mit den üblichen Grafikformaten im Web vergleichbar. Es handelt sich dabei um ein komplexeres Format, das wesentlich mehr kann.

Ursprünglich wurde das Format nur zum Speichern von Vektoranimationen eingesetzt, die nicht nur sehr wenig Speicherplatz benötigen, sondern auch in der Größe skalierbar sind. Unabhängig davon, wie groß Sie einen Flash-Film skalieren, kommt es nicht zu Qualitätsverlusten.

Die Dateiendung von aus der Flash-Software exportierten Filmen ist ».swf«. Eine solche Datei ist nicht mehr bearbeitbar. Die bearbeitbare Originaldatei hat die Dateiendung ».fla«.

Plugin erforderlich

Neben den vielen Vorteilen hat das Flash-Format natürlich auch einen Nachteil: Damit Flash-Filme im Browser betrachtet werden können, wird ein Flash-Plugin benötigt, das kostenlos auf der Adobe-Website erhältlich ist. Bei den aktuellen Versionen von Windows ist der Flash-Player bereits vorinstalliert. Auf Mac OS X lässt sich der Flash-Player nachinstallieren. Flash wird auf Apples iPhone und dem iPad nicht abgespielt. Da diese mobilen Geräte inzwischen eine relativ große Verbreitung gefunden haben, sollte Ihre Webseite auch ohne Flash funktionieren.

Flash-Filme integrieren

Ein Flash-Film muss zunächst in der Flash-Software in das SWF-Format exportiert werden. Diese Datei fügen Sie dann in Dreamweaver ein.

YouTube

In Kapitel 22, »Mashups – YouTube, GoogleMaps und Twitter integrieren«, erfahren Sie, wie Sie YouTube-Videos integrieren. Dies hat den Vorteil, dass die Videos auch auf mobilen Geräten wie iPhones und iPads optimal abgespielt werden.

Schritt für Schritt
Flash-Film in Webseite einfügen

1 Einfügemarke setzen

Setzen Sie in der Entwurfsansicht die Einfügemarke an eine beliebige Position innerhalb des Dokumentenfensters. Klicken Sie EINFÜGEN • MEDIEN • FLASH, um einen Flash-Film einzufügen.

2 Film einfügen

Wählen Sie im Dialogfenster die SWF-Datei aus, die eingefügt werden soll. Vergeben Sie im folgenden Dialogfenster einen TITEL, und bestätigen Sie mit einem Klick auf OK. Wenn der Film eingefügt wurde, sehen Sie im EIGENSCHAFTEN-Bedienfeld alle bearbeitbaren Einstellungen.

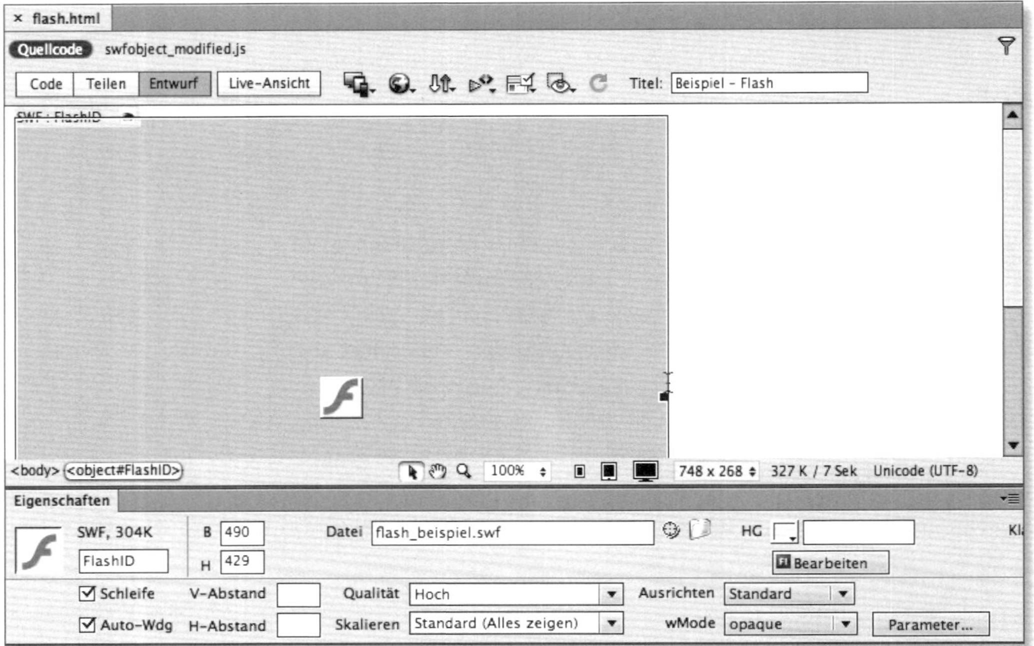

Abbildung 19.8 ▲
Der Eigenschaften-Bedienfeld für Flash-Dateien

3 Flash-Film abspielen

Sie können den Flash-Film anschauen, indem Sie die Live-Ansicht aktivieren.

Eigenschaften von Flash

Wenn Sie einen Flash-Film im Dokumentenfenster markieren, können Sie im Eigenschaften-Bedienfeld zahlreiche Einstellungen vornehmen. Im Folgenden erläutern wir die wichtigsten:

▼ Abbildung 19.9
Eigenschaften von Flash-Dateien

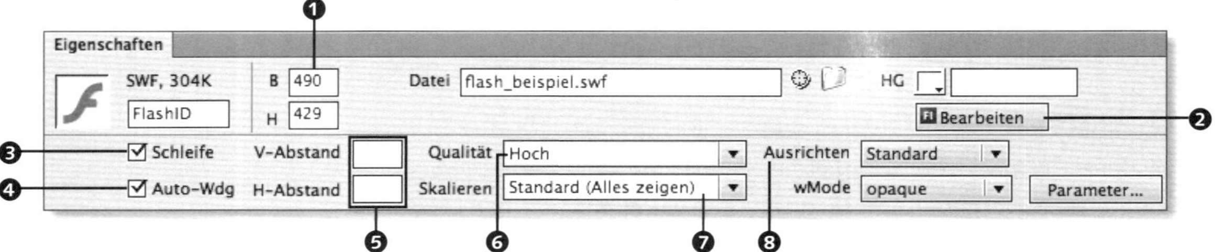

- Bearbeiten ❷
  Klicken Sie auf den Button mit dem Flash-Symbol, und Flash wird geöffnet. Die Software müssen Sie dafür auf Ihrem Rech-

ner installiert haben. Flash fordert Sie auf, die bearbeitbare Original-Flash-Datei (».fla«) auszuwählen. Die ».swf«-Datei selbst, die auf der Webseite angezeigt wird, kann nicht bearbeitet werden.

- SCHLEIFE ❸
  Wenn diese Option gesetzt ist, wird der Film in einer Endlosschleife so lange wiederholt, bis der Nutzer eine neue Seite lädt.
- AUTO-WDG ❹
  Mit dieser Option startet der Film automatisch, schon während die Webseite geladen wird.
- V-ABSTAND und H-ABSTAND ❺
  Diese Felder geben den vertikalen und den horizontalen Abstand zu umgebenden Seitenelementen an.
- QUALITÄT ❻
  Mit der Einstellung HOCH wird der Flash-Film in der besten Qualität angezeigt.
- SKALIEREN ❼
  Diese Einstellung zeigt nur Wirkung, wenn Sie den Flash-Film entweder durch Ziehen mit der Maus vergrößern oder unter B und H ❶ eine Größe manuell eingeben. Damit der Flash-Film entsprechend skaliert wird, wählen Sie die Einstellung GENAU PASSEND aus der Liste aus.
- AUSRICHTEN ❽
  Falls der Film mit einem Text innerhalb des gleichen Absatzes steht, wird zum Beispiel bei der Ausrichtung LINKS der Film links platziert, und der Text umfließt den Film.

19.5 Adobe Bridge

Adobe Bridge CS6 wird mit Dreamweaver ausgeliefert, unabhängig davon, ob Sie Dreamweaver als einzelnes Produkt oder in einer Suite erworben haben. Adobe Bridge ist eine Applikation, mit der Sie Bilder und andere Dokumente komfortabel anzeigen und verwalten können. Es dient sozusagen als Medienzentrale oder Medienmanager für Ihre Dokumente. In Adobe Bridge können Sie auch Tutorials abrufen.

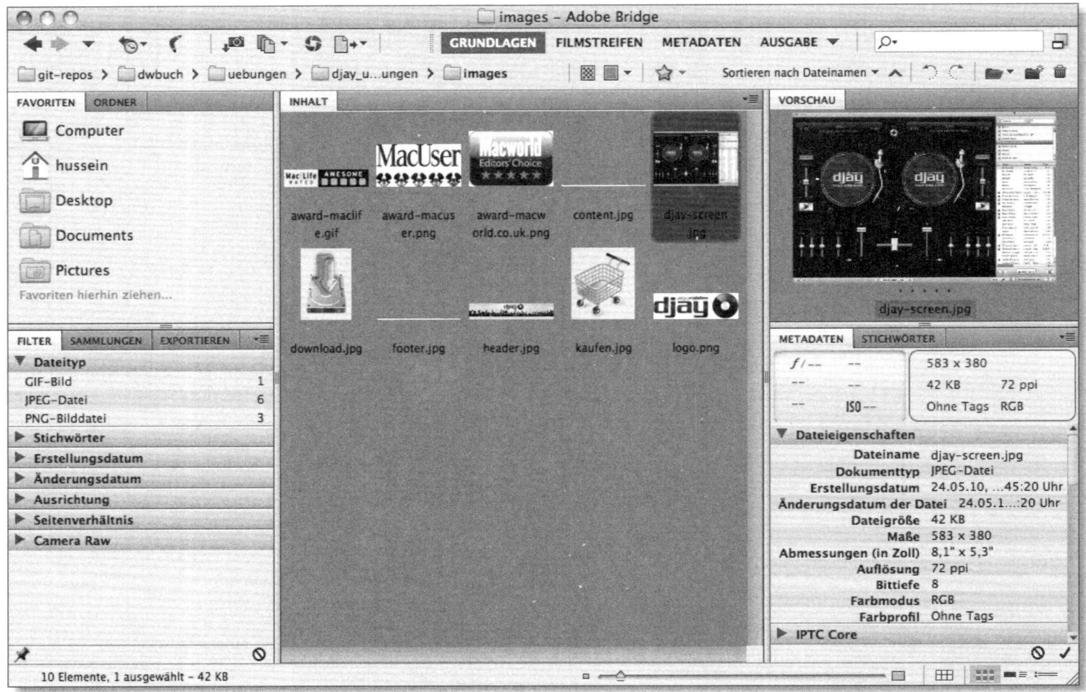

▲ **Abbildung 19.10**
Adobe Bridge ermöglicht die komfortable Verwaltung von Fotos.

Kapitel 20

Bloggen mit WordPress

So erstellen Sie Ihren eigenen Weblog

- Was ist eigentlich WordPress?
- Wie richte ich einen Blog ein?
- Wie integriere ich einen Blog in meine Dreamweaver-Site?
- Wie gestalte ich eigene Themes?

20 Bloggen mit WordPress

Podcast

Mit einem Weblog-System wie WordPress können Sie auch Podcasts erstellen und damit Audio- oder Videobotschaften anstelle von reinen Textbeiträgen veröffentlichen. Mit einer Podcast-Software wie iTunes kann der Benutzer komfortabel Podcasts abonnieren und verwalten. Auf Wunsch werden die neuesten Beiträge automatisch heruntergeladen (siehe *http://de.wikipedia.org/wiki/Podcast*).

Einige Begriffe aus der Blog-Welt

Der Begriff **Weblog** setzt sich aus »Web« und »Log« (Logbuch) zusammen. In einem Logbuch werden je ein Ereignis und der Zeitpunkt seines Eintretens festgehalten. Statt Weblog wird meist der Kurzname **Blog** verwendet. Autoren eines Weblogs werden auch als **Blogger** bezeichnet.

In diesem Kapitel lernen Sie, wie Sie das Weblog-System WordPress in Ihre Website integrieren und wie Sie damit Onlinebeiträge für Ihre Seiten schreiben, ohne dafür zuerst Dreamweaver öffnen zu müssen. WordPress kann nicht nur als Blog, sondern auch als kleines Content-Management-System verwendet werden.

20.1 Was sind Weblogs?

Weblogs sind Webseiten, in denen Texte und Bilder auf möglichst einfachem Wege veröffentlicht werden können. Es wird dabei einfach Beitrag für Beitrag übereinandergestellt, der aktuellste steht immer oben, und auch der Rest wird nach Datum sortiert angezeigt. Ältere Beiträge werden nicht gelöscht, sondern stehen nach wie vor in einem Archiv nach Jahren und Monaten gegliedert zum Abruf bereit.

Weblogs werden häufig wie ein Tagebuch geführt, in dem die Autoren über ihre Erfahrungen berichten. In anderen Blogs werden Neuigkeiten zu einem Fachgebiet veröffentlicht, wiederum andere kommentieren politische Ereignisse.

Das Erstellen der Beiträge erfolgt bei den meisten Systemen online nach Eingabe eines Benutzernamens und Passworts. Es erscheint ein Administrationsbereich mit Formularen, über die Sie Ihre Beiträge erstellen und verwalten. Eine spezielle Software außer dem Webbrowser ist nicht erforderlich. Die meisten Weblogs bieten ihren Lesern eine Interaktion an, indem sie es auch erlauben, Beiträge zu kommentieren.

Mit neueren Weblog-Systemen können Sie nicht nur Ihre eigenen Beiträge verwalten, sondern auch ganz neue Webseiten erstellen. Daher können Weblog-Systeme auch als simple Alternative zu den üblichen Content-Management-Systemen dienen.

Sie können Weblogs auch in Dreamweaver erstellen. Dreamweaver bietet die Möglichkeit, PHP-Skripte mit MySQL-Datenbankanbindung zu erzeugen. Um jedoch ein richtiges Weblog-System mit Archivierungsfunktion usw. zu erstellen, ist sehr viel Arbeit notwendig. Da wir das Rad nicht neu erfinden wollen, werden wir für unseren Weblog einfach ein »fertiges« Weblog-System einsetzen.

20.2 Leistungsmerkmale von WordPress

Es gibt viele kostenlose Weblog-Systeme. Sehr beliebt ist WordPress, da es trotz des großen Funktionsumfangs sehr einfach zu installieren und die Bedienung sehr klar gestaltet ist. Aufgrund der vielen Mustervorlagen (Templates) müssen Sie Ihren Blog damit nicht einmal selbst entwerfen. Selbstverständlich können sie das Design auch anpassen.

WordPress bietet folgende Leistungsmerkmale:

- schnelle Installation
- sehr viele Templates
- einfaches Erstellen von Beiträgen
- Speichern des Datums der Veröffentlichung
- Erstellen von Seiten wie in einem Content-Management-System
- mehrere Autoren mit eigenen Benutzernamen und Passwörtern
- Kategorien und Unterkategorien für die Beiträge
- Beiträge schreiben per E-Mail
- zahlreiche Plugins für die Erweiterung des Systems
- kostenloser Download

Dank der (über 500) Erweiterungen (Plugins) lässt sich WordPress auch um neue Funktionen ergänzen. Mit dem Plugin WP-Gallery können zum Beispiel sehr einfach Bildergalerien aufgebaut werden.

Alternativen zu WordPress

Neben WordPress gibt es inzwischen sehr viele andere Weblog-Systeme. Immer mehr davon, z. B. Drupal und Joomla, können Sie auch als Content-Management-System (kurz CMS) einsetzen. Es gibt jedoch auch Systeme wie z. B. Serendipity (*http://s9y.org*), die speziell nur das Bloggen im Fokus haben. Der Vorteil liegt darin, dass diese Systeme nicht mit unnötigen Funktionen überladen sind.
Die meisten Systeme sind kostenlos. Das kostenpflichtige Expression Engine (es gibt auch eine kostenlose Version) zeichnet sich durch eine sehr komfortable Bedienung und große Flexibilität aus.

20.3 Weblog mit WordPress erstellen

Um einen Weblog mit WordPress zu erstellen, gibt es die folgenden Möglichkeiten:

- Sie können auf der Website *http://www.wordpress.com* einen Blog kostenlos online erstellen. Sie benötigen dafür keinen eigenen Server. Angenommen, Ihr Blog heißt *xyz*, dann ist Ihr Weblog unter *http://xyz.wordpress.com* erreichbar.
- Alternativ dazu installieren Sie WordPress komplett selbst auf Ihrem Webserver. Dies hat den Vorteil, dass Sie unter anderem die neueste Version einsetzen können. Einige Webspace-Provider bieten auch schon fertig installierte WordPress-Versionen an.

Dokumentationen zu WordPress

Die zentrale Website von WordPress finden Sie unter der Adresse *http://www.wordpress.org*. Die deutsche Website *http://wordpress-deutschland.org* bietet neben der deutschen Version auch deutsche Anleitungen zu WordPress.

WordPress installieren

Für die Installation benötigen Sie Webspace mit folgenden Leistungsmerkmalen:

- PHP
- MySQL-Datenbank
- FTP-Zugang

Neben den FTP-Zugangsdaten benötigen Sie den Namen der Datenbank, den Benutzernamen mit Passwort und die IP des Hostrechners, auf dem sich die Datenbank befindet (zum Beispiel 192.168.1.0). Die folgende Schritt-für-Schritt-Anleitung sieht zwar sehr umfangreich aus, die Installation dauert jedoch nur etwa zehn Minuten.

Schritt für Schritt
WordPress installieren

Datei »liesmich«

Es empfiehlt sich sehr, die Datei »liesmich.html« im Ordner WORDPRESS zu öffnen. Diese Seite beschreibt die Installation des Weblog-Systems sehr detailliert.

1 Download von WordPress

Laden Sie von der Website *http://wpde.org/download* die deutsche (DE-)Version von WordPress herunter. Nach dem Entpacken erhalten Sie einen Ordner namens WORDPRESS.

2 Konfigurationsdatei umbenennen

Benennen Sie die Datei »wp-config-sample.php« im Ordner WORDPRESS in »wp-config.php« um.

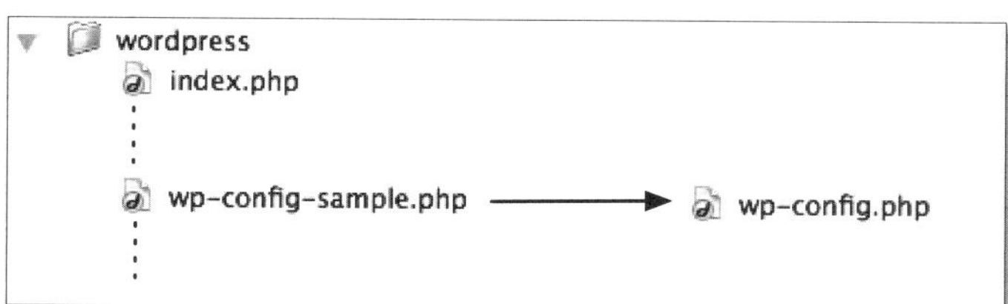

◂ **Abbildung 20.1**
Benennen Sie die Config-Datei um, wie hier dargestellt.

3 Erstellen einer Dreamweaver-Website

Erstellen Sie nun eine Dreamweaver-Website, die den Ordner WORDPRESS enthält. Wählen Sie dafür zuerst SITE • NEUE SITE.

Geben Sie unter SITE-NAME ❶ »djay Wordpress« ein. Wählen Sie bei LOKALER SITE-ORDNER den vorhandenen Ordner WORDPRESS aus, den Sie in Schritt 1 erstellt haben, indem Sie auf das Ordnersymbol ❷ klicken.

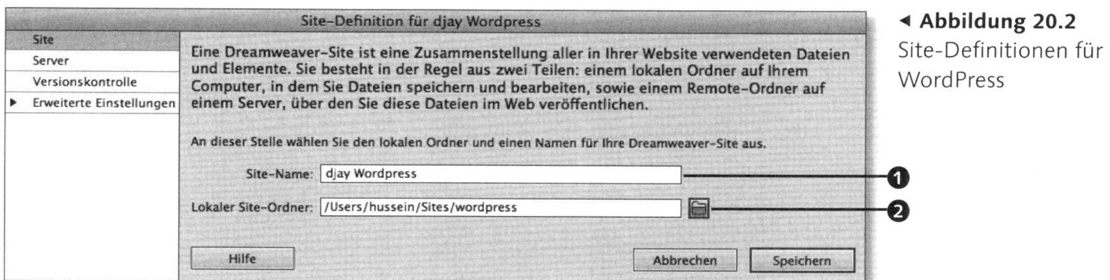

◂ **Abbildung 20.2**
Site-Definitionen für WordPress

4 Kategorie Server

Damit Sie Ihre WordPress-Website auf den Webserver übertragen können, müssen Sie zuvor die FTP-Benutzerdaten eingeben.

Wählen Sie dazu in der linken Leiste die Kategorie SERVER aus, und klicken Sie auf das Plus-Symbol, um einen neuen Server hinzuzufügen.

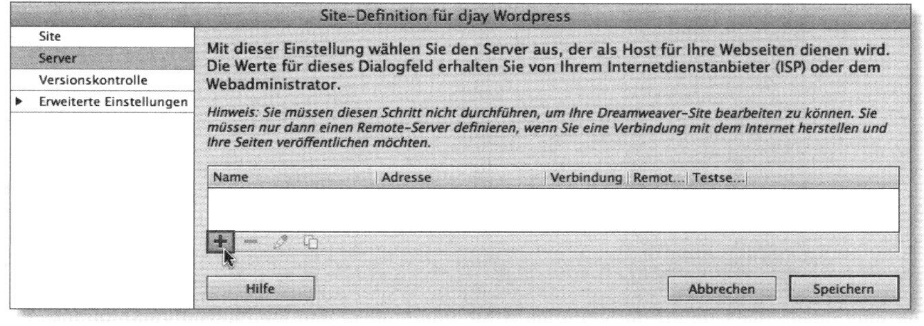

◂ **Abbildung 20.3**
Neue Servereinstellung hinzufügen

5 FTP-Einstellungen

Geben Sie unter SFTP-ADRESSE ❸ den Namen des Webservers an. Wenn Ihr Provider sogenannte Subdomains unterstützt, bietet es sich an, *blog.Ihre-domain.de* zu wählen. Dazu müssen Sie jedoch vorher die Subdomain über das Konfigurationsmenü auf Ihrem Webspace anlegen.

Unter STAMMVERZEICHNIS ❻ geben Sie den Namen des Ordners an, in dem die Website installiert werden soll. Im Allgemeinen können Sie das Feld leer lassen. Geben Sie unter BENUTZERNAME ❹ und KENNWORT ❺ Ihren Benutzernamen und das Passwort für den FTP-Zugang an und bestätigen Sie Ihre Eingaben mit OK.

Abbildung 20.4 ▸
Die Zugangsdaten für WordPress eingeben

6 Website wählen

Wählen Sie im Fenster DATEIEN aus der Liste der Websites die eben erstellte Website aus.

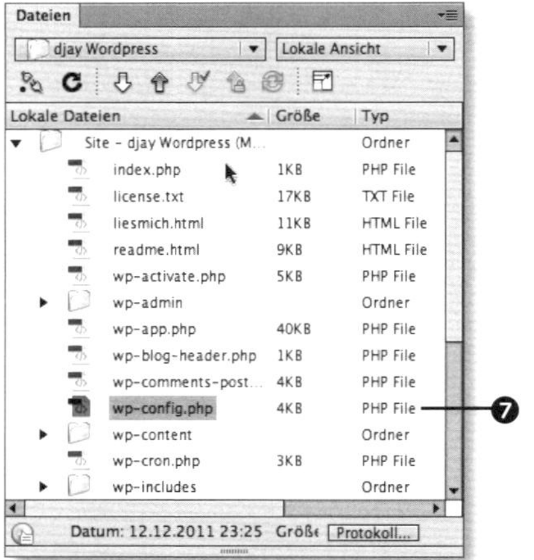

Abbildung 20.5 ▸
Wählen Sie hier die gerade erstellte Website aus.

7 Konfigurationsdatei einstellen

Öffnen Sie die Konfigurationsdatei durch Doppelklick auf den Dateinamen WP-CONFIG.PHP ❼, und wählen Sie die Code-Ansicht. Tragen Sie unter DB _ NAME, DB _ USER, DB _ PASSWORD und DB _ HOST jeweils Ihre MySQL-Zugangsdaten ein.

▼ **Abbildung 20.6**
Tragen Sie hier die Zugangsdaten Ihrer MySQL-Datenbank ein.

× wp-config.php

Code | Teilen | Entwurf | Live-Ansicht | Titel:

Dynamisch zugehörige Dateien können nicht gesucht werden, da kein Testserver definiert ist. Einrichten

```
/** MySQL Einstellungen - diese Angaben bekommst du von deinem Webhoster. */
/** Ersetze database_name_here mit dem Namen der Datenbank, die du verwenden möchtest. */
define('DB_NAME', 'database_name_here');

/** Ersetze username_here mit deinem MySQL-Datenbank-Benutzernamen */
define('DB_USER', 'username_here');

/** Ersetze password_here mit deinem MySQL-Passwort */
define('DB_PASSWORD', 'password_here');

/** Ersetze localhost mit der MySQL-Serveradresse */
define('DB_HOST', 'localhost');

/** Der Datenbankzeichensatz der beim Erstellen der Datenbanktabellen verwendet werden soll */
define('DB_CHARSET', 'utf8');
```

8 Übertragen auf den Server

Übertragen Sie WordPress auf Ihren Webserver, indem Sie auf den Ordner SITE ❾ und dann auf die Schaltfläche BEREITSTELLEN ❽ klicken.

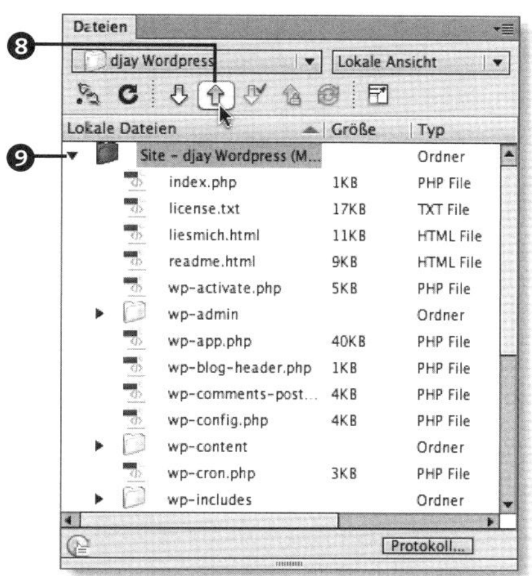

◄ **Abbildung 20.7**
Klicken Sie auf BEREITSTELLEN.

9 WordPress im Browser öffnen

Die Website befindet sich nun auf dem Webserver. Rufen Sie WordPress im Browser auf, zum Beispiel *www.Ihre-domain.de*, *blog.Ihre-domain.de* oder *www.Ihre-domain.de/wordpress* – je nachdem, welche Adresse Sie in den FTP-Einstellungen angelegt haben. Folgen Sie dem Link INSTALL.PHP, und klicken Sie anschließend auf SCHRITT 1.

10 Titel und E-Mail-Adresse eingeben

Geben Sie den Titel des Weblogs und Ihre E-Mail-Adresse ein. Achten Sie darauf, dass Sie eine korrekte Mailadresse eintragen. Klicken Sie anschließend auf WEITER MIT SCHRITT 2.

Abbildung 20.8 ►
WEITER MIT SCHRITT 2

11 Benutzernamen und Passwort notieren

In Schritt 2 werden Ihnen der Benutzername »admin« und ein zufällig generiertes Passwort angezeigt. Notieren Sie sich dieses. Falls das E-Mail-System in PHP richtig funktioniert, erhalten Sie ebenfalls automatisch eine E-Mail von WordPress mit Ihren Zugangsdaten.

Abbildung 20.9 ►
Sie erhalten anschließend eine Mail mit Ihren Zugangsdaten.

12 Ende

Nachdem die Installation abgeschlossen ist, können Sie nun den fertig installierten Blog zum Beispiel unter *http://www.[Ihre-domain].de* (siehe FTP-Einstellungen) aufrufen.

▲ **Abbildung 20.10**
Der Blog im Browser

20.4 WordPress administrieren

Der Blog im Browser

Nachdem wir nun WordPress auf dem Webserver installiert haben, können wir beginnen, Beiträge zu schreiben. Dafür müssen Sie sich zuvor im Administrationsbereich von WordPress anmelden.

In diesem Bereich können Sie nicht nur Beiträge erstellen und verwalten, sondern auch Seiten, Themen und Benutzer administrieren.

Einloggen im Administrationsbereich

Um in den Administrationsbereich zu gelangen, rufen Sie die Seite *wp-admin.php* auf (zum Beispiel *blog.[Ihre-domain].de/wp-admin* oder *www.[Ihre-domain].de/wordpress/wp-admin*). Geben Sie Ihren Benutzernamen und Ihr Passwort ein. Später können Sie auch noch Konten für andere Benutzer einrichten.

Abbildung 20.11 ▶
Login-Seite für den Administrationsbereich

Nach der Anmeldung gelangen Sie zur Startseite (*Dashboard* oder in der deutschen Version *Tellerrand*) des Administrationsbereichs. Hier werden neben News aus der WordPress-Welt unter anderem die letzten Beiträge und Kommentare Ihres Weblogs angezeigt. Über die Hauptnavigation im Kopfbereich gelangen Sie in die anderen Menüs des Administrationsbereichs.

Schreiben von Beiträgen

Klicken Sie in der Hauptnavigation auf SCHREIBEN ❶ und dann in der Subnavigation auf BEITRAG SCHREIBEN ❷. Sie können nicht nur den Titel und den Inhalt des Beitrags erstellen, sondern auch die zugeordnete Kategorie festlegen. Die Kategorienverwaltung befindet sich unter VERWALTEN • KATEGORIEN.

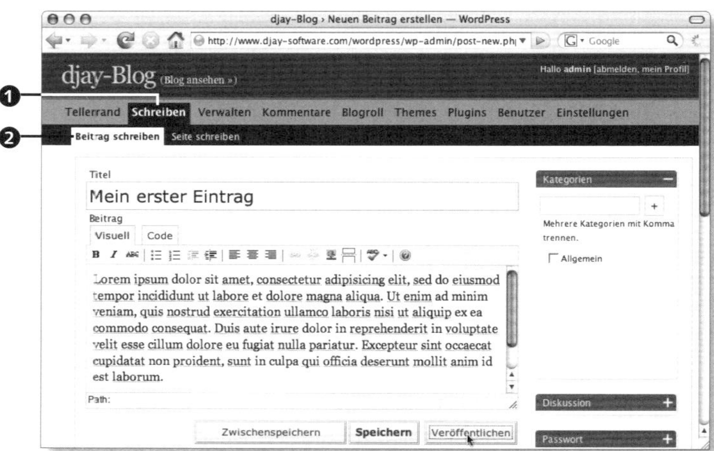

Abbildung 20.12 ▶
Erstellen eines neuen Beitrags

Verwalten von Beiträgen

Um Beiträge zu bearbeiten oder zu löschen, wählen Sie in der Navigation VERWALTEN • BEITRÄGE. Sie erhalten eine tabellarische Übersicht über alle Beiträge. Falls es sehr viele sind, können Sie auch über das Suchfeld nach einem bestimmten Artikel suchen.

◂ **Abbildung 20.13**
Verwalten der Beiträge

20.5 WordPress-Templates

Die beiden vorinstallierten Templates oder **Themes** (Designvorlagen) sind relativ schlicht gestaltet. Sie können hier entweder ein eigenes Theme erstellen oder aus einer Vielzahl von vorgefertigten Themes auswählen. Eine Übersicht finden Sie zum Beispiel auf der Website *http://themes.wordpress.net*.

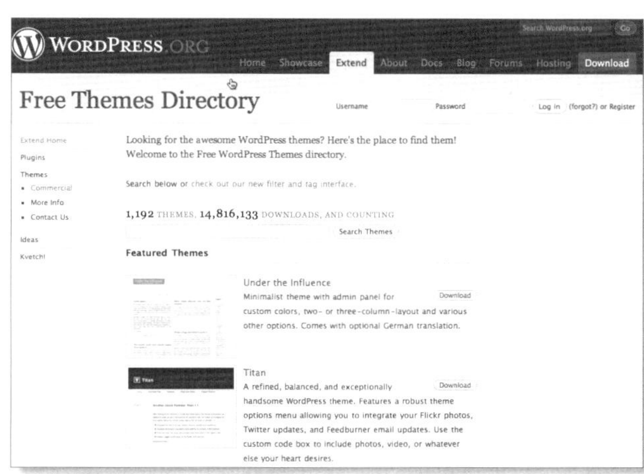

◂ **Abbildung 20.14**
Auf der Website *http://themes.wordpress.net* finden Sie in einer übersichtlichen Galerie sehr viele Themes.

Schritt für Schritt
Installation eines Themes

1 Download des Themes

Suchen Sie unter *http://themes.wordpress.net* eines oder mehrere Themes aus, und laden Sie diese auf Ihren Rechner, indem Sie auf den Link Download klicken.

▲ **Abbildung 20.15**
Der ThemeViewer

▲ **Abbildung 20.16**
In diesem Ordner müssen Sie die Archive entpacken.

2 Kopieren der Themes

Entpacken Sie die Themes, und kopieren Sie die entpackten Ordner in den Ordner wordpress/wp-content/themes.

3 Hochladen der Themes in Dreamweaver

Wählen Sie im Fenster Dateien den Ordner themes ❷ unter dem Ordner wp-content aus, und klicken Sie auf die Schaltfläche Bereitstellen ❶. Somit werden alle Themes übertragen. Wenn Sie nur ein einzelnes Theme hochladen möchten, markieren Sie den entsprechenden Ordner unter themes.

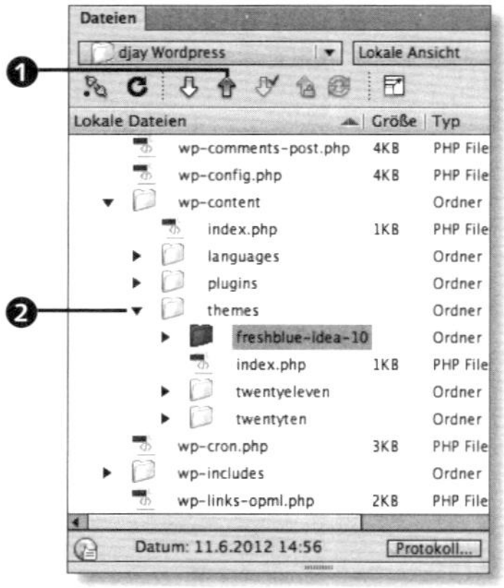

▲ **Abbildung 20.17**
Wählen Sie die Themes aus, die Sie hochladen möchten.

4 Aktivieren eines Themes im Adminbereich

Loggen Sie sich im Administrationsbereich von WordPress ein, und wählen Sie in der Navigation Themes aus. In der Liste sollten

Ihre neuen Themes erscheinen. Klicken Sie einfach auf ein Theme, um es zu aktivieren ❹.

Klicken Sie dann oben auf den Link BLOG ANSEHEN ❸, um den Weblog im neuen Gewand zu bewundern.

▼ Abbildung 20.18
So sieht unser Blog am Ende aus.

Themes anpassen

Für unser Beispielprojekt haben wir im zweiten Teil des Buches eine Vorlage erstellt. Sicherlich möchten Sie das Design daraus auch für den Blog übernehmen, damit die gesamte Site konsistent erscheint. Leider ist eine direkte Übernahme der Vorlage aus Dreamweaver nach WordPress nicht möglich. Sie können jedoch die CSS-Dateien bearbeiten, um zum Beispiel die Farben und Schriftgrößen anzupassen.

Zu jedem Theme gibt es eine oder mehrere CSS-Dateien, die Sie in Dreamweaver öffnen können. Klicken Sie dazu im Fenster DATEIEN doppelt auf die CSS-Datei. Sie können die CSS-Datei dann im Fenster CSS-STILE bearbeiten. Im Kapitel 12, »Arbeiten mit CSS«, erhalten Sie nähere Details zum Thema CSS.

Kapitel 21

Gesucht und gefunden bei Google

So machen Sie Ihre Website bekannt

- Wie melde ich meine Website bei Google an?
- Wie erfahre ich mehr über meine Besucher?
- Kann ich Werbeanzeigen auf meiner Website schalten?
- Wie kann ich mit meiner Website Geld verdienen?

21 Gesucht und gefunden bei Google

In diesem Kapitel erfahren Sie nicht nur, wie Sie Ihre Website erfolgreich bei Google anmelden, sondern sogar, wie Sie mit ihr ein wenig Geld verdienen können. Über Google kann man jede Menge für sein Internetangebot tun.

Die beste Website nützt nichts, wenn sie von den Internetnutzern nicht gefunden wird. Ihre Site ist natürlich immer über ihre URL (Webadresse) erreichbar, doch um sie manuell in den Browser eingeben zu können, muss diese Adresse einem Besucher erst einmal bekannt sein.

Die meisten Surfer steuern allerdings nicht direkt Webseiten an, sondern benutzen Suchmaschinen, um Seiten mit Informationen zu bestimmten Themen und Begriffen im Internet zu finden. Um bei einer Suchmaschine angezeigt zu werden, sollte Ihre Website dort eingetragen sein. Als Beispiel melden wir unsere Website nun bei Google an, der größten und meistgenutzten Suchmaschine überhaupt. Normalerweise reicht es völlig aus, wenn Ihre Website »nur« in der einen Suchmaschine Google vertreten ist.

Und Google bietet viel mehr als nur die Möglichkeit zu suchen. Sicherlich haben Sie schon einmal von der Google-Anwendung *Google Mail* gehört, mit der Sie Ihre E-Mails komfortabel verwalten können. Google bietet sogar eine Software namens *Google Earth* an, mit der Sie zum Beispiel von einem Start- zu einem Zielpunkt virtuell über den Erdball fliegen können. Für uns als Webdesigner sind insbesondere die im Folgenden genannten Dienste von Interesse, die wir in diesem Kapitel detailliert behandeln:

- Melden Sie Ihre Website bei der Suchmaschine Google an.
- Erfahren Sie mit **Google Analytics**, wie viele Besucher Ihre Website angeschaut haben.
- Werben Sie für Ihre Website mit **Google AdWords**.
- Verdienen Sie mit Ihrer Website Geld mit **Google AdSense**.

21.1 Ihre Website mit Google bekannt machen

Google ist so weit verbreitet, dass es eigentlich ausreicht, eine Website nur in dieser Suchmaschine eintragen zu lassen. Es gibt dazu auf der Website von Google ein Formular, in das Sie die URL Ihrer Website eingeben können. Nach ein paar Tagen (manchmal auch Wochen) wird Ihre Website in den sogenannten **Google-Index** aufgenommen. Wenn andere Websites Links auf Ihre Website haben, kann es auch vorkommen, dass Ihre Website bereits in den Google-Index aufgenommen wurde, ohne dass Sie sie explizit angemeldet haben.

Google bietet den Dienst Webmaster-Tools an, mit dem Sie Ihre neuen Websites bei Google anmelden können. Gehen Sie dazu wie folgt vor:

Schritt für Schritt
Ihre Website in Google eintragen

1 Google aufrufen

Öffnen Sie im Browser *http://www.google.de/webmasters/*, und wählen Sie In Webmaster-Tools anmelden ❶ aus.

▼ **Abbildung 21.1**
Die Google-Seite

Sie werden dann von Google oben rechts auf der Site aufgefordert, sich zu registrieren.

2 URL anmelden

Klicken Sie danach auf den Link WEBSITE HINZUFÜGEN ❷.

Abbildung 21.2 ▸ Der Link WEBSITE HINZUFÜGEN ❷

3 Die Startseite Ihrer Website eintragen

Geben Sie die absolute Adresse Ihrer Startseite ein, wie zum Beispiel *http://www.djay-software.com*, und einen kurzen Kommentar, der Ihre Website beschreibt.

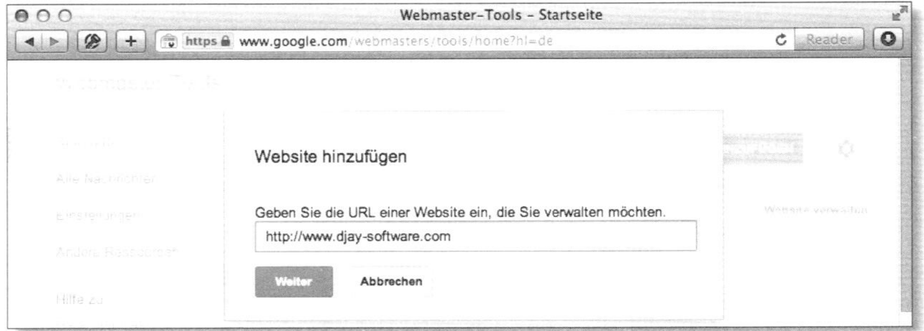

Abbildung 21.3 ▸ Füllen Sie das Formular aus.

4 Inhaberschaft nachweisen

Sie können nun optional die Inhaberschaft der Website nachweisen, indem Sie die angegebenen Schritte befolgen. Anschließend stehen Ihnen dann Tools zur Verfügung, mit denen Sie z. B. einzelne Links zur Ihrer Website hinzufügen oder sogar entfernen können.

▲ **Abbildung 21.4**
Der Bestätigungsdialog

Bis Ihre Website tatsächlich über Google gefunden werden kann, können mehrere Tage oder sogar Wochen vergehen. Für die Suchmaschine werden Millionen von Seiten indiziert. Eine Anmeldung beschleunigt die Indizierung, es dauert aber trotzdem eine gewisse Zeit, bis sie abgearbeitet ist.

21.2 Tipps zur Suchmaschinenoptimierung

Es ist sehr wichtig, dass Ihre Website im Verzeichnis von Google enthalten ist. Gleichzeitig ist auch das sogenannte **Ranking**, also die Platzierung Ihrer Website auf den Suchausgabeseiten bei Google, ausschlaggebend für den Erfolg Ihrer Website. Wenn Ihre Website nicht unter den ersten von Google angezeigten Seiten gelistet wird, werden viele Surfer sie vernachlässigen.

Da das Verfahren zur Berechnung des Google-Rankings ein sehr streng gehütetes Geheimnis ist und häufig geändert wird, weiß niemand (außer Google) genau, welche Kriterien für dieses Ranking herangezogen werden. Da oft auch der finanzielle Erfolg einer Website vom Google-Ranking abhängt, gibt es zahlreiche Firmen und Berater, die sich auf die sogenannte Suchmaschinenoptimierung (englisch »Search Engine Optimization«) spezialisiert haben.

Buchtipp

Im Buch »Suchmaschinen-Optimierung« für Webentwickler von Sebastian Erlhofer (erschienen bei Galileo Press) finden Sie umfassende Informationen und Tipps, um Ihre Website für Suchmaschinen zu optimieren.

Sie können aber auch selbst dafür sorgen, dass Ihre Website zumindest unter den ersten 30 Plätzen angezeigt wird. Die folgenden Tipps helfen Ihnen, Ihre Website für Suchmaschinen zu optimieren.

Verwenden Sie Titel und »alt«-Attribute

Für Suchmaschinen sind nicht nur die sichtbaren Inhalte relevant, sondern auch der Titel der Seite und die sogenannten `alt`-Attribute von Bildern.

Überlegen Sie sich zunächst, über welche Suchbegriffe Ihre Website gefunden werden soll. Bei unserem Djay-Projekt könnten folgende Suchbegriffe von Interesse sein: »Musik«, »Sound«, »DJ«, »Djay«, »Platten« usw. Diese Begriffe sollten im Titel der Webseiten und mindestens noch einmal, besser gleich mehrfach, auf jeder Webseite als Text vorkommen. Den Titel tragen Sie in Dreamweaver einfach oben ❶ im Dokumentenfenster ein. Wählen Sie einen aussagekräftigen Titel aus, damit die Webseite unter diesem Begriff auch gefunden wird.

Wenn Sie ein Bild markieren, können Sie im Eigenschaften-Bedienfeld unter Alt. ❷ das Bild kurz beschreiben. Diese Einstellung hilft unter anderem Google, Ihre Bilder in der Google-Bildersuche zu indizieren.

Abbildung 21.5 ▼
Verwenden Sie Titel und Alt., um Ihre Seite und Ihre Bilder zu beschreiben.

Meta-Tags

Wichtig ist es auch, die möglichen Suchbegriffe Ihrer Webseiten in den Meta-Tags anzugeben. Diese werden nicht im Browser angezeigt, sondern nur von Suchmaschinen ausgelesen. Es gibt verschiedene Arten von Meta-Tags. Die beiden wichtigsten für Suchmaschinen sind `Description` (Beschreibung) und `Keywords` (Schlüsselwörter). Aufgrund des hohen Missbrauchs dieses Features (z. B. indem Begriffe verwendet werden, die nichts mit dem Inhalt der Webseite zu tun haben) haben die Meta-Tags leider nur noch wenig Relevanz für die Platzierung der Websites in den Suchmaschinen. Dennoch sollten Sie zumindest das Meta-Tag für die `Description` angeben, da dieses (meist) in den Google-Suchergebnissen angezeigt wird.

Schritt für Schritt
Meta-Tags hinzufügen

1 Seite öffnen

Öffnen Sie zunächst eine Webseite. Falls Sie mit Vorlagen (Templates) arbeiten, öffnen Sie eine solche. Der Vorteil bei der Verwendung von Vorlagen liegt darin, dass Sie die Meta-Tags nicht für jede einzelne Seite hinzufügen müssen.

2 Meta-Tag Description einfügen

Wählen Sie Einfügen • HTML • Head-Tags • Beschreibung. Es öffnet sich ein Fenster, in dem Sie mit ein paar Sätzen die Website beschreiben können.

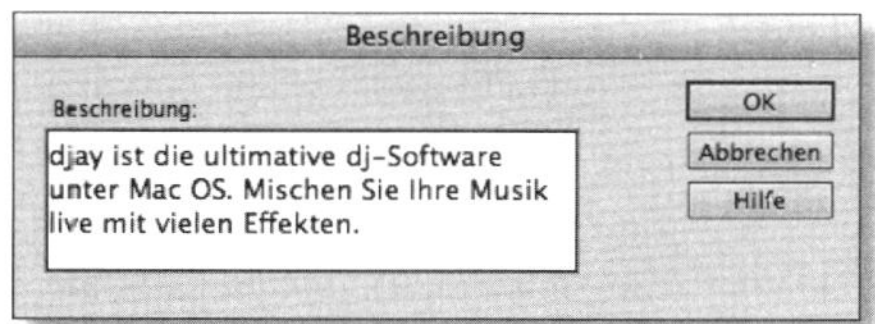

◂ **Abbildung 21.6**
Fügen Sie das Beschreibungs-Meta-Tag ein.

3 Meta-Tag Keywords einfügen

Wählen Sie Einfügen • HTML • Head-Tags • Schlüsselwörter. Geben Sie im Fenster die Begriffe ein, die mit Ihrer Website in Verbindung gebracht werden können. Trennen Sie die einzelnen

Wörter durch Kommata. Die wichtigsten Schlüsselwörter sollten am Anfang stehen.

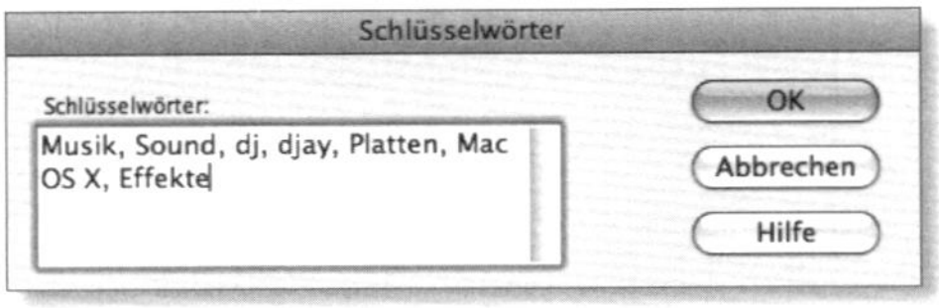

Schlüsselwörter
Schlüsselwörter:
Musik, Sound, dj, djay, Platten, Mac OS X, Effekte
OK
Abbrechen
Hilfe

Abbildung 21.7 ▸
Sortieren Sie die Schlüsselwörter nach Wichtigkeit.

Schritt für Schritt
Meta-Tags bearbeiten

In der letzten Schritt-für-Schritt-Anleitung haben Sie gelernt, wie Sie Meta-Tags hinzufügen. Um diese jedoch nachträglich zu bearbeiten, sollten Sie einen anderen Weg gehen.

1 Meta-Tags anzeigen

Wählen Sie ANSICHT • HEAD-INHALT. Nun werden alle unsichtbaren Elemente des Head-Bereichs angezeigt, darunter die Meta-Tags.

2 Änderungen vornehmen

Klicken Sie auf das Beschreibungssymbol ❶. Im Fenster EIGENSCHAFTEN können Sie nun die Beschreibung ändern.

Abbildung 21.8 ▾
Bearbeiten des Meta-Tags BESCHREIBUNG (`Description`) in der Ansicht HEAD-INHALT

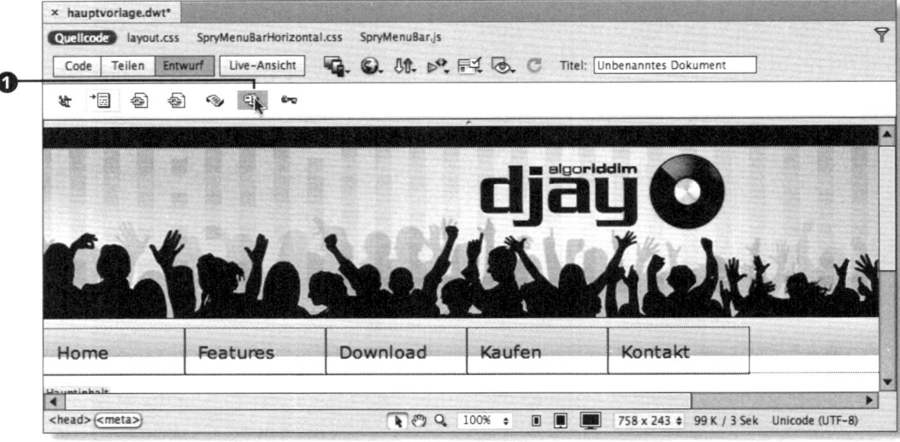

Wenn Sie auf das SCHLÜSSELWÖRTER-Symbol ❷ klicken, können Sie die Schlüsselwörter ändern.

▲ **Abbildung 21.9**
Bearbeiten des Meta-Tags SCHLÜSSELWÖRTER (Keywords) in der Ansicht HEAD-INHALT

Website von anderen Websites verlinken

Für Google ist allerdings nicht nur der Inhalt der Website für das Ranking ausschlaggebend, sondern auch, wie bekannt Ihre Website bereits im Internet ist. Sie sollten also Freunde und Geschäftspartner darum bitten, einen Link zu Ihrer Website zu integrieren. Somit wird Ihre sogenannte **Linkpopularität** erhöht.

Um festzustellen, welche Webseiten auf Ihre Website verweisen, können Sie in Google folgenden Suchbegriff eingeben: »link:http://www.[Ihre-URL].de«.

Was Sie unbedingt vermeiden sollten

Versuchen Sie nicht, Google auszutricksen, indem Sie Suchbegriffe mehrfach hintereinanderstellen und deren Textfarbe der Hintergrundfarbe angleichen, damit der Besucher der Website die Wiederholung nicht sieht. Diese und viele andere Tricks werden von Google erkannt und führen dazu, dass Ihre Website entweder gar nicht gelistet wird oder ein sehr schlechtes Ranking bekommt. 2006 wurde sogar der Fahrzeughersteller BMW für kurze Zeit aus dem Google-Index entfernt, da BMW unlautere Tricks verwendet hatte.

Vermeiden Sie auch den Einsatz sogenannter **Brückenseiten** (»Doorway«-Seiten), die manchmal speziell für Suchmaschinen erstellt werden. Auch den Einsatz kompletter Flash-Seiten sollten Sie sorgfältig abwägen, da Google den Inhalt dieser Seiten nicht erfassen kann.

21.3 Besucherstatistiken mit Google Analytics

Mit Google Analytics bietet Google einen kostenlosen Service, mit dem Sie detaillierte Statistiken zu den Besuchern Ihrer Websites erhalten. So können Sie das Verhalten Ihrer Besucher auswerten und dann mit diesen Informationen Ihre Website optimieren. Sie können sogar erfahren, aus welcher Stadt Ihre Besucher kommen.

Land/Gebiet	Besuche	Durchschnittl. Besuchsdauer
Germany	1.224	00:03:46
Austria	83	00:01:23
Switzerland	57	00:00:27
Cyprus	44	00:22:56
Turkey	27	00:04:44

Quelle	Abschlüsse für Ziel	Ziel-Conversion Rate
google	1.052	100,00 %
(direct)	161	100,00 %
facebook.com	129	100,00 %

▲ **Abbildung 21.10**
Übersichtsseite von Google Analytics

Google Analytics kann Ihnen unter anderem folgende Fragen beantworten:

- Wie viele Besucher hat meine Website pro Stunde/Tag/Woche/Monat und Jahr?
- Hat die Website mehr neue oder mehr wiederkehrende Besucher?
- Welche Suchbegriffe führten erfolgreich zu der Website?

- Über welche Website sind die Besuche auf Ihre Website gekommen (zum Beispiel über einen Link oder über eine Suchmaschine)?
- Aus welchem Land/Ort kommen die Besucher?
- Welche Webseite war der Einstiegspunkt, und über welche Seite hat der Besucher die Website verlassen?
- Welche Webseite wurde am häufigsten besucht?
- Welche Browser und welches Betriebssystem wurden verwendet?
- Welche Bildschirmauflösungen haben die Besucher verwendet?
- Wie hoch ist der Anteil der Besucher mit einer DSL-Verbindung, und über welchen Internet-Zugangsprovider surften sie?
- Wie erfolgreich war meine Werbung mit Google AdWords?

Webstatistiken beim Provider
Jeder Webhoster bietet seinen Kunden Webstatistiken an. Diese sind aber in den meisten Fällen nicht so leistungsstark wie die von Google Analytics.

Google Analytics einrichten

Zunächst müssen Sie für jede Website ein sogenanntes **Website-Profil** in Google Analytics erstellen, in dem die Einstellungen zu Ihrer Website gespeichert werden.

Damit Google alle Informationen über die Besuche auf Ihrer Website erhält, muss ein sogenannter **Tracking-Code** in jede Seite Ihrer Site eingefügt werden. Dieser Code enthält Ihre eindeutige Kundennummer bei Google Analytics.

Wenn Sie den Tracking-Code eingebaut und die Website bei Analytics hinzugefügt haben, können Sie die Statistiken auf der Google-Analytics-Website abrufen.

Schritt für Schritt
Website bei Google Analytics anmelden

1 Anmelden

Besuchen Sie die URL *http://www.google.com/analytics/*, und melden Sie sich an bzw. erstellen Sie ein Google-Konto.

2 Website-Profile anlegen

Klicken Sie oben rechts auf VERWALTUNG ❶, um die Liste aller Konten aufzulisten. Pro Konto können Sie mehrere Websites verwalten. Klicken Sie dann auf NEUES KONTO ❷, und geben Sie den Domainnamen Ihrer Website ein.

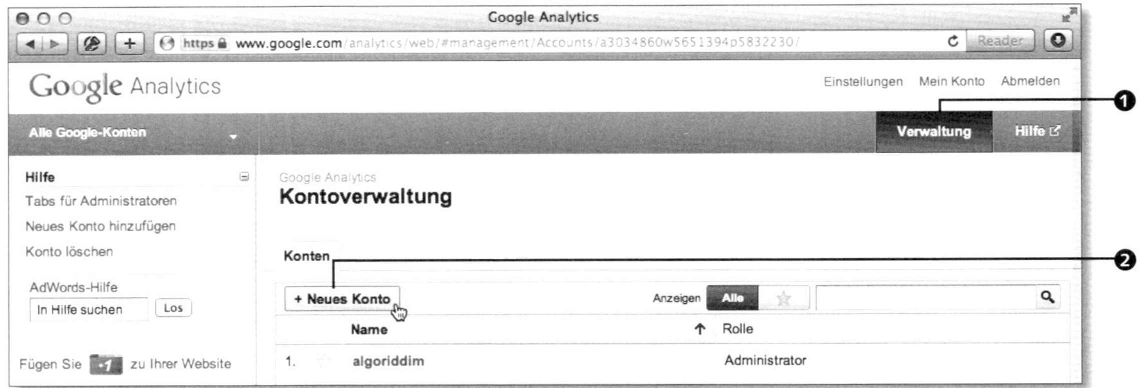

▲ **Abbildung 21.11**
Liste der Konten in Google Analytics

Der folgende Screenshot zeigt die Analytics-Einstellungen, nachdem die Domain der Website zum Buch, *http://www.dreamweaver-buch.de*, hinzugefügt wurde.

▲ **Abbildung 21.12**
Neues Konto zu Google Analytics hinzufügen

3 Tracking-Code kopieren

Nach dem Absenden des Formulars werden Sie aufgefordert, den Tracking-Code in Ihre Website zu integrieren. Kopieren Sie dazu den Tracking-Code ❸ in die Zwischenablage.

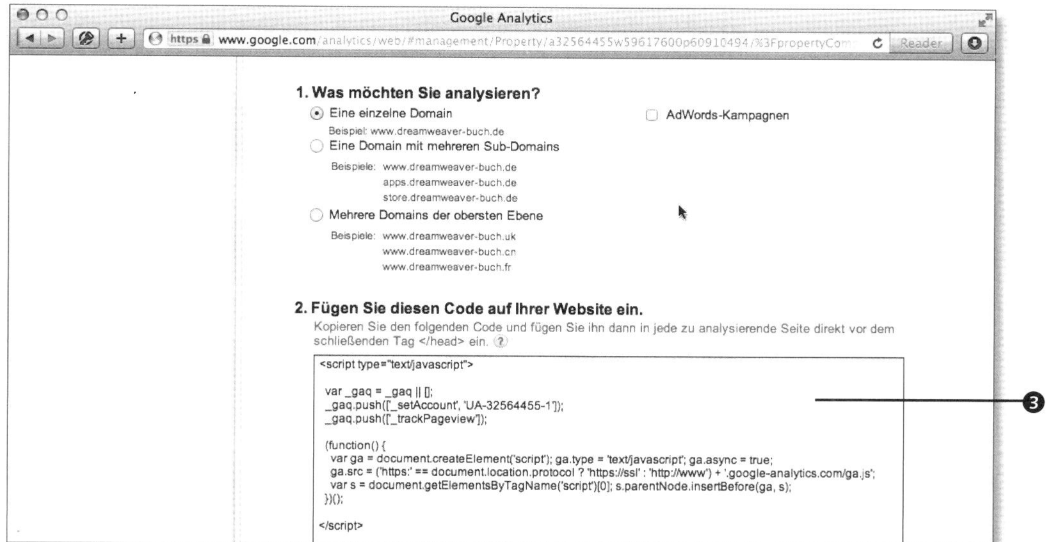

Öffnen Sie in Dreamweaver Ihre Webseite oder eine Vorlage (Template), und wechseln Sie zur Code-Ansicht.

▲ **Abbildung 21.13**
Code-Ansicht in Dreamweaver öffnen

4 Tracking-Code einfügen

Fügen Sie nun den Tracking-Code aus der Zwischenablage direkt über dem `</head>`-Tag ❹ ein. Falls Sie keine Vorlage für Ihre Website verwendet haben, müssen Sie den Vorgang für jede Webseite wiederholen.

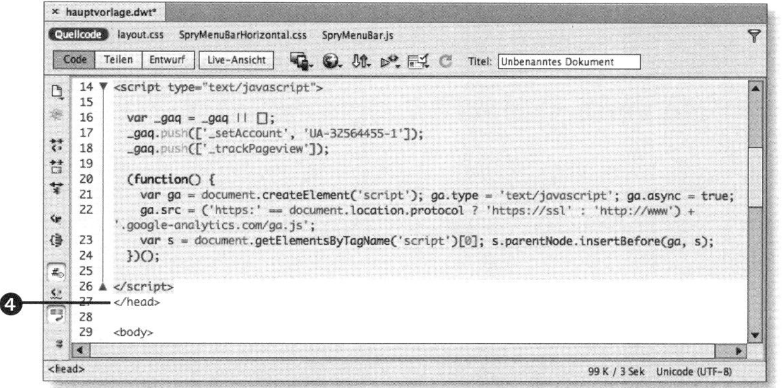

◂ **Abbildung 21.14**
An diese Stelle gehört der Code.

5 Warten

Nach ein paar Tagen liegen bei Google Analytics genug Daten vor, um Besucherstatistiken bereitstellen zu können.

21.4 Anzeigen mit Google AdWords

Wenn Ihre Website bei der Google-Suche oft weit oben in der Liste zu finden ist, so ist die Wahrscheinlichkeit recht groß, dass Ihre Website auch gut besucht wird. Ist sie jedoch nicht so gut bei Google platziert, so können Sie auch Anzeigen mit dem kostenpflichtigen Service Google AdWords schalten. Die Anzeige wird zum einen in den Suchergebnisseiten von Google auf der rechten Seite angezeigt und zum anderen auf Websites, die Google-Anzeigen in ihre Seiten integriert haben (siehe Abschnitt 21.5, »Geld verdienen mit Google AdSense«).

Ihre Anzeige wird nur dargestellt, wenn Ihre Site für die vom Nutzer eingegebenen Suchwörter relevant ist. Da Google feststellen kann, aus welcher Region ein Besucher kommt, können Sie Ihre Anzeigenkampagne auf bestimmte geografische Gebiete oder Städte begrenzen.

Sie bezahlen nicht für die Einblendung der Werbung, sondern nur, wenn ein Besucher den Link zu Ihrer Website anklickt. Dieses Berechnungsmodell wird international als **Cost per Click** (CPC) bezeichnet. Damit es nicht zu unerwartet hohen Kosten kommt, können Sie auch ein Tageslimit festlegen.

Eine ausführliche Schritt-für-Schritt-Anleitung, wie Sie Werbeanzeigen bei Google AdWords schalten, finden Sie auf der Google-Webseite *http://adwords.google.de/select/steps.html*. In Dreamweaver müssen Sie keine Vorkehrungen für Ihre Website treffen.

21.5 Geld verdienen mit Google AdSense

Sie können dank Google AdSense auch Werbeanzeigen in Ihre Website integrieren und erhalten dafür Werbeeinnahmen, falls Ihre Besucher häufig auf die Anzeigen klicken. Immer mehr Websites integrieren Google-Werbungen, um ihre Umsätze zu steigern. Es werden dabei nur solche Anzeigen auf Ihrer Website angezeigt, die für den Inhalt der Website relevant sind.

Sie sind Google aber nicht hoffnungslos ausgeliefert, was die Auswahl der Werbeanzeigen und deren Aussehen angeht. Sie können unter anderem festlegen, dass Werbung Ihrer Konkurrenten nicht auf Ihrer Website erscheint. Außerdem können Sie das Erscheinungsbild der Anzeigen anpassen, indem Sie aus einer Reihe von Farben und Vorlagen auswählen.

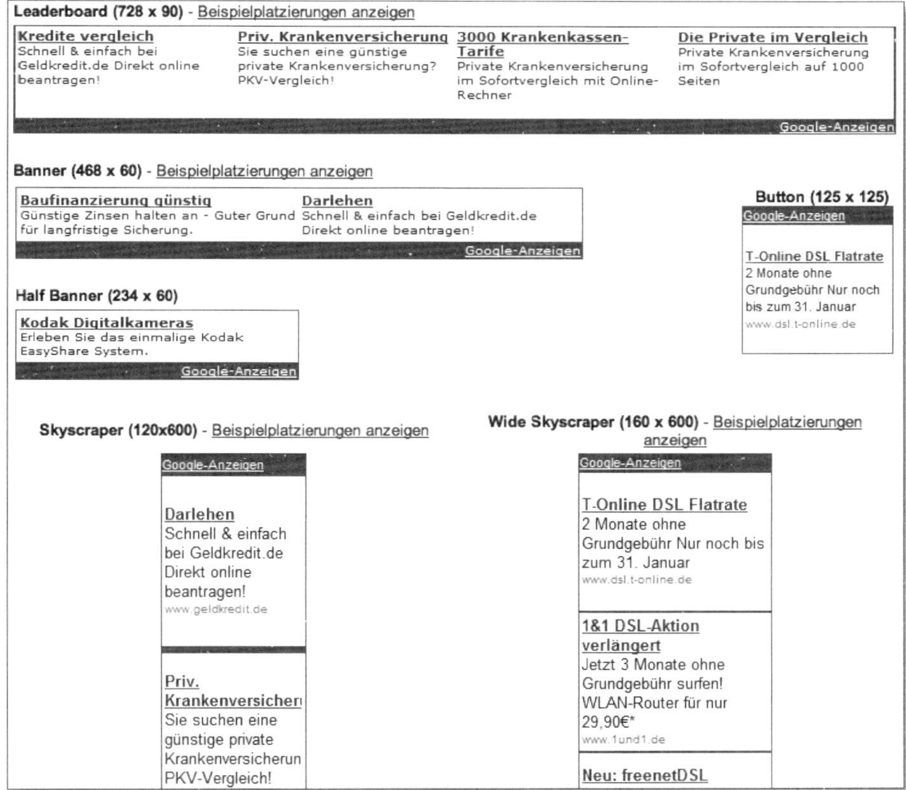

▲ **Abbildung 21.15**
Google bietet eine große Auswahl an möglichen Anzeigeformaten.

Im Gegensatz zu den vielen anderen Diensten von Google müssen Sie sich bei Google um einen AdSense-Account bewerben. Dies wird in der Regel nach wenigen Tagen positiv per E-Mail beantwortet.

Schritt für Schritt
Werbeanzeigen mit Google AdSense integrieren

1 Bewerben

Klicken Sie auf der Google-Homepage auf Werbeprogramme und anschließend auf den Link Google AdSense, um Informationen über den Dienst zu erhalten und sich zu bewerben.

2 Einloggen

Nachdem Sie eine positive Bestätigungsmail von Google erhalten haben, können Sie sich mit Ihrer E-Mail-Adresse und Ihrem Passwort anmelden. Klicken Sie auf den Link AdSense für Content-Seiten. Sie können dann unter anderem das Format und die Farben für die Anzeigen festlegen.

3 Anzeigen-Code kopieren

Kopieren Sie den Anzeigen-Code ganz unten auf der Webseite in die Zwischenablage.

▼ **Abbildung 21.16**
Markieren und kopieren Sie den Code wie hier dargestellt.

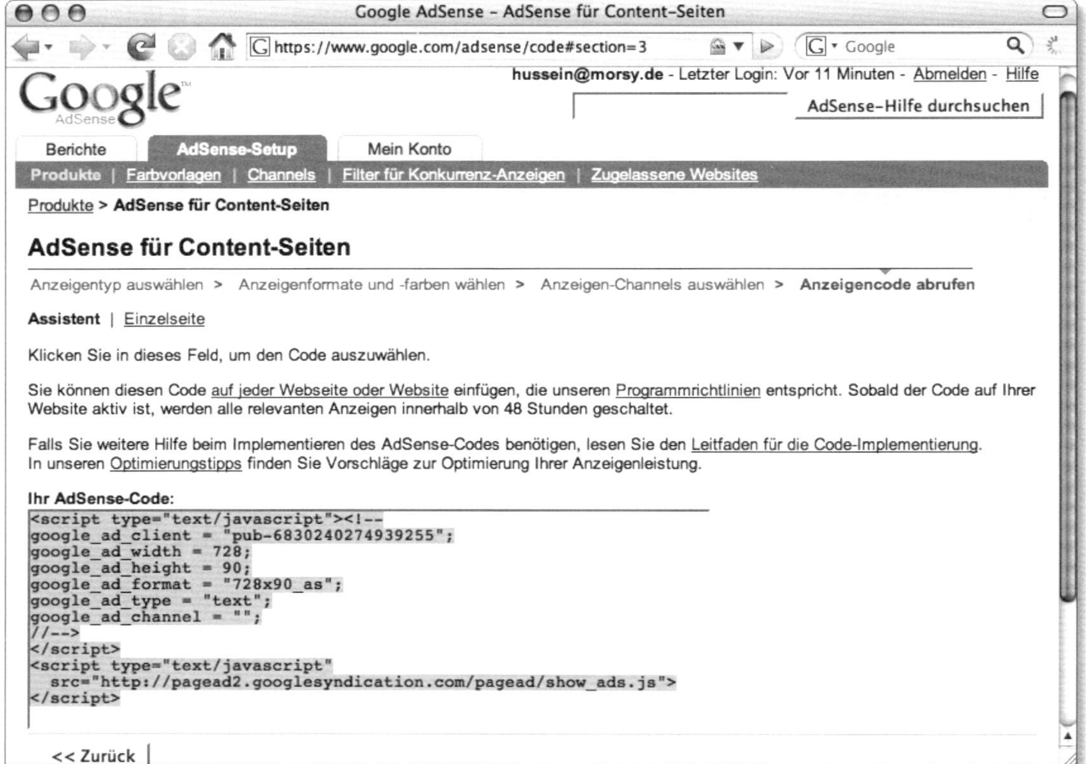

4 Webseite in Dreamweaver öffnen

Öffnen Sie in Dreamweaver Ihre Vorlage oder Webseite, in der die Anzeigen platziert werden sollen, und setzen Sie in der Standard-Ansicht die Einfügemarke an die gewünschte Stelle ❶.

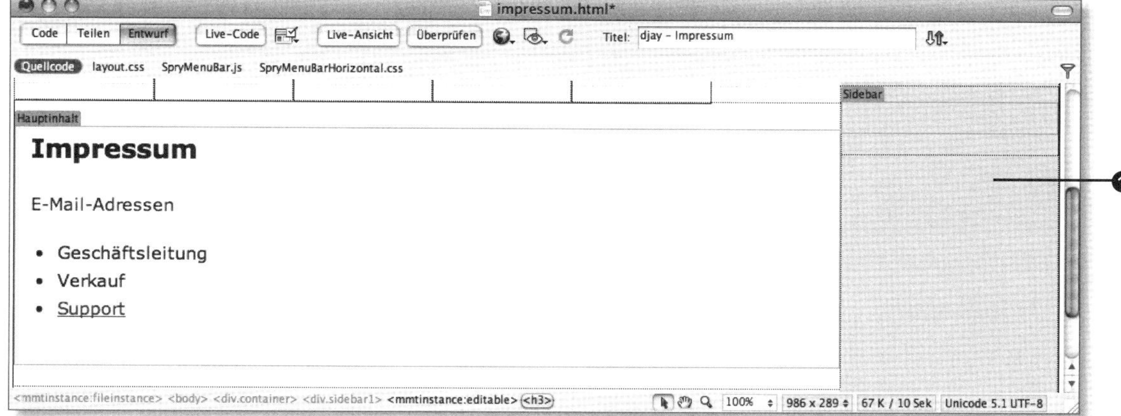

▲ **Abbildung 21.17**
Setzen Sie die Einfügemarke ein.

5 Anzeigen-Code einfügen

Wechseln Sie in die Code-Ansicht, und fügen Sie den Anzeigen-Code ein.

▼ **Abbildung 21.18**
Fügen Sie den kopierten Code ein.

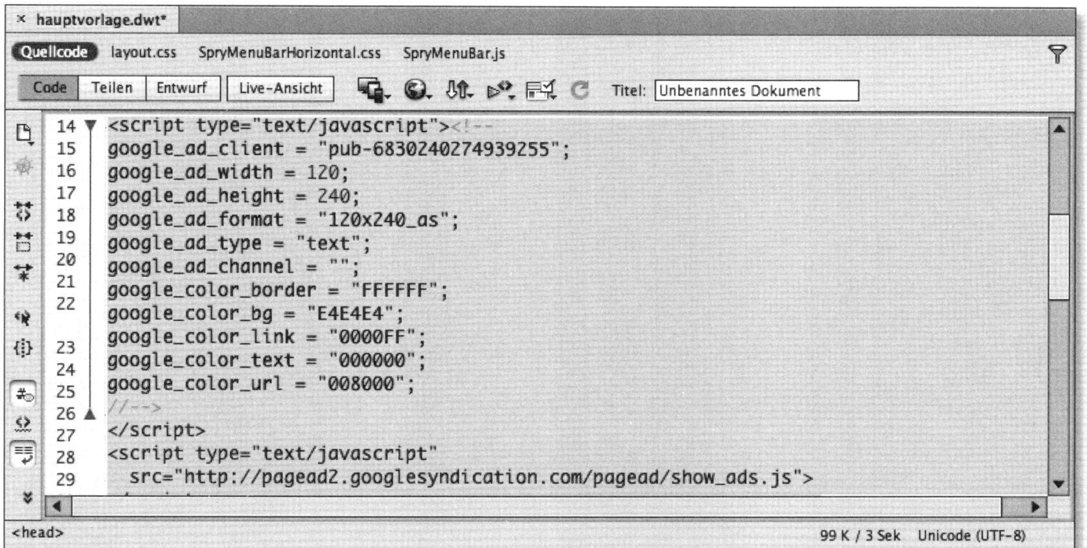

6 Webseite testen

Wenn Sie die Webseite im Browser öffnen, werden die Werbeanzeigen auf Ihrer Webseite eingeblendet. Ihre Seite muss hierfür noch nicht einmal extra auf den Server übertragen werden.

▲ **Abbildung 21.19**
Ergebnis der Integration des Google-AdSense-Banners

Mashups – YouTube, GoogleMaps und Twitter integrieren

So integrieren Sie externe Dienste in Ihre Website

- Was sind Mashups?
- Wie binde ich YouTube-Videos ein?
- Wie baue ich eine Anfahrtsskizze mit Google Maps?
- Wie integriere ich Twitter?

22 Mashups – YouTube, GoogleMaps und Twitter integrieren

Mashup-Verzeichnis
Auf der englischsprachigen Website *http://programmableweb.com* finden Sie die derzeit größte Mashup-Sammlung. Hier sind über 3.000 Mashups gelistet.

Das Web 2.0 ermöglicht es, verschiedene Medieninhalte und Dienste, wie YouTube-Videos, Google Maps usw., nahtlos in die eigene Website zu integrieren. Dies wird als Mashup (von englisch »to mash« für »vermischen«) bezeichnet. Es gibt inzwischen schon Tausende von Mashups, die Sie in die eigene Website einbetten können. Anhand von YouTube-Videos, Google Maps und Twitter zeigen wir im Folgenden, wie einfach die Integration bzw. Einbettung dieser Dienste in Ihre Website ist.

22.1 YouTube-Videos einbinden

Die Integration von Bildern in eine Webseite, egal ob diese im PNG-, GIF- oder JPEG-Format vorliegen, ist in Dreamweaver immer gleich. Bei der Integration von Videos kommt es aber sehr wohl auf das Videoformat an. In der folgenden Liste sind die wichtigsten Videoformate aufgeführt:

1. Flash-Videos
2. Windows-Media-Videos (WMV)
3. QuickTime-Videos
4. Real-Videos

Flash-Videos haben den Vorteil, dass sie auf den meisten Rechnern (aber nicht auf iPhone und iPad) ohne Probleme abgespielt werden können (zur Integration von Flash-Videos siehe Kapitel 19, »Dreamweaver und die Creative Suite«). Videos im WMV- oder QuickTime-Format können eine bessere Qualität aufweisen, wenn die optimalen Parameter bei der Konvertierung gewählt werden, was jedoch viel Erfahrung erfordert. Real-Videos spielen eine immer weniger wichtige Rolle, da für das Abspielen der Videos eine Erweiterung (Plugin) für die Webbrowser erforderlich ist, die im Gegensatz zum Flash-Plugin oft nicht vorhanden ist.

Am einfachsten ist es, wenn Sie ein Video auf ein Videoportal, wie z. B. YouTube oder Vimeo, hochladen. Diese Portale konvertieren Ihre Filme automatisch in das richtige Flash-Videoformat. Das Besondere ist jedoch, dass die Videoportale Sie dabei unterstützen, die Videos auch in Ihre Webseite zu integrieren oder einzubetten. Im Folgenden zeigen wir, wie einfach es ist, ein YouTube-Video in die eigene Website zu integrieren.

Schritt für Schritt
YouTube-Video in die eigene Webseite einbetten

1 YouTube-Video hochladen

Bevor Sie ein Video hochladen können, müssen Sie sich bei YouTube *(http://www.youtube.de)* anmelden, indem Sie kostenlos ein Konto einrichten. Anschließend können Sie Ihre Filme in der Rubrik Mein Konto · Meine Videos verwalten. Damit Ihr Video nicht nur über YouTube verfügbar ist, sondern auch in Ihre eigene Webseite integriert wird, führen Sie die folgenden Schritte durch.

2 Einstellungen vornehmen

Um Ihr Video in Ihre Webseite einzubetten, suchen Sie in YouTube zunächst das gewünschte Video heraus und klicken unterhalb des Videos auf Teilen ❶. Kopieren Sie den kompletten Text aus dem Feld Einbetten ❷ in die Zwischenablage.

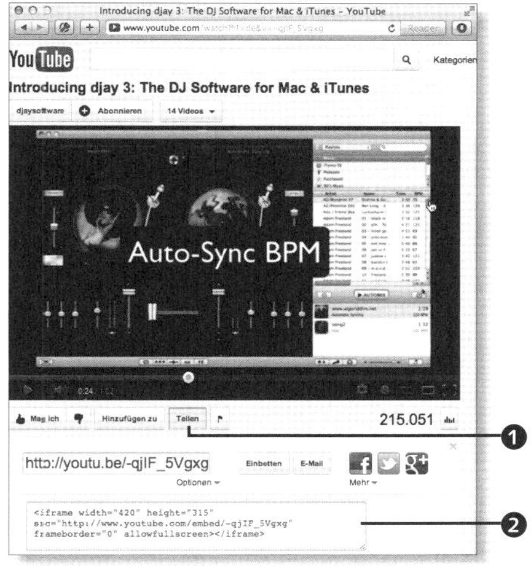

◂ **Abbildung 22.1**
Anpassungen vornehmen

Zuvor können Sie jedoch noch Anpassungen, wie z. B. für die Farbe und die Größe, vornehmen.

3 Vorbereitungen in Dreamweaver

Positionieren Sie den Cursor im Dreamweaver-Dokument an der Stelle, an der Sie das Video einbetten möchten ❹, und aktivieren Sie die Teilen-Ansicht. Setzen Sie die Einfügemarke in den Code im oberen Bereich des Fensters ❸.

Abbildung 22.2 ▼
Platzieren Sie die Einfügemarke.

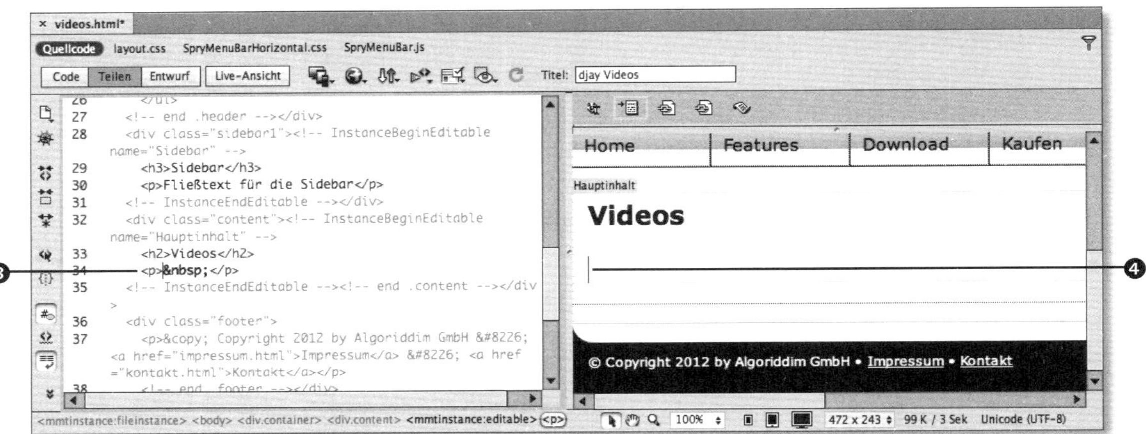

4 Einfügen des Codes

Fügen Sie den Inhalt der Zwischenablage in den Code ein.

▲ Abbildung 22.3
Fügen Sie den kopierten Text in den Code ein.

5 Vorschau im Webbrowser

Anschließend können Sie das Ergebnis im Webbrowser testen.

◂ **Abbildung 22.4**
Das Ergebnis

22.2 Google Maps integrieren

Mit Google Maps können Sie nicht nur nach Adressen suchen und diese auf einer Karte anzeigen, sondern dank Ajax-Technologie interaktiv auf der Karte zoomen und den Ausschnitt verändern. Im Folgenden erläutern wir, wie Sie Google Maps nahtlos in Ihre eigene Website integrieren.

Schritt für Schritt
Google Maps in Ihre Webseite einbinden

1 Ort suchen

Suchen Sie auf *http://maps.google.de* die gewünschte Adresse, und wählen Sie den passenden Ausschnitt. Klicken Sie dann auf das Link-Symbol ❶ und anschließend auf EINGEBETTETE KARTE ANPASSEN UND VORSCHAU ANZEIGEN ❷.

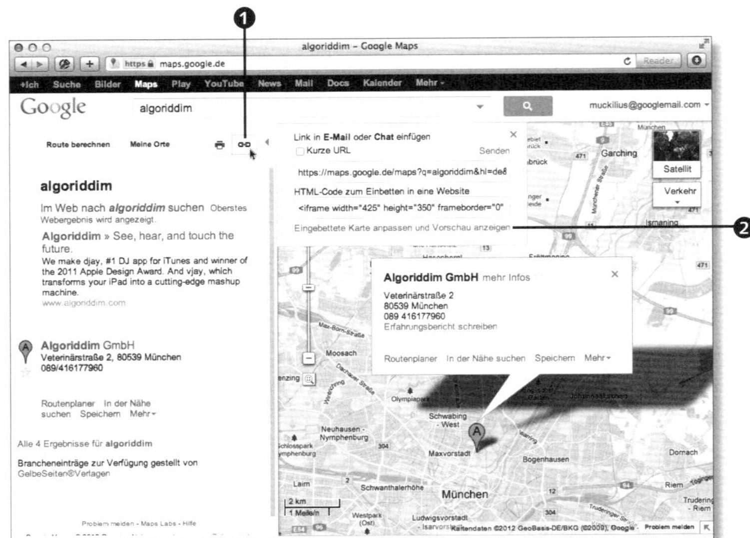

Abbildung 22.5 ▶
Google Maps – ein nützliches Hilfsmittel

2 Größe festlegen und HTML-Code kopieren

Sie können nun die Kartengröße genau festlegen. Kopieren Sie anschließend den angezeigten HTML-Code in die Zwischenablage ❸.

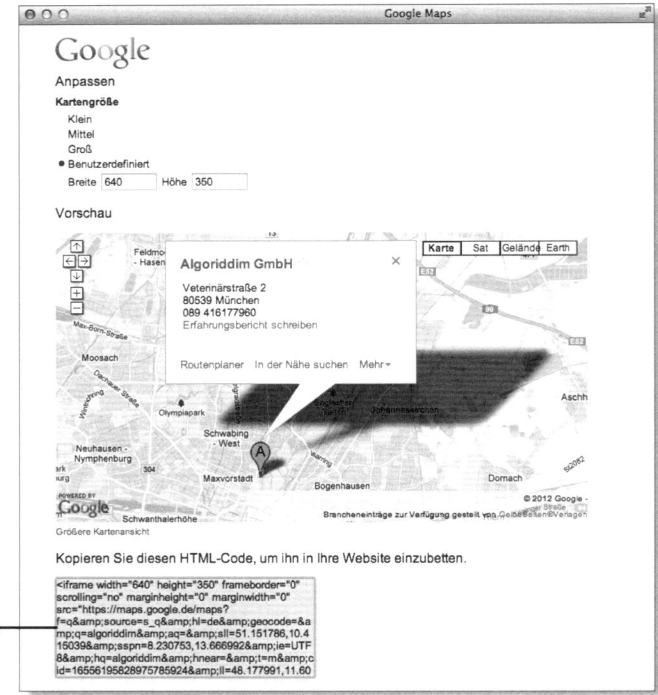

Abbildung 22.6 ▶
Markieren und kopieren Sie den Code.

3 Vorbereitungen in Dreamweaver

Positionieren Sie den Cursor im Dreamweaver-Dokument an der Stelle, an der Sie die Karte einbetten möchten, und aktivieren Sie die Teilen-Ansicht. Setzen Sie die Einfügemarke in den Code im linken Bereich des Fensters ❹.

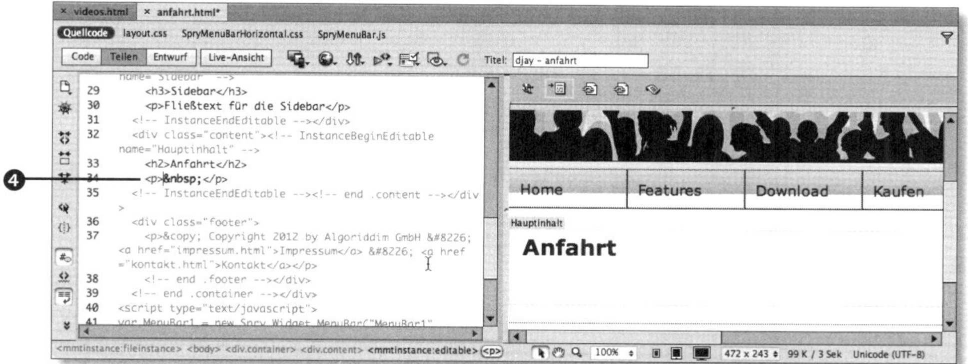

▼ **Abbildung 22.7**
Hier fügen Sie den Code schließlich ein.

4 Einfügen des Codes

Fügen Sie den Inhalt der Zwischenablage wie im Beispiel mit dem YouTube-Video in den Code ein.

5 Vorschau im Webbrowser

Anschließend können Sie das Ergebnis im Webbrowser testen.

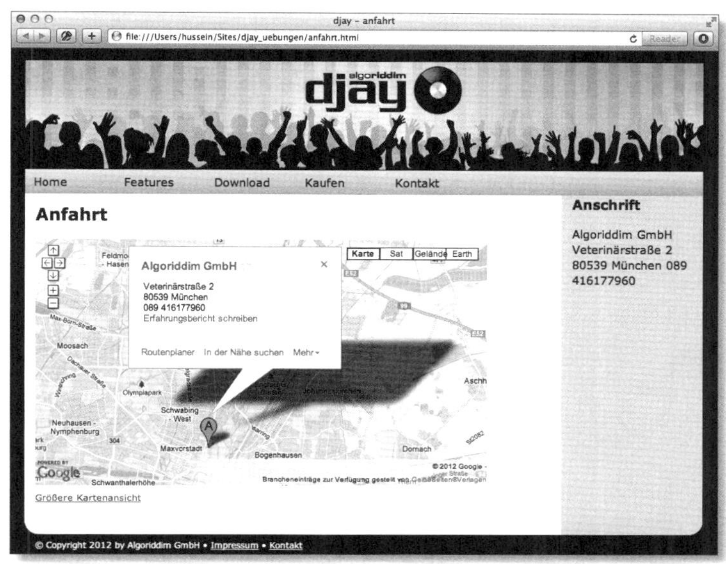

◄ **Abbildung 22.8**
Das Ergebnis

22.3 Twitter integrieren

Twitter ist ein Webdienst zum Veröffentlichen von Kurznachrichten (maximal 140 Zeichen). Diese Kurznachrichten werden auch **Tweets** genannt.

Inzwischen ist Twitter mehr als nur ein Onlinetagebuch von Privatpersonen – es ist auch eine der wichtigsten Kommunikationsplattformen für Firmen und Politiker.

Tweets können Sie leicht in Ihre Website integrieren. Melden Sie sich dazu zunächst auf *http://www.twitter.com* an. Rufen Sie dann die URL *https://twitter.com/about/resources/widgets/widget_profile* auf, und klicken Sie auf FINISH & GRAB CODE. Vorher können Sie noch Anpassungen (APPEARANCE) vornehmen. Sie können dann den HTML-Code ähnlich wie bei YouTube-Videos und Google Maps in Ihre Website integrieren.

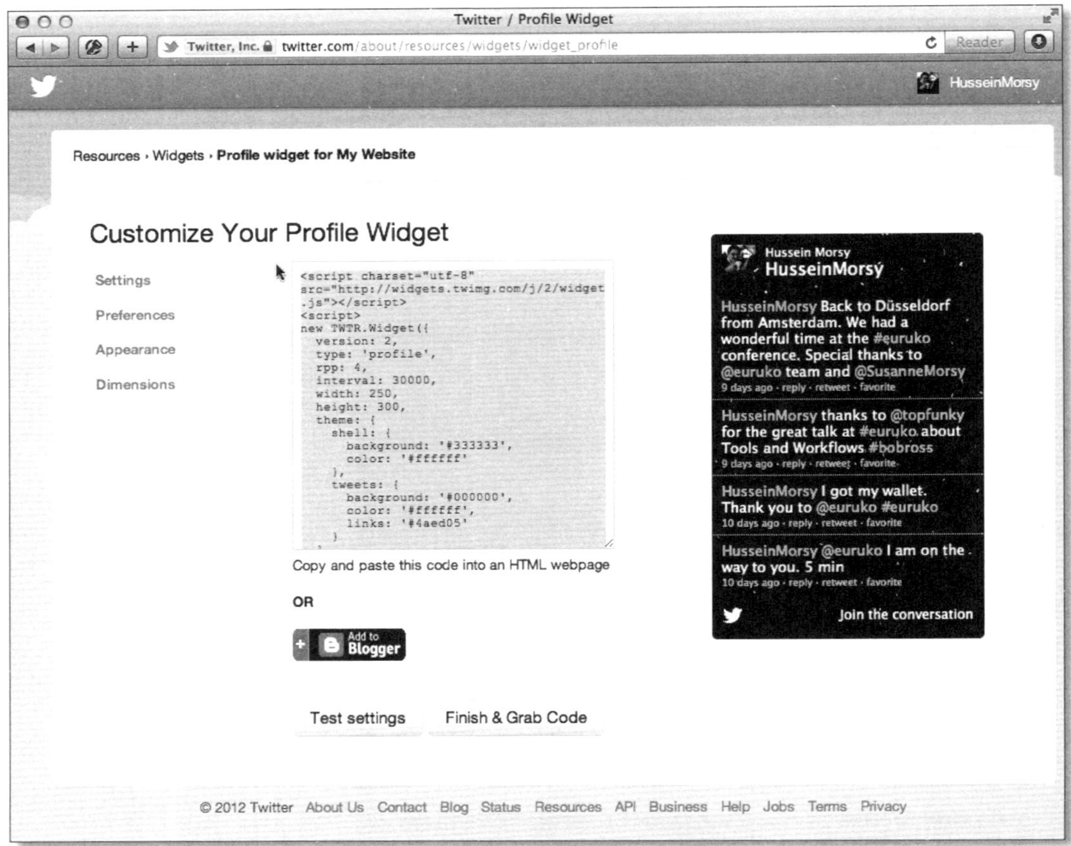

▼ **Abbildung 22.9**
Generierung des HTML-Codes auf Twitter

Index

D

E

F

G

H

U

V

W